回眸侨史 铭记初心

● 厦门市思明区归国华侨联合会 编
● 陈慧瑛 主编

厦门大学出版社
XIAMEN UNIVERSITY PRESS
国家一级出版社
全国百佳图书出版单位

图书在版编目(CIP)数据

回眸侨史　铭记初心/厦门市思明区归国华侨联合会编;陈慧瑛主编.—厦门:厦门大学出版社,2021.12

ISBN 978-7-5615-8468-2

Ⅰ.①回…　Ⅱ.①厦… ②陈…　Ⅲ.①侨民工作—概况—厦门　Ⅳ.①D634

中国版本图书馆 CIP 数据核字(2021)第 271990 号

出 版 人　郑文礼
责任编辑　薛鹏志　章木良
美术编辑　张雨秋
技术编辑　朱　楷

出版发行　厦门大学出版社
社　　址　厦门市软件园二期望海路 39 号
邮政编码　361008
总　　机　0592-2181111　0592-2181406(传真)
营销中心　0592-2184458　0592-2181365
网　　址　http://www.xmupress.com
邮　　箱　xmup@xmupress.com
印　　刷　厦门市明亮彩印有限公司

开本　787 mm×1 092 mm　1/16
印张　24.5
插页　2
字数　510 千字
印数　1～2 000 册
版次　2021 年 12 月第 1 版
印次　2021 年 12 月第 1 次印刷
定价　150.00 元

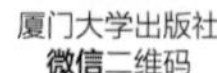
厦门大学出版社
微信二维码

厦门大学出版社
微博二维码

《回眸侨史　铭记初心》
编　委　会

前　言

回眸侨史凝聚力量　铭记初心奋勇向前

2021 年，是中国共产党成立 100 周年，辛亥革命胜利 110 周年，厦门经济特区建设 40 周年。中国人民以一往无前的进取精神和波澜壮阔的创新实践，谱写了中华民族自强不息、顽强奋进的壮丽史诗。侨心向党，百年来，华侨华人、归侨侨眷永远支持中国共产党带领华夏儿女走过苦难与辉煌，走向伟大的民族复兴！

厦门是我国著名的侨乡，被毛泽东主席誉为“华侨旗帜、民族光辉”的陈嘉庚先生就诞生在这里。

海外华侨对厦门的建设和发展，贡献颇多，功不可没。早在 20 世纪 30 年代，厦门就成为闻名遐迩的华侨城和华侨出入境的重要口岸。民国初年，我国第一个地方性侨务行政机关“福建暨南局”就设在厦门，全国第一个华侨团体“厦门华侨工会”也诞生于此。早年厦门基础设施的开发、繁荣外向的经济、民主文明的风气，很大程度上得益于海外侨胞源源不断的投入和带动。厦门被遴选设立经济特区，是与其同华侨的渊源关系分不开的。

改革开放以来，厦门建设取得举世瞩目的成就。这些成就的取得，无不包含着厦门旅外乡亲所寄予的深情厚望和积极、真诚的参与，无不凝聚着归侨、侨眷以及广大侨务工作者付出的努力和艰辛。

在厦门经济特区建设 40 周年之际，习近平总书记专门发来贺信，充分肯定了厦门经济特区实现的历史性跨越、作出的重要贡献、发挥的独特作用，寄语厦门全面深化改革开放，推动高质量发展，努力率先实现社会主义现代化，为厦门经济特区发展指明了前进方向、提供了根本遵循。习近平总书记的亲切关怀、充分肯定和殷切期望，激励着我们奋进新征程，建功新时代。

作为厦门市中心城区，思明区归侨侨眷众多，新侨分布广泛，侨力资源丰富。现有归侨 4400 多人，侨眷 3.62 万人，新侨近 6 万人，海外华侨华人约 12.45 万人，主要分布在欧洲、美洲、东南亚等 96 个国家和地区。

原鼓浪屿区、开元区、思明区三区侨联分别成立于 1983 年 10 月、1984 年 3 月和 1983 年 12 月，有着较为扎实的侨联工作基础。2003 年 3 月 26 日，国务院批准了厦门市区划调整，原鼓浪屿区、开元区、思明区三区侨联整合为思明区侨联，侨联事业迎来了发展的新阶段。

思明区侨联秉承“爱国、爱乡、爱侨”宗旨，紧抓“根、魂、梦”新时代侨务工作主线，坚持“两个并重”，深化“两个拓展”，充分发挥联系归侨侨眷和海外侨胞的桥梁纽带作用，讲好中国故事，传播中国声音，着力打造“亲情、文化、活力、智慧”侨联。以诚意呼应侨益，以真心赢得侨心，倾情打造“侨胞之家”，当好贴心人。聚焦侨批、鼓浪屿两项世界遗产，深耕华侨文化，赓续华侨精神，奏响“办展、出书、建馆”交响曲；紧扣“海丝”建设，擦亮名扬海外的“寻根”品牌，推动侨房保护，留住乡愁；搭建侨界书画交流和海外华裔青少年“云端”夏令营合作平台，大力推动中华优秀传统文化的传承，凝聚起海内外中华儿女同心共圆中国梦的磅礴力量。

习近平总书记充分肯定华侨的贡献，他说“华侨一个最重要的特点就是爱国、爱乡、爱自己的家人。这就是中国人、中国文化、中国人的精神、中国心”。“我国改革开放和经济特区的建设同大批心系桑梓、心系祖国的华侨是分不开的”。站在“两个一百年”的历史交汇点上，回眸侨史，我们感恩广大归侨侨眷和海外侨胞建设厦门的伟大贡献；铭记初心，我们接续汇聚海内外中华儿女的智慧，以更强的使命更大的担当，为建设高素质高颜值现代化国际化厦门、为中华民族伟大复兴贡献侨界力量。

厦门市思明区归国华侨联合会

厦门鹭风报社

厦门市思明区侨史学会

目　录

人物篇

贡献篇

人物篇

中国拼音文字运动的先驱者——卢戆章

卢戆章（1854—1928），字雪樵，福建省同安县人，居住鼓浪屿，清末学者，汉语拼音文字首倡者。曾到新加坡学习英语，后参加了《华英字典》的翻译，受教会所制罗马字的影响，对汉字进行改革，创制了中国切音新字，是中国文字改革的先驱。

时代潮流促思想　恍发宏愿改汉字

卢戆章出生之时，正值鸦片战争（1840—1842）失败之后，帝国主义用大炮轰开了中国的大门，腐败的清政府割地赔款，签订不平等条约，任人宰割。为了救国图强，当时先进的中国人开始学习西方的科学文化，“法师西洋”。当时的知识分子认为，中国之所以落后，之所以被侵略，是因为科学不发达，教育不普及。而科学不发达，教育不普及，是因为识字者少；识字者少，又是因为汉字繁难，不是“切音为字”。

帝国主义用大炮轰开中国大门以后，厦门首当其冲，成了“五口通商”的开放城市，外国商人和传教士纷纷涌入。外国传教士还在厦门首先推出厦门方言教会罗马字——闽南白话字，在闽南一带产生了不小的影响。卢戆章就是成长在这样的时代和环境之中。

卢戆章生于农民家庭，出生地位于今厦门市同安区大同街道古庄村。早年丧父，兄弟 6 人。可能是家里最小孩子的缘故，5 个哥哥都务农，只有他一人读书。卢戆章自幼聪颖，他 9 岁时被送进了私塾，家里人希望他能读出个光宗耀祖的功名来。可惜天不如人愿，18 岁时，卢戆章参加科举考试，县试名列前茅，但府试落第，没有考上秀才。

处在当时“欧化东渐”的背景下，卢戆章受到时代潮流的影响，认为“求学期以济世，寻章摘句胡为者”，思想开始发生变化。他先是在堂兄卢贞赵家塾执教 1

年，后又在邻村英埭头执教 2 年。就在这时，邻村双圳头王奇赏宣传基督教，他一听心甚向往，就和学友洪克昌一起受业于王奇赏，开始研究《圣经》，学习西洋的科学知识，从此“感欧美各国皆拼音成文，便恍然发改造汉字的宏愿”。

寄望教育可救国　苦心研究创切音

1875 年，21 岁的卢戆章南渡新加坡，半工半读，辛勤三载。25 岁回到厦门，住在鼓浪屿日光岩下的内厝澳，因他既会厦门话，又懂英文，所以“西人习厦话，华人习英文，均奉以为师”。在教学中，他更坚定音字改革的决心，益发猛进不懈。在鼓浪屿，他又应英国传教士马约翰的聘请，帮助翻译《英华字典》。

当时，外侮内患，国难当头。这激发了正直知识分子的爱国思想。卢戆章注意到，4 亿人口 80% 以上是文盲，书面语与口语严重脱离，平民读书识字困难重重。他说：“亿兆妇女，以及农夫贫寒之辈，皆屏于教育之外。此国所由贫弱，而外人所由鱼肉也。倘以切音字翻译官话，上截汉字，下截切音，由切音以识汉文，则各色人等，不但能读切音，兼能无师自识汉文。全国皆能读书明理，国家何致贫弱，人民何致鱼肉？”为了实现改革汉字的宏愿，他致力研究漳泉十五音和话音字。漳泉十五音即漳州方言韵书《雅苏童十五音》和泉州方言韵书《汇音妙语》；话音字即厦门话教会罗马字，又称闽南白话字。他“恐漳泉十五音字母不全，于是苦心考究，至悟其源源本本”，又“嫌话音字以数字母合切一字，长短参差，甚占篇幅”。后来，“忽一日，偶触心机，字母与韵脚（即十五音）两字合切，拼法为一母一字合切成音”。从此“尽弃外务，朝夕于斯，昼夜于斯，十多年于兹矣”。有人揶揄他说：“子真撼树之蚍蜉，汉字之圣，一点一画无非地义天经，岂后儒所能增减？”可是他毫不动摇，只是“一笑置之”。

经过十几年的苦心孤诣，1892 年，卢戆章写成了厦门话的切音字专著《一目了然初阶》，书中拟订了他称为“中国第一快切音新字”的拼音方案，提出了“语言一律”的思想。书写成后，他自己手抄全文，自费刻成木版，于 1892 年由厦门五崎顶倍文斋刊印出版。书面两旁有一对联：“一目了然，男可晓，女可晓，智否贤愚均可晓；十年辛苦，朝于斯，夕于斯，阴晴寒暑悉于斯。”足见其创制切音字的良苦用心。

卢戆章创制切音字的目的，是要普及教育，提高人民的科学文化水平，使祖国富强起来。正因为他所处的时代是国力贫弱、“维强图新”的时代，法师西洋、自求富强，成为先进人士的普遍愿望，他在该书的序中写道：“窃谓国之富强，甚于格致，格致之兴，基于男妇老幼皆好学识理。其所以能好学识理者，基于切音为字，则字母与切法习完，凡字无师能自读；基于字话一律，则读于口，遂即达于心。又基于字画简易，则易于习认，亦即易于捉笔。省费十余载之光阴，将此光阴专攻于算学、格致、化学以及种种实学，何患国之不富强也哉？”其爱国之心，溢于言表。他在自序中还提到了汉字的繁难、汉字由繁趋简的变化规律、切音字的优越性、统一语言的主张等。这些内容，全面反映了清末切音字运动的理论，也是最早的语文现代化理论。书中有一幅插图，画着一个读书人握笔苦思，上面写着“思入风云变态中”。“风云变态”就是当时国事动荡、变法图强的时代特点，表现了卢戆章为救国图强而苦苦思索的心态。

1992 年，纪念语文现代化运动 100 周年座谈会上，与会的专业人士一致认为，100 年的语文现代化运动，从 1892 年卢戆章发表“中国切音新字”起算。《一目了然初阶》是我国第一部语文现代化专著，它的出版，正式揭开了我国语文现代化的帷幕，因为书中的拼音字母叫作“切音字”，所以清末的语文现代化运动就被称作“切音字运动”。

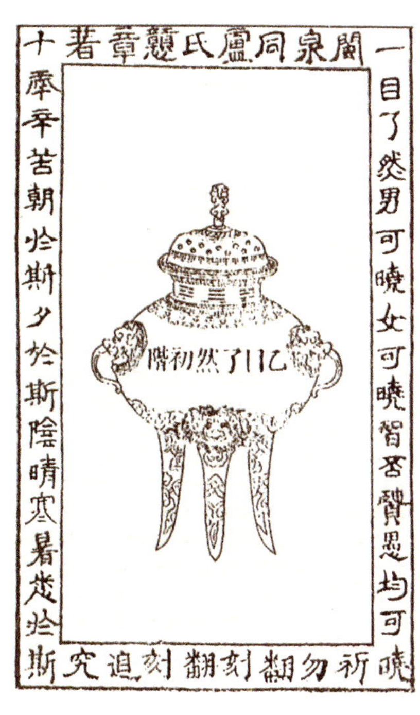

《一目了然初阶》封面

此外，《一目了然初阶》里还有两个用切音新字厦腔和汉字厦门音注音的英文字母表和英文数码（卢戆章叫“大英吗子”）表。英文数码用的是阿拉伯数字，可见在推广阿拉伯数字方面，卢戆章也是走在前面的。

热心推行新知识　不断创新攀高峰

《一目了然初阶》出版后，卢戆章在鼓浪屿乌埭角和厦门二十四崎脚招集船工、小贩开班教学。他为了鼓励大家习识，还通过考试给予奖赏。实践证明，学习这种切音字，只需半年时间就能写所欲言。一时十分风行，连外国人来学的也不少，都称赞简便易学。由于他热心推行，“有从而问字者，不惜焦唇敝舌以诱之”。

1893 年，他又在厦门出版了《一目了然初阶》的节本《新字初阶》，“又恐推行不广，一刊再刊，毕生汗血之资倾而不顾”。他认为切音字只在闽南各属范围推广未免太狭，为此第二步添拼音通话，增加字母拼成全国通用的国音。他由出版《中国切音字母》，进而出版《中国新学》，又再出版《中华新字》，花费了毕生的心血精力。

1898 年，维新运动开始，维新派发出十几条“除旧布新”的命令，其中有“广开言路，不论官民一律得上书言事，严禁官吏抑阻”、“奖励新著作、新发明”。此时，卢戆章的切音字得到清工部虞衡司安溪人林辂存的赞赏，便以“字学繁难，请用切音，以便学问”为由，呈请都察院代奏皇帝，请求将卢戆章字学新书颁行天下。不久，传出皇帝谕旨：“都察院奏林辂存呈称字学繁难，请用切音，据情代奏等因，着总理各国事务衙门调取卢戆章等所著之书，详加考验具奏。钦此。”卢戆章随即遵谕呈缴切音字书。可是衙门还未及考验，戊戌政变发生，“百日维新”失败，林辂存呈请推行切音字的事就被搁置下来了。

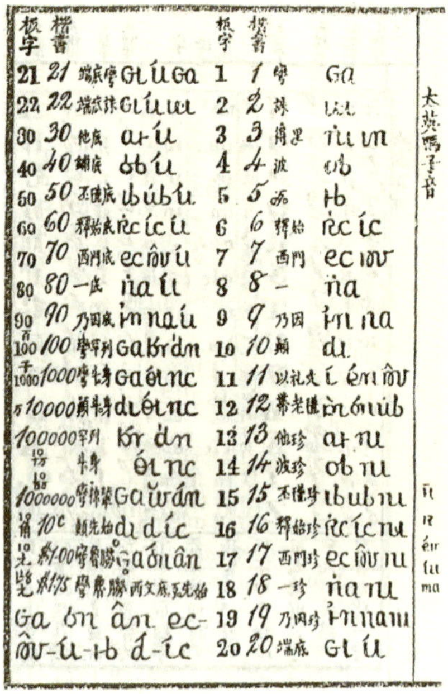

这期间，日本的台湾总督儿玉邀请卢戆章去台湾主持总督府学务课。卢戆章想借此推行他的切音字，便于1899年到台湾任职。在台湾期间，他对台湾历史及日本文字颇有研究，并开始研制汉字笔画式的方案，但促进切音新字的推行并未如愿。3年后，他感到在台湾无法实现自己的理想，便辞职回到厦门。

英文数码注音表

1905年（光绪三十一年），清政府搞虚伪的“变法”，卢戆章根据7年前的“上谕”，特地从厦门万里迢迢跋涉到北京，把吸纳了旧作精华、融入自己新思想的汉字笔画式官话切音字著作《中国切音字母》一书再呈缴学部。但是当时的“谕旨”是批给总理各国事务衙门办理的，学部以此为由推了出来，卢戆章只好把著作送到外务部（它的前身即总理各国事务衙门）。外务部虽然接受了，但无法“考验”，因为他们是办外交的，就又咨询学部查核。两部互相推诿，把皮球踢来踢去。到了来年3月，外务部札批卢戆章，并附学部咨外务部来文。来文照录译学馆审核《中国切音字母》的批文，称其“疏谬略有数端，自难用为定本，通行各省”，并将原书缴还。接到批文后，卢戆章知道恳求朝廷推行的路行不通，就黯然离京回厦。

在返回厦门的途中，卢戆章路经上海，把进呈本《中国切音字母》略加修改补充，在上海出版发行，书名改为《北京切音教科书》，另外又出版了一本《中国字母北京切音合订》。在这两本书的书名旁刊印了他的朋友台湾富商林季商题赠的一副对联：“卅年用尽心机，特为同胞开慧眼；一旦创成字母，愿教吾国进文明。”林季商是我国现代著名文学家许地山的内兄，即林祖密，其妹林月森为许地山的发妻。

"戆气十足"传理念　致力文字新发展

1913 年，教育部召开读音统一会，卢戆章以华侨代表的身份，被委派为福建省出席会议的会员。这时他已 60 岁了，仍不辞辛苦，到北京出席会议。

回厦门后，他对 1906 年的切音字母加以修改，又于 1915 年、1916 年先后出版了《中国新字》《中华新字》。邑绅林尔嘉在为卢戆章所著《中华新字》的序里写道："吾有卢君戆章创为新字，肆毕生精力，以求其所著必传。尔嘉读君所作，知其苦心独造，通俗易晓，故序而刊之，以饷我国民，以告当世有教育之责者"。这一年（1916 年）卢戆章与林尔嘉筹组中华新字促进会，并拟创《新字月刊》和招生教授新字，后因细故争执而停顿。

1920 年，教育部读音统一会会长吴稚晖写信向驻漳的闽南总司令陈炯明推荐卢戆章说："闽南欲作文化运动，不可无此君耳！"陈炯明即聘请卢戆章到漳州教授注音字母，此时他已年近古稀。

同年，卢戆章和林尔嘉组织了"切音字研究会"。卢戆章以研究会的名义拟定《注音字母与中华新字比较表》，列举注音字母的六大缺点，同时设计了一套厦漳泉方言注音字母，叫作"闽南语注音字母"，呈请教育部承认。对此，吴稚晖写信勉励他说："先生为首创音字之元祖，虽笔画未依尊著，而先生不朽之心思，仍寓于注音字母之中。今之溯源流者，必举大名。是千秋之业，不必在形迹间存矣。""闽南语注音字母"是卢戆章设计的第四套拼音方案。

1948 年，倪海曙在《中国拼音文字运动时（简编）》一书中说："卢戆章是中国人中第一个有拼音文字观念和创制拼音方案的人。"

1956 年，文字改革出版社重新出版了《一目了然初阶》，编者的"内容说明"这样写道："这是 1892 年出版的中国拼音文字的第一种方案和第一本著作。我们说中国拼音文字已经有六十多年的历史，就是从这个方案和第一本著作算起……作者卢戆章一生从事拼音文字工作四十年，是中国拼音文字运动的一个先驱。"

1958 年 1 月，周恩来总理在《当前文字改革的任务》的报告中指出："从 1892 年卢戆章的切音新字开始，当时我国的许多爱国人士也都积极提倡文字改革，并且创作多种拼音方案。"这是新中国成立后，国家领导人对卢戆章在创制拼音方案方面的历史功绩所作的肯定。

卢戆章在几十年中，不仅在创制拼音方案方面，而且在推广京音官话（即普通话），推行白话口语，采用横排横写，提倡新式标点，使用简体俗字，以及实行分词连写，符号标调和注音识字等方面都在我国开了先河。

自 1892 年以来的厦门和全国一样，语文现代化运动不断发展，厦门不少有识之士认识到推广"官话"（即普通话）和国语的重要意义，先后编写一些读本，并积极从事普通话的教学与宣传。其中的《京腔官话正续散语集》（1911 年）和《新出活字快话机》(1920 年)还用拉丁字母注音，它们基本上采用威妥玛式，但不完全相同，是清末切音字之后，“五四”国语罗马字之前的两种拉丁字母拼音设计。

特别是卢戆章的门生乔仲敏(北京人，早年在厦执教，又是美国在鼓浪屿领事馆的职员)，他所著的《新出活字快话机》对北京话音节结构做了科学分析和描写，具有时代语言学的观点，他的拼音设计有许多是和现在的汉语拼音方案完全一致的。当时正是汉字笔画式的“注音字母”公布不久，乔氏不采用注音字母，而用拉丁字母注音，实具远见。他在书中还设计了一种轮式“快话机”，以此进行组词成字教学，这实际上是一种“句型”教学法，是汉语语法教学的一种发明。从他的书中可以看到，卢氏师生在推行共同语和创制拼音字母方面的相承关系。

卢戆章长女卢天德，其夫周宗侨，是鼓浪屿英华书院英文主任，也是著名语言学家周辨明的兄长。次女卢天恩(天丽)，生子大鹏。因无男孙，后以外孙大鹏为孙，更名明亮。

卢戆章毕生致力于拼音文字运动，其戆气“可谓十足”。除提倡“统一语言，以结团体”、“认京音官话为通行国语”外，还倡导表音字母化，文体口语化，同时首创横排横写和标点符号，因而被公认为中国拼音文字运动的前驱和我国语文现代化运动的揭幕人。其为国为民的思想和甘于奉献的精神，值得后人纪念和学习。

民国十七年(1928 年)12 月 28 日，卢戆章因心脏病发作在厦门逝世，享年 75 岁，葬于鼓浪屿鸡山。

今日，游人漫步鼓浪屿环岛路，可见到一座卢戆章铜像，铜像底座采用中英碑文镌刻：“卢戆章，厦门同安人，居住鼓浪屿，语言学家。1892 年在厦门首创切音新字，开中国拼音字母之先河，并在推广京音统一语言，推行白话口语、使用简体汉字、提倡新式标点、实行横排横写等方面，贡献卓著，是中国语言现代化运动的先驱。”而铜像背后，那条雕刻着拼音字母和标点符号的 500 米小石道，一直通向鸡山上的卢戆章墓，朴素的墓碑上刻着“发明中华新字始祖卢公戆章佳域”。

(黄佳畅整理)

洪晓春洪镜湖叔侄　两代爱国儒商

洪晓春（1865—1953），名鸿儒，号悔庵，同安县马巷窗东人，嶝山窗东洪氏秋房十八世。在厦门被尊称为“晓春伯”。

洪鸿儒是厦门早期著名商界领袖，先后担任厦门总商会总理、会长、副会长、主席。除领导商运之外，洪鸿儒更以忠贞爱国的情操为世人所景仰。1938年，厦门沦陷，洪鸿儒不愿当日本“顺民”，以74岁高龄流亡海外。1946年，82岁的洪鸿儒回到厦门，受到各界热烈欢迎。

新中国成立后，历任厦门市人代会代表、福建省人民政府委员和福建省工商业联合会筹委会主任。

洪镜湖（1878—1964），字俊清，洪晓春的胞侄。洪镜湖出生书香门第，自幼饱学经、史、诗、词，且能书善画。

20岁时下南洋谋生。后定居新加坡，经营橡胶种植、贸易商行、船务、邮局等业务，被誉为“南洋商界巨子”。抗战期间，不但自己慷慨解囊，还积极发动当地华侨募捐，为抗战胜利做出了卓著的贡献。

鸿儒巨商洪晓春

漫步厦门市中山公园，靠近西门之处，可在绿树红花间，看到白墙蓝瓦上书“晓春”，不远处，一座“晓春桥”横跨湖面，这里纪念的“晓春”是20世纪厦门的鸿儒巨商洪晓春，但人们更愿意亲切地称呼他为“晓春伯”。

同安县马巷镇窗东村（今属厦门市翔安区）与厦门本岛和集美区隔海相望，是个有千年历史的大村，民风淳朴。明朝左侍郎洪朝选（芳洲）为官27年，一身正气，两袖清风，他的家乡就在这里。

洪晓春自小便深受芳洲古风熏陶，勤奋好学，写得一手好字。读完私塾，被录取在本乡的舫山书院就学。光绪三十三年（1907年），洪晓春成为同安县的廪生。宣统元年（1909年）选优贡，旋即举孝廉方正，赐六品服备用，成为当年同安一带名儒。

清末民初，同安各乡普遍种植罂粟（鸦片），害人害已。1909年11月，正当罂粟幼苗下种之际，洪晓春偕同乡绅洪春如，一起到马巷十三都洪姓聚居各村，劝

中山公园里的“晓春桥”与“晓春楼”

洪晓春于清宣统元年（1909 年）中举人的牌匾

谕同宗勿种罂粟，已种的一律剪除净尽，改种其他作物，为家乡做了一件大好事。

做商人　经营有方急公好义

目睹清末政治腐败，民心思变，朝廷摇摇欲坠，洪晓春无意仕途，弃儒从商，自同安来到思明洪本部开设经营粮食的源裕行。由于他在商业经营中重视中国传统伦理道德，把孔孟之道融进企业管理之中，讲诚信，客户遍及闽南及南洋、香港等地，逐渐发展壮大，兼营信局、进出口贸易、钱庄和汇兑业务等，在商界崭露头角。

光绪三十年（1904 年）厦门成立总商会，林尔嘉任第一届总理，洪晓春任第二届总理。其后，商会历经十次换届改选，他相继被选任第六届、第七届会长，第八届副会长，第九届、第十届、第十一届主席。抗战胜利后海外归来，又应聘任第十二届名誉理事长。

商会是工商业者组织的社会团体，维护工商业者的权益是商会责无旁贷的职责。在任职厦门总商会总理、副会长、会长、主席的20多年间，洪晓春运用自己的聪明才智和商会群体的力量，在与政府官员、日籍浪人的斗争中，勇于挺身而出，维持商人的合法正当权益，妥善处理苛捐杂税和金融风波。他还大力提倡国货，倡议举办国货展览和组建国货公司，参与抵制日货的群众爱国运动。

20世纪20年代后期，南亚华侨经济复苏，厦门近代化城市建设推进，厦门社会经济出现空前繁盛的景象。洪晓春的商业活动、业务范围随之扩展，开设了源裕汇兑信局、信义孚钱庄和经营进出口贸易的源裕行，继又兴办五福冰糖厂，投资厦门公共交通公司，还邀集同安企业家乡亲集资建成一条“兴安街”，寓意兴旺同安经济。

1920年6月，厦门士绅组织成立厦门市政会，林尔嘉任首任会长，黄世金任副会长，洪晓春、黄奕住等29人为会董。厦门地方政府相应成立市政局。市政会为民间议事机构，市政局为政府办事机构。

市政会和市政局成立后开工的第一项工程，是修建从提督路头至浮屿的马路。由于是厦门兴建的第一条马路，故取名开元路。这项工程于1920年12月动工，但因资金不足，加上屡遭外籍商户、台湾浪人的阻挠，直至1927年才完成混凝土路面的铺设，整整耗费了7年时间。洪晓春不懈努力，积极协调，排解阻力。

洪晓春任厦门市政会第二届副会长、第三届会长期间，组织投资厦门公共交通公司，建设第七、第五市场。鼓励华侨回乡投资建设，印尼华侨黄超群黄超龙兄弟、菲律宾华侨李昭北、越南华侨陈式灿、马来亚华侨陈可补等人投资开辟思明南路、大同路、鹭江道和中山公园周边一带，买地建楼，是他牵线搭桥引进的。

为适应城市发展，1929年，他与张镇世等投资组建厦门市汽车公司。1934年，厦门开始有了民营的市内公共汽车行驶。

洪晓春没有忘记贫困的老百姓。他还是厦门民间慈善团体“益同人公会”发起人之一。牵头发动各商户和南洋各地捐款充实慈善基金，定期举办“施粥”“施棺”，暑天在街道上设“奉茶处”，免费为人力车夫和贫民提供凉茶；严冬设避寒所，发放用麻袋缝制的衣服供贫民御寒；春节临近时，发放“米单”供贫民过年。还倡办益同人医院，免费为穷人治病施药。

洪晓春没有忘记家乡的百姓。为了扶持家乡的经济发展，他集资修筑窗东、蔡浦两处海埭，在窗东埭建造轮船码头，创办轮船公司；在东坑乡主持修建马巷—莲河、马巷—刘五店公路。对宗族事务他也非常热心，是1948年创办“泉州六桂堂家族联谊”主要发起人之一。

洪晓春热心为社会服务，遇到地方宗族械斗、帮派冲突、民间纷争，他都甘当

“鲁仲连”，苦口婆心地进行排解调处，息事宁人。同安马巷许、陈两姓械斗，厦门码头工人争界等，他都从中斡旋，令事态很快平息。此外，轰动厦门以至闽南、东南亚一带的天一信局倒闭事件，法国籍民众黄仲训侵占日光岩郑成功遗迹建“瞰青别墅”以至厦门大学的学潮，他都担任主要调解人的角色。

他一生古道热肠、急公好义、爱国爱乡、不慕虚名的精神和品格深受后人敬仰。

做文人　吟诗作文兴学助教

在文化教育方面，洪晓春也有殊多建树，从而成为厦门文化教育界的名流。

清末民初，与全国主要大中城市同步，厦门地方有识之士也掀起兴办新式学校热潮。洪晓春虽出身科举，但他并不反对吸收西方文化，而是赞同中西文化合理的融会贯通。清末废科举，兴办新学热潮兴起之际，他首先于光绪三十一年（1905 年）偕同洪湛恩、陈宗英等发起，将马巷的“舫山书院”改为“舫山学堂”，成为马巷地区第一所近代新式学堂，舫山学堂嗣后又改为高初两等小学（即马巷中心小学的前身）。

1906 年，洪晓春与黄廷元、杨景文等人发起成立“大同两等小学堂”，洪晓春被推举为校董会董事长，聘杨景文为校长，校址设在赖厝埕（今大元路鹭江剧场所在地）。洪晓春等人为大同小学的兴建校舍、增添教学设备和常年经费到处募捐，而且为大同小学的发展远景运筹策划。100 多年过去，这所清末小学堂已经是厦门市的知名小学，蜚声八闽。

1920 年又发起倡建马巷启智学校，“启智”顾名思义就是“启发民智”。1930 年秋，革命作家高云览偕夫人王喜鹊在该校任教。还独资或合资兴建窗东学校和刘五店光华学校、毓秀女校，接纳贫穷子弟入学。

由于洪晓春热心教育事业又有学识，他还一度被推选出任厦门教育会会长、思明县教育行政委员会委员、筹助厦门大学经费的“厦大协进会”发起人之一。

20 世纪三四十年代，鉴于福建省各地公路次第完成，汽车公司会计人员奇缺，他与严焰、黄廷元等又组织成立汽车会计补习学校。

洪晓春科举出身，舞文弄墨是终生爱好。民初，林尔嘉发起成立“菽庄诗社”，洪晓春是诗社成员之一，多次与菽庄吟侣李禧、陈桂琛、周墨史等一起参与林尔嘉举办的诗会吟咏唱和活动。

五四新文化运动之后，厦门文化界人士陈文总等成立“厦门通俗教育社”，开展写白话文、演文明戏（话剧）、讲演等一系列推进新文化运动，也得到洪晓春的支持。1935 年，陈掌谔等发起成立竞强体育会，举办游泳竞赛，他应邀为顾问。抗战胜利后，从海外归来，虽已年届八十，仍热情地加入筼筜诗社，举办“竹林雅集”，赋诗唱和。还出席参加厦门市文献委员会成立大会，讨论编修《厦门市志》。

洪晓春擅长书法，也会国画，常应邀为学校、公益设施、寺庙题字。晚年笃信佛学。南普陀寺有对石柱，刻着“怒目金刚任是千魔顿伏，低眉菩萨由来万行齐修”对联，就是洪晓春写的楷书。

做中国人　宁死不屈堂堂正正

抗日战争期间，洪晓春参加厦门各界抗敌后援会，被推选为劝募部部长，率先捐献，以带领厦门市商界人士筹款支援抗日救国。

1936 年 12 月，洪晓春 72 岁生日前夕，厦门市商会、厦门市教育会、益同人公会等 40 多个社团拟联合为他举办祝寿活动。洪晓春得知情况，立即对新闻界发表谈话：“国难严重，前敌将士风餐露宿，自维衰老，不能执干戈以卫国家，已属遗憾，何敢重累各界耗资，以自逸乐。”他的谈话见报后，各界人士很受感动，改变原先盛宴祝寿的做法。遵照洪晓春的意愿，“将欢宜醵资充慰劳前敌的捐款”，各界人士和亲友的寿仪现金 2154 元由市商会存入银行，汇往绥远前方慰劳抗日将士。

1938 年，侵华日军的铁蹄踏上厦门，百姓纷纷外逃，社会秩序大乱，百业凋零。日寇为稳固其统治，拟利用洪晓春在厦门的威信和社会地位，企图请他出任伪厦门市维持会会长。日本领事泽重信多次亲自出马，使尽利诱威胁手段，但均被严正拒绝。

洪晓春为避敌纠缠，免受利用，74 岁高龄时离别病床上的老妻和一个儿子，随带两个儿子为伴，与 1000 多名逃难的市民一起，搭乘开赴菲律宾的“丰庆轮”。看到船上难民衣服单薄，盘缠不足，他与船长商量将船改驶香港，还利用船上的无线电与香港的福建商会、福建同乡会取得联系，请求设法安置难民，以免难民抵港后流离失所。

洪晓春抵港后在旅社休息，翌日有人敲门，一看竟又是日奸泽重信，欲请洪晓春返厦当市长，洪晓春哈哈大笑说：“我乃中国人，岂有为虎作伥之理！”将泽重信的无耻威胁置之度外。

但因香港实非久留之地，洪晓春便离港赴越南，继而转赴马来亚马六甲，流亡期间相继接到妻子和儿子在厦门去世的噩耗，北望桑梓，老泪纵横，但只好强忍悲痛。后定居在新加坡。

1941 年太平洋战争爆发，新加坡沦陷，日寇对洪晓春的迫害仍不放过，洪晓春借故住进医院并连夜乘火车转移，又被日寇追踪缉捕，关进马六甲观音亭集中营达数年之久。在狱中，日寇又胁迫其出任厦门市市长，洪晓春死不屈服。不久，洪晓春病危，新加坡各界商人联名担保，请求释放。日寇以洪晓春须填写悔过书为条件相要挟，洪晓春怒斥敌人“八十老翁，无过可悔”，拒不书写，日寇担心他病死狱中，只得准予保外就医。

1946年10月，82岁的洪晓春从集中营获释回到厦门，厦门上千人自发冒雨到轮渡码头迎接。国民党政府授以他“忠贞爱国”匾额一方，并将厦门市洪本部街改名为“晓春街”，以表彰他的爱国情操。1946年后，任厦门市总商会名誉会长。

国民政府题颁福建省同安县洪鸿儒“忠贞爱国”匾

新中国成立初期的1950年1月26日，厦门市人民政府召开社会救济委员会首次会议，洪晓春应邀出席，并被公推为主任委员。1950年10月16日，中华人民共和国主席毛泽东签发府字第3295号通知书，任命洪晓春为福建省人民政府委员。1951年4月15日，他作为厦门市第一届人民代表会议的特邀代表和主席团成员在主席台上就座。1952年1月，87岁高龄的洪晓春出席在福州召开的首届福建省人民代表会议。当年的福厦公路还未修筑，他老人家乘坐的专车在凹凸不平的公路上熬了12个钟头，已经是够累的了，可他精神上仍感到十分愉快。记者采访他时，他非常兴奋地说：“我活了这么大的年纪，在社会上做过许多事，但只有在新中国成立后的今天，才见到共产党、人民政府是真正为人民做事的，人民才真正有自己的政权。”

1953年1月4日，洪晓春逝世于厦门中山医院，享年88岁。后厦门市人民政府在中山公园建设“晓春楼”以做纪念。

附　录

洪晓春故居

洪晓春的故居在现在的翔安区马巷镇窗东社区居委会辖内，共有两座。一座是他父亲洪肯堂修建的，也是洪晓春出生的古民居；一座是洪晓春修建的“大夫第”。两座古民居都是清末的建筑物，其房屋布局、面积大抵相同，都是两进双护厝，燕尾脊硬山布瓦顶，砖、木、石结构。洪肯堂修建的房屋时间较早，装饰比较简朴，而且只有右边有一列护厝，左边没有护厝。洪晓春修建的房屋坐东朝西，面阔17米，进深18米，前有5米深的庭院，南侧有一口水井，上置方形圆口石井栏。

洪晓春故居主体建筑两侧的护厝为马鞍脊屋顶，虎边的护厝是洪晓春胞侄洪镜湖的旧居。

1891年，洪晓春还在村中修建一座书房，偏大门上长方形匾堵镌“沁香小筑”，上款为“光绪辛卯”，下款为“笑山书”。书厅墙壁有临摹朱熹于大轮山的“寒竹风松”题字，还有洪承金的人物画和当代书法名家题写的壁诗，充满着儒家文化的书香气息。

洪晓春故居

新加坡爱国儒商洪镜湖

洪镜湖（1878—1964），出生书香门第，自幼饱学经、史、诗、词，且能书善画，精深的儒家文化为他的经商之道奠定了诚实的理念基础。

他20岁时，远渡重洋，赴新加坡、马来亚等地谋生。后来定居新加坡，经营橡胶种植、贸易商行、船务、邮局等业务。由于秉持“一手持《论语》，一手拿算盘”的理念，经营有方，事业蒸蒸日上，拥有源顺街整条街的商铺，被誉为“南洋商界巨子”。

1931年，洪镜湖与陈延谦、林金殿、蒋骥甫、颜世芳等发起成立新加坡同安会

洪镜湖

馆。这是一个新加坡华人地缘社团，宗旨是联络感情，团结互助，共谋福利，服务社会。

抗战期间，洪镜湖的次子洪绍佐被日本侵略者杀害，家仇国恨激起他无限的爱国热忱。他不但自己慷慨解囊，还积极发动当地华侨募捐，大力支持祖国的正义事业，为抗战胜利做出了卓著的贡献。

洪镜湖不但是新加坡一位出色的商人，而且还是一颗文坛将星。从他和李烺焜交往的诗作中，可以看出他的文学功底和才气。李烺焜（1902—1947），名煜，号怀溪，同安铜鱼馆人，25 岁时往新加坡，在华侨中学担任会计，诗、书、画俱佳，在当地时常与林启图、吴申甫等诗文唱和。洪镜湖和李烺焜是深情厚谊的同乡，也是“星洲词客留题咏”的主要诗人。1927 年李烺焜在星洲吉宁德益文公司印刷《怀溪楼诗稿》时，洪镜湖为该书题诗三首。

其一,《题月梅图》:

惟梅与月，高洁超越。中有幽人，芳心未歇。
花难长好，月难长圆。爰绘于画，爰诗于编。
诗卷长存，花月之魂。寄托风雅，樽酒共论。

其二,《前题》:

去年回国时，绣伊索我诗。为题梦梅草，韵事有余思。
烺焜文学友，风流笔一支。昨示拈梅影，嘱我为题词。
其中多作者，骚坛名正驰。愧余荒疏久，下笔又迟迟。
联想及往事，结缘梅花奇。同是青莲后，风雅总相宜。

从诗中可以看出洪镜湖对梅花是情有独钟，其中蕴含着他对祖国，对家乡的无限情思。在他将女儿和外孙女陈慧瑛送回中国时，离别礼物便是一幅《墨梅丹青图》。

洪镜湖身居异域，但对桑邦时常牵挂。他写过一首《登大轮山写望》诗:

邑于轮山下，万派注而倾。双溪汇合处，是我同安城。
长桥分两道，利济便行人。南薰（今南门桥）百尺，西安（今西桥）倍其程。

奔流到沧海，无限万里情。东望金门去，群岛自纵横。
西望厦门去，鼓浪若有声。所以同安人，自昔事长征。
南来东南亚，北上达幽并。地势使然之，奇迹因产生。
中国通文化，集合总其成。行见蒸蒸上，发展莫与京。

诗歌明白如话，朗朗上口，既描绘同安的山川形胜，又讴歌同安人的开拓精神。

洪镜湖不但赋诗赞美家乡，而且以实际行动支持家乡的建设。他是1945年倡建同民医院董事会执委之一，他的二叔洪晓春在家乡建设学校、医院、公路、海埭、码头等公益事业，大部分的资金是洪镜湖从海外提供的。

（林希）

一代富商的爱乡情怀——黄奕住

黄奕住（1868—1945），印尼前首富及糖王，著名的爱国华侨企业家和社会活动家。他创办银行，扶助发展华侨工商业，振兴祖国实业；创办经营社会公用事业，建设家乡；兴资办学，为祖国教育事业做出很大贡献。直到临终之际，他仍谆谆教诲其子孙，要继承其遗志，忠于祖国。

从货郎担到糖王

黄奕住于1868年出生于福建省南安县金淘乡，祖先世代务农。少时家贫辍学，除帮助父亲种田之外，还学习了剃头手艺，曾到邻近的安溪县当学徒，挣钱辅助家用。

1888年，黄奕住随乡人到南洋谋生。初到新加坡，继而去印尼棉兰，后在爪哇三宝垄定居。白天，他在路边为人剃头，夜间则寄宿在海边妈祖庙里，人们称他“剃头住”。他为谋生而学习土著语言，了解当地民情风俗。

稍有点积蓄，黄奕住便放弃剃头业，在华侨魏嘉寿帮助下，改做肩挑小贩，贩卖杂货，收购土产。因他讲究商业信用，服务态度又好，当地居民很爱和他做生意。不久，他用积蓄的本钱，摆摊设点做小商。黄奕住很勤劳，起早摸黑，经营也有方。为了及时收购各地的蔗糖等土产，他驾着马车走村串社，与当地居民做交易，生意一天天发达起来，从小贩到开设商店。与当地华裔女子蔡缠结婚后，他经商更为发奋，夫妻俩经常劳作到午夜才就寝。每天清晨，他匆匆赶到货仓门口等候，一开门，便抢先选购当地土产，如马铃薯、胡椒、葱、蒜，将货迅速运回店里，挑选整理，赶应当日上市。夫妻同心，其利断金，黄奕住这就算在三宝垄扎稳了脚跟。他在三宝垄设立“日兴行”，经营土产品，由零售商转为批发商，雇佣大批人手。1914年，又将生意扩大到印尼的泗水、雅加达、巨港、棉兰和新加坡等重要口岸，设立“日兴行”分行，资本已达300万至500万荷兰盾，颇有名气。

19 世纪末 20 世纪初，三宝垄是蔗糖业的一个重要区域集散地。黄奕住瞅准时机，进入糖业，精心经营，到了 1913 年，已经跻身三宝垄的四大糖商，第二年便入选了欧洲人编的《世界商业名人录》，轰动华人社会。第一次世界大战期间，是黄奕住经商的鼎盛时期。他运用雄厚的资本，收购大批量的蔗糖等货物。到了大战结束后，糖价暴涨，大获其利，利润达千万以上。黄奕住专营糖业历 30 年，终于从剃头匠发迹成为赫赫有名的华侨富商。

三宝垄的华侨领袖

黄奕住的社会地位与声望随着财富的增加而提高。进入 20 世纪，在三宝垄，他不仅是一位著名华侨企业家，同时也是一位积极参加当地华侨社团活动、祖国及福建家乡建设事业、祖国改革与革命活动的社会活动家。他成了当地的华侨领袖。他参加居留地的多种华侨社团活动，出力多的是组织三宝垄中华会馆、中华商会、华侨子弟的教育事业和华商糖局。

中华会馆在教育方面的宗旨是改良华人习俗，提倡现代的华文教育。它既是华侨团体，又是主办华侨学校（小学）的文化机构。三宝垄有几间由华侨办的，供子女读书的“义学”（私塾）。三宝垄中华会馆成立之后，在“义学”基础上建立附属学校，上课用华文，允许女子入学。开始只有 80 名学生，很快增至数百名，有时接近 1000 人。黄奕住任财务董事，分工管理该会馆及所办中华学校的经费。经费的来源是向当地侨商募捐，黄奕住负责此事，总是捐款较多，起了带动作用。后中华会馆又创办华英中学，招收中华会馆小学的毕业生，为广大华侨子弟进入中学创造了良好的条件。又与香港大学有联系，学生毕业可直升香港大学。在黄奕住与其他董事的共同努力下，此校经费充裕，师资及设备较好，始终是全印尼著名的华侨中学之一。

1906 年，三宝垄华侨商人又成立中华商会。它是荷印地区华侨组织的最早行业和职业团体，促进了三宝垄地区侨商的团结与合作，维护华侨的利益。黄奕住是组织者之一。

黄奕住不仅热心有益于华侨的社会活动，还组织华侨关心祖国人民的生活、建设与改革。以他在中华商会中的活动而言，从 1907 年至 1917 年，该会向会员发动过 10 次募捐救济中国的受灾群众，6 次募款资助中国的国库，15 次帮助推销中国政府的公债和私营企业的股票。这些事都由黄奕住负责。

黄奕住热心华侨教育事业，不仅仅是在印尼。1918 年 6 月，陈嘉庚向同乡会馆及侨领募捐 25 万元，创办新加坡、马来西亚的第一所新式华文中学——新加坡南洋华侨中学。黄奕住解囊捐款 5 万元，占募捐总额五分之一。同时，黄奕住又捐助新加坡爱同学校 1.5 万元。

回国兴业　筹办中南银行

三宝垄所在地，是荷印政府殖民地。1919 年，黄奕住决定从印尼回国定居，选址厦门鼓浪屿。他很快把自己在国外的大部分资产转移到国内，据说至少有 6000 万元（当时中国的银币）之巨，是近代华侨投资国内企业金额之冠。

黄奕住在鼓浪屿兴建的时称“中国第一别墅”——黄家花园

黄奕住认为“上海为五口通商之一，外商齐聚，皆行使其国币”，为改变这一现状，于是于 1921 年与商界名流组织中南银行，资本 750 万银元，其中黄奕住出资占 75%。中南银行被特准和当时的中国银行、交通银行一样，可以发行钞票。为保障发行信用，该行邀集当时的盐业、金城、大陆三银行，建立“四行准备库”，厚聚四行的资金进行发行和储蓄业务的联营。该行还陆续在厦门、天津、香港、南京、杭州、苏州、汉口、北京等地设立分支行，可以说是国内华侨金融业之首。

中南银行建立后，黄奕住又运用其雄厚的资本，先后向国内一些民用企业投资，其中较重要的企业有：上海新裕纺织公司、上海德丰毛纺织公司、上海诚孚工厂、天津北洋纺织公司、天津永利化学工业公司、天津启新洋灰公司、广州矿务公司等。

黄奕住还于 1925 年在上海创办日兴行，经营进出口业务，贸易额很大，比如进口的糖占当时全国进口量的 70%。又在汉口设日兴行，经营大豆出口业务，每年销售量达数千吨。

黄奕住在厦门独资创办的黄日兴钱庄，聘戴燕新为经理。至 1934 年 12 月 1 日起，突然宣布结束营业，引起厦门各界的惊奇。据《江声报》报道：从 1919 年到 1934 年的 16 年中，黄日兴钱庄获利 100 万元。

鼓浪屿中南银行旧址

《江声报》1934 年 12 月 2 日报道中并谓："黄奕住早岁经商南洋。 在沪、厦各处投于股份有限公司，有中南银行、厦门自来水公司、厦门电话公司，以及手置业产，全部总共几达两千万元。"

黄奕住"每以少时失学为憾"，因此，在他富有之后，就十分重视文化教育事业的发展，并热心给予资助。 1920 年，他在家乡楼霞乡设立斗南小学，不收学费，还发给学生学习用品。

厦门城市现代化的推动者

20 世纪 20 年代的厦门，市政建设陈旧、落后，环境污浊。 当时适逢厦门进行市政改革，拆城墙，筑马路，华侨大量投资，黄奕住也颇有建树，他除了创办或组织股份公司外，还开办厦门自来水公司和电话公司。 兴建市内外公路、修筑海堤、办理水陆联运、兴建新式房屋……厦门城市的现代化建设，某种意义上便源于黄奕住。 此外，他还大力推动福建的铁路建设和闽西矿产资源的开发。

厦门电话公司是林尔嘉于 1907 年创办的。 开办时只有 4 万元资本，黄奕住于 1921 年接办后，资本增加到 30 万元，规模扩大。 1923 年又买下了日本人在鼓浪屿设立的北川电话公司，合二为一。 经过一番整顿，重金聘请技术人员和培训接线人员，通话线路大为增加。 到了 1925 年，市内电话畅通，还能和郊区及闽南大小城镇通话。

1933 年 9 月 10 日，黄奕住召集全体股东，在鼓浪屿观海别墅召开了商办厦门电话股份公司创立大会，订立公司章程，选举董事会董事，黄奕住任董事长。董事会由七名董事组成。黄钦书（黄奕住之子）、黄省堂以及吴卓洪、陈龙田、林汉南、黄天赐和黄长溪（黄奕住长孙）等，先后担任公司的经理。厦门电话股份公司基本上是鼓浪屿华侨黄奕住的家族企业，其所投资的股份共达 200 万元。

黄奕住的厦门电话股份有限公司，以“服务桑梓为宗旨，不以牟利为目的”为经营方针，所以获得较好的社会效益。1929 年，国民政府交通部正式颁发营业执照，并称赞以此宗旨经营的私人电话公司，当时国内仅此一家。至 1934 年，公司业务达到顶峰，各地用户数多达 2400 号，电话机拥有量有 300 余架。当时厦门的人均拥有电话机数量位居国内有线通信业的前茅。

1938 年 5 月，日本侵略者占领厦门，厦门电话股份有限公司蒙受惨重损失。日本人强占了公司设备，然后假惺惺地派人到上海，要求黄奕住与他们合作，美其名曰“投资入股”。黄奕住义正词严地拒绝与日本人合作：“你们或者把电话公司还给我，或者把电话公司拿去！”黄奕住大义凛然的民族气节，是值得后人称颂的。

黄奕住还十分重视厦门的市政建设。他开设的黄聚德堂房地产公司，是当时厦门较大的房地产公司之一，在鼓浪屿和厦门投资 200 多万元，建筑和购买 160 多幢房屋，并投资建设海滨堤岸。鼓浪屿有一条日兴街，就是黄奕住建的。

黄奕住在修建大量私宅的同时，于 1920 年在鼓浪屿东侧濒海处买下大片港汊荒地，面朝鹭江建设了一座豪华的厦门酒店，酒店后面则请建筑行业的友人设计建造了一条宽 4.5 米、长 200 米的步行街道，首次采用长条形的花岗岩铺设路面。道路两侧修建整排的房屋，一侧为单层栈房和店面，另一侧为两层骑楼式公寓，两侧的门口均留有 1.5 米人行道。黄奕住因以经营“黄日兴行”发家，故兴建的这一条路就以“日兴街”为名。日兴街成为那个时代厦门街道现代化起步的标志。

此外，黄奕住还在厦门，尤其在鼓浪屿建造了一批公共设施的建筑，如厦门自来水公司办公楼、中南银行鼓浪屿办事处大楼、厦门酒店和厦门自来水公司鼓浪屿管理站等。1930 年，他创办黄聚德堂股份有限公司以管理所有的这些产业。据统计，黄奕住分散在厦、鼓各地的房地产共有 160 座，建筑面积达 41457 平方米。由于爱国精神的激励，建筑理念的超前，黄奕住在鼓浪屿所建造的楼房，已成为岛上历史文化遗产的重要组成部分。

为促进福建交通事业的发展，推进民族工业的振兴，福建的许多海外华侨和有识之士纷纷呼吁在福建修建铁路。黄奕住是福建铁路公司主要股东之一。首先修建的是漳厦铁路，自厦门岛对岸的嵩屿起至漳州止。

漳厦铁路

敬教劝学　急公好义

黄奕住在童年时，因家贫失学。他在独立谋生、艰苦创业的过程中，对于因读书少而带来的苦恼和振兴教育、开发民智的重要性，体会极深。

幼年失学，成年吃苦，是他办学的动因、动机、动力。黄奕住用于教育的精力与金钱，主要表现在两个方面。一是对家中子孙的教育，二是对社会青少年的教育。常到黄奕住家做客的闽南名士苏大山写道："……君（指黄奕住）每以少时失学为憾，故创办斗南学校于楼霞乡，慈勤女子中学于鼓浪屿，而新加坡筑爱同学校、华侨中学，厦门大同中学、英华中学，北京大学，广东岭南大学，上海复旦大学，均倡捐巨资不吝。"捐资的综述"累计十余万金"。

黄奕住长子黄钦书（1893—1966），随父亲从印尼回国定居鼓浪屿，协助父亲在厦门创办公用事业和在上海等地创办中南银行，积极参加地方举办社会公益事业。1950 年从香港回到上海定居，任上海中南银行董事长兼经理。中南银行参加公私合营后，任该行副董事长，兼任益中瓷电公司董事长、厦门电话公司董事长等职。第三届全国人大代表，国务院华侨事务委员会委员，全国侨联第一届常委，上海市侨联第二、三届主席。

黄奕住对唯一的女儿黄萱（1910—2001）宠爱有加，他决心要让女儿成为真正的名媛淑女，对上过小学和鼓浪屿海滨女子师范学校的黄萱继续进行闺阁教育，鼎盛之时有 4 名家教分别设课国文、英文、音乐等，并重金延请一批名儒硕彦，施教经书格律，一习就是整整 5 年，为黄萱的古典文学打下深厚基础。

1935 年，黄萱与医学博士周寿恺（1906—1970）成婚。抗日战争爆发后，周寿恺毅然离开协和医学院，以满腔热情投身抗日救亡运动，加入华侨林可胜领导的中国红十字会救护总队。周寿恺、黄萱在国难当头之际，抛舍优越的生活条件，带着幼小的子女辗转在云贵高原，为祖国的抗战大业贡献力量。抗战胜利后，周寿恺留在大陆，继续他的医学研究和教育事业，长期担任岭南大学医学院院长和附属博济医院的院长。

黄萱于 1952 年至 1965 年担任国学大师陈寅恪的助手，当时陈寅恪已经眼盲。能被陈寅恪认可成为助手，就可以看出黄萱的水平。学术界对于黄萱的评价非常高，许多人都认为如果陈寅恪不是选择了黄萱当助手，晚年的著作就无法预料了。

1980 年，黄萱回到阔别 30 年的鼓浪屿，住进漳州路 10 号别墅。当年，黄奕住在建成“中德记”花园别墅后，将剩下的材料，按同一张图纸建成 5 幢一模一样的别墅，交给四个儿子和女儿居住。历经繁华、艰辛和苦难的黄萱，杜门谢客，过起了恬淡的生活。弹钢琴，读古书，逝水流年，安居 20 年。而今居住在 10 号别墅的是黄萱之女，原鼓浪屿区副区长周菡，别墅内陈设一切如昨，主人希望继续自然随性的生活。

黄奕住的侄子黄天赐（1897—1952），出任了厦门市侨联第一届、第二届主席，曾协助黄奕住在印尼、新加坡等南洋多地经商。

黄奕住的长孙黄长溪曾任厦门市副市长、福建省副省长、全国人大华侨委员会副主任委员、福建省人大常务委员会副主任、全国侨联副主席、全国工商联副主席等职。黄长溪毕生周转于商界与政界，享有盛名。作为民族工商业者的后代，他爱国敬业，自觉把个人命运与祖国的建设发展结合在一起。步入政坛，他励精图治，把爱国情操融于点滴的事业中，为治国安民做出了不少的贡献。无论经商还是从政，他始终坚持为厦门的发展出谋划策，为把厦门建成和谐家园而努力。

（黄佳畅）

林文庆二三事

林文庆（1869—1957），字梦琴，祖籍福建省海澄县（今厦门市海沧区鳌冠村）。在新加坡，他是一位杰出的社会活动家、立法委员、教育家、名医，一位开创华人社会改革运动的先驱，一位活跃于19世纪末20世纪上半叶的新加坡—中国的、集中西文化源流于一身的划时代的人物。

林文庆与陈嘉庚的交往非同一般。陈嘉庚尊他为“树胶种植之父”。他们以开拓橡胶行业、剪辫子、追随孙中山干革命、鼓吹改革华人社会、唤起侨生的祖国观念和中华民族意识为“缘”，早在1906年或更早就已相识和交往，进而成为挚友。林文庆对陈嘉庚可谓披肝沥胆，对陈嘉庚创办厦门大学的远大抱负理解而默契。

1921年，厦门大学开校伊始，校长邓萃英辞职北上。陈嘉庚急电林文庆，聘任为厦门大学校长。林文庆接电即从新加坡动身回国。7月4日抵达厦门的当天晚上就与师生见面，表示要把厦门大学办成生机勃勃而不是死气沉沉、实实在在而不是空有其名的真正的大学。直至1937年，陈嘉庚将厦大献给政府改为国立，林文庆随即将执掌了16年的校长权责，交卸殆尽。

这16年，厦门大学是陈嘉庚独资支撑、筚路蓝缕的私立时期。其时，中国正处内忧外患、学潮不断的多事之秋，又是陈嘉庚公司由鼎盛而江河日下、学校经费由每年数十万至上百万元都不成问题，到捉襟见肘每年二三万元都难以筹措的艰难时期。尽管如此，林文庆忠于职守，兢兢业业，为厦门大学浇铸了“南方之强”的坚实基础。这为其后厦门大学历经政府公立、国家重点，综合性大学的类别不变、校名不改、校址依旧，一路凯歌，以迄于今，跻身国家一流名牌大学，成为首开中国高校在海外创办分校之先例。

但在很长的时间里，人们在评述厦门大学校长、教授的历史贡献时，却忽略了林文庆。1980 年代初，由历史系陈孔立教授执笔撰写了厦大校史，或因“林文庆”而被束之高阁。1995 年夏，香港大学校长王赓武教授的博士研究生、《林文庆的思想——中西文化的汇流与矛盾》一书的作者李元瑾（新加坡人），在厦门结束田野作业后，怅然叹道：没想到人们对林文庆这位实际上的厦门大学开校之长，竟然知之甚少，对他是陌生而且冷漠！

厦大是“中国生物学家摇篮”

1986 年夏，美国纽约州立大学一位博士研究生来到厦门大学，校长办公室和外事办安排他与我见面。他为作博士论文《中国近代生物学发展史》而来，他要我谈谈厦大校长林文庆及其与陈嘉庚的关系，他们办学的宗旨、目标、特点以及师资来源、设施配备。他说，在查阅文献资料的过程中，发现中国的许多生物学家不是 20 世纪二三十年代厦大的教师，就是那个时期的学生，可以说厦门大学是中国近代生物学家的摇篮。

这位白人准博士说得没错，有“老厦大”何厉生先生（1897—1996）的回忆可佐证。何先生是我住厦大国光楼时的邻居，浙江人，1928 年来厦大，曾在林文庆、萨本栋及汪德耀相继担任校长期间，任秘书襄理、校长办公室文书主任、《厦大周刊》委员。1984 年 8 月，我对他进行过专访，87 岁的他，记性很好，谈起厦大私立时期的人与事，如数家珍。他说，陈嘉庚办厦大管经费，要求办成一流的大学，林文庆校长管学校。陈嘉庚出钱，说到做到，从不拖欠员工薪水。他在厦门开元路陈嘉庚公司分行设集通银号，向厦大提供经费。每月月中，准时发薪，分文不欠。集通号经理是孙国栋，林文庆掌管校政，一是网罗人才，优待教师；二是非常重视科研。

林校长邀聘德国生物专家何博理和秉志（农山），同一时期来任教，为厦大生物系创建的功绩影响深远。厦大每年暑期都举行生物科学讲习会，到会的国内学者和本省中学生物课教师，多达几百人。那些活动都是由理学院院长、生物学教授陈子英主办。这个学院培养了不少一流的专家。秉志是前清举人，北大毕业，留学英、美的博士，是动物学教授，他要助手、经费，林校长都给。他与陈子英，还有助教伍献文，每年都带队去福建沿海或东沙、西沙、南沙采集标本，做实验。标本有三万多件，其中“陈嘉庚水母”“林文庆海参”“陈嘉庚鱼”（文昌鱼）都是当时倍受国内外科学界重视的著名生物标本，是秉志、陈子英带队采集和研究的成果，是陈嘉庚和林文庆提倡和支持才取得的成绩。吴学文是秉志带出来的学生，林校长非常赏识。海洋生物研究方面的成就举世瞩目。那时厦大还是海洋生物标本供应站，向全国高校、中学提供科研、教学所需的标本。

约于 1984 年，我曾拜访过生物系老教工刘聚星先生，厦大每年暑假的生物科学讲习会，他多次参与做后勤。他讲述当时学者师生南腔北调、成群结队、采集标本、探讨学问的盛况时，兴味盎然，竖起大拇指赞叹不已：“这都是林文庆校长带出来的！”

何先生说，当年应聘的还有孙贵定，无锡人，英国爱登堡大学教育学博士，任教育学院院长，成绩斐然，著名学者刘继伯即出其门下。郑德坤是历史系讲师，燕京大学毕业，他在古生物研究方面贡献突出。商学院由陈灿主持，也办得很出色。化学系的刘树杞很有名，曾是代校长。戴密微是瑞士人，哲学家，培养了多名高材生。同安人余青松，是气象学专家，后来是南京天文台的创建人。美学教授姜立夫，以及朱谦之、来德、钟心煊、沈兼士、顾颉刚、孙伏园、林语堂等著名教授也都纷纷应聘来任教。杨克纯是杨振宁的父亲，是名教授。

厦大私立时期设 4 个学院 24 个系，培养 12 届毕业生，共 636 人。伍献文、曾呈奎、方宗熙、顾瑞岩、卢嘉锡、蔡启瑞都是那时的校友，后来也成了著名学者、科学家。

教授任教满十年，休假一年，周辨明享受这种待遇，陈嘉庚供费让他到德国。

“老厦大”何厉生忆林文庆

根据我 1984 年 8 月 26 日、9 月 2 日的专访及何厉生先生 8 月 29 日亲笔信整理：

我来厦大到现在 56 年了，今年 87 岁，脑子还行，不糊涂。最感伤心的是“文革”期间，造反派用板车把我几十年保存的《厦大周刊》等资料全部抄走了。年老了，虽说不糊涂，但能记得起来的事毕竟不多了。

林校长的第一任妻子是黄乃裳的女儿黄端琼（1905 年去世）。在厦大时，是第二任妻子殷碧霞（殷承宗是她的内侄）与他生活在一起。林校长的三子林可能、

林文庆与第二任太太殷碧霞

四子林可聊当时也在厦大工作。林可能（英国爱登堡大学文科硕士及商业学学士）任经济学副教授，是有真才实学的。林可聊任英文讲师，他英语很好，但对教书不感兴趣，说教英文“无聊”，常跑到厦港，和那一带的年轻人混在一起，当时有人在背后说他是个流氓头。

林校长的长子林可胜是一位享誉国内外的著名医生和医学专家，他在国外时收入也是很高的，但他放弃了，当时在北京协和医院工作。他来过厦门几次，非常朴实，其貌不扬。日本人特别敬重他。他也是一个很有骨气的人，他说，“日本人看不起我中国人，我才看不起你日本呢”！

林校长月薪国币五百元。他在新加坡赚的钱更多，诊病不开药方，是“参商”，一次可收叻币好几百元。他因医术和人品俱佳，倍受人们尊敬，更有地位。

他十分崇敬校主陈嘉庚。校主请他来当厦大校长，一封电报过去，他就来了。陈嘉庚为办学校，倾家荡产，林校长也一样，陈嘉庚困难时，他非但不拿薪水，还从海外拿钱来花在学校，而且从不后悔。他说，为改变中国教育的落后状况，必须有许多人做出牺牲。校主的牺牲太大了，连他的子孙都跟着做出牺牲了。校主和他相约：“为教育事业，我做到八十岁，你也做到八十岁。”

林校长是从英文学四书五经的。他习惯用英文写文章和演讲稿。他的普通话讲得很好，中文会看，写就不行。我写好的文稿要念给他听。但他接到校主的信，会立即回。他自己写信很简单，从左边起，直写。他用中文签字。他翻译屈原的《离骚》，外国人懂得这本书是从他的英文译本。后来他还作《离骚》体英文诗。

他毕竟是从小受英文教育的，平时多穿西服，一副英国人的派头，即使着中式服饰，出门也不离手杖。实际上他的生活、思想和行为方式，都是中西合璧的。他没有校长架子，不用专门的汽船和汽车，每天从鼓浪屿笔架山住家走路到龙头，乘渡轮过来。八点上班，从不迟到。他的办公室在生物馆顶楼上。课间，他要我和他一起跑步。会客厅里挂了许多字画、牌匾等宝贝。他生活很节俭，偶尔吸吸雪茄烟。有要好朋友从国外来，例如英国工党某主要人物来访，他自己掏腰包请客。

他对校庆、运动会，很重视，但从不设宴。每到这样的集会，他都要穿上兰缎绣花长袍，戴博士帽。每次开会，他都要讲孔子，讲校主陈嘉庚、二校主陈敬贤（大厅里挂他们的像），或讲“映雪”“囊萤”。鲁迅骂他：孔子都打倒了，还满口孔子！那时的鲁迅不可能理解陈嘉庚和林文庆，黄炎培就不同。

他平时不发脾气，但发现学生在厕所里乱写，非常气，要求查，说查到要开除。结果查不到，没有人被开除。他经常检查厕所、阴沟，认为这是重要的，看这些就知道学校情况之一斑。

林校长和陈嘉庚治理学校还有一点是非常一致的，那就是认为学生的职责是专心读书，反对学生参与政治，闹学潮。厦大学风朴素，好学勤读，好体育运动，这是林校长提倡而形成的风气。

当时厦大的设备在全国私立大学中是属一流的，图书非常丰富。陈嘉庚不怕在这些方面花钱，对林校长是有求必应。集美楼底层满满的都是书，有七八万册之多。《桃子春风》说厦大的书有五百本，笑话！

厦大移交时，教育部派一位专员和萨本栋同来。林校长不相信腐败的政府他们能办好厦大。移交一个多月后，因厦门已属前线，就内迁，那时他去南洋了。

林校长有一次星期六下班后去跳舞，晚上回到家，发现支票和印子都丢了，被太太殷碧霞碰钉。他的太太不喜欢他去跳舞。原来，他将皮夹子丢在办公室门口。星期一他来上班时，我把皮夹子交给他，他很高兴，请我全家到他家吃饭。

他家有一座约 30 厘米高的小铜钟，坐下来要吃饭时，他先敲钟，表示敬重。也有钟鸣鼎食之意。

校牌的字引争议

1993 年春，我应约到厦大逸夫楼拜会新加坡古稀老人陈水俊先生。陈先生，南安人，仍保留中国国籍，年轻时曾响应陈嘉庚先生支援祖国抗战的号召，在槟城参加筹赈活动，仰慕陈嘉庚的人品与业绩，并以为做人处世的楷模。他于 1980 年在北京设立“振兴中华科学教育基金会”，资助青年学子出国留学，并捐助家乡学校。他知道我毕业于厦大，留校教过书，一见如故，在招呼我落座时，情绪开始激动，说话的声调越来越高。他说：“我怀念嘉庚先生，每次到厦门，总想住厦大，好好看一看厦大。但每次一看到厦大的校牌我就生气，越看越气愤，越想越不能容忍！‘厦门大学’四个字，难道林文庆校长没有写过？难道校主嘉庚先生没有写过？鲁迅在厦大才几个月，他对厦大的贡献超过陈嘉庚？超过林文庆？在厦门大学的校园里，竟然见不到林文庆的雕像、画像或照片，也没有他的手迹或任何有纪念意义的东西。这是为什么？这样公道吗？”

其实，2005 年、2008 年，厦大校园相继有文庆亭和林文庆雕像，可资纪念了。为百年校庆，厦门大学报出版的特刊以《筚路蓝缕　创业多艰》为题，概述私立时期的艰难历程，肯定校长劳苦功高：“在校主陈嘉庚的诚挚相托与绝对信任下，林文庆呕心沥血、领导厦大克服重重困难，逐渐稳定地朝正规而理想的现代大学模式发展……为厦大日后成为高水平的综合性大学奠定了重要根基。”

校牌上“厦门大学”四个字，是 1950 年陈三畏先生应王亚南校长之嘱，找鲁迅的字拼凑而成的。陈先生家住大生里厦大教工宿舍，我曾上门讨教书法，却不知探究校牌用字的来龙去脉，如今悔之莫及！

（陈毅明）

厦门大学校园内的文庆亭及林文庆塑像

（图片来源：东南早报）

附　录

《林文庆传》之“前言”

余昔年执教厦门大学，获与校长梦琴先生相识。先生爱人下士，有古君子之风，而余孜孜学问与先生有同好，自是遂成莫逆之交，辱先生折年辈相友，询可感也。当时学风浮薄，青年学子多喜速化之术，汲汲欲藉学校毕业为利达之资，而志在深造者殊鲜不可得。先生力矫此弊，欲使学校蝉蜕日新，渐变而为高尚而纯洁之学府；不惮瘏口焦音，以身作则，提倡高深之研求，对于校中各学科，悉以实事求是之精神求其改进，而于科学尤竭尽所能以图发展。故数年之中，厦校内容之充实，在国内各大学之中，实首屈一指焉。尤可钦佩者，先生生长星洲，久与西方之文化接触，而于我国先哲之遗训，爱之重之，无所不至。除尽力提倡科学外，极喜以孔孟教义训迪后生，关于忠、恕、立达、修己、治人之道，谆谆致意。当其时我国积弱积贫，人心陷溺，实因科学之落后，与夫道德之沦，胥教鞭者能悉如先生之存心，积众人之努力，何难使国家日臻于正轨。于是而叹先生昔年苦心孤诣以为之者，诚越乎寻常百倍也。爰就往日所亲炙于先生者书之，以寄怀旧之情，并使国内后进有所闻而劝也。

秉志（农山）谨作于上海科学社

节选自陈育崧著：《林文庆博士诞生百年纪念刊》，新加坡，1969年。

辛亥革命中的思明人

具有强烈爱国情怀的厦门人，积极支持孙中山，舍身投入辛亥革命，并在汹涌澎湃的革命洪流中涌现出许多杰出的人物。特别是厦门籍华侨贡献更为突出，孙中山曾由衷地评价："披坚执锐血战千里者，内地同志之责也；合力筹款以济革命者，海外同志之任也。"又说："同盟会之成，多赖华侨之力，军饷胥出焉。"厦门籍华侨英杰为推翻帝制、建立民国，立下了不朽功勋。民国成立，厦门岛设置思明县，厦门籍的南洋华侨习惯称自己是"思明人"。

追随孙中山的民主革命

清光绪三十一年（1905 年），孙中山领导建立革命政党同盟会，革命形势迅速发展。孙中山以及他委派的革命党人先后到南洋各地建立同盟会，许多厦门籍华侨投身革命阵营，成为南洋各地同盟会组织的骨干和中坚。

侨居新加坡的厦门籍华侨陈楚楠是南洋同盟会的创建者之一，担任过南洋英荷两属同盟会会长。另一侨居新加坡的厦门籍华侨林镜秋，曾被举为南洋同盟会书记，以后又担任同盟会中的福建帮长。

在马来亚各地，同安黄金庆为槟城同盟会副会长。清宣统二年（1910 年），孙中山将同盟会南洋支部迁往槟城，任命黄金庆、吴世荣为支部负责人。郑螺生是同盟会怡保分会会长，陈新政是槟城同盟会的主要骨干，李振殿是沙捞越同盟会骨干。

侨居缅甸的庄银安、徐赞周等人为在缅甸华侨中建立同盟会组织起过重要作用，庄银安被推举为同盟会缅甸分会会长。

菲律宾的同盟会组织成立于清宣统三年（1911 年）春，当孙中山派人来发展同盟会时，郑汉淇等人的许多活动已为菲律宾分会组织建立奠定了基础，迅速建立了分会组织，郑汉淇当选为会长。

清光绪三十三年（1907 年）7 月，上海发生了"苏报案"，陈楚楠、张永福等声援《苏报》主笔，用小桃源俱乐部名义致电上海英领事。陈楚楠等自筹资金印刷革命书刊报纸，翻印邹容的名著《革命军》，创办《图南日报》，在华侨中产生了较大影响。清光绪三十四年（1908 年），庄银安、徐赞周等在仰光创办宣传革命的

《光华日报》，成为当时颇具影响的革命派报纸，其“崇论宏议，与新加坡之《中兴日报》后先辉映”。陈楚楠、张永福等利用同德书报社、陈新政等利用槟城书报社，庄银安、徐赞周利用的觉民书报社，传播革命思想，连络革命党人，许多书报社成为同盟会缅甸分会的机关。此外，厦门归侨仿效地南洋华侨创办了阅书报社，购买新书刊，向各界人士传播革命思想，同时还设立“中华理发店”，免费为人们剪除发辫，并且散发传单，用这种方式宣传反清思想，扩大革命影响。

厦门籍华侨慷慨捐款助饷，孙中山领导的同盟会在粤、桂、滇三省连续发动多次武装起义，每次起义，孙中山均令陈楚楠等筹款接济，陈楚楠在蔡厝港开设中兴公司，安插起义失败后退入新加坡的将士。庄银安也不遗余力，努力输将，从经济上支持各次武装起义。光绪三十四年（1908 年）至宣统三年（1911 年），同盟会先后多次派员到缅甸华侨中筹款，庄银安、陈新政等人努力输将，奔走呼号募款。怡保同盟会主要领导人物郑螺生等带头捐助叻币，甚至变卖股票以充革命军饷。

宣统三年（1911 年）11 月，福建光复后，闽军政府建立，需款孔急，百废待举。11 月 3 日，新加坡福建会馆成立“福建保安捐款委员会”，陈嘉庚为主席，积极捐款。武昌起义的消息传到仰光，缅甸华侨也于 10 月 11 日设立了筹饷局，举徐赞周为局长。缅甸同盟会发出“告全缅侨胞书”，号召捐款支援福建光复。庄银安被推举为南洋华侨代表，回闽协助进行光复事业。光复后的福建新政府共计获得华侨汇款 70 余万。除了汇款外，闽籍华侨还推派代表回到福建慰劳，并带回各阶层侨胞的捐款。陈新政“受同志推任代表回国，抵闽后，即电南洋各埠乞将伯，应者又收十万”。庄银安、丘廑兢携带仰光华侨捐款来厦门主持临时筹饷局，协助地方财政。泗水派庄以卿、庄少谷、王少文带 2 万元到厦门，支援光复起义。华侨捐献的巨款，不仅支持了革命力量光复全省各地，而且使刚刚诞生的尚十分脆弱的革命政权得以稳定。

印尼泗水华侨王振邦为辛亥革命光复厦门之役的主要领导人，林衡可、施明、黄蕴山分别占领各机关，清吏皆逃遁，民众鸣炮鼓舞欢迎！陈天赐、黄金安、陈清池以及华侨炸弹队的杨有本、蒋赢洲、蒋德卿、蒋报安、蒋以钦、王克昌、蒋世春、陈子山等五十六位归侨，都参与光复厦门之役。此外，还有四十七位华侨青年自筹川资，分别从缅甸仰光、印尼日惹、马来亚的吉隆坡、槟城、太平以及新加坡返回厦门，为民国新政府效力。

“南洋革命第一人”陈楚楠

陈楚楠（1884—1971），原名连才，一说连材，祖籍厦门禾山，出生于新加坡。与兄长继承父业“合春号”，合作经营木材和罐果业，种植橡胶。自幼接受中华文化熏陶，少抱大志，目睹清政府的腐败无能、同胞在外饱受欺凌，深感祖国强大的重要性，萌生救亡图存之信念。

陈楚楠

维新变法失败，维新人士流亡海外，由于他们的积极宣传，维新保皇思潮在新加坡、马来亚侨界颇具有市场。此时的陈楚楠结识维新派人物丘菽园，阅读《清议报》《知新报》《新民丛报》等刊物，深受影响，以“思明州少年”笔名在新加坡保皇派所办的《天南新报》及香港《中国日报》发表鼓吹维新文章，并加入了丘菽园与林文庆组织的支持康梁保皇立宪的“好学会”。

清光绪二十六年（1900 年），清廷勾结八国联军镇压义和团运动，新马华侨看到清政府媚外卖国的行径，不少华侨改变保皇立场。1901 年，康有为截留华侨捐款，致使立宪派唐才常在武汉准备的起义失败，唐才常等 20 多人罹难，暴露了保皇党真正面目。丘菽园愤而宣布与康梁绝交，陈楚楠对康有为产生最大的失望。通过阅读《苏报》《革命军》《黄帝魂》等革命报刊，经常与张永福（1867—1942）、林义顺在小桃源俱乐部议论中国时局，陈楚楠思想逐渐转向革命。

兴中会会员、“四大寇”之一的尤列由于惠州起义失败，逃到新加坡，悬壶行医，创立“中和堂”，高悬青天白日的革命军旗，宣传革命，并暗中在海外物色支持者。陈楚楠偕同张永福往谒，一见如故。尤列也常到小桃源俱乐部聚谈，在其影响下，陈楚楠完全接受了革命救国的主张。

1902 年，陈楚楠赞助华侨牧师郑聘庭创办的基督教青年会，在会中增设书社，陈列多种报刊，经常前往演讲，宣传革命思想，启发侨众。这是南洋革命党人办书报社的起源。1910 年，他联合一批同盟会会员，创办同德书报社，宣传革命思想。

陈楚楠深知革命书报刊影响力，提倡办报唤醒民众。他与张永福合资创办《图南日报》，自任经理，聘尤列为名誉编辑，香港《中国日报》记者陈诗仲为主笔，于 1904 年初正式出版，成为南洋华侨最早创办的革命报刊，被誉为“南洋革命机关报鼻祖”。为打开销路，陈楚楠别出心裁，在迎接 1905 年元旦时，特别印制精美月份牌赠送华侨各界，上面印有太平天国石达开写的“忍令上国衣冠沦于夷狄，相率中原豪杰还我河山”及“文字收功日，全球革命潮；图开新世界，收檄布东南”话语，中间印“自由钟”“独立旗”，旗上写着“同胞国民万岁万岁万万岁”。形式新颖，印制美观，富爱国思想，受到东南亚各地华侨工商界及群众团体的欢迎，报纸销量递增。当孙中山看到流传至檀香山的月份牌，大为赞赏，特汇美金20元向《图南日报》购买月份牌，赠送檀香山华侨，扩大影响，同时致信一封以示奖勉，表示愿与陈楚楠会晤。由于当时的南洋革命风气未开，革命被一般商人视为大逆不道，其言论受到保皇派人士、清政府驻新加坡的领事官员以及殖民地政府等多方面的攻击、打压，报纸销路不太好，长期订阅的不过30多份，最高销量也不过1000多份，其他免费赠阅。因经费拮据等诸多问题，《图南日报》被迫于1905年冬停刊。但两个月后，陈楚楠、张永福又重整旗鼓，与友人合股，再次集资创办《南洋总汇报》，继续宣传革命。

中国同盟会新加坡分会成立后，孙中山与陈楚楠等在晚晴园合影

1905年7月，孙中山由欧洲途经新加坡赴日本，因受新加坡政府离境5年限令约束，不能登岸，只能嘱尤列引领陈楚楠、张永福等在轮船上相会，告知将到日本组织革命党设立总部，南洋各埠可筹设分会。同年8月，中国同盟会在日本东京正式成立。翌年，5年离境限令期限已满，孙中山来到新加坡。4月6日，他在张永福的晚晴园召开大会，组织成立中国同盟会新加坡分会，陈楚楠第一个入会，其他加盟的会员有张永福、林义顺、林镜秋等12人，陈楚楠被推为会长，张永福为副会长。以后陆续加盟的会员有黄乃裳、林文庆、陈武烈、陈嘉庚等400多人。陈楚楠还受孙中山委派，与林义顺、李竹痴等到马来亚槟榔屿、缅甸仰光等地设立同盟分会。

由于《南洋总汇报》发展成保皇派宣传工具，同盟会急需自己的革命宣传阵地，陈楚楠招股重组党报。1907 年 8 月 20 日，《中兴日报》正式发刊，成为南洋同盟会唯一的机关报。《中兴日报》系统地发动了一连串对清王朝与维新派的论战，孙中山领导了这次论战，以“南洋小学生”的笔名发表了三篇文章，东京《民报》记者也群集南洋参加论战。“那个时候，笔枪墨战，此来彼往，杀声四起，把南洋昏瞶的同胞，从梦中警醒起来，不论反对革命的或赞成革命的多欲要争读中兴报……”《中兴日报》发行量猛增至 4000 多份，同盟会的革命主张在华侨中得到广泛传播，“把当时一般华侨对革命的保守态度给转变过来”。

1907—1908 年，同盟会在广东、广西和云南三省，发动多次武装起义，共耗资 20 多万元。孙中山每次均令陈楚楠等筹款接济，“楚楠恒踊跃输将，惟恐不力”。1907 年 5 月的黄冈起义，陈楚楠积极筹款 3 万余元。起义失败后，首领余既成逃港，被诬入狱，陈楚楠积极筹集诉讼费，代聘律师，将其营救出狱。陈楚楠还多方安置被越南政府遣送出境抵达新加坡避难的革命党人。由于耗用父亲遗留的“合春号”大量资金支持革命，引起兄弟诉讼分产，面临严重的经济压力，但他并不后悔，仍然保持旺盛的革命意志。

武昌起义胜利后，福建光复，陈楚楠以中国同盟会新加坡分会老会长身份与陈嘉庚共同组织福建保安会，筹款 20 万元新币支持福建军政府，稳定局面。1912 年，吴世荣因商务无法兼顾在上海设立的华侨联合会工作，陈楚楠被公推代吴主持。华侨联合会是闽籍华侨回国创办的国内最早的侨联组织。陈楚楠到任后，开办华侨公寓，代办华侨所需事务等；同时在《国民新闻》辟专栏，报道海外华侨动态，增进国内人民对海外侨胞的了解。1917 年，陈楚楠受聘担任孙中山大元帅府参议。1921 年至 1931 年的十年间，他留在国内，除担任福建省务委员会委员外，曾兼任福建省实业厅长，参与福建银行的筹建，一度积极推动矿藏的开发活动。

1971 年 9 月 21 日，陈楚楠病逝新加坡。作为南洋华侨，他为辛亥革命做出重要贡献，《革命逸史》作者冯自由赞誉他为“南洋革命第一人”。

福建帮长林镜秋

林镜秋（？　—1942），字骋彪，思明县茂后乡人。年轻时南渡新加坡谋生，开设皮鞋铺，以裁制精纯华美，号称南洋第一家。林镜秋宿抱平民政治主义，孙中山领导的资产阶级民主革命运动传播到东南亚，使林镜秋十分振奋。1905 年 6 月，他加入了中国同盟会新加坡分会。孙中山到新加坡开中国同盟会，他还被推举为议长。后被推举为福建帮长。他经常向《中兴日报》《国民》等报投稿，宣传革命。积极参加露天演讲队的活动，每次登台演讲，都慷慨激昂，令听者动容，道路为之堵塞。辛亥全国光复，他奔走呼号，动员华侨助饷甚力。

辛亥武昌起义成功，林镜秋接受新加坡革命机关委派，和蒋玉田、庄啸谷等一起回国，准备组织厦门起义。到达香港时，传来厦门起义胜利，建立军政分府消息。于是改变计划，取道广州，考察政治情况。途中，参加东南亚各地回国华侨革命党人组织的北伐军。

民国元年（1912 年），南洋各地同志在厦门开会追悼黄花岗七十二烈士，回到厦门的林镜秋被推为主祭员。福建军政府都督孙道仁，委任他为厦门暨南局筹办员。福建军政府的财政厅、民政厅，同时聘请他为顾问。3 月 1 日，林镜秋荣获孙中山颁发的旌义状，奖励他对民主革命的功绩。

孙中山挚友陈新政

陈新政（1881—1924），原名文图，厦门禾山岭兜乡人。19 岁南渡槟榔屿，佐父经营帆船业，在槟城创设“宝成”商号，经营土产转运生意，业务不断扩大，终成槟城巨富。1908 年 3 月以后，同盟会在南洋的支会由新加坡迁到槟榔屿，追随孙中山先生的陈新政，与黄金庆、吴世荣等第一批加入了同盟会，成为槟城革命组织的中坚和骨干。陈新政参加同盟会后，将“文图”改名“新政”，表示自己坚决支持孙中山，将为追求建立一个新政府而奋斗。

陈新政

1907 年 12 月的广西镇南关起义、1908 年 4 月的云南河口起义，陈新政筹募 10 余万元支持广州起义。广州起义失败，500 多名革命志士投奔新加坡，景况窘迫。陈新政筹款数千，购置服装，并妥善安排他们的生活，使其不至流离失所。

光绪三十四年（1908 年），陈新政和吴世荣、黄金庆等人在槟榔屿创办槟城阅书报社，吴世荣任社长，陈新政被推选充任要职。书报社为广大民众提供报刊，经常召开演说会，讨论国事，鼓吹革命。孙中山、黄兴等民主革命人士都先后到此活动。清光绪三十四年（1908 年）创办于仰光、宣传革命的重要言论机关《光华日报》，宣统二年（1910 年）被迫停办。经过陈新政和庄银安等爱国华侨的努力，《光华日报》得以在槟榔屿重新出版。陈新政和庄银安还将因故不再复办《民报》的数万元筹款补助《光华日报》，使这份著名的报纸有了巩固的经济基础。该报至今仍在槟城出版发行，是世界上寿命最长的一份华文报刊。陈新政还于 1914 年在新加坡创办《国民日报》，两年后又在厦门与菲律宾华侨合办《民钟报》。

在革命派与保皇党激烈论战的过程中，陈新政亲自撰写文章，历数清廷暴政和丧权辱国的罪行，强调“革命乃天经地义”，只有革命，才能救亡图存，痛斥保皇党甘作清王朝的“奴子奴孙”，言词犀利雄辩，批驳有力。对待中立派，陈新政痛加批评“为一国之民，与全国家之关系，忧患生死相共，已断无中立之可言。其自言中立者，是视国家之存亡而毫无所动于中，其罪已不可逭矣。”对为民主革命慷慨捐躯的先烈，陈新政热情讴歌，大力彰扬，曾掷地有声地说：“舍身成仁，吾辈之责，人孰无死，其何恸哉？”高尚的革命境界，充满激情的爱国言论，有力地鼓舞了华侨革命斗志。

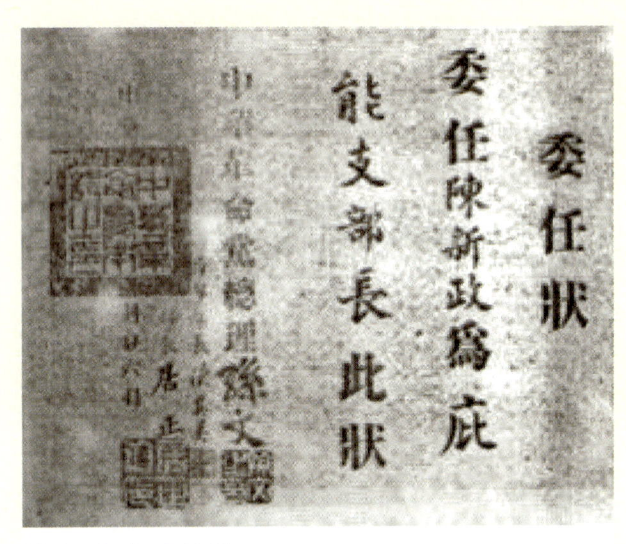

委任狀

委任陳新政爲庇能支部長此狀

中華革命黨總理孫文

陈新政的委任状

福建光复后，陈新政回国，目睹家乡经济困难，募款数十万元支持建设，并特意返南洋募集公债汇回。他因为反对英殖民当局1920年颁布的华侨教育条例，被诬入狱，后被驱逐离开槟城，返归厦门故里。他在禾山兴办学校，扶植教育事业。厦门虽已光复，却政治腐败，吏治不改，军阀、土匪、官僚横行。陈新政黯然神伤，南返暹罗，在佛头廊开设米厂，设立宝成支店，继续经营生意，积累财力，以图他日报效国家。国民党元老、福州人林森被选举为福建省省长，陈新政被召回国，但看到时局混乱，政治空气恶浊，故态俱在，深感难展报国之志，又重返暹罗。由于忧心国情民况，陈新政终日郁郁寡欢。1924年9月25日，患热症病逝，时年才44岁。

筹饷功勋徐赞周

徐赞周（1873—1933），原名根藤，号益广，厦门徐厝人。18 岁到缅甸谋生。清光绪三十二年（1906 年），徐赞周、庄银安、陈甘泉等，为宣传民族主义革命，以“振兴实业”为名，组办《商务调查月报》，由于“欢迎者寥若晨星，虽曰笔政无灵，半由风气闭塞”，出版二期停刊。

徐赞周

光绪三十四年（1908），缅甸中国同盟会成立，作为发起人之一的徐赞周，向分会提出创办机关报的建议，得到侨商陈玉著、张永福、曾广庇等赞同，集资缅币 8000 盾。8 月 27 日，《光华日报》正式创办，聘杨秋帆、居正为主笔，徐赞周兼任助理编辑，大力宣传革命思想。清政府以没收报馆股东在国内财产相威胁，迫使股东退股。该报停刊拍卖，被保皇党收购，改为《商务报》，成为保皇会的机关报。

同盟会缅甸分会立即召开全体大会，在徐赞周带动下，一夜之间集资 1.3 万盾，《光华日报》于宣统二年（1909 年）12 月 13 日复刊，由居正、吕志伊任主笔。该报与《商务报》展开论战，革命宣传深入人心，促使《商务报》主笔之一张石朋投奔同盟会，许多受骗的侨胞也纷纷声明脱离保皇会，参加了同盟会。清领事肖永熙勾结英殖民当局，以无政府主义罪名，勒令《光华日报》停刊，将主笔居正、经理陈汉平驱逐出境。

徐赞周对“封报捕人”的传言置之不理，不计个人安危，在《光华日报》停刊月余，即联络吕志伊、陈钟灵等人，第三次重组机关报，更名《进化报》出版，由陈钟灵任经理，吕志伊司笔政，鼓吹之勇敢，毫不逊色于以前。出版 8 个月，保皇会勾结仰光地方警吏，以查账为由，迫害该报，吕志伊被迫离缅回国，该报停刊。徐赞周联络张永福、杨子贞、曾上苑等人，“以学务总会名义，承买《进化报》社的印刷机器和铅字，另设立《缅甸公报》，仍以宣传革命为务，至民国成立犹屹立弗衰”。

清光绪三十四年（1908 年）3 月，孙中山派王群到缅甸组织中国同盟会的分会，率先入盟的，有徐赞周、陈仲赫、陈钟灵 3 人。徐赞周是分会的发起人之一，并主持在仰光大贺胥园召开的首次会议，担任主盟人。当时革命思想尚未被侨众接受，“一闻革命二字，莫不指为狂悖，甚至亲友亦断绝交好”，他因此被迫退出瑞隆公司股份。由于办报宣传，及徐赞周等革命党人的努力，同盟会打开局面，会员发展到 400 余人。11 月 20 日，中国同盟会缅甸分会召开大会，修订分会章程，选举庄银安为会长，徐赞周等任评议员。党势大振，党务扩张，20余埠设立分会，会员猛增。徐赞周倡议宣传革命的“演讲社”成立，后改名“觉民书报社”，各地纷纷仿效，为数达18个之多，发挥宣传作用。据徐赞周所藏《缅甸同盟会人员总册》记录，自该会成立，至1911年止，实发会员证2343人。

宣统三年（1911年）6月26日，徐赞周与陈朝初等发起组织缅甸华侨兴商公司（后改称缅甸华侨兴商总会），以“爱国保种”，“参预国家大事”为该会宗旨。其成立对发动缅甸广大侨胞支持祖国辛亥革命的爱国捐献运动，发挥了组织、动员的作用。武昌起义后，徐赞周任同盟会分会参谋部部长兼筹饷局局长，他运用缅甸华侨兴商总会的力量，发动侨商，努力输将，为祖国民主革命、为革命政府建设，“倾尽会款，汇闽助饷”，还组织“济急团”，推销“军债券”。缅甸归侨黄馥生一份口述材料写道：“综计辛亥革命时期，缅甸华侨捐款共约20万元港币”。

徐赞周编撰的
《缅甸中国同盟会开国革命史》

清宣统三年（1911年）10月25日，占领腾越的云南革命党人电告缅甸中国同盟会分会，求助粮糈。时任会长的徐赞周，紧急召开会议，决定组织两支先锋队支援，于11月12日汇出1.8万元作军需。他与副会长何荫三联名发出《告缅甸全体侨胞书》，鼓舞侨胞踊跃输将，支持武昌起义后的共和国建设

1912年，徐赞周当选缅甸同盟会分会会长一职。临时大总统孙中山特颁授旌义状表彰。共和虽然实现，但革命内部争权夺利，痛心之余，徐赞周于6月1日辞去会长职务而从商。但他未忘革命工作，将缅甸同盟会会员登记名册保存下来，编撰《缅甸同盟会开国史》，颂扬缅甸华侨革命事迹，记录缅甸华侨参加辛亥革命的史实。

嘉禾勋章郑汉淇

郑汉淇（1881—1943），福建思明县人，生于菲律宾马尼拉，侨界著名西医。当选马尼拉卫生局检疫官，任职达20年之久，受益侨民众多。

1911年春，革命党人李萁从香港到马尼拉，与郑汉淇、黄汉杰等筹组同盟会分会。同年，中国同盟会菲律宾分会成立，郑汉淇被推举为会长。郑汉淇素善口才，经常登台演讲，言语娓娓动听，使聆听者不觉枯燥疲倦，说到民生凋敝、国家受辱等沉痛处，引起民众共鸣，在侨界向有演说家之称。他创办普智书报社为革命机关，任社长21年。后同盟会改组为国民党组织支部，他又被推举为部长。辛亥历次革命，郑汉淇不仅自己积极捐输，更倾力活动募集军饷，领导普智阅书报

社在马尼拉演出以革命先烈为题材的戏剧，三次共为国内革命筹款5.2万比索。辛亥革命胜利后，国民党人认为宣传三民主义不能没有言论机关，郑汉淇发起组织公理报社，倡办《公理报》，作为同盟会菲律宾分会的机关报。在医务闲暇时间兼译新闻，连任公理报社总经理达9年之久。1913年，被选为菲律宾6名华侨议员之一，回国参加国会，被授予嘉禾勋章。

华侨善举公所所办的崇仁医院，由郑汉淇任公所董事兼医院院长达十多年。他在菲律宾行医，对文人教师就诊者，往往不收分毫酬金，家境贫寒者，均施药救济。对于教育，只要是公益善举，莫不慷慨解囊。郑汉淇发起并参与华侨教育会和总商会等组织，历任华侨教育会董事、中华商会董事及青年会会长。郑汉淇兼营商业，开办的中兴药行驰名遐迩，并投资创办华兴银行。

南洋同盟会的思明人

厦门是福建华侨的主要进出口岸，一向是同盟会进行革命活动的重要地区。厦门籍华侨不仅在海外参与革命，一些骨干甚至奋不顾身回国回乡宣传发动革命，在为革命慷慨捐款助饷方面，厦门（思明）籍华侨表现突出。

赵金鼎，思明县（今厦门市）人，侨居新加坡。辛亥革命前数年“已热心于革命”，凡是鼓吹革命的书籍、传单，经其之手赠予或售卖的，不计其数。

陈东岭，字秀松，思明县（今厦门市）人，侨居新加坡。辛亥革命时积极参与捐资筹款。

李维修，原名嘉瑞，号梅林，厦门（原籍海澄）人，侨居新加坡。光绪三十三年（1907年）加入中国同盟会新加坡分会，改名维修。宣统三年（1911年）参与广州黄花岗起义负伤，返回厦门。

陈水抽，字子麦，厦门山场人，侨居新加坡。辛亥革命时竭力资助民军军饷，系中国同盟会新加坡分会会员之一。

薛武院，字秀岚，思明县（今厦门市）庵兜乡人，侨居新加坡。对辛亥革命的捐助不下千金，云南起义时捐献巨资。

李养赞，字步腾，思明县（今厦门市）厦港人，侨居新加坡。中国同盟会会员，辛亥革命时“颇能尽国民一分子力”。

石学能，字智远，思明县（今厦门市）禾山坂美社人，侨居新加坡。在新加坡加入中国同盟会，“深以满清政治，非即根本改造，而实行革命不可”，在辛亥革命前后数次革命运动发生时虽未能回国从军，但输送军饷不遗余力。

殷雪村，思明县（今厦门市）鼓浪屿人，侨居新加坡。宣统三年（1911年）十月廿五日（12月15日），孙中山乘船由欧洲抵达新加坡时，与张永福、林义顺等人登船迎接。

陈先进，字吾从，思明殿前社（今属厦门市湖里区）人，侨居新加坡。孙中山、汪精卫、胡汉民等南渡鼓吹革命时，与张永福、陈楚楠、许子麟、何心田等人开会欢迎，组织中国同盟会，倡办《中兴报》为宣传机关。 时值河口起义失败，革命党人有百数十位逃往新加坡，都投靠在《中兴日报》报馆中。 此时正值该报馆经费匮乏之时，陈先进劝人募捐。 安抚众人，嘘寒问暖，千方百计维持，一直到馆务结束。 输送资财共计数千，为了革命事业捐款三四次，也捐出数万。

陈有才，字耀星，思明县嘉禾山寨上乡（今属厦门市湖里区）人，侨居新加坡。 宣统三年（1911 年）加入中国同盟会，辛亥革命武汉光复时捐资助饷颇多。

陈汉庆，思明县县后乡（今属厦门市湖里区）人，侨居新加坡。 谋划辛亥革命者之一，孙中山初次来新加坡时与其在敏静园会面，遂加入中国同盟会，自此每次国内起义必定捐资助饷。

周献瑞，字郁文，原籍南安美林乡，厦门曾厝垵人，侨居新加坡。 宣统元年（1909 年）由革命党人林镜秋介绍加入星洲同盟会，在晚晴园与孙中山会面。 宣统二年（1910 年）联合同德阅报所、星洲书报社的谢坤林、何心田、郭渊谷等人组织露天演说团，“听其言者无不感动”，积极鼓吹和投身革命，筹措军需。 中华民国成立后，孙中山颁发旌义状表彰其对革命的贡献。

周卓林，原籍晋江，思明（今厦门市）人，侨居新加坡。 在厦门入英华书院毕业后加入中国同盟会，课余四处演说。 辛亥革命时在缅甸与徐赞周等人策划进入云南响应。 腾越光复，周氏负责对外联络。 不久，蔡锷起义，云南独立，周氏于是返回厦门组织北伐队。 清帝退位、和议告成后上京为缅甸华侨代表，当选为国会议员。 宋教仁遇刺后，湖口起义，上海华侨联合会会长吴世荣电促南下。 抵达上海次日，吴氏命周氏携款前往南京接济黄兴。 7 月，南京独立取消，回上海又带款赴吴淞资助居正。 吴淞炮台失守，居正退守嘉定，于是假扮难民返回上海，全额 8000 元交还给上海华侨联合会。 1913 年，李烈钧、陈炯明等人齐聚新加坡谋划反对袁世凯复辟帝制，往来文件由周氏秘密传达，当地政府派警察搜查，将周氏逮捕。 后被搭救出狱。

洪永兴，思明（今厦门市）安仁里人，侨居新加坡。 辛亥革命时“奔走劝捐，赞襄军饷，克尽义务”，对到新加坡的闽省革命党人“无不慨为捐助，壮其行旌”。

刘承派，厦门人，侨居马来亚（今马来西亚）槟榔屿。 在厦门组织中国同盟会。 武昌起义成功后，与张海山等革命党人“集众游行示威”。 南京临时政府成立后，众人推举刘氏为厦门新炮台司令。 袁世凯称帝后，刘氏欲起兵反对，事情泄露后出逃槟榔屿，任《光华日报》经理，在报端公开袁氏罪状。

陈石奇，思明（今厦门市）人，侨居马来亚（今马来西亚）槟榔屿。 民国成立时捐款一千。

白玉堂，字锡荣，思明（今厦门市）人，侨居马来亚（今马来西亚）槟榔屿，中国同盟会会员，资助辛亥革命。

陈汉玉，思明岭兜乡（今属厦门市湖里区）人，侨居马来亚（今马来西亚）槟榔屿。早年加入中国同盟会，系重要职员。

陈民情，思明禾山（今属厦门市湖里区）人，侨居马来亚（今马来西亚）槟榔屿。辛亥革命前数年加入中国同盟会，与革命党人“誓除满清”，前后数次革命运动“无次不与其事，慷捐金钱”。

严明，字子辉，侨居马来亚（今马来西亚）马六甲，中国同盟会会员。辛亥革命时福州光复，在厦门的革命党人乘机响应，严氏应召入伍，逼迫清廷官吏逃亡，光复厦门。

张顺吉，思明县（今厦门市）曾厝垵人，侨居马来亚（今马来西亚）马六甲。宣统元年（1909 年）在麻坡听李竹痴的革命救国演说，遂加入中国同盟会，坚持“救国拯民宗旨”，在辛亥革命、二次革命、护国运动等历次运动中“捐助民军饷资颇巨”。革命军刚起事时，张氏曾说：“内地革命伤命，南洋革命伤财。伤命伤财，相去霄壤矣。南洋华侨同胞，不可不为之奋起。”

张顺兰，思明县（今厦门市）曾厝垵人，侨居马来亚（今马来西亚）麻坡。辛亥革命后，张氏“以同盟会友，极力为匡襄糈饷”，孙中山等人“皆旌义赠词”。

何文拈，思明县（今厦门市）嘉禾山何厝社人，侨居马来亚（今马来西亚）麻坡。辛亥革命时即已在同盟会机关，“凡内地革军所需要，亦无不量力匡襄之”。

刘静山，字有汉，厦门港人，侨居马来亚（今马来西亚）麻坡。对清廷“早抱不平之心”，甲午战争和庚子国变后，认为必须推翻清王朝的统治，否则会有亡国的危险。适逢“内地伟人，大唱革命，屿叻二处，机关已成”，遂邀请新加坡革命党人李竹痴到麻坡演说；不久，汪精卫等革命党人也相继到麻坡演说，人心大振，于是倡组同盟会并被推举为会长。刘氏联络内地革命党人和东南亚各地革命机关，以壮声势。河口镇南关起义、辛亥革命时，刘氏奔走呼号，捐济军火储备。民国成立后，孙中山为其颁发优等旌义状。

沈鸿柏，原籍泉州，思明禾山人，侨居马六甲。应孙中山的邀请成为马六甲重要的同盟会领导人，与孙中山、黄兴等人长期保持通讯联络。民国成立，沈鸿柏发动募捐，筹款十万元汇回祖国慰劳革命将士。注重开展对侨居地华侨的教育，创办马六甲第一份华文报《侨民周报》和马六甲中华阅书报社，开办了各种新式学堂，保送华侨青年回国投考黄埔军校和参加北伐。

陈重新，字裕记，思明（今厦门市）榄都乡人，侨居马来亚（今马来西亚）吉隆坡，中国同盟会会员。宣统二年（1910 年）槟榔屿革命党人倡议在槟榔屿复办东京《民报》，拟聘宋教仁主持笔政，陈氏表示极为赞成，奔走集资，不遗余力。

王清，厦门人，侨居马来亚（今马来西亚）吉隆坡，中国同盟会会员。

林幸福，厦门人，侨居马来亚（今马来西亚）吉隆坡，中国同盟会会员。

杨剑虹，厦门人，侨居马来亚（今马来西亚）吉隆坡，中国同盟会会员。

林夜甘（又作亚甘），思明（今厦门市）后厝社人，侨居马来亚（今马来西亚）雪兰莪州巴生坡。中国同盟会“改革团体”时，捐助若干资金。

傅德成，思明人（今厦门市），侨居马来亚（今马来西亚）登嘉楼。早年加入中国同盟会，热心革命。

陈钟灵，思明县人（今厦门市），侨居英属缅甸仰光。中国同盟会缅甸分会会员，为革命宣传工作不遗余力。

陈清韵，字琴舫，思明禾山殿前乡人，侨居英属缅甸仰光。辛亥革命前加入中国同盟会，对国内革命军粮饷也时有赞助。

吕九赛，厦门人，侨居英属缅甸仰光，中国同盟会缅甸分会会员。

蔡查某，厦门人，侨居英属缅甸仰光，中国同盟会缅甸分会会员。

黄瑞坤，禾山（今厦门市湖里区）薛厝社人，侨居美属菲律宾，辛亥革命期间捐出巨资购买军政府债券，支持革命军筹饷工作。

萧奕周，厦门禾山鹭石浦（今湖里区乌石浦）人，侨居美属菲律宾马尼拉，辛亥革命时捐助军饷。

包魏荣，思明禾山（今厦门市湖里区）人，侨居美属菲律宾宿务。武昌起义后，中国同盟会在海外筹饷，包氏捐资千元，从此革命党“每募军饷，君必输资，且必尽其所有，更奔走呼号不辞困瘁”，四处募捐。

叶壬水，字培松，思明（今厦门市）人，侨居荷属东印度（今印尼）泗水。辛亥革命时为“毕殚精力之一者”，倾囊资助粮饷军火，并发动众人投资。系中国同盟会泗水分会首倡者之一。二次革命失败后，宋渊源、魏彪等人出逃至东南亚，到达泗水后，获叶氏收留。当时袁世凯的势力很大，“邻国咸不愿开罪”，荷印政府尤其憎恶革命党人，宋、魏二人不便久居，星夜坐船离开到新加坡，叶壬水一路护送。

曾有来，字凤仪，思明（今厦门市）人，侨居荷属东印度（今印尼）爪哇泗水。辛亥革命时与陶成章等人在泗水组织光复社，并担任重要职务。

林啸溟，字少鸣，同安县嘉禾里（今厦门市）人，侨居安南（今越南）。孙中山在越南从事反清革命活动，林啸溟加入同盟会，为中国国民党西堤直属支部委员，并担任第三十九分部负责人。

（洪卜仁）

辛亥革命功臣——著名侨商丘明昶

丘明昶（1873—1946），祖籍福建漳州海澄县新垵村（今属厦门市海沧区）。年轻时跟随乡邻南渡新加坡，白手起家成为新马地区华侨华人金融业的先驱之一。事业成功后，丘明昶回乡投资厦门码头，创建万记商行，开展国际贸易，成为厦门港实力人物。

丘明昶是孙中山先生的忠实支持者，槟城最早的同盟会会员之一。孙中山先生“九次革命、五过槟城”，日常生活费用都由丘明昶等11位华侨全力支持。

为了表彰丘明昶对革命做出的杰出贡献，孙中山先生给他颁发了“旌义状”。南洋同盟会用武昌起义的两个枪弹壳，分别镌刻“丘明昶先生惠存”和“建设民国纪念”铭文相赠。1946年3月12日，丘明昶病逝，其墓碑上刻有孙中山手订的“革命军旗”和“青山埋侠骨，黄土吊英魂”挽联。

下南洋开展国际贸易

丘明昶家族世居海澄县三都新垵村。这里是闽南著名侨乡，远自明末清初，村里就有人背井离乡到南洋谋生。三四百年来，村民过番下南洋，蔚然成风，至今村里百分之六七十的村民，都还有亲人分布于新加坡、马来西亚和缅甸等国。

丘明昶自幼聪明伶俐，爱好读书。年轻时，受到村里出洋风气的影响，他拜别父母，跟着过番的乡邻搭乘大帆船前往新加坡。先在一家店铺当文案兼记账，几年后学会商贸经营诀窍，毅然辞职到马来亚的槟城寻找机会，创办起吉昌油索行。他起早摸黑，诚信经营，热忱服务，深得客户信赖，生意兴隆。

随着业务的扩展，又相继在新加坡和印尼的巴干亚比等地，开设吉昌油索行分行。随着资产的迅速增值，平日关注市场动态的丘明昶，目睹新兴的橡胶业和碾米业有利可图，于是“购地辟种植场数百亩，更与族人合股开‘米郊’‘橡胶郊’。十年经营，业至数十万，不可谓非商中之雄矣”！继而他参与创建新加坡和丰银行，先后担任和丰、华侨银行董事会主席、董事16年。1935年新加坡侨资大华银行诞生，他参股并被推选，任董事会的副主席、董事，是新马华侨、华人金融业的先驱之一。

最早的槟城同盟会骨干

1905年8月20日，中国同盟会在东京成立。不久，厦门籍华侨陈楚楠在新加坡成立中国同盟会南洋分会，作为南洋革命党人的总机关。1906年，孙中山来到马来亚的槟城，受到陈新政（厦门岭兜人）、吴世荣、黄金庆和丘明昶等人的热情接待。为传播革命思想，孙中山在小兰亭俱乐部发表演讲，抨击清廷政治腐败，官员贪赃枉法，列强侵犯不断，民族危机深重，鼓动侨胞参加革命，推翻清廷，建立民国。其时，康有为、梁启超为首的保皇派在南洋的势力还相当雄厚，侨众们对孙中山的讲演不理解，对其敬而远之。而腰缠万贯的丘明昶领悟孙中山的革命主张是振兴中华、民族复兴的“至理名言”，深表拥护。

这年9月，孙中山组建中国同盟会槟城分会，丘明昶和陈新政等十多人是第一批会员。未几，孙中山将中国同盟会南洋总机关从新加坡迁到槟城，丘明昶参与创办槟城阅书报社，购置革命报刊，举办时事演讲，发展革命组织，捐资筹款支持革命活动，成为中国同盟会槟城分会的主要骨干。原全国侨联主席庄希泉在槟榔屿加入中国同盟会时，就是陈新政、黄金庆和丘明昶三人介绍的。

参与筹办华文媒体《光华日报》

创办于1910年12月20日的《光华日报》，迄今仍在马来西亚全国发行。这份世界上最长寿的中文报纸的诞生，丘明昶功不可没。当时，鉴于清末南洋华侨思想都比较保守，孙中山与陈新政、丘明昶等主要骨干策划办报宣传革命，孙中山亲自给报纸取名《光华日报》，寓意“光复华夏”。历经一番周折，《光华日报》在槟城问世，丘明昶是筹办《光华日报》6人小组的成员之一。

《光华日报》创刊后，每天出版两大张，社论、电讯、新闻、广告都采用4号字长行编排，重要启事排在最前。辛亥革命期间，《光华日报》是南洋革命党人重要的舆论阵地，对推动民主革命和传播文化教育等方面都起了很大作用，在南洋华侨社会中有很大影响。

丘明昶自1911年任《光华日报》第一届议员，第二届至第四届协理，第五届、第六届副总理，继又蝉任第八届、第九届协理，第十八、二十届董事，1934年还与陈新政分别任《光华日报》正副主席，前前后后担任《光华日报》高层职务20多年，捐资献智，建树甚多。此外，新马的一些革命报刊，如《国民日报》等，也聘丘明昶为董事。

支持孙中山的革命事业

1911 年 4 月 27 日广州起义失败，孙中山从美国往日本，日本政府不让入境，转赴越南、新加坡，也都被拒签证。孙中山只得避难槟城，经济拮据，囊空如洗。他携带家眷妇幼一家五六口，租住柑仔园一间小房子，每月房租和柴米油盐等生活费用 100 元都无法支付，幸好有陈新政、黄金庆、吴世荣、丘明昶等 11 人挺身而出，共同长期负责孙中山在槟城的生活起居费用。

1911 年 10 月 10 日武昌起义后，临时政府面临财政困难局面，孙中山授意创办中华实业银行，派沈缦云、庄希泉赴南洋招股，支持政府，丘明昶是南洋华侨认股最踊跃者之一。厦门军政府成立，亟须款项，也得到丘明昶募捐资助。然而 1912 年中华民国临时政府在南京成立时，“孙大总统暨诸同志函邀”丘明昶回国任事，他却婉辞不就，不居功，不图利。他的这种高尚品德，受到华侨的称赞，甚负时誉。为表彰他为革命做出的杰出贡献，孙中山颁奖“旌义状”，南洋同盟会用武昌起义的两个枪弹壳，分别镌刻“丘明昶先生惠存”和“建设民国纪念”铭文相赠送。丘明昶病逝后，其墓碑上刻有孙中山手订的“革命军旗”和“青山埋侠骨，黄土吊英魂”挽联。

“九·一八”“一·二八”事变日军侵略中国，邱明昶用该相机拍下日军暴行，带到南洋放映，激起广大华侨华人爱国热情。

（图片来源：鼓浪屿华侨文化展馆）

关心厦门建设发展

丘明昶勤俭起家，“尝戒其子辈曰：吾少贫，尔曹知之。今得在南洋占一席地，积几文钱，无他，恪守一勤字耳”。他生活俭朴，热心兴办社会公益和文化教育事业，在侨居地新加坡、马来亚，他与许生理等于1917年发起创办钟灵学校，任校董会主席、名誉校长。他提倡女权，反对女子缠脚的陋俗，主张男女平等，女孩子要上学念书。1919年，又与陈新政、许生理等创办福建女子学校，担任首届校董会协理、董事。

对于家乡的文教和地方建设事业，他也慷慨解囊。1916年，捐助过厦门《民钟报》经费，还捐助过厦门中山医院、鼓浪屿中山图书馆及中山公园。1922年，他利用回国旅游参观的机会，返回久别的桑梓故土新垵村，并就目睹“种种之衰退气象”，致函村里的瑞轩等家族老长辈，表示整顿故乡重任，他“责无旁贷”。他对梓里当年应兴应革事宜，提出看法和建议，强调指出：“处此优胜劣败之世界，女子为将来国民之母，若无教育，必无贤母；既无贤母，哪来贤子。”极力主张女校“与男校并重”，将“女学校宜继续维持”，列为村里第一件头等要事。接着他提出“迷信神权宜速删除也”，认为村里每年花在迷信活动“耗费为数不赀”，而又“无补时艰”，他主张废除，而且以身作则，不拜鬼神。他还提出填平厕池、修理路政、清通沟渠等，也都是村里应该改革的要事。

丘明昶一生所做善事，不胜枚举。当厦门进行近代化城市改造时，他也回厦投资房地产业和开设“明昶”公司，在今鼓浪屿晃岩路74号建置别墅，并在老家新垵村兴建占地3090平方米的红砖古厝万吉楼。

抗战胜利后的1946年3月12日，丘明昶参加南洋同盟会举行的孙中山逝世纪念大会。会后上山植树，不慎跌伤，医治无效病逝。南洋同盟会为他举行隆重的悼念仪式。

（黄佳畅整理）

一家六位侨联常委、两位政协常委

——记归侨赵天助家族的故事

赵天助（1884—1960）（父）厦门市侨联常委

赵启泰（长子）厦门市政协常委、福建省及厦门市侨联常委、华侨大学校董

赵启霖（三子）福建省人大代表、厦门市侨联常委、副主席

赵启安（六子）厦门大学侨联副主席、主席

陈裕秀（六儿媳）福建省政协常委、厦门市侨联常委、厦门大学侨联主席

1954 年赵天助全家在印尼时的合影

赵天助家族的故事，是一个典型的归侨家庭的故事。且听赵启安讲述家族数代人从家乡到南洋，新中国成立后向往崭新的生活，从南洋回到日夜思念的家乡，历经风雨彩虹，而今过着安稳晚年，儿孙学业有成的变迁故事。

赵氏家族约在宋朝从河南迁到福建省漳浦县。在他们老祖宗的墓碑上，刻着“金浦”两个大字，提醒着子孙后代永远不要忘自己的来处。康熙年间迁居厦

门，先辈们的墓地曾在厦门港、万寿山等地，因着城市发展，又都迁移到薛岭公墓。这个历程，和许多老厦门人的经历相似。

赵启安的曾祖父那一代就开始出洋了，大约是在 18 世纪中叶。那个时代闽南华侨告别家乡下南洋，就是赌上了性命。可是家乡的贫瘠、家人的生计和下南洋的风潮，还是令壮年男子踏上了前途未卜的航程。赵启安的曾祖父不幸在海上遇难，留下家中老小愈发艰难地度日。

赵启安的祖父长大后，踏着父亲的足迹出发，他的目的地是新加坡。可是在彼岸，他所能做的只是苦力，还是穷，没有余钱寄回家乡赡养老小。

父亲赵天助

赵启安的父亲赵天助（1884—1960）3 岁进入私塾读书，15 岁因为家贫就去金纸厂做佣工。每天早上 4 点起床，5 点上工，要一直做到晚上 10 点。这样的日子熬了四年。没有办法，家里有 5 口人需要吃饭穿衣。

1902 年，赵天助和父辈一样下南洋，他到印尼泗水，在堂叔开的店里做店员。1938 年，已经 54 岁的赵天助终于攒够了自己创业的资本，做起土特产生意。丁香、鱼干、水果、咖啡等，四处收购后再贩卖出去，从中赚些薄利。略有盈余后，赵天助非常开心，像绝大多数华侨一样，把自己舍不得花的钱汇回了家乡。

中间破产过一次，他不以为然，从头再来。1941 年，日军入侵印尼，迫不得已，赵天助一家十多人逃难到乡下，辛苦攒下的财物毁失殆尽。赵天助生性乐观，就是这样两次破产，他面如常色，夜里照样安然入眠。

1945 年，日军战败撤退，赵天助一家回到了泗水。两手空空，但几十年积攒下来的诚信还在，这就是翻身的本钱。好朋友陈清安等找上门来，主动筹资交给赵天助："这些钱你拿着，就算我们借你的，要是生意失败了，就不用还了。"之前的客户关系也都还保留着，数量、价格说了就一定执行，信守承诺。得道者多助，自助者天助。赵天助 1947 年成立了泰兴有限公司，再加上儿子赵启泰、赵启霖和堂侄儿赵人庆都成了得力助手，公司年年盈利，打了个漂亮的翻身仗。

只是常年劳累使赵天助患上了严重的高血压。幸而大儿子赵启泰已可胜任托付，因而赵天助于 1952 年退休，到拉旺养老度假，赵启泰接过了公司生意。

这个时期，从祖国、家乡不断传来消息：共产党执政了，变了天地呢。不时有老乡、朋友来访，他们有的已经回过中国了，描述起新社会的见闻，个个眸光闪闪。特别是亲家、赵启泰的岳父，他回过泉州晋江老家，连连感叹"不一样"。那时厦门与泗水之间有船通行，民众往来频繁。年近古稀的赵天助那颗思乡的心再也按捺不住了。1953 年，他汇款回国，委托中国银行房产部购置居所，准备回国养老。

1954 年 7 月 1 日，思乡心切的赵天助带着妻子和年龄较小的 5 个孩子，从泗水登上了回国的航船。他们经过新加坡、香港，再到深圳。又从广州坐上烧煤的汽车，经汕头到厦门，大概坐了 3 天的车。年过 70 岁的赵天助一路颠簸，但也一路兴致勃勃。

在民主大厦的旅社里过渡了 1 个月，虎园路 5 号的房子装修好了，全家人开启了新的生活。每天早上五点，街巷里踢踢踏踏的木屐声频密起来，粪车慢悠悠地驶过，一边还召唤着。赵天助准时起床了，喝了水仙茶后，他必定前往位于百家村的陈清安家，一边拄着拐杖一边还要哼着跑了调的南音，街坊们一听就知道“天助伯又出来散步了”。

赵天助如此开心，确实是因新生活太过美好。回国不久，厦门市侨联就找上门了。赵天助加入了这个温暖有趣的大家庭，每次开会、活动，他都认认真真地去参加，还说要“有始有终”。厦门市侨联要成立厦港渔业公司，需要集资买 2 条船，共需 8 万元。赵天助和颜西岳、汪万新、陈清安等每人凑了 2 万元。那时的 2 万元绝对是笔巨款。华侨中学、华侨托儿所、华侨幼儿所，他也捐资了。他说自己没读什么书，一定会支持教育的。他感恩祖国给了他新生命。

赵天助也记得泗水堂叔的恩情，承担起了照顾堂叔一家生活的重任。他自己仍然保留着简朴的生活习惯，而且十分幽默风趣，人们常被“天助伯”逗得哈哈大笑。

1957 年 4 月 21 日，厦门海堤建成通车，赵天助作为侨界代表登上了通行海堤的火车。他坐在车厢里，双手拄着拐杖，笑眯眯的模样定格在《人民画报》上，海外的亲朋好友也都看到了。爱开玩笑的“天助伯”又逗趣说“我被‘骗’回来了，现在我又要去‘骗’人回来了”。他那种油然而生的自豪、快乐是难以掩饰的。

1957 年清明节赵天助带妻小回乡扫墓

赵天助有生之年最欣慰的事，是看到带回国的五位子女，已有三位升读大学。赵启昌考进厦门大学数学系，赵启益考进福建中医学院，赵碧华考进福建建筑工程专科学校。对比自己年轻时所受的教育，他感慨万分。

母亲陈意娘

在中华大家庭里，母亲常常是幕后不被重视的那位。而赵启安和他的兄弟姐妹们，都格外尊敬母亲陈意娘（1905—1984），认为父亲的成就来源于母亲的默默支持，自己的成长来源于母亲的谆谆教导。直至今日，在白鹤路的老别墅里，花砖地板，老旧的沙发，赵启安有时会回想起母亲就坐在那里，念叨着“做人吃亏是福啊”“宽宏大量才有福报”。

陈意娘本名“陈淑意”，像东南亚许多家庭的女孩儿一样，结了婚就被唤作“娘”。她也像东南亚许许多多华侨家庭里的女孩子那样，接受了中华传统文化的熏陶，把“贤妻良母”当作理所当然的人生目标。赵天助做土产生意，一年里大部分时间得在外头“趴趴走”。勤俭贤惠的陈意娘承担起了生养 7 个儿女的重担，还要照顾赵天助前妻留下的 2 个孩子。如此庞大的家庭，在她的操持下，孩子们都和睦健康地成长。

回国后，孩子们长大了，结婚嫁娶，儿孙绕膝，一大家子仍然相处得很好。儿媳陈裕秀记得自己刚嫁进赵家时，一句闽南话都不会说，婆婆很和善、很有耐心地教导着她。回到国内，经济上其实是逐渐不宽裕的，孩子们的衣服缝缝补补接着穿。亲朋好友都爱到这个热闹的大家庭，到了饭点，陈意娘照样加饭加菜，热情

陈意娘与女儿、儿媳们合影

招呼着。家里的“羚羊角”常常被借走拿去磨粉给小儿压惊，有一次还回来时竟然短了一大截。陈意娘笑笑，没有过多计较。

赵家回厦门后，认识了一个盲人家庭，来往久了发现他们经济很困难。赵天助、陈意娘决定以每月10元长年资助。父母亲乐于助人的精神，成了赵家兄弟姐妹及后代学习的榜样。

大哥赵启泰

1954年父母带着弟弟妹妹们回国时，长子赵启泰（1923—2012）留在了印尼，家中的产业需要他。他写得一手好字，精通中文、印尼文和荷兰文。不仅生意做得好，还热心华侨华人社会的工作。曾担任印尼泗水中华总商会秘书长、印尼泗水侨联秘书长。万隆会议时，他参与了保卫周恩来总理的工作。在两次排华事件中，他做了大量帮助难侨回归祖国的工作。还协助中国驻印尼泗水领事馆做翻译工作。

1961年国庆节，赵启泰（右）作为翻译，协助大使馆泗水临时办事处招待外宾

树欲静而风不止。1967年，赵启泰被说成是“共产党”，面临被拘捕的风险。他带着妻小一家6人，只好连夜逃走，撇下了所有生意和资产。到了广州，上岸一看，满城的大字报。

回到厦门，总算平安与家人团聚。但没多久，有大字报贴出来，说赵启泰是“台湾特务”。被限令在48小时内从虎园路的大宅子里搬出，至于一大家子二三十人何去何从，没有答案。几个小家庭或投奔亲友或寻找临时住处，四散而居。

1972 年，赵启泰迁居香港，后来与数位好友合资成立了百希达公司，任董事、总经理。他不计前嫌，积极为厦门引进技术、资金而穿针引线。厦门罐头厂的第一条自动化生产线是从台湾引进的，比厦门第一家外资企业印华地砖厂更早，其中牵线搭桥的人就是赵启泰。百希达公司主营土特产业务，业务分布在全国各地。赵启泰做这种生意有项奇怪的原则，双方一定要双赢，损害祖国利益的业务，哪怕利润再高也不干。

在香港，赵启泰还做了大量接待内地赴港代表团的工作，厦门、北京、青岛等地都有，为他们提供了很多国外的商业资讯。

赵启泰回到厦门期间，历经大起大落，但他淡定从容。回忆往事时，他从不咒骂命运的不公。他也没有灰心丧气，哪怕在最低落的时候，他也告诉家人"祖国会好的"。他是位严厉又可亲的大哥。有次开政协会，担任厦门市政协常委的他坐在主席台上，看到台下弟弟与邻座窃语，回到家中，他批评："开会要认真。"长兄如父，赵启霖延续了端正爱国的家风。

三哥赵启霖

赵启霖 1931 年出生于印尼。他很有经商头脑，留在印尼将生意经营得红红火

赵启霖一家和母亲在白鹤路的家门口

火。1960 年 3 月，他回到厦门探望父母弟妹。8 月下旬父亲病重住院，9 月初病故。面对年老体弱的母亲和还在上学的弟妹，他毅然放弃在泗水的富裕生活，留在了厦门。时局的缘故，一年后，他新婚的妻子和一岁的幼儿，好不容易才回到厦门团聚。

赵启霖被安排在厦门市侨联工作，只是普通干部，领着 30 元的月薪，这位曾经的富家公子没说什么，安心踏实地干起来。华侨味精厂早期使用人力提炼，他干过；华侨幼儿园、华侨托儿所、华侨中学的建设，他参与过，其中担任过华侨中学的校董。侨利面包厂、侨光电子元件厂、香港百希达公司与厦门市侨联合资的侨达方便面厂，他也是建设者。20 世纪 80 年代，香港百希达公司在厦门设立代表处，他担任首席代表。

1971 年，经批准，赵家在白鹤路盖了幢不大的小楼。1980 年代末，落实侨房政策，虎园路的老房子得以回归赵家。赵启霖回到这座充满回忆的宅子，安度晚年。

六弟赵启安

赵启安 1941 年出生于印尼。回国时，他年龄尚小，先进入了集美侨校读书，1955 年 8 月转入厦门四中（现大同中学）。

1958 年高中要毕业了，正赶上“大跃进”。当时福建省正准备上马化工厂，缺化工技术人员，省教育厅决定将厦门四中改为厦门化工学校，高三年段全部转为化工机械等四个班。

赵启安是侨生，本可以照顾转入其他普通高中，之后参加高考的。但他响应党的号召，豪情满怀，不顾父母亲的反对，还是和同学们一起读化工学校。1960 年毕业，留校任教。

没想到，1962 年国家经济困难，因侨生身份被学校精简，赵启安第一次尝到了失业的苦味。经自学参加高考，他于 1963 年考上了厦门大学外文系。这一年赵家是双喜临门，妹妹赵玉华考上了福建医学院。

在大学里，赵启安品学兼优，担任大班长、团支部书记，青春做伴，岁月如歌。谁也没想到，“文革”的到来给国家和个人的命运都带来巨变，赵家受到了极其沉重的冲击。父亲回国购买的家没了，母亲、兄弟姐妹只能投靠亲戚。在校的赵启安也因家庭出身被批为“资产阶级的孝子贤孙”，这一切伤透了赵家所有人的心。

1968 年，赵启安到福清一个军垦农场劳动一年半。1970 年，被分配到上杭县当乡村教师。直到 3 年之后，组织上通知他可以回到厦门大学外文系报到，赵启安却选择了到厦门大学图书馆工作，他只想躲进小楼成一统，安安静静地生活。厦门市侨办、致公党厦门市委会都想来调用他，但厦门大学挽留他：“图书馆需要人”，赵启安服从组织安排，担任馆长助理，在故纸堆和书香间一干就是 17 年。

1981 年起，赵启安担任了一届市人大代表、四届市政协委员，四届市侨联委员和厦大侨联第一、二届副主席和第三届主席，作为侨界代表参政议政，同时为更多侨界人士服务。

1981 年 12 月，经省、市侨联和校党委的批准，厦门大学侨联成立了。成立侨联，这在全国高校中是首创。高校侨联和地方侨联有三个不同之处：工作对象是归侨教职员工；主席、副主席和委员都是兼职的，只能用业余时间开展工作；没有办公场所，也没有经费。

厦大侨联成立之初就要面对落实侨务政策的重担，主要是归侨住房、子女工作、夫妻分居等问题。秉持“一视同仁，适当照顾”的侨务政策，厦大侨联向有关校领导汇报，据理力争。经过几年努力，二十多位归侨的家庭问题解决了。

赵启安在校侨联工作期间，倾尽全力，顾不上家务，利用下班时间走访归侨，将问题汇总给校统战部和校领导。有时正赶上领导在吃晚饭，只好耐心等待。老天不负有心人，赵启安的努力有了好结果，赢得了归侨们的赞扬。

赵启安为校侨联工作，是厦大侨务工作的需要。图书馆部分领导却认为他不务正业，这种看法给他造成了很大伤害。但他不以为意，始终坚持侨联工作。

1989 年，香港百希达公司业务壮大，急需人手。年近半百的赵启安由一名高校教师投身商海，这是个大尺度的职业切换。商场如战场，赵启安一年里有十个月时间是要在全国各地跑的，忙碌充实。1996 年金融风波爆发，香港百希达公司结束营业，赵启安第二次失业，他按下了职场之路的结束键。但侨界诸事，只要有需要，他都挺身而出，特别是厦大侨联的事，如郑自治、陈安妮等需要帮助，他都当作自己的事情在奔忙。

人生海海，回首来时路，赵启安很珍惜自己是一个中国人。即使有过伤痛，他也觉得要用历史的观点、发展的眼光来看待，他相信祖国是爱护我们的，明天会更好。

赵家的其他成员

赵天助的第二代中一同归国的五位孩子，大学毕业后在各自的工作岗位上努力拼搏，工作出色。赵启昌在厦门七中教数学，是高级教师，教学效果深受好评。赵启益在厦门中医院、公费医疗门诊部任中医，口碑很好。赵碧华也是高级教师，先后在华侨中学、厦门六中任数学老师，学生们都喜欢她。赵玉华先后在东山县医院、漳州市医院、厦门大学抗癌中心工作，病人纷纷称赞她是好医生，移居美国后继续在研究所工作。

赵家的儿媳们不输男儿。赵启霖的太太蒋秀燕是区政协委员，赵启昌的太太黄文颖担任了侨光电子元件厂厂长。赵启益的太太苏玛丽是厦门第一医院外科资深护士，她积极支持丈夫参加印尼泗水同学会的活动。赵启安的太太陈裕秀也是印尼归侨，曾担任中国侨联委员、福建省政协常委、福建省妇联委员、厦门大学侨联主席、厦门大学外语教学部副主任，退休后还被选派赴美国担任圣地亚哥州立大学孔子学院的中方院长。

女婿们也不势弱。赵碧华的先生黄守忠从中学语文教师一直做到厦门市教委主任，赵玉华的先生朱心远是原思明区人民医院放射科主任。

赵家第三代赶上了改革开放的好时代，国内外的都有满意的工作，表现出色。第四代多有出国留学的经历。祖国繁荣昌盛给个人带来了发展机遇，一代更比一代强。

一个家族里出了两位政协常委，六位侨联常委，这在厦门侨界传为佳话。其中赵启霖曾任厦门市侨联副主席，赵启安、陈裕秀曾任厦门大学侨联主席，现任名誉主席。此外，赵启泰的长子赵万春也是厦门市侨联常委，赵启霖的长子赵万青是莆田市政协委员。赵家，这个爱国、爱乡、爱家人的华侨故事还在继续……

（林希/文　赵启安/图）

民国先驱许卓然与爱国志士许祖义父子

民国先驱许卓然

许卓然（1885—1930），别名寄生，曾化名李华、树华，籍贯泉州西郊马加埔村（今属丰泽区北峰街道）。民国先驱，深受孙中山先生的赏识，中国国民党第一次、第二次全国代表大会代表。创办《新民周报》《声应报》《民钟报》《江声报》。参与创办泉州黎明高中，资助厦门中山中学。1930 年被刺客杀害。

投身革命

许卓然的父亲许培村是清末秀才，以教私塾为生，收入颇丰，后举家迁入泉州城内花栅下（今培元中学一带）。秉性刚直，乐于拯弱恤困。

许卓然秉承父风，急公好义，关切国是。他生活在清朝末期，目睹政府腐败无能，受新思想的影响走上进步的道路。21 岁时，父亲病故，母亲怕他惹祸，把他送往南洋。由于水土不服，只好返回泉州。当年冬季，因打抱不平得罪官府，被迫离开故土，前往厦门紫阳学堂任教，并加入同盟会。翌年，受组织的委派回泉州，在小开元寺里设立秘密地点，发展陈仲瑾、傅维彬、陈伯清等人加入同盟会。

1911 年 5 月，革命党人、印尼泗水华侨蒋以麟倡议在清源山赐恩岩召集同盟会会员开秘密会议，会议由许卓然主持。商定推翻清朝统治和建立革命武装、购置枪支弹药等事宜。组建体育会，策反清廷派驻泉州统带唐万胜，聘请他为教练，以避免清政府当局的注意，为光复泉州做准备。同年 9 月，中国同盟会泉州分会成立，蒋以麟为会长，黄中流为副会长，许卓然为组织股长，陈仲瑾为总务股长。9 月 17

日，许卓然、陈清机、陈少宝在安海发动 2000 多人暴动，摧毁都司衙门。11 月，力劝唐万胜、晋江知县黄逢年交出印章，剪掉辫子，清政府在泉州的统治宣告结束。

民国初年，泉州社会治安混乱，许卓然邀请同安灌口义勇军来泉州加强防卫。1912 年，泉州同盟会改组为国民党，许卓然等人设立共和实进会，在考栅（今打锡街一带）创办《新民阅书报社》，委托同仁傅振箕、陈硕生负责，自己和陈清机等人在厦门创办《声应报》。

袁世凯当权后走复辟之路，引起国人愤慨，革命党人掀起二次革命热潮，许卓然声援讨袁斗争，竭力支持福建独立。二次革命失败后，袁氏政权查封《声应报》，缉拿许卓然，许卓然逃离福建赴上海。不久潜回泉州，指派傅振箕到日本拜谒孙中山，请求加入中华革命党，孙中山指示他们用地方武装反对袁氏在福建的代理人李厚基的政权。

许卓然拥护孙中山先生革命之心甚笃，因而深受孙中山先生信任和器重，多次委予重任。

1915 年，许卓然创办《新民周报》，这也是泉州的第一份报纸，由傅振箕为主编，陈祖烈为经理。袁世凯与日本签订丧权辱国的“二十一条”，许卓然利用媒体及时揭露袁氏的卖国罪行及李厚基封杀革命党人言行的事实。同年秋天，永春人宋渊源赴厦门与许卓然、叶青眼等人组建中华革命党福建支部。同年 12 月，孙中山委任许卓然为福建护国军统筹部部长。第二年，许卓然发展 300 多人组建闽南护国军，后在战斗中失利，队伍被迫解散。

1916 年 6 月，泉州驻军马步云部发动兵变，杀害无辜群众 30 多人。许卓然闻变，紧急召开公民大会，向全社会呼吁，奋力抗争，并通电要求查办肇事长官，逼使驻军军部赔偿死者丧葬费各 200 元。马步云因此对许卓然极为忌恨，策划秘密逮捕他。许卓然接到孙中山密函，受命准备发动护法运动，招募闽中子弟，组建“闽南靖国军”，许卓然被委任为第二路军司令。不久，率部进驻晋江安海和南安溪美。民国八年（1919 年），闽南靖国军与驻泉北军罢战言和，许卓然卸去第二路军司令职务。

许卓然重视实业救国，1919 年 4 月，他与旅日华侨陈清机在安海成立“闽南民办汽车路股份有限公司”，并建成福建省第一条汽车公路——泉安公路。

1922 年陈炯明兵变，许卓然赴上海谒见孙中山，孙中山提出“合力倒李厚基”策略。在上海期间，许卓然积极做工作，调和福建的方声涛、宋渊源之间的矛盾，策反李厚基部第十旅旅长臧致平，随后回泉州招募旧部组成自治军。许崇智带领东路讨贼军进入福建，推翻了李厚基政权，臧致平宣布独立，泉州自治军击败张清汝第一混成旅。孙中山指派廖仲恺来泉州，把自治军改编为东路讨贼军第八军，许卓然被委任为卫戍司令，后改称为泉州警备司令。许卓然和秦望山部奉命赴广东潮州、汕头支援东路讨贼军，部队进入平和县时就被敌方包围，秦望山突围而逃，许卓然在当地藏了三个月后逃回厦门，又被委任为中央直辖区第五军军长。

陈炯明叛乱平定后，许卓然便离开军界，专门从事党务工作。

在讨伐陈炯明的斗争中，许卓然得到孙中山的亲自指导。

建党立业

1924 年 1 月，中国国民党召开第一次全国代表大会，许卓然以福建省代表身份参加，并任筹备福建党务特派员。

国民党一大会址中编号为“百八八号”的许卓然座位

李大钊（23 号）、毛泽东（39 号）等 24 位共产党党员参加了大会。国共两党合作掀起反帝反封建大革命浪潮。孙中山指定的福建代表许卓然（188 号）也参加了大会。

此后，许卓然在厦门鼓浪屿龙头路开办图书馆，成为党组织的秘密活动据点，吸收庄希泉、秦望山、黄克绳、叶清泉、黄蕴山、张海珊、杨廷秀等人为闽南首批国民党党员。同时创办光华小学，与江董琴等创办“福建省临时党部筹备处”。1925 年 6 月 6 日，临时党部发动厦门各界民众，举行声援上海“五卅”惨案大会，许卓然在大会上做主旨演讲，成立“厦门国民外交后援会”，庄希泉、江董琴、余佩皋等 25 人被选为代表。6 月 8 日，中国国民党临时党部宣告成立，许卓然、秦望山、庄希泉、李觉民、富恩潭、苏渺公、叶清泉等人被选为执行委员。继《声应报》复刊后，许卓然又创办《民钟报》《江声报》。

1926 年 1 月，国民党第二次代表大会召开，许卓然在会上做关于福建党务报告，并两次在大会上发言。同年北伐军入闽，国民党中央派丁超五掌管福建临时党部，许卓然卸去省党部职务。东路军总指挥到福州后，委任许卓然为福建财务委员会委员，协调财政筹划，军队开支等工作。

又过了一年，蒋介石在全国发动“清党运动”，新编军政治部主任冷欣控告许卓然、秦望山清党不彻底，许卓然被迫逃往上海。他致函厦门“清党委员会”李汉青，指出“对清党运动须仔细行事，切莫草菅人命”，因而被定为“叛党叛国”。厦门清党委员会向中央控告，要求法办“吾党叛徒许卓然”，后经福建省主席杨树庄调解，才平息风波。

由地方武装组成的新编军，大多是流氓地痞，恶性难改，为害一方，百姓深恶痛绝，许卓然和秦望山上报南京中央政府，但没得到解决，一直等到十一军调驻福建后，许卓然求助于军长陈铭枢，把新编军解散，除掉了社会上的一大恶瘤。同时打击北伐时泉州由匪徒组建的“市卫队”，枪毙作恶多端者 14 人。

1928 年，福建省政府正式成立，拟任许卓然为财政厅长，他推辞不就这个被世人视为“肥缺”的职位，而请缨就任他人避之不及的“禁烟专员”。他对军阀放任，甚至强迫农民种罂粟制鸦片的行为深恶痛绝，在厦漳泉开展禁烟运动。他风行雷厉，在厦门破获数起大烟毒案。

此时，许卓然还接办了自己于 1918 年创刊的《江声报》，出任报社董事长，并主持报务。报纸以“为老百姓说公道话”为办报宗旨，经常对时局发表评论，笔锋犀利，矛头直指最高统治者，它是近代厦门存世时间最长的民办报纸。

这时中山中学受到国民党右派破坏，经费无着，不得不停办。为此，许卓然在《民钟报》谴责右派势力的破坏罪行。方声涛当福建省军事厅长后，任许卓然为参议，兼省禁烟委员会常委，专管漳泉禁毒工作，他禁种罂粟，禁运鸦片，坚决打击从事贩毒的台湾浪人。

红军入闽后，福建军阀内部矛盾不断加急，许卓然赴漳州与张贞商议组建民团自卫。应同安教导团团长萧叔萱的邀请，到同安协商整顿教导团事宜。

任侠尚义，勇猛敢战，往往会招来某些人的嫉恨。1930 年 5 月 28 日，许卓然行走在厦门街头，当他行至太史巷丰益钱庄门口时，面前闪出两员彪形大汉，迅速向许卓然开枪后，慌忙逃遁。身中五枪的许卓然瞬间倒在血泊中，第二天不治身亡，终年 45 岁，留下妻子以及二男一女，其中次子许祖义不满 10 岁。凶手是谁，至今还是一个谜。不过，被史学界认可的说法有二，一是国民党右派刺客，另一是毒贩刺客。

辛亥革命前后的几十年，是近现代中国最动荡不安的时期。这个时期，战乱频仍、生灵涂炭。作为铁血志士，许卓然在社会变革、国家危难的生死关头，怀着一心救国的赤子情怀，投身到民主革命当中，经历了血与火的洗礼，抒写了一段壮烈不朽的历史篇章，留给我们的是一种敢闯、敢干、敢为天下先的大无畏精神。

在安海养正中学新校区北面的高地上，矗立着一座闽南常见的翘屋脊六柱亭——卓然亭，亭中石碑正面的“卓然亭”三个字出自政协福建省原副主席、泉州市（鲤城区）首任市长许集美手笔，而石碑背面上部镌刻着的106个字，乃是孙中山致许卓然亲笔信手迹。这封信字里行间可以看出孙中山对许卓然的关心和支持。亲笔信全文如下：

卓然兄大鉴：江董琴来，得书并悉近情。失地不足虑，要以保全实力，联合友军，牵制孙、周，夹击潮汕，为再举之计。雪竹已入龙岩。湘军下河源后，进趋老隆，已属雪竹设法联络。来书所策合戎机，望与诸君迅图之！款已筹两千元，交江君转寄矣。复颂戎绥。

孙文　四月二十四日

薪火相传

许卓然热心教育事业，1906年11月，在废科举、办学堂的声浪中，富有革新精神的知识分子陈仲瑾、许卓然、叶青眼、傅维彬等人为启迪民智、宣传革命，在小开元寺内创办了一所学堂，因学校地处城西，故名西隅学堂。辛亥革命志士陈仲瑾先生出任首任堂长。西隅学堂即今西隅小学，办学已逾百年，培养出李亦园、庄善裕兄弟、陈泗东、庄瑞杰等一批社会名人。

民国十八年（1929年），在著名教育家蔡元培、马叙伦的倡议下，许卓然与秦望山、陈清机等人创办泉州黎明高中，倡导平民化、科学化、社会教育化，主张思想自由，吸引了一大批文化教育界名人。文学家巴金、音乐家吕骥、戏剧家张庚、生物学家陈范予先后到校任教、讲学、考察。成为传播民主与科学的思想阵地，因而被当局查封，后改为卓然小学。现在发展成黎明职业大学，校园在丰泽区东海街道。学校秉承“公正、明智、爱慈、敬严”的教风，坚持“正真勤朴、善学强技”校训，取得了骄人的成绩。

20世纪二三十年代的厦门中山中学，经费主要由许卓然筹措，校务由江董琴负责，学校充满着新时代的气息。开国上将叶飞将军曾是中山中学的学生，聆听过许卓然的演讲，学校良好的学风对他的成长产生过重要影响。

1930年，许卓然在他生命的最后一年，还到上海协助庄希泉筹措曙光学校基金……

爱国志士许祖义

许祖义（1921—1998），许卓然之子。黄埔军校毕业生。参加过抗日战争、解放战争。曾任民革厦门市委会主委、厦门市副市长、厦门市政协副主席、厦门市人大常委会副主任。

许卓然家族传承“读书、积德”家训，儿子许祖义（1921—1998），在父亲的影响下早年投身革命，是国民党中央陆军军官学校十三期毕业生。

历任国民革命军参谋、连长、营长、中校副团长等职，参加福建大湖战役、福州大北岭之战和闽东追击战，率部抗击日本侵略军。

1947 年脱离军队来厦，任父亲许卓然创办的《江声报》副社长。1948 年，他积极参加中共领导的地下革命斗争。1949 年 8 月因受特务追捕撤出厦门，参加闽中游击队活动，被党组织派到国民党起义部队 325 师任军事代表。1949 年后随军回厦，任《江声报》社长。

许祖义 1952 年参加民革组织，1954 年至 1980 年间连续担任第一届至第五届民革厦门市委会主委，曾任民革第五届、第六届中央委员。

1985 年许祖义率家人扫墓，后排左起第三位为许祖义

建国初期，许祖义促成《江声报》与《厦门日报》合并，曾担任厦门日报社副社长，为新中国的报刊媒体发展做出积极贡献。1953 年 5 月，周总理签发政务院“任命通知书”，任命许祖义为“厦门市人民政府委员”。1956 年当选厦门市副市长直至“文化大革命”。同时，许祖义还担任了第一届至第五届厦门市政协副主席。

在“文革”中，许祖义备受冲击。“文革”后，许祖义被推选为市人大常委会副主任。2005 年，获得中共中央、国务院、中央军委颁发的“中国人民抗日战争胜利 60 周年纪念章”。

许祖义妻子王双游是菲律宾归侨、资深教师。儿子许十方，任厦门市教育局副局长多年，桃李满天下；许一心担任鼓浪屿侨联主席、鼓浪屿家庭旅馆商家协会首任会长。另有一儿一女，现居香港。

（林希/文　许一心/图）

从厦门走出的一代华侨领袖李清泉

李清泉（1888—1940）是20世纪初直到太平洋战争爆发前夕活跃在菲律宾政治、经济舞台的杰出人物，被称为“菲律宾经济发展史上占有永久地位的人”，是菲律宾华侨史上最有建树、声誉卓著的爱国华侨领袖。在菲律宾，他发展事业，为华侨争取权益。面对国难，他同仇敌忾，成为陈嘉庚的左膀右臂。他反哺家国，为厦门乃至福建的发展殚精竭虑、出资出力。

享有“菲律宾木材大王”的美誉

在晋江县金井镇石圳村，李清泉成长于一个普通的华侨家庭。12岁那年，家人把他送到厦门同文书院。

彼时，马尼拉王城内的西班牙总督向美国投降。厦门被英国所迫开埠通商。美国领事和几个中国人合办了同文书院，院长是美国人，对英语教育自然非常认真。少年李清泉对英语发生了兴趣，这对他的终生有着决定性的影响。

李清泉知道自己将来也会和父辈一样，到那个叫“吕宋”的地方去。只是这一天来得有些早，在同文学院快乐学习的时间只有一年。李清泉跟随父亲到了马尼拉，就在成美木业公司工作。他白天劳动，晚上还坚持学习英文。父亲见他这样勤奋，就送他到香港圣约瑟西文书院。

展现在李清泉眼前的香港，已是一个有模有样的现代化都市。入夜，读书倦了的李清泉，会到海边散步。中区正在填海造地，海岸线换上了新貌；城市里有了电灯的光明，夜晚同样生机勃勃。他看在眼里，记在心里，要是马尼拉，要是厦门也有电灯、电话、电报那该有多好。他坐上坚尼地域到筲箕湾的电车，体验速度与激情。30年后，他使厦门的海滩改变了轮廓，漳龙铁路在福建南部的山区里穿行。

在香港4年，李清泉所学到的不只是英文，还有香港怎样进行现代化的城市建设。其中影响最深的是，金融在经济建设中如何起作用。

1906年，完成学业的李清泉回到菲律宾。他没想到，离开时冷冷清清的街道，现在已是人来人往，像香港一样，大家都在建设道路上奋进。原来，菲律宾自 1901 年停止抗美活动，成立了文治政府，实行土地改革，和美国进行自由贸易。

时代的弄潮儿正迎来一波大浪。李清泉希望成美木业能为菲律宾经济做出贡献。他的木材事业快速发展，其原因，一是他 1919 年被选举为马尼拉中华商会会长，后又连任数届，在扩展业务方面很有人脉关系；二是 1920 年斥巨资收购当时生产能力居菲律宾第二位的美资内格罗菲律宾木材公司，由此得以大力拓展海内外市场。

到了 20 年代晚期，李清泉的木材生意达到全盛期。他拥有两个持有伐木和锯木长期特许权的大林场，一家以马尼拉为基地的母公司，每年制作、配送和销售的木材、木制品达数百万板英尺。还有一家船运公司，主要为他自己公司的岛间运输和出口服务。拥有一支运输船队、接驳船艇，以及码头设施，因此他的木材可以运到美国、澳大利亚、中国、日本、欧洲和南非。

李清泉经营木材业有一个显著特点，植林、采伐、贮木、锯木、制材、加工、销售、运输和出口等一系列经营环节，他都掌控在自己手里，使“木材成为菲律宾的主要出口产品部门……约控制了菲律宾木材交易额的 80%”。因此，在菲律宾，李清泉有“木材大王”的美誉。

李清泉不光英语说得好，还懂得与欧美人士相处，在美国人统治菲律宾的时代，这是他事业成功的主观原因。

奉献华侨社会深谋远虑

华侨社会是工商业社会。李清泉在经济方面的成就，使他成为侨社推重的人物。加上他个人的见识、热心服务的精神，使他在 1917 年被选为马尼拉中华商会董事，并于 1919 年当选为会长。

中国同盟会成立后，东南亚各埠相继成立分会，李清泉则在菲律宾组织“旅菲华侨自治急进会”，支持革命活动。“五四运动掀起了中国反帝、反日的巨浪。在菲律宾，中国人在李清泉的领导下，默默地负起他们作为国民的责任”，《马尼拉时报》这样报道。这时，李清泉只有 31 岁。一直到 1940 年去世，长达 20 余年的时间里，他一直是菲华社会的实际领导人。

菲华社会在李清泉的领导下，虎虎生气。加上美国对菲律宾的大力开发，作风开明，其时菲华社会充满朝气。

在实际工作中，李清泉还是深感侨社组织松懈，没有强有力的核心领导。特别是华侨资金大有增加，但金融掌握在外国银行手中。正在运筹帷幄之时，一位“贵人”出现了。

黄奕住，印尼首富及糖王，著名的爱国华侨企业家和社会活动家。1919 年冬天，他到菲律宾观光，与李清泉等朋友乡贤谈起“金融机关悉操外人，亟自为谋，以厚基础”。英雄所见略同，黄奕住当即认股菲币 100 万。经过 7 个月的筹备，中兴银行于 1920 年开业。

黄奕住比李清泉年长 20 岁，从此二人亦师亦友，成就一段君子之交的佳话。

华人银行并不仅仅是为菲华社会提供资金支持，它还有着很多看不见的影响。华侨社会是工商社会，华商们在商言商，且一般只管自家生意，相互间接触不多。只有银行为了营业本身的需要，和多种不同行业交关，加上利益相通，对时局、社会的看法就较为全面。李清泉通过银行建立领导核心的做法，后来也为马科斯总统所效仿。

银行帮助资金调济运用，促进了华人资本的积累。由此，菲华社会结构也逐步改变。女性数量成倍增长，使菲华社会由侨寓社会蜕变至定居社会。随之，新生的学童越来越多，华侨学校相应增加。

西文簿记法案力争到底

1921 年 2 月，一向四季如夏的菲律宾居然有些寒意。歧视华侨、限制华侨工商业发展的法案——西文簿记法案竟被菲律宾国会通过了。

该法案规定，华侨工商业户记账不准用中文，必须用英文、西班牙文或菲律宾文，违者处 1 万比索以下罚款，或 2 年以下监禁。

法案颁布后，在菲华社会引起轩然大波。簿记法无疑是对华侨商人，尤其是中小店主将带来巨大的冲击。数以万计的华侨中小店主不谙英文、西班牙文或菲律宾文，且因本身规模小、盈利有限，无力外请专职记账员，势必面临高额罚款或牢狱之灾而被迫关门歇业，数万华侨家庭将因此失去生计。

得悉消息，李清泉马上向美驻菲总督哈里森提出异议，又派员到美国向美国总统和美国国会请求干预此案。美国新总统哈定因此派出代表团到菲律宾考察此事。

李清泉又发动华侨再掀抗议浪潮，还动员南洋各地华侨社团予以声援，得到各国华侨社团的热烈响应。迫于压力，菲政府不得不宣布“法案”推迟一年实施。

“西文簿记法案”不仅仅是阻碍了华侨的生计，更是一项辱华法案，是对中华民族的公然蔑视。世界上没有哪一个国家，对外侨在记账使用文字上施加侮辱性法律限制，国际上从没有过这种先例。菲华社会决心团结一致，抗争到底。时任马尼拉中华商会会长的李清泉担起重任，全力以赴保护全菲华侨的利益，历时 5 年，终于迫使菲政府取消这个法案。

抗争西文簿记法案的收获是巨大的。酝酿之初，马尼拉的商团只有中华商会、木商会、福联和布商会，胜诉之时，已有铁商会、米商会、烟商会等。各地也成立了商会……华侨商人在抗争中自己组织起来了。中华商会也因簿记案而扩大组织，成为侨社的领导中心。

在这一抗争过程中，为了扩大宣传，李清泉把原来由中华商会出版的《华侨商报》月刊改为日报。

爱国之事放胆去做

李清泉把祖国的安危看得比什么都重要，拳拳赤子之心令人敬佩。

1932 年，日本侵略军发动“一二·八”事变入侵上海，李清泉与国内同胞一样义愤填膺，立即同杨启泰、王泉笙、曾廷泉等发起成立“菲律宾华侨救国联合会”。为了更广泛地动员华侨投入抗战，中华商会和马尼拉国民党支部联合召集各华侨团体联席会议，“共策一切救国方略”。会上决定成立“国难后援会”，推举李清泉为主席。并随即筹集巨款资助淞沪抗战和东北义勇军。

在抗日斗争中，李清泉另一突出贡献是发起“航空救国运动”。他召集各界侨领共商航空救国事宜，并“慨然独捐战斗侦察机一架以为侨界倡”。捐机活动立即得到菲律宾侨胞的响应，共募资 300 万元，购机 15 架，命名为“菲律宾华侨飞机队”。这是华侨最早的捐机活动，从此，蓝天中翱翔着华侨战机，祖国抗战如虎添翼。

当看到海外华侨抗日救国情绪日益高涨，而南洋各地华侨均各自行动缺乏统一领导时，李清泉认为应成立全东南亚华侨抗日组织，以更有效地领导和组织华侨开展抗日救国活动。他于 1937 年秋致函陈嘉庚，建议“南洋华侨应在香港或新加坡组一筹赈总机关，领导募款”，这就是之后声名远播的“南洋华侨筹赈祖国难民总会”，陈嘉庚为总会主席，李清泉、庄西言为副主席。自 1938 年至 1941 年三年之中，共筹款 2.64 亿国币，有力地支援了祖国的抗日战争。

值得一提的是，李清泉的夫人颜敕，与先生并肩作战，成为一位杰出的爱国华侨妇女领袖。颜敕是福建晋江金井人，随夫出国。抗战爆发后，她即把华侨妇女组织起来，成立“菲律宾华侨妇女抗日后援会”。后改名为“妇女慰劳会菲律宾分会”，从事抗战宣传、募捐和监督抵制日货等活动，成绩斐然。1938 年 3 月，以颜敕为主席的菲律宾“妇慰会”得悉八路军在前线英勇杀敌，战果辉煌，深受鼓舞，特别致函朱德总司令，同时汇去国币给八路军将士购置雨具。朱总司令与彭德怀将军联名复函，赞扬海外华侨的爱国精神。

国难当头，李清泉也惦记着家乡人民的安危。1938 年 5 月 13 日厦门沦陷，乡亲们四处逃难。时任菲律宾中华商会会长的李清泉立即派遣鼓浪屿华侨桂华山赴香港接济厦门难民，同时筹款向泰国、越南采买大米，通过香港分批运至鼓浪屿接济难民。

建设新福建殚精竭虑

“请问，去容谷别墅是往这里走吗?”今天的鼓浪屿，被称作“万国建筑博物馆”，1000多幢老别墅筑就了它独特的风情。蜿蜒起伏的小街巷里，常可见游客们按图索骥，想要寻找名闻遐迩的容谷别墅。

李清泉“容谷别墅”

它的主人正是李清泉。对于李清泉，不仅是游客，厦门本地人也常常只联想到这座容谷别墅（现编旗山路7号）。个人是健忘的，但历史不会忘记。厦门海滨公园、轮渡码头一直到沙坡尾这一带的填海造堤工程，中山路上的11幢4～5层的大厦、关帝庙到大生里的几十幢大厦，都和李清泉有关。如果不是抗日战争爆发，鹭江道上当时就会有巍峨的大楼矗立。李清泉没有忘记他在香港时的壮志，要让家乡像香港那样现代、漂亮。

1925年前后，李清泉携资回厦门发展。容谷别墅居高临下，美轮美奂，是鼓浪屿最为经典的别墅建筑之一。1927年，李清泉开始组建李民兴公司和成记公司、美记公司，先后投资200万银元，参与厦门的市政建设——今第一码头至鹭江道750米的填海筑堤工程。嗣后因地形复杂，加上聘用的工程师经验不足，该段工程发生崩塌，损失了4.8万元。1931年，李清泉再次增资12万银元，聘请荷兰工程师负责施工重建。同时在大同路与镇邦路口，投资12万银元建造三至四层钢筋水泥商住用房8座。在中山路投资30多万元建筑11座钢筋水泥楼房，此外，李清泉还建造第七市场和相邻民房十多座，投资厦门镇南关第二段大生里路段的开发，包括建造两侧十几座带店面的楼房。在虎头山，李清泉又新建了一座占地面积 1200 平方米的花园别墅，与鼓浪屿的容谷别墅隔江对峙。李清泉与其李民兴房地产公司有力地推动了当时厦门近现代化城市建设的步伐。

1923 年，李清泉与旅菲华侨吴达三、李文炳等发起成立泉围民办汽车路股份有限公司，修筑从晋江东南海岸的金井、围头通达泉州市的公路，全长 26 公里，解决了泉南沿海地区交通闭塞、商旅不便的问题。

李清泉创办的中兴银行总部在马尼拉，1927 年在厦门设立分行，在鼓浪屿设有办事处。为厦门市政建设起了很大的融资作用。

1928 年，李清泉与薛敏佬、黄奕住等筹资 100 万元，在福州兴办福州造船厂，从瑞士引进先进的机器设备，在当时被列为全国十大工厂之一。1929 年底，菲律宾华侨陈天恩、陈希庆父子在厦门联络十多位华侨、归侨成立福建造纸股份有限公司，李清泉就是其中之一。

1935 年，李清泉与黄奕住等华侨出资续办漳厦铁路。虽然最终因国内政局多变和抗战在即等原因而受挫，但华侨们热心祖国和家乡的精神得到了后代的赞扬。李清泉也没有忘记自己梦想出发的地方——同文书院，他为母校筹集捐款达 20 万元菲币。

李清泉提倡实业救乡，成立闽侨救乡大会，致力于福建的开发和建设。建设新福建，要号召绝大多数福建人来参与，起首工作就是宣传，《新闽日报》应运而生。在维持地方秩序、武装侨乡前提下，闽侨救乡大会还讨论兴办实业与教育，建筑全省铁路，兴办漳龙路矿。

在救乡会的领导下，在李清泉的带动下，南洋华侨对福建的投资开始发生兴趣。由于当时闽南各地还是土匪横行，只有厦门因为是通商口岸，鼓浪屿又是公共租界，地方秩序和治安情形都比较好。所以华侨把投资建设家乡的热情，集中在厦门。鼓浪屿犹如乱世里的世外桃源，承载了华侨的思乡爱国之情。

李清泉身患糖尿病，但他以抱病之躯为国奔走，致病情恶化，1940 年 10 月 15 日临终之时，留下遗言："将 10 万美元遗产给祖国抚养难童。"人们盛赞他是"至死不忘救国的人"。

菲律宾政府按照给予一个功绩卓绝的伟人的礼仪，为李清泉举行隆重葬礼。出殡那一天，菲律宾政府下半旗志哀。送殡沿途人海如潮，人们争相向这位杰出人物做最后的告别，悲痛的气氛笼罩着整个马尼拉城。

颜敕继承了李清泉的遗愿，赈济家乡和祖国各地的灾民。1946 年夏，闽南大旱，米价狂涨。华侨闻讯，纷纷捐款开展赈灾救援活动。1947 年 1 月，颜敕携赈灾款 6.75 万元菲币抵厦，对泉州、南安、惠安、厦门等 7 县市进行了施赈。

李清泉的长子李世杰，曾任中兴银行总经理。次子李世伟，毕业于美国斯坦福大学，曾任中兴银行董事长，其妻是菲华知名的杨知母铁业家族的后代。

（林希）

父子侨领　世纪传奇——庄希泉、庄炎林

庄希泉

庄希泉

庄希泉（1888—1988）祖籍福建安溪，出生于厦门。新加坡归侨革命者，著名实业家、教育家和社会活动家，曾任全国政协第五、六届副主席，中侨委副主任，全国侨联第一届代主席、第二届主席。

在南洋反帝爱国

庄希泉的祖父庄登山，19 世纪中叶举家从安溪逃荒至厦门，有了积累后就经营小生意。父亲庄有理在厦门和上海开办货栈庄春成号，在台湾也有联号，经营土特产品和文具纸品。庄希泉幼年在厦门读私塾，12 岁时被父亲送入日本人在厦门开办的东亚书院，但他在校 3 年只对游泳、划船等体育运动感兴趣，只得休学在家，除学习算盘外，还请教师补习功课。

1906 年，庄希泉随父赴沪，在自家的庄春成上海分号任出纳，1910 年继任该店经理。当时上海是反清革命志士云集之地，漳泉会馆是福建革命人士聚会场所，庄希泉结识了前清举人沈缦云等人，接受革命思想，同情和向往革命。辛亥革命后上海军政府为解决财政困难，组织筹饷队，分赴南洋募捐，庄希泉积极参加。第二年，孙中山在上海筹组中华实业银行，军政府委派驻沪理财特派员沈缦云为该行筹备主任。庄希泉应沈缦云之邀，率队赴南洋各地募中华实业银行股份。此行在马来亚槟榔屿，庄希泉经当地同盟会负责人介绍，正式加入中国同盟会。1913 年 5 月，庄希泉应聘出任中华实业银行南洋总分行协理。

1915 年，庄希泉与老同盟会员陈楚楠等在新加坡合股创办中华国货公司并担任该公司经理。1917 年，他与北京女师毕业生、苏州籍的余佩皋一起，创办南洋女子师范学校（今新加坡南洋女子中学前身），任该校董事长。庄希泉在该校提倡

国语、精选教材，从国内聘请进步教师，并取得陈嘉庚的赞助。

五四运动爆发之后，国内反帝爱国斗争日益高涨。这时旅居新加坡的庄希泉、余佩皋也率领南洋女校师生们走上街头，声援国内的反日爱国运动。在他们的带头下，当地多所华侨学校的师生也纷纷组织游行。

1920 年 5 月，英国殖民政府当局颁布了《海峡殖民地教育条例》，为新马广大华人所反对，庄希泉与陈寿民、张国基等人联合组织“华侨学务维持处”，在华侨各界人士中发起“争人格，反苛政”的签名请愿运动。庄希泉被推选为三位请愿代表之一。事后，殖民地当局秘密绑架了庄希泉，拘禁 50 多天后于 1921 年初把他“永远驱逐出境”。

回厦门办厦南女师

1922 年，庄希泉从上海回到厦门，在海外华侨资助下创办厦南女子师范学校（后改名为“厦南女子中学”）。厦南者，厦门、南洋也，是对南洋父老兄弟姐妹以及“南洋女中”的思念。校址设在厦门虎头山草仔垵庄氏祖宅。住宅别墅坐落在虎头山巨石上，视野非常开阔。教学楼和宿舍“傍山临海，饶有风景”，新中国成立后由海军接管，改成医院。再加上环岛路、镇海路扩建拆除，只剩下教学楼一幢别墅，也变了模样，现作为“庄希泉纪念馆”。

当年庄希泉任学校董事长，夫人余佩皋任校长。夫妻二人同心尽力，把女师办得生气勃勃。他们还合撰《南洋英属教育之危机》一书，呼吁应对东南亚的华文教育予以重视。

1925 年，庄希泉在厦门加入国民党并任福建省临时党部执行委员。“五卅”运动期间，他根据中央党部指示，及时组织“厦门国民外交后援会”，动员罢工、抵制日货，被日本驻厦领事署强行逮捕。厦门 80 多个团体联名出面交涉仍旧无效，日方要庄希泉出具悔过书并声明退出外交后援会，否则将押送台湾严办。被押上船赴台湾那日，厦门数千群众自动到码头送行。

庄希泉拒绝妥协，遂被关押在台湾监狱达 9 个月之久，受尽折磨，后经亲友营救获释，但只准在台湾和日本居住，不准回中国大陆。他一再申明自己是中国人，而非因他父亲庄有理日台籍身份使他自然具有日侨身份。1927 年他在赴南洋途中经上海时，摆脱日本政府的控制，并在《新闻报》上发表“我是中国人并非日本侨民”的声明。

为抗日救亡运动尽心尽力

1927 年“四·一二”政变后，国民党右派进行“清党”，庄希泉因与中共有过联系，不为所容，不得不又流亡菲律宾。1932 年淞沪抗战期间，他组织募捐了大批食物和药品支援十九路军将士。1933年，他与王雨亭在马尼拉创办《前驱日报》，任经理兼编辑，在华侨中宣传反蒋抗日。同时他们又合作经营中华影片公司，组织放映苏联影片《夏伯阳》等。1934年夏，庄希泉从菲律宾回厦省亲，被国民党政府逮捕，并欲加以杀害。后由日本领事出面交涉予以引渡，经多方营救获释，庄希泉即离开厦门。同年，奔波革命、积劳成疾的余佩皋英年早逝，庄希泉痛失伴侣，少年庄炎林永失母爱。

1938年，庄希泉移居香港，主持福建抗日救亡同志会，任香港福建同乡会常务委员，并倡办建光学校和立华女子中学，收容大陆逃港难童，还协助台湾革命同盟出版《战时日本》杂志，为抗日救亡运动尽心尽力，直至香港沦陷。

变卖家产支持革命

在中共南方局的安排下，庄希泉转移到广西桂林，并在柳州等地组织闽台协会和闽台建设协进会。其时他的儿子庄炎林任中共广西省委交通员、广西大学地下党支部书记。庄希泉利用华侨关系，掩护或帮助安置了许多地下党同志，并通过他的关系，使中共广西工委和中央取得联系。

为了支援中共广西省工委经费，庄希泉决定变卖在港全部家产。庄希泉父子等7人跋山涉水，走了10多天才到澳门，庄希泉留在澳门，庄炎林等进入香港，把20多箱家产设法搬运出来变卖，所得悉数捐献给中共广西省工委，而他们一家人一日三餐仅以稀饭咸菜充饥。

抗战胜利后，庄希泉再次南渡新加坡，任捷通行经理，经营出口贸易及发行苏联影片，并继任南洋女中董事长。1947年，他在香港加入中国民主同盟，兼任香港工商委员会委员。

94岁新党员终生为侨

1949年10月中旬，中央人民政府华侨事务委员会成立，任命庄希泉为副主任委员。11月底，他带着南洋同胞赠送的绣有“中华人民共和国万岁”的锦旗回国，在香港稍作停留，1950年初到京赴任。

庄希泉不负众望。他和何香凝、廖承志、陈嘉庚一道，协助中央制定一系列侨务政策，在接待侨胞来访、组团出国、安置归侨、发展侨乡生产、加强侨胞团结和增进各国人民友谊等方面做了大量工作。他身居要职，当时只住两房一厅的小单元。20世纪50年代，新、马有位知名华侨人士受迫害被逐出境，到京后一时找不到合适住处，他立即把客厅让出来。他的子女在外地工作，从未要求给予照顾。

1956年，全国华侨联合会在京成立，陈嘉庚出任主席，庄希泉被推选为副主席。1957年“反右”扩大化时，中侨委不少干部受到错误批判，他挺身而出，为

1950 年 4 月 26 日庄希泉（右二）代表南洋华侨向毛主席献旗

庄希泉（左）与陈嘉庚（中）及庄明理（右）在中南海漫步畅谈

其中一些人辩护，使他们免于或减轻处分。“文化大革命”期间，庄希泉被抄家，处境艰难，但他关心的是其他干部的安全。有一次造反派要他写一份诬蔑领导人的材料，庄希泉当面严词拒绝。

1978 年 3 月，庄希泉被选为第五届全国政协副主席。同年，被选为第二届全国侨联主席。当时他已 90 高龄，仍不顾年迈体弱，在侨务界的拨乱反正、侨乡的文明建设、侨联组织的恢复和发展等方面，倾尽心血。1981 年，他任中国华侨历史学会会长，勉励中国侨史学者写出有自己特色的侨史著作，让世人了解华侨。

1982 年，廖承志《致蒋经国先生信》发表后，庄希泉在接待海外同胞时，多次寄言海外亲朋，希望共同为早日实现祖国统一大业努力。同年，庄希泉以 94 岁高龄加入中国共产党，94 岁的新党员，这在党的历史上是没有前例的。

庄希泉在入党时宣誓

1983 年以后，庄希泉继任第六届全国政协副主席、第三届全国侨联名誉主席。他还任过第三、四、五届全国人大常委会委员，中华人民共和国体育运动委员会委员以及华侨大学董事长。

1988 年 5 月，庄希泉因病在京逝世，终年 100 岁。

庄炎林

庄炎林（1921—2020），出生于上海，新加坡归侨。1937 年参加上海童子军抗日战时服务团。1940 年加入中国共产党。先后任广西大学党支部书记，广西桂林

庄炎林

市工委书记等。抗日战争胜利后先后任上海各界人民团体联合会秘书处负责人和上海人民报社总编辑等。

新中国成立后，先后任福建团省委书记，闽江水电工程局党委第一书记、南平地委书记，福建省人民委员会秘书长等。"文革"后，先后任对外经济联络部办公厅主任、中国旅行游览事业管理总局副局长、国务院侨办副主任、中国侨联副主席、主席，是政协第六届、七届、八届全国委员会委员。

南下解放福建省

庄炎林 1921 年生于上海。曾就读厦门双十中学，后侨居新加坡、马来亚。1935 年回国，1937 年参加上海抗日战争战时服务团。1938 年在桂林参加革命，1940 年加入中国共产党，先后任广西省委干训班党支部副书记、广西大学党支部书记、省委交通联络员、柳州地区负责人、桂林市委书记等职。

抗日战争期间，庄炎林在广西、广东搞地下工作，参加游击战争。1942 年香港沦陷，庄希泉从香港转移到广西，以华侨身份掩护地下党开展工作。当时广西地下党遭破坏，经费陷入困境，庄希泉、庄炎林父子即变卖香港家产捐作党的经费。

抗战胜利后，庄炎林由党组织调任上海《华侨通讯社》记者、上海《经济周报》编辑、"上海各界人民团体联合会"秘书处负责人和地下党报《上海人民报》总编辑。

上海解放后，庄炎林受福建省委书记张鼎丞之命，任解放军华东军区上海知识青年随军南下服务团招生办主任，负责招收上海知识青年，选拔 2500 人组成南下服务团，随军南下解放福建。新中国成立后，历任福建省青年联合会主席、团省委书记，中共福建省委文教部、宣传部副部长，闽江水电工程局党委第一书记、南平地委书记，省人民委员会秘书长等职，曾两度到晋江县任县委第一书记、县革委会主任，为福建的革命和建设事业做出贡献。

"文化大革命"期间，庄炎林遭到严酷的打击迫害。1970 年被下放到闽北山区邵武县朱坊公社山下大队劳动。他曾先后负责生产队、大队工作，后任农场党委书记、场长，公社党委书记、革委会主任，1972 年调晋江县主持工作。

1974 年，庄炎林调对外经济联络部，被派任中国驻坦桑尼亚经济代表，负责我国援建的坦赞铁路等几十个项目，援建人员最多达 1.6 万人。因环境艰苦，疾病流行，我援建人员中有近百人献出宝贵的生命。庄炎林带领一批批援外人员，战胜一个个艰难险阻，历经 3 年多时间，坚持到胜利完成任务才回国复命。

建饭店惊动中南海

1978 年，改革开放伊始，庄炎林任刚成立的中国旅游总局副局长、党组副书记。为了摆脱困境，开创旅游事业的新局面，党中央、国务院成立由副总理谷牧、陈慕华，全国人大常委会副委员长廖承志为组长的“利用侨资、外资建设旅游饭店领导小组”，庄炎林任领导小组办公室常务副主任，具体负责这项工作。

出生于华侨家庭且在华侨华人中颇有威望的庄炎林，很快就找到一个理想的投资者——美籍华人建筑师陈宣运，在美国开设建筑师事务所并拥有 4 家旅游饭店。拟与我方合作，在北京建一座具有国际水平的旅游饭店，合作的条件是：全部资金由他筹集，分别作为双方投资（中方占 51%，外方占 49%），双方共同建造与经营，收入按投资比例分成，共担风险，共负盈亏，合资 10 年还清本息后，由中方以一美元购得饭店全部所有权。就是这对中方十分有利的合作条件，在当时却引起轩然大波，有人指责这是“走资本主义道路”，有人说这是“卖国主义”。

这件事惊动了中南海。经国家领导人批示之后，建国饭店才于 1980 年 6 月正式破土动工兴建。不料在施工中又一再受干扰，好在邓小平同志批示：“有理也不得取闹，何况无理！”才顺利于 1982 年 4 月建成开业。建国饭店营业不到 5 年，即提前全部还清 2000 万美元的本息，10 年所创利税为 7.8 个建国饭店的投资。1984 年，国务院发文要求全国的旅游饭店学习建国饭店的经营管理经验。

邓小平参加剪彩仪式

改革开放初期，庄炎林与世界船王、香港著名实业家包玉刚洽谈，包玉刚拟捐资 1000 万美元，在北京兴建一家现代化的旅游饭店，只要求饭店命名为“兆龙饭店”，以纪念其父包兆龙。庄炎林认为这对国家有利，拟同意接受，却遭到不少人反对，说是“为资本家树碑立传”。此事只好报告邓小平，邓小平说：人家无偿捐资给我们建设饭店，只要求命名“兆龙饭店”，这对我们有利，为什么不可以呢？邓小平还欣然命笔题写“兆龙饭店”四个大字，事情才得以解决。1981 年 7 月，邓小平出席包玉刚捐资仪式，接见包玉刚父子，接过包玉刚捐赠的 1000 万美元支票，转交给庄炎林说：“小庄，现在可以抓紧建设了。”邓小平还破例为兆龙饭店的开业典礼剪彩。这是他唯一一次为中外合资饭店开业剪彩。此事轰动世界，在海内外传为佳话。

庄炎林以建设旅游饭店作为引进侨资、外资的突破口，在担任国家旅游局和国务院侨办领导期间，经他谈成的侨资外资合作大型项目达数十个，包括北京建国饭店、长城饭店、丽都饭店、兆龙饭店，南京金陵饭店，上海虹桥饭店、华亭饭店，广东中山温泉宾馆，广州白天鹅宾馆、中国大酒店、花园大酒店等，都是由他进行联络、谈判、组织论证，先后建设起来的。

联侨架桥志弥坚

1981 年，庄炎林任国务院侨办副主任兼中国旅行社总社社长。1988 年调任全国侨联党组书记、副主席。他出身华侨家庭，曾侨居海外，又长期在侨务部门工作，与“侨”结下了不解之缘，对“侨”倾注了全部心血。他对归侨、侨眷和侨胞怀有深厚感情，满腔热情为侨服务，深受归侨侨眷和海外侨胞的崇敬、爱戴。1989 年 12 月，在全国侨代会上，庄炎林当选为第四届全国侨联主席。

庄炎林强调各级侨联组织要了解侨情，认真为侨服务，要健全机构，艰苦创业，兴办实体，广泛联系，积极服务，多做贡献，使侨联成为广大群众信赖的“归侨侨眷之家”和“侨胞之家”。

离休后，庄炎林仍然离而不休。2017 年在安溪举办第十届世界安溪乡亲联谊大会时，庄炎林已是 96 岁高龄，仍然回乡参加，并作诗《贺安溪》在开幕式上吟诵，赢得与会海内外乡亲的阵阵热烈掌声。诗作以“安溪名茶”冠头：“安居乐业美茶乡，溪水长流奔小康。名闻四海铁观音，茶都腾飞进百强。”世界安溪乡亲联谊大会总共举办十届，他参加七届，能出席这么多届的安溪人是很少的。在新加坡、马来西亚举办时，他都赶去参加了。

“冷暖沉浮皆为勉，永爱中华志弥坚”的庄炎林，把报效祖国的壮志豪情化作竭智尽力架设“金桥”的实际行动，忙碌奔波于拓宽与华侨华人联络的渠道。他曾于 1992 年精心策划并成功地在华夏大地举办了“第一届世界华侨华人龙舟赛”。

庄炎林热爱运动。他年过花甲后还发起和亲自参加“铁人三项马拉松比赛”、“横渡琼州海峡”等大型超强体力的运动。庄炎林是参赛中完成全程年龄最大的选手，被誉为“中华第一老铁人”。2008 年，庄炎林被选拔为北京奥运火炬手，在厦门代表支持申办北京奥运的华侨华人传递奥运圣火。

庄炎林从 20 世纪 90 年代起，写了养生之道《六六赠言》等，印成名片赠送亲友，很受欢迎。这折叠的名片共有 8 页，内容丰富多彩，有人生感悟、健身赠言、人生祝愿等，且时常更新，给了许多人启发和鼓励。

《六六赠言》内容是：“世事六然：凡事有其自然，遇事处之泰然，得意之时淡然，失意之时坦然，艰辛曲折必然，历经沧桑悟然。人生六是：权力是一时的，财富是后人的，健康是自己的，知识是有用的，情谊是珍贵的，声誉是长远的。身心六炼：认识修炼意义，进行修炼实践，养成修炼习惯，坚持锻炼身体，不断磨炼意志，获得修炼成果。人品六为：大公无私为圣人，公而忘私为贤人，先公后私为善人，先人后己为良人，公私兼顾为常人，损公肥私为罪人。行为六利：有利国家，有利民族，有利人民，有利社会，有利集体，有利个人。为人六乐：进取有乐，知足常乐，先苦后乐，自得其乐，助人为乐，与众同乐。”

耄耋之年的庄炎林，依然天南海北四处奔波，为振兴中华再做奉献。他走遍全国 31 个省、市、自治区及五大洲的几十个国家和地区，行程几十万公里，大大增强了海内外侨胞对伟大祖（籍）国的深厚感情和紧密联系。

庄炎林是一位抗日战争的老战士、老同志，在 2015 年中国人民抗日战争胜利 70 周年纪念章颁发仪式上，他作为侨界的抗战老兵，荣获习近平总书记亲自为他颁发并戴上纪念章。

2020 年 7 月 27 日，庄炎林在北京逝世，享年 99 岁。

思明区委统战部、区侨联与街道党工委代表到北京拜访庄炎林

（林希）

王雨亭与王唯真王双游　两代归侨热血报国

王雨亭（1892—1967），福建泉州人，马来西亚、菲律宾归侨，著名侨领、报人。曾任菲律宾《前驱日报》总编辑，菲律宾华侨抗战后援会宣传委员，中国民主同盟南方总支部工商委员，中央人民政府华侨事务委员会委员、行政处处长、联络司司长、办公厅主任，华侨投资辅导委员会秘书长、全国侨联秘书长。

王唯真（1923—2006），王雨亭的长子，菲律宾归侨，著名新闻人。15岁便回国参加八路军，17岁加入中国共产党。在新华社工作长达65年，曾任新华社副社长、代理社长、全国侨联常委。

王双游（1919—1978），王雨亭的长女，在菲律宾时协助抗日斗争及解放战争。回国后在鼓浪屿任中学教师，为华侨引种场的引种工作做出贡献。

王雨亭

王雨亭

王雨亭出生于泉州市，1908年，赴马来亚谋生。他接受了孙中山推翻清朝革命思想，1909年加入同盟会，很快成为讨袁护法的骨干，曾受派运送武器回福建，支援家乡讨伐袁世凯军事斗争。

1918年，侨居印尼的王雨亭就与他人共同办报，宣传新文化、新思想。1919年，前往菲律宾谋生，和几个朋友成立了“平民党”，创办党报《平民日报》。因为太激进，报纸办了一年不得已停刊。

1919年五四运动爆发后，南洋华侨发动侨胞捐款，掀起抵制日货、提倡国货的运动，以配合国内日益高涨的反帝爱国运动，王雨亭走在爱国行动的前列。

他在印尼办《赤旗报》，在媒体上猛烈抨击西方列强瓜分中国和日本灭我中华的野心，在侨界产生很大的影响。结果只办了两期，印尼的荷兰殖民当局就以王雨亭的言论妨碍“日本友邦”为借口，将其逮捕并驱逐出境。

1920 年 5 月，王雨亭将全家迁到鼓浪屿，而后前往菲律宾马尼拉继续办报，在华侨中开展宣传活动，并与桂华山等鼓浪屿华侨利用话剧等形式，揭露日本侵吞中国的企图。

1922 年，应老同盟会会员、泉州自治军司令许卓然邀请，王雨亭回泉州出任晋江县民团团长。第二年到厦门协助恢复《民钟日报》。创办于 1916 年的《民钟日报》，是东南亚辛亥革命功臣陈新政与许卓然、林瀚仙等创办的，目的是宣传孙中山革命主张、反对北洋军阀，维护共和。两次被福建当局勒令停刊。王雨亭参与主持《民钟日报》期间，经常刊登一些针砭时弊、反对北洋军阀、揭露黑暗的新闻和言论，厦门百姓争相传阅。

1924 年，王雨亭赴新加坡参与创立南洋影片公司，代理国产影片，宣传爱国思想。王雨亭因宣传反帝救国，被印尼荷兰殖民当局逮捕。两年后，被驱逐回国，在上海任南洋影片公司驻沪代表，并参与投资明星影片公司等，成为上海颇有名气的进步电影商。

1929 年，王雨亭赴日本留学。次年回国途中，专程到东北三省实地调查日本关东军在当地的种种劣迹。1931 年九一八事变后，王雨亭撰写《东北印象记》一书，据实揭露日本帝国主义侵略与掠夺我东三省的罪行，批驳了“国际联盟调查团”偏袒日本的错误行为，有力推动了抗日救亡运动的开展。

1932 年底，为更广泛发动海外华侨支援祖国人民抗战，王雨亭重返菲律宾，与友人一起创办《洪涛》。1933 年 6 月，又力邀庄希泉共同创办《前驱日报》，继续揭露日本的侵华野心，抨击南京政府“攘外必先安内”的政策，还报道中国共产党的抗日主张。王雨亭在进步报纸所发表的这些言论，鼓舞了菲律宾华侨抗日救国的斗志。

1936 年夏，《前驱日报》因经费困难停刊。王雨亭想出另一个办法：他与庄希泉创办中华影片公司，放映进步电影，并在每场电影开映前，利用幻灯、广播等形式进行抗日宣传。

1937 年七七事变后，王雨亭在八路军香港办事处廖承志的领导下到菲律宾开展抗敌工作。他担负起菲律宾华侨抗敌后援会的宣传工作，号召华侨捐款支援国内抗战。此外，还参与协同组织 200 多名华侨热血青年奔赴延安或参加八路军、新四军，其中包括黄登保等闽南籍华侨青年。这些来自菲律宾各地的华侨青年回国前都要到王雨亭家里会集，由王雨亭想办法送他们上路。

1938 年 5 月，王雨亭将长女王双游和次子王明爱留在马尼拉，带着不满 16 岁的大儿子王唯真到八路军香港办事处，将其送往延安抗日前线。

1939 年 6 月 4 日，当王雨亭与王唯真在香港离别时，王雨亭写下了临别赠言：“这是个大时代，你要踏上民族解放战争的最前线，我当然要助成你的志愿，决不能因‘舐犊之爱’而淹没了我们的民族意识。别矣，真儿！但愿你虚心学习，勿忘我平日教你的‘有恒七分，达观三分’，锻炼你的体魄，充实你的学问，造就一个健壮而又有智慧的现代青年，来为新中国而努力奋斗！”短短的几句话，舐犊情深，一位父亲对儿子的期望，以及对祖国和民族的大爱跃然纸上。1949 年北平解放，王雨亭陪同陈嘉庚从香港到北平参加筹备第一届全国政治协商会议，父子重逢，格外高兴。当王唯真把 10 年前的“临别赠言”拿给父亲看时。王雨亭感慨地说：“唯真，当年你选择奔赴延安的路走对了！”

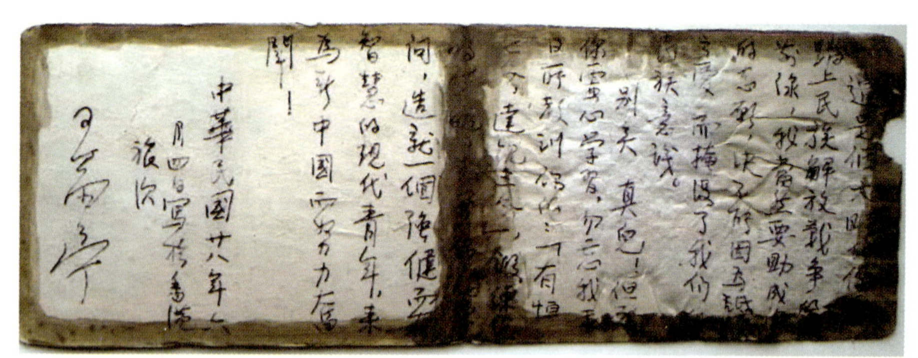
問，造就一個強健而
智慧的現代青年，來
為新中國而努力奮
鬪！
王雨亭

王雨亭给王唯真的“临别赠言”

（图片来源：鼓浪屿华侨文化展馆）

1938 年，王雨亭赴香港，加入中国共产党后，接受党的新任务，到缅甸仰光开设国泰电影院，开展华侨抗日工作。日军入侵缅甸后回昆明，在云南、广西一带经商，筹措中国共产党地下活动经费。抗日战争胜利后，王雨亭奉命到香港经营建元公司，并从事海外爱国统战与宣传工作，以团结更多力量，支援中国共产党领导的革命事业。

1946 年，王雨亭在香港加入中国民主同盟，并任民盟南方总支部工商委员。

1949 年，在参加第一届全国政协会议后，王雨亭回到菲律宾，把所有财产捐给慈善事业，回到祖国。

王雨亭参加了组建国务院华侨事务委员会的工作，先后被任命为华侨事务委员会委员，中央政府华侨事务委员会秘书处处长、联络司司长、办公厅副主任等，同时被推举为全国政协第一至第四届委员。1958 年 6 月起担任全国侨联秘书长，直到 1967 年在京病逝。其生前好友、著名侨领庄希泉在遗体告别会上做出如是评价：“王雨亭的一生，是为祖国人民和海外侨胞无私奉献的一生。”

王唯真

王雨亭为了革命海内外四处奔波，居无定所，他的孩子们对童年最深刻的印象就是时常搬家。王唯真是长子，在鼓浪屿度过了欢乐的童年，在怀德幼稚园和福民小学上过学。1933 年，王雨亭把家人都带到菲律宾，那时王唯真小学还没毕业。

受到父亲的影响，王唯真和王双游、王明爱等幼小的心里都已种下爱国的种子。抗战爆发后，在马尼拉南洋中学读书的王唯真因组织同学参加抗日救亡活动被校方开除，便多次向父亲请求让他回国参战。

王唯真

1938年10月，王雨亭最终决定送15岁儿子回国。父子抵达香港当天，日军在华南登陆并占领广州，王唯真北上延安之路中断。父子俩只得暂住香港庄希泉家里。半年后，有一批新加坡、香港司机服务团人员和几位学生要回国参加八路军，王唯真才和他们一道，离香港经越南北上，奔赴延安。

抵达陕西泾阳县的安吴堡后，王唯真进入战时青年训练班学习。安吴青年训练班是为了培养抗日新生力量，在国民党统治区设立的一个抗日青年干部培训学校，在抗战初期同陕北公学、延安抗大同列为中国共产党的三大学府。

4个月学习结束后，王唯真抵达延安，先进入青年剧团做美术师，画了大量抗日宣传画。

1940年，王唯真加入中国共产党。1940年5月，陈嘉庚、侯西反和李铁民等侨领访问延安时，王唯真是他们的闽南语翻译之一。

1941年8月，王唯真被调到《解放日报》任美术编辑，从此开始了他的新闻生涯。当年11月，由于懂外语，王唯真又调入新华社做英文翻译，之后在新华社工作长达65年。

新华社的翻译工作十分紧张。为了保证中央能及时掌握第二次世界大战战局的发展和变幻莫测的国际形势，译电员、编辑和电台抄报员昼夜不息，轮流工作。王唯真精通英语，还有很好的国学功底，成了业务骨干。

时隔半年，这位优秀的年轻人再次接到调令，这次是到新华社广播科担任编辑，成为新华社第一个专职国际编辑。当时的广播科主要负责向敌后各解放区的报纸播发文字稿，通过延安广播电台向全国发布口播新闻。延安电台功率虽然不强，可是全国都能收听到，南洋华侨地下报纸有时也能收听到，成了日本同盟社和国民党中央社的强劲对手。

王唯真负责编写全部国际新闻，工作任务十分繁重，先要用极快的速度把译电稿阅改一遍，修改里面的错别字，然后按标题分类，从中选出重要新闻，再送给《解放日报》编辑部，供《解放日报》和《参考消息》使用。1942年到1944年的新华社和新闻广播电台国际新闻，都是由他编撰的。他还写了长篇述评《南洋殖民地人民的胜利》《印荷谈判经过》《菲律宾的“独立”》等相继在《解放日报》刊发。

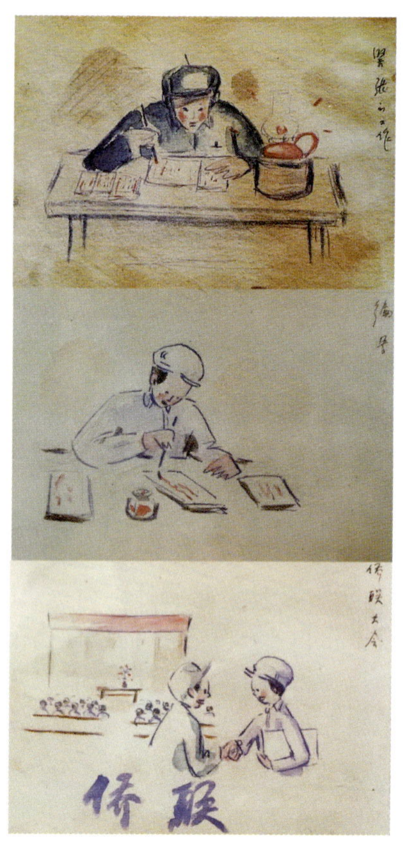

王唯真笔下的延安生活

（图片来源：鼓浪屿华侨文化展馆）

王唯真参与新华广播电台第一次对华侨播音。抗战胜利后，为宣传中共反内战、争民主的主张，揭露蒋介石发动全面内战的阴谋，王唯真写了《告侨胞书》，分别用广东话、闽南话和普通话三种语言在延安广播电台向海外侨胞广播。这是中共的广播电台首次向海外华侨广播。

1949 年，王唯真随新华社进入北平。此时王雨亭也专程从香港陪同陈嘉庚到达北平参加新中国第一届人民政协的筹备工作，父子两人离别十年后胜利重逢。

中华人民共和国成立后，王唯真先后担任新华社国际部编辑组长，新华社香港分社副总编，新华社国际部东方组组长，新华社河内分社首席记者、社长兼任《人民日报》驻越南记者，新华社里约热内卢特派记者，新华社国际部副主任，新华社编委会编委。

1964 年，巴西发生军事政变，王唯真正在里约热内卢担任特派记者，他和另外 8 位在巴西工作的中国同志被巴西政变当局投入监狱。他们在狱中进行英勇的斗争，挫败了台湾特务的绑架、策反阴谋，捍卫祖国尊严。王唯真从狱中通过国际红十字会寄给家人的信中写道：“蒙难异乡，心沐东日之下；囚歌壮丽，颂祖国日益富强。”

1965 年，在我国政府的全力营救和国际友人的声援下，九位同志胜利凯旋，受到周恩来总理、刘少奇主席的亲切接见。新华社就此播发题为《九颗红心向祖国》的长篇通讯，称他们是“祖国忠贞九儿女”，在全国引起了巨大的反响。

周恩来总理接见从巴西凯旋的王唯真
（图片来源：鼓浪屿华侨文化展馆）

1967 年 1 月，王唯真任新华社副社长并主持新华社宣传报道工作。9 月，被任命为新华社代理社长。他还是全国侨联常委、新华社侨联主席。

新华社保存的照片十分丰富，特别是一些历史照片是国内绝无仅有的。“文革”期间，王唯真为了保护这些珍贵的历史照片，他下令不惜工本，从国外购买一种专门的可防辐射、防潮的特制铅皮防护箱，并将照片复印 5 套，分地收藏。更难能可贵的是，他顶住政治压力，将刘少奇、邓小平、彭真、罗瑞卿等的照片也全部如数封存。这些照片后来派上大用场，还原历史的真相。

由于对“四人帮”倒行逆施那一套实在看不惯，王唯真后来愤然辞去新华社代理社长的职务。中共十一届三中全会之后，他才恢复工作。1982 年，王唯真任新华社纪检组副组长，1988 年离休。

2006 年 5 月 6 日，王唯真在北京逝世。

王双游

王双游是王雨亭的长女、王唯真的姐姐。她和弟弟们从小受到革命爱国思想的熏陶。十几岁随父亲去菲律宾，很快就融入当地华侨社会，曾是当时菲律宾菲华女子篮球队的主力。

菲律宾沦陷后，王双游和弟弟王明爱勇敢地协助当时也在马尼拉的张圣才从事搜集日本占领军情报的工作。时年王双游 20 岁，德才兼备，中英文两栖，帮张圣才整理文件及发收电报等。王明爱年纪小，一般是外勤联络、送情报等。张圣才曾是国民党军统干部，后在中共领导下参加了建立新中国的革命斗争。

1949 年回国后，王双游担任中学教师，曾教过生物学。在鼓浪屿建设厦门华侨亚热带植物引种园（创园时称“引种场”）时，她在引种方面正好可以发挥专长，常能提出一些好的建议。而且总是不断热情地写信或托人捎口信动员海外的同学参与引种。

20世纪60年代初，王唯真是新华社派驻巴西的记者，王双游便请弟弟关注并协助引进南美的优良作物。王唯真立即将此项工作作为义不容辞的任务，利用工作之余，收集巴西松、西番莲、蜜橘、樱桃、核桃等当地优良经济作物种子寄回鼓浪屿，是引种场首位从南美洲引种的人。

王双游
（图片来源：许一心）

王双游的丈夫是鼓浪屿归侨许卓然之子许祖义（1920—1998）。许卓然曾为同盟会会员，曾襄助孙中山征讨军阀，为闽南知名人士。许、王两家是世交。

在那场史无前例的运动中，一切都被颠倒了。担任市领导的许祖义备受冲击，华侨引种场成了“许祖义、李芳洲准备下海投敌的黑窝”而被彻底砸烂。王双游因为在菲律宾帮助过张圣才，被诬蔑为军统特务，关押起来逼供，还被判了3年的“劳动管制”。

王双游抗战时期在菲律宾
（图片来源：许一心）

王双游深爱着自己的祖国，时刻担忧着祖国的前途。她爱华侨引种场里的一草一木，仍想尽办法保护。终因积劳成疾，又得不到救治，含冤逝去。她的骨灰大多数撒进了见证潮起潮落的鹭江，1980年平反后，那把最后的骨灰，撒在了王唯真从巴西引进回来的巴西松下。王双游终于安息在她所深爱着的这片热土上。

（林希）

爱国侨领与一代“远去的飞鹰”——桂华山与桂汉民

桂华山（1896—1987），字峻嵩。晋江安海镇人。20世纪20年代后期，投资厦门市政建设。在菲律宾担任闽南救乡会副主席、华侨反日会执行委员、华侨援助抗敌委员会常委，组织侨胞支援抗日，救济家乡难民。因爱国反日，被日宪兵拘捕入狱，在狱中坚贞不屈。

桂汉民（1915—1980），桂华山之子。毕业于马尼拉的远东国际航空训练所。淞沪会战爆发后，于1935年回国，任杭州笕桥“中央航空学校”的飞行教官，为刚起步的中国空军培养人才。1937年全面抗战爆发，驾机走上抗日战场，在对日空战中有杰出表现。

桂华山与桂汉民

桂华山

桂华山幼年就读私塾，后转新式学校。年长在泉州“炳记”行任会计。早年受其父熏陶，倾向革命。在县城和革命党人交往甚密，未几即加入革命党组织，参与辛亥革命和反帝运动，在进行“二次革命”反袁活动中，因事机不密，被通缉追捕，遂避回安海。1918年，南渡菲律宾马尼拉市，初在蔡浅戈公司任职，后来辞职与同乡合资开办中华商业有限公司，自任董事长兼经理，大力推销国货，业务大有发展。

1924年，桂华山在上海与明星影片公司等合资组织“南洋影片公司”，被推为经理。仅一二年间就在南洋各地分设电影院20多家，自此他在南洋的事业基础更加扎实。1925年，起桂华山在菲律宾担任出入商会会长和中华总商会、教育会董事。不久，上海发生“五卅惨案”，桂华山邀请马尼拉商界与华侨学生联合会等一起开会，通电声援，继而被推选为菲律宾华侨各侨团组成的临时救济会副主席，积极发动同侨捐款支援上海罢工工人。同期，“闽南救乡会”成立，李清泉任主席，桂华山被推选为副主席。

20世纪20年代后期，桂华山和同侨杨孔莺创办华侨兴业有限公司，并投资厦门市政建设。

1932年，桂华山和菲律宾侨领许友超等赴香港晋谒十九路军军长蔡廷锴，支持蔡廷锴入闽主持大政。抗战时期，他被推选为“菲律宾华侨反日会”执行委员。1938年5月厦门沦陷，菲律宾总商会发起救济家乡难民运动，桂华山被推选为代表，赴香港与胡文虎共商救济逃难同胞事宜。回马尼拉后，又被推选为菲律宾华侨援助抗敌委员会常委，兼负责经济组、组织组具体事务，开展募捐活动，发动侨胞支援祖国抗战。

桂华山对文化教育事业很关心。积极参加菲律宾华侨教育会，提倡公演有爱国内容的话剧，并组织国产影片在新加坡和印尼放映，沟通社团与华侨的感情。

1941年12月太平洋战争爆发，日本入侵菲律宾，因爱国反日，被日宪兵拘捕入狱，在狱中坚贞不屈，被判处20年徒刑。

抗战胜利后，桂华山回国到上海发展实业，继而在香港集资从事酒家和银行投资业务。先后担任兰富酒家董事长、海外信托银行董事长及香港工商银行董事长，并担任过香港保良局东华三院总理。创办香港桂华山中学。1978年，桂华山独资捐建家乡安海幼儿园教学楼，捐资100万元港币在厦门大学兴建电镜楼等。

1987年3月9日，桂华山在香港病逝。

桂汉民

桂汉民生于1915年8月15日，爱国侨领桂华山之子。桂汉民5岁时随母亲林德惠，前往菲律宾马尼拉生活，从小就受到其父“男儿当保家卫国”思想的影响及谆谆教导。

桂华山年轻时，曾参加过闽南地区的“反袁（世凯）爱国运动”，之后南渡马尼拉从商，并在当地创办“中华商业有限公司”等商贸实业企业，且兴资办学。其间，他还担任“马尼拉中华总商会”的数届董事会董事。1925年，桂华山出任菲律宾“中华国货商会”主席。同年，他前往上海，考察当地的商业市场环境，创办民众耳熟能详的“南洋影片公司”，为中国电影默片（早期无声影片）登陆东南亚各国的华侨社区，做出突出贡献。1931年“九·一八事变”后，“日本政府侵略中国之野心昭然若揭，中国政府亦暗中准备抗战”。身在菲律宾的桂华山联合当地诸多闽籍华侨，发起募捐和支援祖国的抗敌运动。

正是受到父亲“抗敌报国”思想的影响，桂汉民在1933年，毅然报考了美国设在菲律宾马尼拉的“远东国际航空训练所”，学习战斗机飞行驾驶和修理技术。1935年末，毕业后的桂汉民带着报效祖国的目标前往广州，加入陈济棠所创办的当时中国最先进的空军部队，成为一名战斗机飞行员。

在广州服役期间，年轻的桂汉民经常参与陈济棠所组织的各种飞行表演活动。每当粤军及广东地方政府有贵宾来访，举行欢迎、庆祝仪式的时候，陈济棠都会为来宾们展示一下自己空军的装备实力。而桂汉民只要时逢庆典，都会积极驾机参与上述表演活动。他技术高超，把每个高难度动作都完成得既优美又漂亮。

1936年6月，陈济棠因秘密接受日本政府的武器援助而公开反蒋，这直接招致粤系空军司令率部“反水”归附中央，随即其麾下所属陆军将领，亦通电反对陈济棠的分裂主张，史称“六一事变”。同年7月，陈济棠“独立运动”失败后，被迫下野，出走国外，其精心培育的空军体系因此土崩瓦解。之后，粤军旗下六个大队的飞行员和机械师队伍，整体被编入南京“国民政府军事委员会航空署”。桂汉民服役半年正遇此事，并被南京政府调往江西庐山整训。不久，他又转赴浙江杭州工作。桂汉民的驾驶和修理技术都很过硬，日后他成为大名鼎鼎的“杭州笕桥中央航空学校”的一名飞行教官，为培养中国空军的梯队人才而努力工作。

1937年7月7日，中国人民的抗日战争全面爆发。8月14日—18日，中日两国空军在华东战场上空，上演了“第一次空中对决”。日军几天之内，先后派出250余架次战机参战，而笕桥中央航校的教官们，也紧急组成“中国空军暂编作战大队”迎战日军。桂汉民驾驶着一架霍克—2型战斗机升空，参加由“空军战神”高志航少校所率领的中国空军，在杭州、南京及上海上空对日作战，并与队友配合英勇击落日军飞机3架。此役中国空军共打掉29架日军战机，日军战役指挥官

“海军鹿屋航空联队”队长石井义，战后切腹自杀。这次战役史称“八·一四空战”，它谱写了中国抗战史上的新里程碑，取得中日空战史上的一次重大胜利。为此，国民政府之后将 8 月 14 日法定为“空军节”，桂汉民亦获颁荣誉勋章一枚。其父桂华山在得知战况和儿子的表现后，称其“奋勇歼敌，不辱使命”。

1938 年，桂汉民结束了两年多的教官生涯，正式编入中国空军地勤管理人员序列。1939 年，他被任命为江西“赣州航空站”站长，前往赣州“唐江机场”赴任。之后，日军袭击并占领赣州，由于桂汉民曾经在广东空军系统工作过，他又被任命为“韶关航空站”站长，配合广东民众继续抵御日寇的攻击。

桂汉民在韶关任职时，由于飞机场的战略地位非常重要，因此所担负的任务既有协助当地政府抢运物资的工作，又有组织防空力量，防止日军对机场这条生命线实施空袭的职责。1943 年 1 月 5 日，桂汉民迎来日军对韶关机场的最大一次攻击和考验。当日，日军出动战机 20 余架，飞临韶关上空，进行投弹轰炸，炸毁房屋 2500 多间，炸死 73 人，伤 90 余人，灾民逾万人。这也是日机对韶关破坏力最大的一次空袭。其间，桂汉民所负责的机场，由于防空组织工作得当，未出现重大的人员伤亡和物资财产损失，且保障了航空站迅速恢复正常的运输起降。因此空袭过后，桂汉民获得广东省国民政府的感谢慰问信，称赞其为合格的华侨军人，并赠送“华侨之子”称号的锦旗一面，予以表彰。

1944 年初，根据“中美联合抗战”新形势的需要，桂汉民在韶关沦陷的前一年，被调往正在加紧兴建的广西桂林机场工作。不久，由于中国空军飞行员牺牲人数倍增，后备力量严重短缺，桂汉民“重披战袍”，被编入中国空军作战大队，

驾驶轰炸机参与对日军占领区地面军事目标的袭击。至此，桂汉民完成由一名少尉飞行员，晋升为中尉，再荣升为上尉的过程。

1946 年，因“抗日战争”胜利，加上不愿参加内战，桂汉民经过深思熟虑，向上级提交转业申请的报告，不久获准退役。随后，他携家眷前往上海改业从商，帮助父亲打理“华侨投资建业有限公司”的事务，以及家族在上海的产业和生意。

后因桂华山家族所控股的“华侨投资建业有限公司”在上海多处投资，并在厦门投资入股由胡文虎所发起成立的“福建经济建设股份有限公司”，促使家族企业的商业发展迅速，业务十分繁忙。又因 1949 年内战“上海战事”一触即发，桂汉民携家眷远离战火，返回家乡闽南的商贸中心厦门居住。

1980 年 7 月 9 日，桂汉民在鼓浪屿复兴路家中去世，终年仅 64 岁。

（黄佳畅整理）

烽火仁心　前线报国

——爱国华人医学家林可胜

林可胜（1897—1969），祖籍福建海澄县鳌冠村（今属厦门市海沧区），新加坡华人科学家，中国现代生理学的奠基人。抗日战争时期，为挽救中华民族之危亡，毅然投笔从戎，从单纯的生理学家和医学教育者转变为军医领导者，带领年轻的中国救护人员奔赴最前线，为抗日战争和世界反法西斯战争的胜利做出不可磨灭的贡献。他的父亲林文庆（1869—1957）是医学家、教育家、新马华人橡胶业和金融业先驱，1921—1937 年任厦门大学校长。母亲黄端琼（1876—1905），马来亚诗巫侨领黄乃裳长女。

杏林传薪　家国情怀

林可胜幼年赴英，1913 年，克绍箕裘考入爱丁堡大学医学院，获生理学、科学博士学位。1923 年，当选为英国皇家学会爱丁堡分会会员，美国生理学会会员。在国际生理学界屡有创获，渐享盛誉。

1925 年，林可胜成为协和医学院第一位华人教授，1935—1937 年为协和医学院三人领导小组成员之一，执行院长职务。任职期间他在科研、教学、人才培养方面成就斐然，积极协助政府规划现代医学体系。

1926 年，林可胜任中国生理学会首届会长，翌年创办《中国生理学杂志》（英文版）并使其成为国际生理学界重要期刊。1928 年，当选中华医学会会长。

1931 年“九一八”事变后，战火迅速蔓延到华北。1933 年 1 月 1 日长城抗战爆发，林可胜担任华北救护委员会常务委员，带领协和军医官救护训练队，组织 12 支移动医疗队和小型后勤服务，开赴古北口、喜峰口等处进行战地救护。

长城抗战期间，林可胜不仅规划设计救护队用具、服装、运输工具以及人员的救护训练，还亲赴前线，视察及指示工作事宜。

1937 年侵华日军发动“七七事变”，抗日战争全面爆发，基础薄弱的中国医疗救护体系濒临瓦解。整合医疗救护力量、具备流动救护能力的中国红十字总会救护总队应运而生，拥有海外背景、具备良好医学素养和出色组织能力、具有较高国际号召力和影响力的林可胜，也随即成为领导这支队伍、承担战地医疗救援重任的不二人选。他兼程归国，从此开始了长达八年的战地医疗救护生涯。

中国红十字会救护总队纪念碑 2013 年 4 月立于贵阳（文金伟摄）

奉召擎旗 担当重任

1937 年 12 月，南京沦陷，中国红十字总会在汉口成立临时救护委员会（1938 年春更名为“中国红十字会救护总队部”），林可胜担任临时救护委员会代理总干事兼救护总队长。

本着“精干、高效、灵活、分散”的原则，林可胜将救护队员分成若干流动医疗队，尽可能推进到前线独立作业。救护总队从最开始的 37 支救护队、队员 699 人，至 1942 年发展到 150 支救护队、队员 3420 人，遍布全国主要战区。

在条件苛刻、物资匮乏的环境中，贵阳图云关总部在林可胜领导的救护总队人员共同努力下，建设成抗战时期中国规模最大、设施最完备的战时医疗救护中心和军医培训基地。来自世界各地的成千吨援华医药物资经此源源运往抗日前线，无数经过培训的战时医护人员从这里奔赴各战区，昼夜不停地在炮火纷飞的战场上抢救伤员。

林可胜以“救死扶伤、博爱恤兵”为宗旨，订立 8 项救护信条。救护队员置生死于度外，立下誓言：“中国部队所能到的地方，我们中国红十字会救护人员也应该能到。”

1938 年 5 月，林可胜在湖南长沙组建战时卫生人员训练班，弥补战地救护和防疫人员缺口。1939 年，战时卫生人员训练班随救护总队迁至贵阳图云关，由“班”改“所”，历经 5 次改组，先后在陕西、江西、湖北、四川、湖南等地开设分所。卫训所和图云关救护总队部构成战时中国最重要的医学中心，训练人员达 2 万余人，不仅满足战时需求，亦为战后卫生事业发展奠定基础。

1938 年至 1942 年，在林可胜领导下，救护总队和战时卫生人员训练所的发展达到顶峰，促进救护总队与全国救护医疗单位有效衔接。

林可胜责成专家编写战时教学规程，教材出版后分发到图云关总所及各分所、部队和地方医疗卫生单位，达到医疗、防疫和救护的统一。抗战爆发后，传染病的流行愈加严重，许多伤兵死于疫病。因此，林可胜坚持救护与防疫并重，协助完善战时卫生防疫体系，促进基层公共卫生现代化，有力维持并增强抗战力量。

1940 年夏，林可胜率队深入各战区考察军医设施，行走 70 多天，回贵阳后马上拟定预防水蛭传染病与肠胃病的计划，并推广到各战区，从而改善广大官兵健康状况，减少军队传染病。

救护总队设立伤兵营养特别经费，得到新生活运动妇女部、“伤兵之友社”、北美和东南亚华侨华人的支持，筹募到额外营养费以及被褥、衣服、牛奶、奶粉、鱼肝油等急需品。截至 1939 年底，特别营养每月令近 2 万名伤病员受惠。

为挽救更多士兵的生命，林可胜向美国医药助华会提议在中国建立血库。1943 年 6 月，中国血库在美国纽约成立，试运行 5 个月内采血 1157 份，制成 57 瓶冻干血浆运回中国，专为抗战将士输血。

1938—1945 年，救护总队总计救治超过 2200 万人次。其中外科实施手术 11.98万次，骨折复位 3.55 万人次，敷伤 878.47 万人次；内科住院 214.29 万人次，门诊军人 248.16 万人次，门诊平民 200.29 万人次，预防接种 463 万人次；X 光检查 5.84 万人次，灭虱 79.21 万人次，检验 22.65 万人次，补充特别营养 93.48 万人次。

秉持人道　胸怀大义

林可胜秉持人道主义，坚持国家和民族的利益高于党派利益，对所有抗战军队一视同仁；救治官兵的同时不忘兼济四方百姓，参与难民救济和平民卫生防疫；坚守国际精神，亲率医疗队，支援盟军作战，提供域外救护保障。

林可胜先后派遣 20 余支医疗队赴抗日根据地开展医疗救助，适时调拨经费、药品、器械，任用和保护进步青年、国际左翼医生。1938 年，在林可胜的协助下，白求恩率领美国—加拿大援华医疗队从汉口辗转前往晋察冀前线。除了在前线救护伤兵、在后方运送物资，救护总队也在沿途救助难民，搭建避难所，提供义诊，分发药品、食物、衣物及救济款。

1942 年，中国抗战唯一的“输血管”——滇缅公路面临被日军封堵的危险，国民政府决定派出军队支援缅甸境内的英美盟军作战，林可胜受命担任中缅印战区司令官史迪威的医药总监，因表现出色，多次获英、美政府授勋。

1943 年，林可胜率队参加中国远征军收复滇西和驻印军反攻缅甸的一系列作战
（图片来源：美国印第安纳大学图书馆）

大爱无疆　情谊无界

全面抗战爆发后，中国各战场伤亡惨重，面临物资缺乏、医疗设备落后的困境。海外华侨华人不仅捐资捐物，成立医药援华团体，还回国参战，有力支援了中国抗战；各国友好人士奔走呼号，组织“援华医疗队”参与抗战救护；国际社会广泛同情、支持，在政治、道义和物质上给予中国无私援助。

为解决药品、器械、资金不足等问题，林可胜吁请国际援助，以其声望获得国际社会及海内外华侨华人的踊跃呼应。1938—1942 年，林可胜募款达 6600 万美元，而国民政府一年向美国贷款不过 1500 万美元。他的举动得到了许多回应。

1938 年起，救护总队陆续收到捐款，主要的资助来自欧美红十字会和海外华侨华人，林可胜每年定期携带工作成果赴美报告。

1938 年 1 月 24 日，由旅美华侨许肇堆、魏菊峰、赵不凡倡议发起的美国医药助华会（American Bureau for Medical Aid to China，简称 ABMAC）在纽约成立，为中国军队和民众募捐并提供医疗救助。该会定期刊印公报，介绍国内抗战形势和工作情况。

抗战后期，美国医药助华会资助大批中国医护人员赴美学习。他们归国后成为中国医学的先驱者和权威，为战后的中国医学发展起到至关重要的作用。

1941 年，林语堂携三女林相如在纽约街头为筹建美国援华联合会（United China Relief，简称 UCR）募集资金，支援中国抗日战争。不久后，他当选美国医药助华会执行委员和董事会成员。

1942 年 2 月，美国援华联合会在纽约正式成立，整合了美国各地援华抗日募捐团体，许肇堆当选第一副会长。美国援华联合会会同美国红十字会，在抗战期间统一协调美国民间援华工作，成为援助中国最多的慈善组织，对华援助囊括医药、灾民救济、教育、儿童福利等。据统计，从 1941 年至 1946 年 8 月底，2200 万中国民众因此得到不同形式的帮助。

1946 年春，美国医药助华会中国委员会在重庆开会，讨论战后医疗、救济、教育事宜。（图片来源：美国印第安纳大学图书馆）

在空前的民族危机面前，海外华侨华人同仇敌忾、广泛动员，为抗战救护筹募资金，以各种形式支援中国。

1940 年 3 月，陈嘉庚率领“南洋华侨回国慰劳视察团”归国考察。8 月行至贵阳，与林可胜、周寿恺会面，对林可胜的工作极其赞许，决定参与捐助。返回新加坡后，陈嘉庚即刻以南侨总会名义汇款 21 万元，并筹谋其余捐助事宜。

至 1939 年底，救护总队运输队 188 辆车中有 150 辆为各方捐献，其中大部分为华侨华人筹措。

由于运输强度日增，亟须汽车驾驶员和修车机械员。在陈嘉庚的号召下，1939 年 3200 多名南洋华侨华人踊跃应募回国，冒着枪林弹雨抢运战略物资，参加救护。

1938 年，美国医药助华会联合其他旅美华侨团体发起“一碗饭运动”，即每人用“一碗饭”的费用，捐赠购买药品和医疗设备。该运动迅速席卷美国各地，并扩展到英国、加拿大、南美洲等地，掀起援华募捐风潮。在“旅美华侨抗日统一义捐救国总会”主席邝炳舜的领导下，旧金山各界人士以游行演艺、“一碗饭”捐、劝售纪念章捐、上街义演、时装表演多种形式开展募捐活动，收益用于支持和装备救护总队卫训所分校及骨科医院。

1940 年，作家赛珍珠发起“希望之书”活动，侨界纷纷响应，募集近 10 万美元用于购买医疗设备和药品。旧金山唐人街举办“中国战区难民惨状展览”和“中国抗战战绩展览”，鼓励各族裔声援中国抗战。1940 年 11 月 1 日，纽约举行“一碗饭”餐宴，华人影星黄柳霜着金色“锦鸡”旗袍出席活动。她曾多次参与美国各地的“一碗饭运动”，为祖国难胞呼吁。

许许多多国际友好人士怀抱人道主义理想和反法西斯信念，与中国人民同甘共苦，结下深厚情谊。在中华民族最危险的时候，一支由欧洲各国白衣战士组成的国际援华医疗队，也不远万里来到图云关。这些参加过西班牙反法西斯斗争的志愿者被称为“西班牙医生”，他们加入救护总队，与中国人民生死与共，直到抗战胜利。

精神感召　团结抗战

在抗战爆发之初，林可胜医学界的同僚、同事和学生，就参与到他组织的各项救护活动当中。全面抗战爆发后，职业理念与爱国情怀令他们凝聚在一起，前仆后继，投身战场。他们筚路蓝缕，不畏艰险，在不同领域各显其才，报效国家。

林可胜的人格魅力和赤诚的爱国情怀，感召了一大批中国医学界精英，共同为战地救护和中国近现代卫生事业发展贡献力量。

抗战时期，由于医护人才的匮乏、公共卫生体系及其教育体制的落后，林可胜等医界精英向中央政府建议设立培训机构和专业学校，以正规教育培养各层次的医护人才。这批学员通过不断的培训学习、演练实战，成长为抗战时期前线后方救助工作的中坚力量。

1937 年 9 月，在林可胜倡议下，以“培植公医人才，倡行公医制度，增进民族健康”为办学宗旨的国立中正医学院在南昌成立。首任校长由湘雅医学院院长王子玕担任。1937—1945 年间，中正医学院迁徙于江西、云南、贵州等地，师生们在恶劣艰苦环境和简陋的条件下教学求学，艰苦卓绝。

抗日战争胜利后，为发展战后军医教育，林可胜以战时卫生人员训练所和贵州安顺军医学校为基础，在上海江湾组建国防医学院。

英名永志　浩气长存

以林可胜为代表的中外医护人员在抗战时期挺身而出，为全民族抗战和世界反法西斯战争的最终胜利做出了不可磨灭的贡献。人民永远不会忘记那些在战争中为正义、为和平、为保土和民族尊严而奉献出宝贵生命的人们。缅怀英烈，珍爱和平，是人类共同的心声。

在战场上殚精竭虑的林可胜，因支持国共联合抗日，屡遭构陷。1942 年和 1943 年，林可胜被迫先后辞去红十字会救护总队、战时卫生人员训练所职务。由于全面内战的爆发和官场的人事倾轧，他深感宏图难展，1948 年末奉命迁台。后不久辞职，移居美国继续从事医学研究和教育工作。

1945 年起，林可胜先后任军医署署长、海军军医处处长、国防医学院院长，全票当选中央研究院第一届院士，并受教育部委托，筹建中央研究院医学研究所。

1949 年 7 月，林可胜返新加坡后赴美执教。晚年潜心投入痛觉生理学与药理学的研究，再次活跃于国际生理学界。1955 年，林可胜正式成为美国科学院院士。

1969 年，林可胜病故于牙买加。

（黄佳畅整理）

一生践行医者仁心——林巧稚

林巧稚（1901—1983），出生于厦门鼓浪屿，就读于厦门女子师范学校、北京协和医学院，获美国纽约州立大学医学博士学位，被美国方面聘请为自然科学荣誉委员会委员。回国后，继续在北京协和医院妇产科工作。

中国现代妇产科学的主要开拓者和奠基人，北京协和医院第一位中国籍妇产科主任及首届中国科学院唯一的女学部委员（院士）。一生未曾婚育，却亲手迎接了 5 万多个新生命，被尊称为“万婴之母”。她称自己是“一辈子的值班医生”，并将 生都献给祖国的医学事业。

在鼓浪屿的涛声中成长

1901 年，林巧稚出生于福建厦门鼓浪屿的一个基督教家庭，父亲林良英给她取名“巧稚”，寓意她一生灵巧而天真。

林良英曾是厦门郊外的农民，尚未成年便跟着父亲远走南洋。在新加坡，父亲外出做苦工，他进了英国人开办的教会学堂。后来，林良英回到厦门，与当地姑娘何晋成了亲。鼓浪屿这片“万国公地”需要懂外语的当地人，林良英和妻子在鼓浪屿定居下来后，靠翻译和教书维持生计。

林巧稚 5 岁时，何晋因患妇科肿瘤病故。对这个从小失去母亲的女儿，父亲有一份格外的疼爱。他把巧稚当男孩子一样养育，希望她有教养，有出息。父亲经常带着巧稚去海边玩耍，漫步在海边，父亲有时会给巧稚讲《圣经》故事和圣徒的传说，也讲他在异国他乡求学的事情。14 岁时，林巧稚在岛上的教堂受洗。

鼓浪屿的东边是升旗山。升旗山下，坐落着厦门女子师范学校。林巧稚在这所学校从小学读到高中，度过了 10 年的光阴。当时，大姐、二姐都已出嫁，巧稚成了家里的长女。平日里放学后，还要回家做家务，帮继母照顾弟弟妹妹。她十分懂事，学习勤勉刻苦，成绩也一直名列前茅，且对生物尤为兴趣。后来，她曾对人谈起，她之所以喜欢医学，和当初喜欢生物有很大关系。

起初，为了缓解家庭的经济负担，也因为老师格外喜爱这个看上去腼腆缄默，却为人热情、明朗率直的女生，她在女子师范学校毕业前半年，受邀成为该校的兼职老师。她先只是在教导处帮忙，做一些教务方面的杂事。半年后，就以优异的毕业成绩和工作表现被学校续聘，成为学校初中年级的英语老师。

经历过亲人去世的痛苦，林巧稚树立了一个终生理想：怀着平凡的爱做平凡的事。虽然一毕业就留校教书，这让许多人羡慕，但她真正的愿望是继续求学，成为一名医生。在那个思想还有些保守和传统年代，很多人都认为做医生应该是男人的事情，而女生应该更多的是做护士之类的工作。不信邪的林巧稚选择了医学，她志愿做一名救死扶伤的医生。刚好那一年，北京协和医学院在全国范围内招生。历经层层考试选拔，林巧稚取得了优异成绩，得到校方认可。就这样，在19岁那一年，她踏上了从厦门开往北京的列车。

做人民信赖的好医生

到了协和之后，林巧稚就像是看到了一个新的世界。仅仅不到一年的时间，天资聪颖的她就已经崭露头角，并获得老师和同学的一致认可。在读完本科之后，她转而继续攻读研究生和博士。1929年，立志做医生的林巧稚，成为北京协和医院第一位毕业留院的中国女医生，从此开始了54年的从医生涯。当年，她获得北京协和医学院医科学士及美国纽约州立大学医学博士学位，是当届“文海”奖学金唯一获得者。

为了挑战女性不能拿手术刀的偏见，为了那些对妇产科疾病一无所知的中国妇女，林巧稚毅然选择了当时被许多人看不起的妇产科。在这里，孕妇临产的时候，林巧稚总是握着她们的手，帮她们擦去脸上的汗珠。时任协和妇产科主任的美国人惠特克不屑地说：“林大夫，你以为拉拉产妇的手，给产妇擦擦汗就能成为教授吗？”而就是这一握手、一擦汗，让病人无条件信任、信赖她。数十年后，林巧稚已成为国内妇产科首屈一指的专家，而她仍会握着产妇的手，给她们擦汗。她用自己的行动和成就完美地阐释了她一生的理想信念——做人民的好医生。

在认真、严谨的工作态度和优秀的医疗水平之下，1931年，在而立之年，林巧稚升任协和医院妇产科的总住院医生。同时，她还被聘任为协和医学院妇产科学系的助教。

此后，林巧稚并未停下前行的脚步。1932年，林巧稚到英国伦敦医学院和曼彻斯特医学院进修深造；1933年，到奥地利维也纳进行医学考察；1939年，前往美国芝加哥医学院当研究生。1940年，林巧稚被美国方面聘请为“自然科学荣誉委员会委员”。同年回国，不久升任协和医院妇产科主任，成为该院第一位中国籍女主任。

七天七夜，成功抢救“新生儿溶血症”患儿

1962 年，林巧稚收到一名孕妇的求助信：“我是怀了第五胎的人了，前四胎都没活成，其中的后三胎，都是出生后发黄夭折的。求你伸出热情的手，千方百计地救救我这腹中的婴儿……”

做出新生儿溶血症的诊断并不难，但在当时的条件下，这种病的患者并没有被治愈的先例。超出能力范围，贸然接诊可能会面临许多风险，林巧稚本可以拒绝，但她遍查资料，彻夜难眠，茶饭不思，最后决定试一试。

孩子出生很顺利，可是不到三个小时，就出现了全身黄疸，生理指标也越来越糟。林巧稚冒着风险决定，给新生儿进行全身换血。换血开始，挤满了医护人员的手术室里鸦雀无声。林巧稚先把听诊器在自己手心捂热，再轻轻贴到婴儿胸前，同时用手示意，控制抽血、输血速度。终于，婴儿的肤色由黄转红。她决定做第二次换血。三天后，第三次换血。

孩子全身黄疸明显消退——成功了！整整七天，林巧稚没有离开孩子身旁，大胆的判断和精良的医术让这个婴儿成为有记录以来中国首例成功的新生儿溶血症手术患者。

在半个多世纪里，林巧稚亲手接生了 5 万多个孩子。林巧稚不但给有钱有势的妇女看病，对穷苦百姓都一视同仁，交不起钱的病人，她就免费治疗。她有一个出诊包，包里总放着钱，以便随时接济贫困百姓。中华人民共和国成立之后，她在协和医院门诊看病，同样鼓励平民百姓不要挂她的专家号，告诉他们“挂我的普通号，同样是我给你看病”。许多父母给孩子起名为“念林”“怀林”“敬林”，以表达对她的敬爱和纪念。

坚持“预防为主”，推动中国妇女健康普查

林巧稚总是说：“医院只是治病的第二、三道防线，真正的第一道防线是在预防上，在对广大正常生活的妇女进行普查普治上。”

20世纪五六十年代，对妇女的生活卫生习惯及疾病的调查，让很多人不理解。林巧稚积极贯彻“预防为主”的方针，负责组织大规模子宫颈癌的普查和防治。她带领自己的团队克服思想、物质上的困难，走门串户逐人检查，收集了大量一手资料，使子宫颈癌的死亡率大大降低。同一时期，林巧稚还在全国率先开展妇女宫颈涂片检查，这种检查方式直到今天仍具价值。她曾主编《家庭卫生顾问》《家庭育儿大全》《农村妇幼常识问答》等科普读物，让普通老百姓也能够从中受益。

林巧稚献身医学事业，有着丰富的临床经验，深刻敏锐的观察力，对妇产科疾病的诊断和处理有高超的本领和独到的见解。她全面深入地研究妇产科各种疑难病，确认癌瘤为戕害妇女健康的主要疾病，坚持数十年如一日地跟踪追查，积累了丰厚的供后人借鉴的资料。

1965年，年过花甲的林巧稚，仍然活跃在农村巡回医疗的第一线。在湖南湘阴农村，白发苍苍的她仍步伐轻快，在关公潭、新泉等村镇坎坷不平、多雨泥泞的田埂上来回奔走。她走到哪里，哪里就听得见“林老”的亲切称呼。

为世界医学进步贡献力量

对待工作，林巧稚有着一颗热情似火的心。除了医疗、研学等，她还经常出国访问交流，为工作积累更丰富、多元的经验，为世界医学进步贡献自己的力量。

1953年，林巧稚出席在奥地利召开的世界32个国家参加的世界医学会议，会后访问了苏联。1959年，林巧稚被国务院任命为中国医学科学院副院长，是中国科学院首届当选的唯一女学部委员。又曾任国务院科学规划委员会医学组成员、中央技术管理局发明审查委员会委员。中华医学会副会长、中华医学会妇产学会主任委员和中华妇产科杂志社总编辑，卫生部教材编审委员、考试委员会委员、医疗事故鉴定委员会委员以及中国人民保卫儿童全国委员会委员等。她获得多项荣誉，却仍保持低调谦逊，奋战在工作一线，为更多的人带去希望。

1972年，林巧稚任副团长，率中华医学会代表团出访美国、加拿大。1973年，她受聘为世界卫生组织医学研究顾问委员会顾问，任期5年，至1977年。1974年任中国友好参观团团长，率团出访伊朗，同年出席日内瓦世界卫生组织专家顾问委员会会议。会后，考察瑞士、法国。1978年任中国人民友好代表团副团长出访西欧四国，在英国患病返回。她对工作的热情并没有随着年龄增长而减退，而是将自己燃烧到了最后一刻。

“做一辈子的值班医生”

林巧稚家里的电话一直放在床头，医院有危重的病人，她就整夜地守着电话等消息。她曾说过：“我的唯一伴侣就是床头那部电话，我随时随地都是值班医生。”

年逾古稀，她开始忘事，经常忘记说过的话和安排过的事情，东西也会忘记放在哪里，但只要涉及病人，却又记得比谁都清楚。一次，一位病人家属推开了妇产科办公室的门说：“我想找个人，前天住进来的，不知在哪个病房。”有人回答：“这里不是病房，你去护士站打听。”那人刚要走，林巧稚叫住他：“请你等一等。”她打听了一下病人的年龄和病症，立刻告诉他要找的人在某某病房的某某床，嘱咐得一点都不含糊。

1980 年，林巧稚因患脑血栓入院治疗。在缠绵病榻的三年中，林巧稚仍坚持参与《妇科肿瘤》的编写。50 余万字的著作，浓缩了林巧稚毕生对妇科肿瘤的探索和研究，记载了她为医学事业所尽的最后一份力。

1983 年 4 月 22 日，林巧稚去世。弥留之际，她仿佛又回到了紧张的手术台前，喊道：“快拿来！产钳、产钳……”护士拿来一个东西塞在她手里，几分钟后，她的脸上露出了平静安详的微笑，“又是一个胖娃娃，一晚上接生了 3 个，真好！”这便是她临终前的最后一句话。而在她死后，后人也遵循她的遗嘱，将其骨灰抛在福建的海滩上。出去半生，林巧稚也算是终于回家了。

这一位伟大的女性，虽然接生过很多孩子，却一直膝下无子，她将自己的一生奉献给中国的医疗事业。这种伟大和无私的奉献精神，真像是“春蚕到死丝方尽，蜡炬成灰泪始干”。“万婴之母”林巧稚，一生虽无儿女，却是“最伟大”的母亲。

林巧稚逝世后，厦门鼓浪屿于 1984 年建造了名为“毓园”的林巧稚纪念馆。中华人民共和国邮电部于 1990 年 10 月 10 日发行的中国现代科学家邮票第二组中的医学家即为林巧稚。中国青年出版社、中国科学技术出版社及福建科技出版社分别出版了纪实文学《林巧稚传》，中国和平出版社及百花文艺出版社也分别出版了《林巧稚》。

冰心老人在《悼念林巧稚大夫》一文中这样写道：“她是一团火焰、一块磁石。她的为人民服务的一生，是极其丰满充实地度过的。”

（黄佳畅整理）

银针气功寄丹心 匡世济民兴中医
——陈应龙

陈应龙（1902—1993），原名陈今声，字运生，福建省龙海市人。越南归侨，中医学家、中医教育家。在针灸学术方面有独特专长，蜚声海内外。一生精心研究中医、针灸、气功，并形成自己独特的临床特色：坚持修炼气功，带气行针；手法善用“子午补泻”；针灸药气功并用，综合施治；善治疑难痼疾。为近现代中国最早开展三伏灸的先驱者。

曾任厦门市中医院（华侨医院）院长、厦门市侨联第二届至十一届副主席、厦门市政协五届至八届副主席。1992 年荣获国务院特殊津贴。

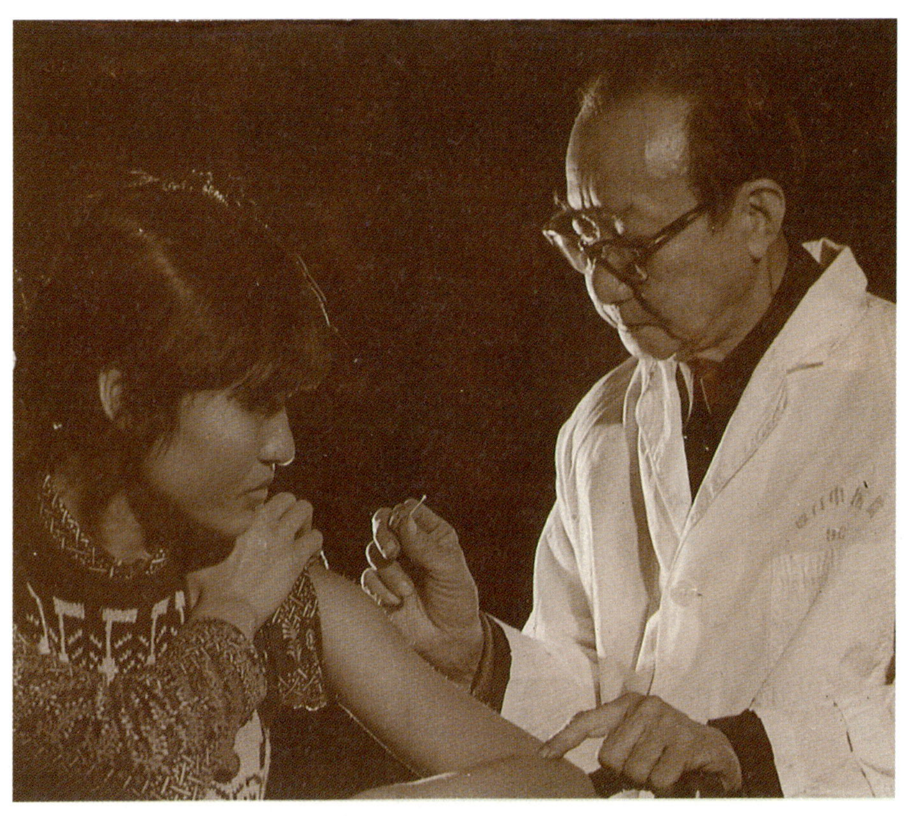

孜孜不倦　终成一代中医

1902 年，陈应龙出生于福建省漳州府海澄县（今属福建省龙海市白水镇）一个耕读世家。年少时体弱多病，常年与药石相伴，逐渐对中医中药发生浓厚兴趣，遍读医案，研习医道。

1926 年，陈应龙毕业于集美师范学校。在校期间曾师从陈嘉庚先生的胞弟陈敬贤学习气功“调和静坐法”，初次受到医学科学的启蒙教育。

1931 年，陈应龙南渡印度尼西亚谋生，任职于印尼椰城新华学校、梭罗平民学校。困顿颠簸的生活，使他积劳成疾，于是继续自学中医中药，习练“冈田静坐法”。他不但练好了身体，而且练到了灵子显动的程度，这是源自我国古代的一种自发功。自此，他立志学习祖国医学医药，服务于民众。

1936 年 4 月，陈应龙到上海拜师，师从中国精神研究会会长、中国科学催眠奠基人、旅日归侨鲍芳洲，学习、研究气功和精神感应法、催眠疗病法，接受了“灵子术”衣钵真传。

但陈应龙不满足于此，毕业后又到无锡，进入中国针灸学研究社学习，拜承淡安为师。承淡安是著名中医学家、针灸教育家，被誉为中国针灸一代宗师，1955 年当选为中国科学院学部委员（院士）。潜心钻研承门针法的陈应龙，刻苦又有悟性，学得一手好针法。

1936 年，陈应龙赴越南行医。他倾向革命，在自家诊所前开设越华书店，专售进步书刊，也因此于 1948 年被西贡反动政府驱逐出境。后到香港继续行医，以其收入帮助在越南堤岸大屠杀后逃到香港避难的革命志士。在香港，他与中共党组织建立了联系。

1949 年 8 月，陈应龙参加中国人民解放军福建文化服务团，任随团医生，离开香港到厦门。回到祖国、家乡怀抱的陈应龙犹如枯木逢春，他先任华侨服务社经理，后调任厦门市第一医院针灸科主任。1956 年 11 月，参与创建厦门市中医院，并一直担任院长职务。陈应龙把全部精力扑在振兴中医事业上，把全部医术奉献给患者群众。

1974 年底，厦门市中医院复建，复任院长。1985 年退居二线，任中医院名誉院长。

陈应龙博览群书，采各家之长，将其 50 多年的丰富经验留存在纸上，以传后世。所著《陈应龙针灸医案》《陈应龙医疗气功选》，于 1991 年分别荣获福建省卫生厅首届福建中医药科技图书二等奖和三等奖。1985 年，福建省人民政府授予陈应龙省名老中医证书。1992 年，被评为享受国务院特殊津贴专家。

▲ 積五十年行醫經驗著書立說傳後世，圖爲陳應龍老院長在各雜誌發表的論文，並出版了《陳應龍針灸醫案》、《靈子術修煉法》等專著。

医术高明　获赠“陈半仙”雅号

长期以来，中医学都是联系厦门与海外的纽带之一，厦门也是弘扬祖国中医学的重要基地之一。不少华侨华人、归侨侨眷素来有着崇尚、信任中医中药的情结，这为闽南中医药的发展提供了良好的环境。

陈应龙潜心于中国针灸学研究，把气功的治神养心功能同针灸的补泻手法熔为一炉，独创带气行针及“子午补泻手法”，即将无形的灵子潜动通过有形的银针为人治病，尤其擅治癫狂、瘫痪、聋哑、小儿麻痹症。陈应龙治好了许多疑难怪症，为无数患者解除疾病之痛苦，因此，患者送给他一个“陈半仙”的雅号。

新中国成立后，陈应龙回到祖国，继续刻苦钻研针灸疗法，勤勤恳恳为人治病，获得奇迹般的疗效，可谓“一针甫下，立起沉疴”。当时的鼓浪屿市场食堂有位青年工人，因小时候患病导致聋哑已达12年，陈应龙为他针灸两次后，针到病除，哑巴当场开口讲话。消息传出后，聋哑病人接踵而至，陈应龙一一为他们认真诊治。在针刺治疗聋哑病方面，他有极其丰富的临床经验，描述、分析病例的《针刺治疗聋哑五例》一文曾于1978年获厦门市科技大会奖状。

有的病患在国外久病无医，听闻陈应龙医术神奇，不远万里来到厦门求医。有个男孩出生后就发现右足心涌泉穴处有一溃洞，不停地流出黄色液体，其味秽臭。12年来在外国医院不间断治疗，始终不曾见疗效，故从学步起始，便用足跟走路，前脚掌不敢着地。1955年回国治疗，陈应龙辨析其乃“先天胎元不足，胎中湿热内盛，阴毒深窜肾脉，循经下注，发于涌泉而成此痼疾”。于是采用“补土制水，扶阳抑阴”的治法，取足三里穴扎一针，施以强刺激，用先泻后补法，行泻六六补九九之数，不留针。次日黄水止，溃洞平，足掌亦能着地走路。12年之痛楚，一针立效。患儿的家长感慨地说：“祖国针灸术，妙乎其神也。”

陈应龙医术高明，不仅有许多令人称奇的经典个案，还有理论的总结推广。他是近现代中国最早开展三伏灸的先驱者，他据中医冬病夏治理论，广泛运用三伏灸，深受闽南地区病患的欢迎。时至今日，每至三伏日，厦门市中医院等各家诊所就诊者络绎不绝，沿袭的仍是陈应龙的方法，颇得百姓赞誉。

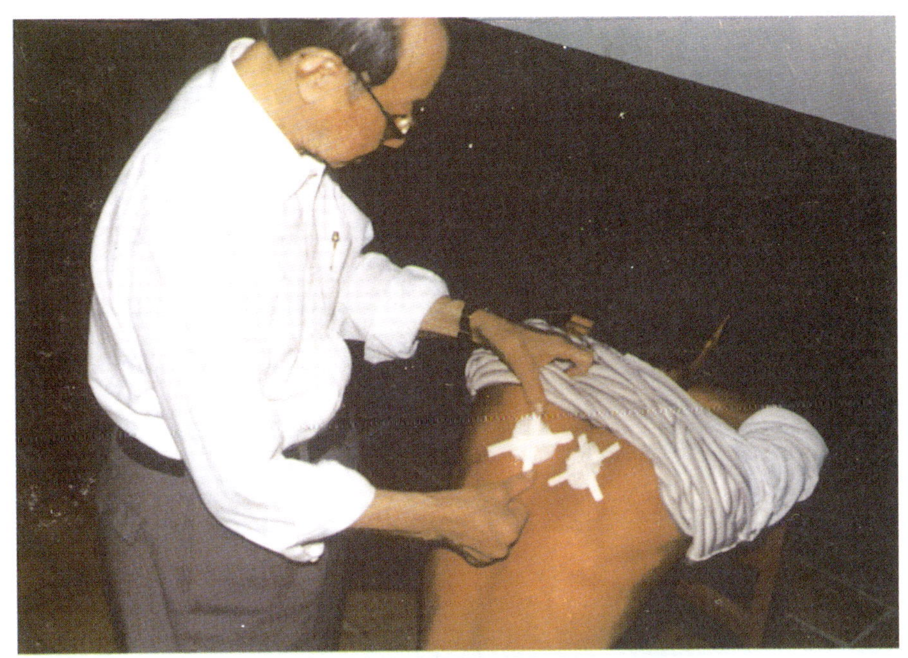

▲ 三伏日穴位貼藥膏治療哮喘病，是陳應龍老院長的經驗方。本院針灸科在三十年來採用此法，功效顯卓，治愈者眾多。

医者仁心　愿将人病犹己病

“我在临床工作了50多年，我认为治病救人是每个医务人员的天职。医生既要警治病人肉体的痛苦，也要想方设法医治病人的精神创伤，所以对医务人员职业道德的要求是很高的。一个医生不仅要有精湛的医术，而且要有高尚的医德。我年轻行医的时候，为自己立下两句誓词，第一句是：创古今未有之医术，治古今难治之奇症；第二句是：愿将人病犹己病，救得他生是我生”。这是陈应龙在1980年代写下的文章。“愿将人病犹己病，救得他生是我生”是陈应龙的座右铭，也是他医德高尚，平易近人的真实写照。

从1956年参与创建厦门市中医院起，陈应龙与厦门市中医院就紧密相连。现在，这句话悬挂在厦门市中医院门诊一楼大厅的正中央，成为全院的院训。

陈应龙认为："学医者，德为先，术为后。"主张医生必须把病人当作亲人，诊疗时一定要考虑到患者的痛苦和心情。上至国家领导人，下至普通民众，他都一视同仁，用心对待。对来自国内外素不相识的学子和病人的求教求医信，他都第一时间亲笔回复，从不让他人代劳。他总结亲身经验，撰写了一系列谈医者成长的文章，以生动的事例和富于哲理的语言阐述"悬壶济世，仁济为怀"的道理，强调要做一名好医生，首先要关爱患者，全心全意为人民服务。

"他是一位真正的仁医。"陈应龙先生的大弟子、针灸名家施能云深情地回忆："有年严冬，一位年近花甲的女患者晚上敲陈老师家门，陈老师赶紧起夜为其诊治，发现患者乃是寒极体虚的腹痛，脉象沉微欲绝。陈老师一边先急灸关元、气海，一边嘱咐师母取自家高丽参、附子、干姜、甘草煎煮。灸毕药成，趁热顿服，片刻，痛止脉复。患者欲付医药费，老师知其家境艰难，分文不取。翌日，老师拜访其家复诊病情，再予针药治疗。患者感动到泣不成声。此情此景，虽然光阴荏苒，我仍深感震动。"

陈应龙对待临床诊治工作非常认真负责，临床理法严谨，他对他的学生和青年医生也同样要求严格。他认为，医生进行针灸时，医生本身的"气"会通过针灸流到患者身上。一般医生在诊治 20 位患者之后，会感觉累，有些改为戴手套进针。陈老发现后，教育大家不可因怕劳累而戴上手套，至于本身气力的亏损，可以每日坚持练保健功法来自我补充。在他的影响下，青年医生便不再戴手套诊疗运针了。

传道授业　倾心传播中华医学

对中医针灸后继乏人、后继乏术的问题，陈应龙认为急需解决。他身体力行，积极培养中青年医生，讲授中医理论、经络学说、临床治疗取穴、针法的经验及病例分析，操演针灸的手法技巧，倾囊相授，毫无保留。先后担任厦门中医科学研究班针灸班（1951 年）、厦门中医学院（1958 年）、厦门中医大专班（1962 年）、福建省针灸进修班（1979 年）、厦门业余逸仙学校针灸专业培训班（1982 年）、福建省"灵子术"气功班（1984 年）等教职。陈应龙带了不少门生，如颜吾贵、施能云、张惠珍、韦秋仁、谢立新等，而今他们都已成了所在医疗科研单位的医疗技术骨干或学科带头人。

陈应龙还是中医教育家，他在忙碌接诊救治病人的同时，还到高校授课、编写教材。1956 年初，国务院侨务办公室决定由厦门大学试办华侨函授部，为海外华侨学校培养师资。陈应龙自 1958 年起，接受厦门大学华侨函授部（现为"海外教育学院"）中医专科聘请任教，并主编《中国针灸学概要》作为函授教材。此外还兼任中医针灸专家讲师团教授、华侨大学教授。南洋、港澳地区以及日本和欧美各国都有他传授培养的学生。

陈应龙年届八旬时仍多次应邀赴新加坡、菲律宾、日本及港台地区诊病及讲学，在香港旅游期间也每日清晨热情地教群众习练气功。银针播友谊，受到海外中医界同仁及侨胞的推崇和欢迎。

市僑聯副主席、市中醫院名譽院長陳應龍(前右五)於1987年應邀訪問日本時，受到日本參議院議員喜屋武眞榮等的歡迎

陈应龙是厦门医学界领导人之一。1988年，他发起成立厦门市针灸学会并任会长，为复兴福建针灸事业，为现代针灸学科的奠基和闽南中医现代高等教育模式的创建做出了卓越贡献。

曾任厦门市医药卫生协会副主席、中华全国中医学会福建省分会副理事长、福建省针灸学会副会长、厦门市中医学会理事长、市红十字会副会长。

他还应聘为中华全国中医学会气功科学研究会顾问、光明中医函授学院顾问、中国民间中医研究学会顾问、福建省中医研究所特约研究员、福建省气功科学研究会顾问、厦门市科学技术协会和厦门市卫生局专家顾问组顾问。数十年来为发扬中医特色、发展中医力量、振兴中医事业做了不少工作。

“年近八十不服老，新征途上发春华。银针虽小丹心在，吐尽蚕丝为国家。”这是年届八十时，陈应龙写以自勉的一首案头诗。他在八十岁后，仍潜心著书立说。他的《坐式保健练功十二法》问世后，许多人向他求教，他也乐于传授，不少子宫下垂，慢性肝、肾、肠炎，神经衰弱以及高血压，心力衰竭的患者，持之以恒练此功，都收到良好的效果。

陈应龙常说“健康就在自己手中”。他创编的《灵龟经》，时常习练，对于防止脊椎疾病，如椎骨增生、椎体移位等有显著功效。他还喜爱练习先天气功——

太极尺功法、“混元一气”气功。为了满足国内外人士学练此功的要求，当时的国家体委专门到厦门拍摄陈应龙教授练功的电影，那时他已 83 岁，仍乌发童颜，精力充沛。

陈应龙还对书法深有研究，诊余之时常泼墨挥毫，笔下运气，字字生辉。

服务侨界　四十载不曾懈怠

陈应龙是一位社会活动家和厦门归侨领导人。于 1952 年加入中国国民党革命委员会（简称“民革”），并任民革省委会常委、顾问，民革中央团结委员。

1950 年 8 月，厦门市侨联第一届委员会成立，陈应龙被选为执行委员。从 1952 年 1 月选举产生的厦门市侨联第二届委员会至 1990 年 10 月选举产生的厦门市侨联第十一届委员会，陈应龙一直担任副主席。还曾任全国侨联委员、福建省侨联常委、福建省政协常委、厦门市政协五届至八届副主席。从 20 世纪 50 年代的发起筹资兴建市侨联会所、筹创“厦门侨联工业社”为归侨侨眷创造就业，到建设华侨新村等，厦门侨界各项事务，陈应龙都关心、参与，他为社会公益事业，特别是联络海外华侨工作，发挥了很大作用。

陈应龙以高超的医术、医德，深受人们敬重。他多次受到周恩来、邓小平等中央领导人的接见，1986 年 6 月陈老行医 50 周年之际，时任卫生部部长的崔月犁为之题词祝贺：“大力培养针灸气功专家，为中国和世界人民服务。”福建省政府、厦门市政府为他颁发了荣誉证书。

1993 年 6 月 15 日，陈应龙逝世。

陈应龙的针灸技术也不忘家教，包括他的夫人蔡素华，儿子陈耀南、陈耀中，儿媳郭玉燕等都能独立行医。长子陈耀南 1941 年出生于越南，1958 年回国。他耳闻目染，跟随父亲，金针度人，以针灸治疗为主，配合砭石等传统针灸器械治疗疾病。1975 年赴香港执业，开设“太乙中医诊所”，患者络绎不绝。他还整理编发了《陈应龙针灸医案医话》《针灸刍言》等书。

（林希）

卅年服务侨胞废寝忘食 一生热爱祖国殚精竭虑

——记原厦门市侨联主席颜西岳

颜西岳（1905—1991），出生于福建省金门县，求学于集美学校，26 岁时到印尼、新加坡等地经商。1952 年回国定居。曾任全国政协委员、全国侨联顾问、福建省侨联副主席、福建省金门同胞联谊会会长、厦门市人大常委会第七届副主任、市政府副市长、厦门市政协二至七届副主席、厦门市侨联第四至十一届主席、厦门市金门同胞联谊会会长，其中担任厦门市侨联主席长达 35 年，为侨联事业呕心沥血、倾尽全力。1991 年 11 月 27 日在厦门病逝，享年 87 岁。

建設祖國 人人有責

厦門僑聯主席 颜西岳

祖國各項建設正一日千里向前大躍進，全國人民都鼓起幹勁，做着前人所未曾做過的大事業，爭取十五年內趕上英國。這是多麼令人振奮的壯舉！特別是最近幾個月來，新建工廠、學校如雨後春筍，城鄉面貌日新，講究衛生、實行綠化、掃除文盲，……到處出現轟轟烈烈的景象，使我們身居國內的同僑，心情時刻都浸沉在激動和喜悅之中。

華僑素有愛國傳統精神，對祖國建設事業一向擁護和支持，熱切希望祖國日益繁榮富强。如今，祖國所採取的各種措施，正符合華僑的願望。九年來，我們歸僑、僑眷生活在新社會裏，深刻認識到祖國的前途是大有希望的，雖然要把一個破爛的舊中國改變成爲現代化的富强國家還有一定的困難，但六億人民團結一心，有志氣埋頭苦幹幾年，困難是完全能够克服的。以往幾年各方面建設的輝煌成就與近幾個月翻天覆地的躍進局勢，就可以看出有志者事竟成。談到苦幹精神，華僑都有體會。我們的先輩就是以這種精神到南洋謀生立業的。今天，爲了建設自己的祖國，更宜努力。

在這全民大躍進的高潮中，廈門的歸僑、僑眷正和全市人民一道，同甘共苦，爲祖國建設貢獻自己的一份力量。我們除了積極參加衛生、綠化、掃盲、積肥等工作外，最近又舉辦了一批地方公益和文教福利事業，還決定興辦幾個工廠和農場，發展亞熱帶作物等等。

建設祖國，人人有責，華僑當然不落人後。記得陳嘉庚老先生曾說過"當祖國需要時，華僑貢獻出自己的力量是應該做的"。這句話意義深長，謹借此與海內外同僑共勉之。

嘉庚精神的践行者

在厦门，谈论起新中国成立后的侨务事业，有个名字无法避开；在厦门，细数改革开放后兴办的一座座工厂，有个人屡屡被提及；在厦门，归侨侨眷们回忆落实政策的往事，常常说“感谢颜主席”。他就是颜西岳，担任了八届 35 年的厦门市侨联主席，把毕生主要精力、资产都奉献给了侨务工作。

与厦门仅一水之隔的金门县，是颜西岳的家乡。他幼年在金门读私塾和小学，1926 年肄业于集美学校商科，即回金门创办金门公学。1931 年出国谋生，先后在印尼的苏门答腊、棉兰、巨港以及新加坡经商。

颜西岳在印尼、新加坡时，常与爱国进步人士交往。在海外早年就同陈嘉庚先生和一些爱国人士接触，抗战时，积极宣传抗日救国，发动捐款支援祖国抗战军民。日本南侵时，转入山芭避难。日本投降后，参与投资创办进步报刊印尼《生活报》和新加坡《南侨日报》。

1947 年在新加坡“信行”办公

颜西岳经历了旧社会的黑暗腐败，饱尝了海外孤儿的辛酸。他深深地感到：只有祖国强大了，海外孤儿才能有自己坚强的靠山。1949 年 10 月 1 日，新中国成立，他立即表示拥护。1950 年就把长女送回北京辅仁大学读书，并汇款参加创办广州华侨投资公司，支援祖国建设，还从事救济被英政府驱逐出境的难侨工作。不久，他移居印尼。

1950 年，中国、印尼建交时，首任大使王任叔抵达印尼后，被安置在旅馆里，没有安排大使馆接待。侨胞们见堂堂中华大使受此委屈，心里很不是滋味。彼时，颜西岳与陈剑敦在印尼经营信记橡胶公司，便联合以信记公司的名义集资购置了一座古色古香的中国式宅院，作为中国驻印尼大使馆的馆舍。

1952 年，毅然举家回国在厦门定居，亲自投身于祖国社会主义建设事业。

金门同乡、集美中学校长陈村牧记得初次重晤时，颜西岳满怀激情地说：“祖国百年耻辱一扫而空，海外游子扬眉吐气，趁筋力尚健，应该回来略尽绵薄！”

1956 年，颜西岳被推选为厦门市侨联主席。他积极参加社会主义革命和社会主义建设，曾担任全国侨联常委、省人民代表、省政协常委、省侨委委员、省华侨投资公司副董事长、市人大常委会副主任、市政府副市长、市政协副主席等职。

颜西岳的一生，贯穿着一条爱国主义红线。从他旅居南洋，发动侨胞捐款支援祖国抗战，而后又输资支援新中国建设，到他回国定居后，带头出钱出力，争取侨汇兴办企业，热心教育公益事业，积极投身特区经济建设，无不体现了他热爱祖国、热爱家乡、热爱社会主义的一片深情。

1956 年参加全国侨代会受周恩来总理接见

而他的这种思想感情，又是与华侨领袖陈嘉庚先生伟大的爱国主义思想一脉相承的。颜西岳早年就读于集美学校，后来到南洋谋生，与陈嘉庚先生有过接触。陈嘉庚先生倾资兴学、集资支援祖国抗战的嘉言懿行，在颜西岳的思想上打下深刻的烙印。可以说，颜西岳正是身体力行，努力实践陈嘉庚先生爱国主义思想的光辉典范。

投身家乡建设事业

颜西岳经常说，侨联是人民团体，是在党委领导下，发挥联系侨界的桥梁作用。只要对厦门有利的事情就应积极去做，不要计较个人得失。他是这样说也是这样做的。他与分管侨联工作的党委部门，保持密切的联系，有事及时请示汇报，关系十分融洽。颜主席德高望重，市委和有关部门的领导，也很尊重他的意见。遇有处理牵涉侨联的重要问题，都先同他商量，尊重他的意见。对于市委、市政府提出的要求，颜西岳都积极去办，努力完成。

20 世纪五六十年代，国家需要外汇，争取侨汇是侨务工作的重要任务。省华侨投资公司厦门办事处成立时，颜西岳出任主任，与同事们一起努力，前后争取了侨汇投资人民币 1200 万元，投资于厦门罐头厂、瓷厂、橡胶厂、感光厂、化纤厂、同安油厂等企业，不仅帮助侨胞实现支援家乡建设的愿望，还投本催生了一批骨干企业；争取侨汇建筑 500 多万元，建了 100 多幢别墅式华侨住宅，一方面帮助侨胞回国建房，另一方面直接服务于市政建设。

对外开放以后，来厦门的华侨、外国人日益增多，需要各种口味的面包，但 20 世纪 80 年代初厦门只有 2 家做面包的，量少，品种单调，口味一般。当时，市领导提出要侨联引进面包生产技术设备。虽然开面包厂利润少，但社会有需要，颜西岳乐意接受这一任务，并积极筹备，在旅居香港的市侨联委员的支持下，引进加拿大面包生产线，终于在半年内办起侨利食品厂，生产各种面包糕点供应市场，取得较好的经济效益和社会效益。

特区创建初期，外商对厦门还不了解，投资环境尚未改善，外商来的不多。为了引进外资，市政府成立了特区建设发展公司，请颜西岳出马参与对外经济活动。当时，他已年逾古稀，但丝毫不以为意，毅然出任副董事长。他不是只挂名，而是直接参与经济活动，首先鼓励一批有财力的亲朋好友来厦投资，又亲自率团赴香港宣传厦门经济特区的优惠政策和投资环境，以他在海外广泛的联系和影响，吸引了一批有财力的“三胞”来厦门投资。

特区创办之初，办公用房十分紧张，颜西岳率先腾出侨联办公室，让给几家公司和银行做办事机构。

热心教育社会福利事业

只要是为民办好事，颜西岳都全力以赴。他是创办厦门侨务生产、福利事业的先驱。

颜西岳历来十分关心下一代的成长，热心支持、赞助教育事业。1957 年，一些归侨子女未考上大学，需要补习，他就提议创办华侨补习班。1958 年，华侨补习班升格为华侨中学，他一起为筹经费、建校舍、购设备、聘教员出钱出力，很快就把华侨中学办起来。

当时，侨联还办了华侨托儿所和华侨幼儿园，都是“私立”性质，经费要自筹，颜西岳除自己掏钱支持外，还要发动侨胞捐助。以后，这些所、园、校都改为公办，划归有关部门管理。颜西岳仍对这些事业的发展十分关心，帮助他们筹集奖学基金，改建校舍和购置电教设备的资金，解决交通工具等。此外，第六中学、鹭江中学、郊区农业中学等在创办初期也得到市侨联的赞助。

市儿童福利基金会成立后，颜西岳出任会长，积极筹集资金，购置设备，建立儿童服装厂。他还为市残疾人福利基金会劝募和赞助。

大兴安岭火灾时，侨联的经费虽然也很紧张，但颜西岳认为救灾要紧，其他开支可压缩，挤出 1 万元捐给灾区。1991 年夏的大水灾，他已病重住院，仍主动捐款支援灾区。

许多侨胞对颜西岳十分信任，委托颜西岳代办捐助家乡的公益事业，有的对捐什么项目、捐多少都请颜西岳决定。颜西岳都一一为侨胞办好，账目结算清楚，侨胞都很满意。

关心归侨侨眷的疾苦

20 世纪 60 年代印尼排华时，颜西岳不但组织力量参与接侨工作，还经常下到安置点，深入住家，嘘寒问暖，帮助解决问题。

他任福建省华侨投资公司厦门办事处主任时，除了带头投资，还鼓励、动员许多亲友投资，每年成绩均列全省前茅。厦门罐头厂、厦门橡胶厂等企业得到侨资扶持，很快就发展成为厦门市的骨干企业。

20 世纪五六十年代，由于厦门地处海防前线，生产建设事业受到客观限制，归侨、侨眷就业难是当时一大问题，市侨联和市侨务局在颜西岳的积极倡导和支持下，初期创办了几家生产合作社，后又联合创办侨星化工厂、华侨印刷厂、华侨机修厂、天马华侨农场等生产基地，为解决归侨、侨眷就业找到出路，也为社会主义建设做出贡献。颜西岳对这些企业很关心，不仅出钱捐物，还直接参加义务劳动。

引进良种也是国家需要的，颜西岳与市侨联副主席汪万新等一道，艰苦创业，办起华侨引种园，在引种工作上做出显著成绩。

在困难时期，他还亲自到永春猛虎山华侨农场引进良种猪苗，通过友人从日本引进良种鸡苗，赠送给天马华侨农场，帮助该场发展畜牧业生产，为缓解当时中旅社遇到的副食品供应不足的困难，为做好接待工作发挥了作用。

“文革”后，许多归侨子女回城等待就业，在颜西岳支持下，1979 年创办了来料加工企业侨光电子元件厂，先后安置 2000 多人就业。

拨乱反正，许多侨务政策需要落实。对重要案件，颜西岳都亲自向上级反映，使问题得到妥善解决。对侨房的落实政策问题，有些归侨、侨眷的住房困难问题，照顾夫妻团聚问题，颜西岳都指示工作人员，积极向有关部门反映，尽量帮助解决困难。

侨胞们都知道“有困难找侨联”。有些侨胞回来探亲，住宿、购买机票、车票有困难，有的海外侨胞要找国内的祖籍，归侨、侨眷要找海外失去联系多年的亲人，他们都首先想到求助于侨联。对于这些具体事情，颜西岳都交代工作人员要尽力帮助解决。他常说，侨联是为归侨、侨眷和海外侨胞服务的，这些服务工作做好了，就能争取侨心。

重视侨联的基础建设

颜西岳对侨联的基础建设历来十分重视。过去侨联没有会所，租来的办公用房狭小，许多活动无法开展。20 世纪 50 年代末，在颜西岳等老一辈归侨的倡导下，115 人捐募人民币 15 万元，与华侨服务社合建华侨大厦第一期工程，市侨联才有了自己的会所。

1986 年，经国务院侨办批准，华侨大厦第一期工程建筑面积 3500 平方米归市侨联所有。当时，如果把楼房一部分做办公和活动场所，一部分做写字楼出租，一年可有数十万元租金收入，侨联日子是很好过的。但颜西岳认为，这样做市侨联的接待基地没有了，不能更好地为侨胞服务。因此，决定与香港厦铃企业有限公司合作，将华侨大厦第一期工程扩建，装修成三星级的新侨酒店，放弃了这方面的收入。

对侨联办企业，颜西岳一向主张办生产性、服务性企业。对企业的经营，他一再要求要慎重，要遵守政府的政策法令，不搞歪门邪道。这样，保证侨联企业的经营比较稳当，没有出现大的偏差。

颜西岳与许多老一辈归侨，在侨联树立了一种好传统、好作风。他们全心全意为归侨、侨眷和海外侨胞服务，不计报酬，不图名利，工作认真，细致严谨的精神，对侨联工作人员有很大影响。大家都以他们为榜样，勤勤恳恳做好本职工作。颜西岳常说，侨联是做服务工作的，工作琐碎，要求工作人员对工作不计较，这样才能做好侨联的工作。

他对工作人员要求严格，但对工作人员的生活很关心，遇到困难，他都想办法，在可能的范围内尽量解决。

1984 年邓小平同志视察厦门时会见侨界代表

两岸和平统一的推动者

1985 年间，颜西岳与陈村牧等金门同乡聚首一堂，谈起金门同胞散处海外及我国大陆的有数十万人，如能团结起来，对促进祖国的统一，定会有所作为。于是倡议组织福建省金门同胞联谊会。成立时，在众人的推举下，颜西岳也很乐意地担起会长的重任。此后福州、泉州、漳州、厦门等市金联相继成立，为促进两岸“三通”做了许多贡献。

在厦門金胞第一次代表大會上被選為市金聯會長
（前排左三為颜西岳）

一次，颜西岳到大嶝，通过望远镜遥望对岸金门，故乡的山山水水，依稀可辨，多年未见的亲人，似乎呼之欲出。可是一水之隔，哪怕仅 2000 多米，也只能望云思亲，他是多么思念生于斯、长于斯的故乡，思念故乡的乡亲，思念在金门、台湾分别几十年的老朋友和亲人啊。他无限感慨，渴盼有生之年，能够回乡，与亲人团聚，共庆祖国的统一。

他经常接待来自台湾、金门和海外的同乡、亲戚，宣传和平统一祖国的政策，消除彼此隔阂，促进互相了解，同时争取他们来大陆投资办厂。

在台湾当局开放台湾民众来大陆探亲后，他说：“台湾当局开放台胞来大陆探亲，也应当允许在大陆的台湾和金门同胞到台湾和金门探亲，实现‘双向’往来。这是人心所向，大势所趋。”他曾经设想和香港或新加坡的乡亲联合组团回台湾、金门，但这个愿望由于种种原因未能实现。

他生前常念叨："我最大的遗憾，是在有生之年不能回到金门看望乡亲。"在临终前他对亲人嘱咐："待两岸'三通'之后，请把我的骨灰运回金门安葬。"

正直无私严于律己的长者

颜西岳每办一事，都认真对待。如倡办华侨大厦、华侨新村，他都亲自实地选点；企业投产后，他就深入检查，帮助解决问题。他对国家的贡献，令人自愧不如；他孜孜不倦的精神，使人折服！

颜西岳为党的事业，敢于批评又善于批评。他对侨界中的优秀代表人物，都恳切地向领导推荐，或紧紧地团结、依靠他们，发挥他们的作用。他敢于用人，善于用人，因而在各地区、各阶层的侨界中的老、中、青积极分子越来越多，对华侨华人的团结面越来越宽，而颜西岳的名字更加远播中外。

颜西岳善恶分明，是非分清，他在和政协工作的同志促膝谈心中，知无不言，言无不尽，对事对人评估详尽。他曾担心有的领导轻视或忽视党的统一战线工作，他反复宣传党的主张：党的统一战线工作，是取得革命胜利的"三大法宝"之一，是团结全国人民建设社会主义的大事，没有人民的团结，万众一心，事情是办不好的。他很注意讲信誉，哪位领导哪个部门失信于民，他都提出批评，提请注意改正。他说："失信于民，会挫伤人们的积极性。"

颜西岳律己甚严。他一贯平易近人，广泛接触群众；他注意反映民众的呼声，从不稍懈。他几十年忘我工作，从不要公家一分一厘补贴，当副市长时，市政府将他应得的工资发给他，他不要；将款存放银行，他还是不拿，最后归市侨联整笔提取用于华侨福利事业。他平日衣、食、住、行也是很俭朴的，从没有设置过"专车"，从没有用公款请客送礼。他一次次带头捐款，在他离世前不久，替他打理财务的工作人员发现，老先生刚好把这辈子所有积蓄都捐光，未给子女留下一分钱。

福建省社会科学院党委书记、厦门市侨联顾问黄猷回忆说："颜老冲和谦虚。"他总是不声不响在做事，直到动手术以后，仍然天天到市侨联，来做一件什么事，然后又悄悄地走掉。他不会应酬人，有时甚至不和人打招呼，他只做事。但他实在是处处为人设想，他身边的工作人员，他周围的人，都曾在不知不觉中得到他的帮助。他冲和谦虚，又绝不是马马虎虎。他很会看人，看得很深，看得很准，但他更会理解人、谅解人。即使有委屈，且不说"文革"中的屈辱，其他时候也有被误解或者被歪曲的，但他即使发牢骚，所透露出来的，主要是一种对应该做、可以做而做不了的感伤。

颜西岳把侨联的事业视为自己的生命。他谆谆教导自己的子女和侨联、金联的工作人员，不要计较个人得失，只要对国家有利的事就要去做。"我刚大学毕业，父亲便要求我到厂里上班，从流水线做起，一天10多个小时，经常边吃饭边做。有段时间太辛苦了，我想出来，父亲说不行，说这时候最缺人才，你得留在华侨企业，帮助企业做好、发展好”。颜达成说：“父亲要求我们不许定居国外，必须为祖国服务，为家乡建设服务，为华侨服务。现在，我们兄弟姐妹七人全在涉侨、教育部门服务，算是实现了父亲的遗愿。”

在数十年里，颜西岳做了大量的接待、服务工作，为回国探亲、旅游、投资的侨胞，为维护侨胞、侨眷的合法权益，争取侨胞尽心尽力，奉献了自己的一切。

更值得一提的是，他回国时在海外没留企业，经济上没额外收入。“文革”前，他还是从其有限的投资股息和存款中，每年支出二三万元，支持市侨联创办的托儿所、幼儿园和华侨中学，视侨联创办的生产文教福利事业为自己的事业。

（林希）

从缅华战工队走出的厦门革命伴侣

杨章熹（1909—1981），又名纪庄、季庄，笔名宗裴，厦门海沧霞阳人。1936年前往缅甸，从事缅华进步教育文化事业前后达十多年之久。

杜坚（1921—2016），原名杜雪痕，厦门杏林马銮人，1942年加入缅华战工队，利用各种形式开展宣传活动，团结民众，共同抗日。

1953年，夫妻二人携子女回国。杨章熹曾任中央侨委委员、全国侨联委员等职。杜坚曾获“抗日战争胜利60周年”“抗日战争胜利70周年”纪念章。

杨章熹、杜坚夫妇

杨章熹对缅华进步文教事业居功至伟

杨章熹于1926年毕业于厦门同文书院，后到上海劳动大学就学，开始接受马列主义思想。1932年在厦门、海澄参加中国反帝大同盟。1936年，因国民党在厦门四处搜捕共产党，时年27岁的杨章熹从厦门南渡缅甸仰光，当时已是革命经验颇为丰富的战士。

初到缅甸，他创办了《南国生活》《南国导报》等杂志，宣传进步思想，启蒙缅华社会广大侨胞为民主革命贡献力量。抗战时期，杨章熹以学校做掩护，白天在学校教书育人，晚上搞抗日救亡活动。撰写演讲救亡文章，导演抗日救亡剧本，积极宣传抗日救国思想。这些活动不仅构建了争取群众、联系群众的桥梁，而且也为日后创建进步社团奠定坚实基础。

杨章熹于1940年在缅甸独立创办仰华公学。仰华公学既是进步青年活动的重要据点，又是为缅华贫寒子弟服务的一所学校。尤其是在皖南事变后，为了保存革命实力，中共南方局周恩来同志将一批国内进步文化人士如张光年（又名“光未然”，著名诗人，《黄河大合唱》的作词者）、赵沨（曾任中央音乐学院院长）、李凌（曾任中央乐团团长）等疏散到缅甸仰光。杨章熹热情接待他们，并邀请他们到仰华公学教书。这不仅解决了他们初抵缅甸的吃住问题，而且为该校注入新鲜的血液。这些进步文化青年经常在校内举办以抗日救亡为主题的座谈会、朗诵会和歌咏会，提高全校师生的思想觉悟。学校的抗日氛围十分浓厚，“读书不忘救国，救国不忘读书”就是当时学校流行的抗日口号。在仰华公学的经费处于最困难的时期，杨章熹将他每月大部分的工资，补充学校的经费，支持仰华公学的正常运转。

杨章熹于1940年加入中国共产党。为了响应中共的抗日救国方针，先后组织并领导“缅华抗日救亡宣传工作团”“中华民族解放先锋队缅华总部”等进步团体，发表《缅华抗日救亡教育实施纲领》等著作，推动缅甸华侨积极投身抗日救国运动。

1948年，杨章熹参与创办缅甸南洋中学，并担任南洋中学第二任校长。南洋中学创办初期，校舍简陋，但校内蕴含的进步思想和优良校风吸引着全缅侨胞。他们不嫌路途遥远，将子女送到南中就读。在杨章熹担任南洋中学校长时期，南洋中学实行的是爱国主义和国际主义相结合，集体主义与个人品德修养并重，促使学生德、智、体全面发展的教育方针。其既定目标，就是培养新民主主义革命的接班人。在南洋中学期间，杨章熹领导南洋中学全体师生与国民党反动派进行针锋相对的斗争，并取得胜利。南洋中学为新中国革命和建设，培养和输送众多优秀青年和干部。

杨章熹在缅甸从事缅华进步教育文化事业达十多年之久。他还创建“缅华教育工作者协会”“缅华公立书报社”“缅华文教社”和“缅华图书馆”等社团和机构。其间，杨章熹还撰写《战后缅华教育底理论与实践》《华侨新文化运动的理论与实践》《缅华启蒙运动的理论和实践》等著作。杨章熹为缅华进步教育文化事业做出巨大的贡献，在《教育大辞典》《世界华侨华人词典》《厦门市志》等均有记载。

杜坚在缅华战工队里坚强成长

与杨章熹的经历不同，杜雪痕从小生长于缅甸的华侨家庭。读中学时得到学校老师王琴鹤的启蒙，开始接受进步思想，阅读进步刊物，参加进步团体，对社会现象有了新的认识。她经常写些评论社会不良现象的进步文章，经王老师修改后，发表于《仰光日报》等刊物上。少年时代的所作所为，为她以后参加革命打下坚实的思想基础。

1941 年，太平洋战争爆发后，日本帝国主义侵入缅甸。一批在缅甸仰华公学任教的热血青年，发动并联合缅甸各界进步人士，着手创立缅甸华侨战时工作队（简称“战工队”）。

战工队于 1941 年 12 月在仰光筹备，由于日本军队很快占领了仰光，1942 年 1 月才在缅甸中部城市曼德勒正式成立。当时杜雪痕还在缅甸南部城市勃生家中居住，当她得知战工队成立的消息，热血沸腾，恨不得马上参加战工队，将自己的青春献给抗日救亡事业。经过一番努力，她终于说服了舍不得她冒着生命危险单身离家的长辈，与几位进步老师历尽艰辛，几经辗转，方才来到曼德勒，实现参加战时工作队这一抗日队伍的愿望。

参加革命后，杜雪痕把自己的名字改成“杜坚”，她的理想是成为坚强的革命战士。

战工队是由一批朝气蓬勃、充满爱国热忱的进步华侨青年组成的。它是震响缅甸夜空最早的振奋人心的抗日怒吼。全队队员 70 余人，来自缅甸四面八方。战工队的主要任务是利用各种形式开展宣传活动，唤起民众，团结民众，共同抗日。战工队实行军事化管理，大家一起睡通铺，一起吃大锅饭，领导也不例外。

杜坚参加战工队后，由于工作积极努力，有组织和协调能力，又有一定的文字功底，得到组织的重视。担任战工队第二分队女同志的领导工作，并兼任第五组组长，同时还是战工队报刊《胜利报》的主编之一。战工队的生活紧张而有序。杜坚曾写过一篇文章描述战工队生活的情景：“每天晨曦初露，男女队员们便活跃在云南会馆的广场上，在队委易韦同志的指导下，为强壮身体而勤奋操练，为掌握杀敌本领而学习射击。吃完早饭，队员们就三五群外出活动，或张贴抗日标语，散发传单，或用缅语、闽南语、粤语进行口头宣传……当夜幕降临的时候，队员们又为排练合唱节目和制造灯光道具而忙碌。”

战工队成立后不久，在曼德勒进行连续 3 天的公演，节目有《黄河大合唱》《团结起来》等。《黄河大合唱》由歌词作者、战工队总领队张光年亲自担任朗诵，音乐人赵沨、李凌分别担任指挥和乐队指导。尽管由于条件限制，乐器比较简陋，但参加演出的队员个个精神饱满，以磅礴的气势热情高歌，再加上充满革命激情的歌词和雄壮优美的曲调，给听众留下深刻的印象，演出获得巨大的成功。《团结起来》是张光年在战工队成立之后创作的，内容是揭露日本法西斯的野蛮暴行，号召各族人民团结起来，共同战斗，消灭侵略者。

在曼德勒公演之后，战工队又到眉苗、叫脉、西保、腊戍、实皆等上缅甸的重要城镇巡回宣传演出。

除了开展抗日宣传外，值得一提的是，当中国远征军第五军为与英军协同抗日而初抵曼德勒时，因为语言有困难，战工队派出数名精通英文和缅文的队员做翻译，帮助远征军与当地英军和曼德勒缅甸当局联络，以解决远征军的汽油供应和交通运输等问题，得到中国军队和英国军队的赞赏。战工队的抗日活动，不仅轰动了整个缅甸，而且也影响到国内外。当年重庆《新华日报》发表不少有关战工队的文章和消息。英国路透社也曾作为一条重要新闻，报道了战工队在缅甸的活动。

战工队抗日活动得到侨胞的赞扬和支持，但也招来日军的仇视。1942 年 4 月，在战工队到医院慰问负伤的中国远征军战士的第二天，日本军队出动十几架飞机，猛炸战工队驻地曼德勒云南会馆，顿时辉煌的建筑毁于一旦，炸弹落于距离杜坚数米外的地方。杜坚虽幸免于难，但无情的炸弹却夺去 3 名队友的生命，还有两名队友受重伤。此外，队委魏磊在战工队撤退时，奉命留守，后因抢救一位落水者不幸牺牲。

直到晚年，杜坚仍时常向孩子们提及这些为抗日事业而长眠在第二故乡的战友。

在日军占领全缅甸的前夕，战工队根据上级组织的要求，撤退到云南昆明，回国途中历尽常人难于想象的艰辛。正如张光年在《伊洛瓦底战歌》一书的序言中写道："我永远不会忘记，我们含泪告别死难的同志们，告别伊洛瓦底江，沿着中缅边境的高黎贡山、高良工山、尖高山（大雪山）、绛坡的崎岖山道，在日机扫射下日夜奔驰的种种惊险遭遇。我们以野菜为食，与猿猴为伴，深夜里以熊熊篝火和大声鼓噪抵御虎豹豺狼的窥伺，黄昏中以伪装的临战队形对付少数敌骑的追踪。我们以革命的友爱和乐观精神，自觉的组织纪律性，战胜了多次死亡的威胁。经过将近一个月的艰苦行军，我们一个个鸠形鹄面而又精神振奋地回到了多难的祖国。"经过战工队血与火的洗礼，杜坚的革命意志更加坚强。

永葆青春忘我工作的革命伴侣

杨章熹与杜坚于 1942 年在云南结婚，此后根据组织安排走南闯北。1946 年到重庆八路军办事处，半年后重返缅甸，致力于团结缅甸华侨、教书育人的进步工作。

1953 年，杨章熹与杜坚带着子女从缅甸回国，他们的孩子的名字中都有一个"缅"字。杨章熹回国后，任国务院华侨事务委员会海外教育编纂组组长。1962

杨缅燕悼念母亲《母亲：一位平凡的抗日战士》

年调任泉州华侨大学，曾任中央侨委委员、全国侨联委员等职。杜坚先后在北京大学、商务印书馆和华侨大学工作。

在“反右倾”运动和“文革”中，杨章熹受到猛烈冲击，身心受到严重的摧残。国务院侨办和华侨大学分别于1979年和1980年为杨章熹彻底平反，恢复政治名誉。此时杨章熹已步入古稀高龄，并患有严重的高血压、冠心病。但他仍然坚持学习和工作，希望把失去的时间夺回来。他积极推广世界语，写侨史、著论文，直到1981年去世，真正做到鞠躬尽瘁、死而后已。

杜坚于1985年在华侨大学离休。2005年，杜坚获得中共中央、国务院、中央军委颁发的“纪念中国人民抗日战争胜利60周年”纪念章。2015年，杜坚获颁“抗日战争胜利70周年”纪念章，那时杜坚已卧病在床，当她得知这个消息后，心潮澎湃，热泪盈眶。这位20岁就参加抗日救亡事业，不为名不为利，一生无怨无悔追求进步的普通教师，得到党和人民的充分肯定。

沿着父辈足迹努力前行

2017年11月，抱着寻找父母足迹的愿望，从厦门市委统战部退休的杨缅燕和厦门市缅甸归侨联谊会的侨友一起到缅甸的仰光和曼德勒。

杨缅燕专程到她父亲杨章熹创办的青年进步活动的据点——缅华仰华公学旧址（仰光只荷坦107号），找到当年父亲创办的缅华公立书报社，现改为缅华图书馆的现址（南勃陀街上段一百零五号二楼）。在南洋中学校友的陪同下，她又到南洋中学初中部旧址（仰光巴罕区坎伯路）以及高中部。每到一处，那里的一草一木都令她感到格外亲切，仿佛看到父亲当年为缅华教育事业兢兢业业、呕心沥血所做的一切。

杨章熹创办的缅华公立书报社旧址（南勃陀街上段一百零五号二楼）

南洋中学初中部旧址（仰光巴罕区坎伯路）

在曼德勒，杨缅燕站在伊洛瓦底江边，回忆《伊洛瓦底战歌》一书所记载的史料以及母亲生前所讲述的战工队往事，不禁浮想联翩，为父母当年为抗日战争所做的贡献而自豪和骄傲。

杨章熹与杜坚，这对才华横溢的归侨，言传身教，培养的子女也都积极进取，在各自领域取得佳绩。

硕士毕业于厦门大学的杨缅昆，曾任厦门大学国民经济与核算研究所（原国民经济综合平衡研究所）所长，教授、博士生导师。参加过“六五”“七五”时期国家社会科学基金资助的重点项目——“国民经济核算体系”的研究工作。著有《国民经济核算体系研究报告》和《国民经济核算通论》，分别荣获福建省哲学社会科学优秀成果一等奖和全国统计科学技术进步二等奖。1989 年被国务院侨办、中国侨联授予“全国优秀归侨、侨眷知识分子”称号。

时光荏苒，这个优秀侨界家庭的故事仍在续写，孙子、外孙均大学毕业，工作颇有成绩，甚至有的在加拿大高等院校读博并留校科研任教。

2011 年，留学美国 10 年的杨羽翔回到厦门，在厦门二市附近度过美好童年时光的他，看着鳞次栉比的高楼，不禁感叹“厦门变大了”，但消失的历史小巷也让他感觉“厦门变小了”。于是杨羽翔徒步记录下厦门老市区 250 余条街巷的变迁，“致敬原汁原味的厦门”。原本只是发到论坛里与大家共享，却意外获得了许多人的共鸣。杨羽翔几经改进，逐渐做成既有深厚文化底蕴，又令人耳目一新的厦门手绘地图。2013 年 4 月，杨羽翔又注册了“厦门手绘地图”公众号，作为地图延伸内容的存放处。主打“寻找老厦门”专题，内容涵盖历史、地理、人物、美食、语言等十几个类别，成为专注于挖掘、推广老厦门文化的公众平台。2018 年起，杨羽翔协助开元街道陆续建设了深田文史馆、溪岸文史馆和湖滨工业记忆馆。

杨羽翔在溪岸路原新加坡酒店的隔壁打造一个怀旧的文创空间，里面有他收藏的各式厦门老照片、老物件，也有新开发的“老厦门”文创产品。而这个空间的名字“季庄”正是祖父杨章熹的别名。

沿着祖辈、父辈的足迹努力前行，是杨家孙辈一致的愿望。

（文：林希；图：杨缅燕）

笔书报国志　赤子爱国心

——记归侨作家高云览

高云览（1910—1956），福建厦门人。1932年加入“左翼作家联盟”“中国诗歌会”，曾参加“马来亚抗敌后援会”“南洋华侨筹赈祖国难民总会”。1950年举家回国，并写成小说《小城春秋》，生动描写了1930年厦门地区党领导的劫狱斗争。曾有两任妻子王喜鹊、白碧云。白碧云历任福建省第三届、第四届人大代表，福建省侨联委员，厦门市第五届至第十二届侨联常委。

辗转奔波　心中埋下革命种子

1910年，高云览出生于厦门。父亲高春圃是一位开酒馆的老华侨，共育有二男三女，他是家里第二个儿子，家人对他宠爱有加。儿时的高云览活泼机灵，喜爱读书，求知欲很强烈。然而父亲的酒馆生意日渐衰败，小学毕业后，家庭艰难的经济状况无法支撑他完成学业，14岁的高云览便开始谋算出路，一边工作，一边找机会继续学习。

1926年，高云览前往上海，在上海泉漳中学就读。这是一所福建同乡会馆办的免交学费的学校，这里聚集了许多革命热血沸腾的园丁和从事秘密工作的共产党人。他们以这里为据点，为党培养进步青年，传播马列主义的革命火种。带高云览到这所学校来的老师叫陈三民，陈三民格外疼爱这个身无分文、求知欲却特别强烈的学生，常悄悄替他交书费。在陈三民老师的影响下，高云览读了许多进步刊物，不断吸取革命思想，同时也对文学产生浓厚的兴趣。他开始以云览为笔名，学习写作，学着写文艺评论等。1927年，上海泉漳中学的地下共产党员李鼎新介绍高云览加入地下共产主义青年团，那年他17岁。

1928年，随着父亲因突发脑溢血去世，家里断了经济来源，断断续续念完小学和两年中学的高云览只好继续踏上求职谋生的道路，分担母亲和兄长的家庭重担。

那几年，他先后就职于《厦门商报》《漳潮日报》等，又辗转漳州职业中学、漳州芗江女中、石码中学教书，后又回到厦门。

高云览的处女作《前夜》是一部以劫狱斗争为线索的小说。1930年，发生一起震惊全国的厦门大劫狱事件。这时，高云览刚从上海返回厦门，目睹这场惊天动地的事件，心灵受到深深的震撼。他觉得有责任把这段历史写下来，便把这个愿望告诉一位进步友人。不久，党组织派地下党员送来记载劫狱材料的油印册子，嘱咐他写成小说，高云览万分激动。他顾不得经济上的困难，也不顾自己阅历尚浅，从1930年秋到1931年夏，日夜赶写，终于完稿。1932年8月10日，《前夜》问世。这本作品虽不够完美，但在20世纪30年代初，仍属于无产阶级革命作品之列。它宣传革命，启示青年在大变革的时代背景下投身到工农斗争中去。它也为20多年后高云览创作《小城春秋》做了一次演习。也就是在1932年，高云览由杨骚介绍，在上海加入“中国左翼作家联盟”。同年，以“健尼”之名加入左联领导的“中国诗歌会”，顶住国民党对左翼文化的围剿，积极参与推动和发展现实主义诗歌的文化运动中，成为一名真正的“左联”战士。

高云览与妻子王喜鹊相识于漳州石码中学，有着共同的理想——追求进步，反抗黑暗，创造美好的明天。1930年返回厦门后，两个年轻人逐渐走到一起，结为连理。王喜鹊为高云览生下两个女儿后病逝，高云览悲痛万分。但他强打精神，还与他的学生共勉：“人不能只停留在痛苦和失望之中，要永远向生活的激流勇进，否则生命的火焰就会熄灭。”

寄情文艺　积极传递救国思想

1935年春，在侨南中学教书一年的高云览转到厦门中华中学教书，并兼任教导主任。他在中华中学很活跃，不仅上课教书，还成立“文学研究会”和“戏剧社”，自编自导一系列反对压迫剥削、积极反抗斗争的话剧，在社会上引起强烈反响，赞声传遍鹭岛内外，震撼厦门戏剧界，也刺激了新的戏剧运动。

1936年，伟大的文学家、思想家、革命家鲁迅先生逝世，厦门召开“厦门文化界追悼鲁迅先生逝世大会”，高云览被推举为大会主席，在会上做题为《我们所以悼念鲁迅先生》的演说。追悼大会后，他心情久久不能平静，接连又写了《纪念鲁迅先生》和《关于纪念鲁迅先生杂话》两篇短文，分别发表在《江声报》上。

1937年，由于在学校里发表宣传抗日救国的演讲，高云览被反动派监视，只得离开学校，暂时避居鼓浪屿。然而他的心中始终燃着热情，想用手中的笔为救国做贡献。在友人的劝慰和资助下，1937年秋末，高云览决定远走他乡，南渡马来亚，另找一条出路。他漂洋过海，前往马来亚的麻坡，在那里的中华中学担任教导主任。

自从踏上马来亚的土地，高云览就关注着马来亚的戏剧。他极希望在那里用戏剧的演出来唤起侨胞对抗日救国的热情，如同当年他在厦门那样。他于1938年10月出席“怎样展开现阶段马华戏剧运动”座谈会，在发言中强调要从实践中去提高戏剧水平。随后，他在《南洋周刊》等刊物上发表不少文艺评论，如《做为桥梁的〈日出〉底演出》《救亡戏剧的“演”“观”谈》《救亡戏剧》《救亡戏剧以胡弦譬喻说》《通俗与媚俗的另一解释》等。

“南洋华侨筹赈祖国难民总会”（简称“南侨总会”）在新加坡成立后，陈嘉庚先生被选为主席。这是一个全南洋（地理上包括马来半岛、荷属东印度、菲律宾、暹罗、越南、缅甸、北婆罗洲）800万华侨抗日救国的统一战线组织，高云览以教师身份参加“南侨总会”的宣传救亡活动，与陈嘉庚先生的友谊从此开始。

为响应陈嘉庚先生的号召，一群热血沸腾的爱国华侨青年投进回国参战的热潮，高云览也是其中一员。他筹划着回国后，暂落脚在重庆，然后到前线去，到敌人的后方去，去采访，去战斗，去当一名战地记者，最后奔向延安！高云览认为自己应当像“萤火一般”“有一分热，发一分光”。《南洋商报》聘请他做驻重庆的特派员记者，拿到记者证后，他便与4位华侨青年结伴搭上开赴香港的客轮。

笔耕不辍　彰显民族气节与精神

1939年1月，高云览抵达香港，4月才到重庆。从香港到重庆，一路上火车、轮船、汽车轮番辗转，路途颠簸，十分辛苦。可他走一路，写一路，在途中写下《结束海行生活》《边疆漫记》《经过北海》《文化工作者入云南者日众》《山城的云南》《南洋回国机工在昆明》《蜀道难行》《云大学生》等通讯报告，以鼓舞人民的抗敌斗争。这些篇章大部分被登载在《南洋商报》的中外要闻版上。

5月3日，敌机轰炸重庆，一股正义感驱使高云览未等警报解除便冲出去采访。目睹着灾区人民的凄惨苦难，他强忍心中悲痛，天黑回来即刻写了《空中野兽在重庆残酷轰炸，徒增我复仇之决心》。接下来几天，敌机连续轰炸重庆。“轰炸不能焚毁我们的工作”。在频频轰炸中，高云览抓住一切机会采访，写成《重庆文化界热烈纪念高尔基》一文，报道在日机连连轰炸下重庆8个文化团体举办高尔基逝世3周年纪念活动的热烈情形。他访问叶挺将军，写了《叶挺将军访问记》，详细描述叶挺将军介绍新四军英勇作战的情况。之后，他与同事、友人张楚琨一同谒见叶剑英参谋长，使他们对抗战局势的变化有了更加清楚的认识。临别时，叶参谋长答应他们在采访大西南返回重庆时，安排谒见周恩来副主席。

此后，高云览作为一名专业战地记者开赴前线。他与张楚琨沿着贵州、云南、广西、湖南等地战区勇往前进。他们白天在烽火中忙进忙出地采访，晚上在空袭声中赶写稿子。在极为恶劣的条件下，一篇篇通讯报告脱稿而出，《南洋商报》和《星岛日报》不断地登出他来自昆明的《滇越铁路被炸后西南运输问题》，来自野战医院的《抗战中的红十字会——前方迫切需要金鸡纳霜和急救包》，来自柳州的《战时柳州印象记》，来自桂林的《负责指挥华南军事的两位将军——访白崇禧将军，访张发奎将军》，来自桂南前线的《在桂南前线观察桂南战局》，来自昆仑关的《日本在桂南的“自杀”》，来自贵阳的《黔边苗夷实察记》和《我们在旅途上》等。这些文章都突出高云览对抗日将士英勇气概的讴歌，揭露敌人的残暴，表达人民群众克服艰难的乐观精神。

1940 年 9 月，周恩来副主席接见高云览与张楚琨。周恩来副主席听他们汇报“南侨总会”的成立和成绩，关于各帮派、阶层、团体的抗日动态，关于华侨青年思想和救亡运动，关于宣传文化阵地和华侨报纸的舆论概况等，并给出积极的鼓励与指示，让他们支持、协助陈嘉庚先生，团结广大侨胞，发展进步文化运动等。从此，他们俩心中始终牢记周副主席的教诲，自觉地参与、协助海外的民族统一战线工作，直到终生。

应陈嘉庚先生的邀请，高云览于 1941 年到陈嘉庚先生新创办的南洋师范学校任文史地教员，兼任舍务股副主任。工作虽忙，但他仍挤时间写东西，既写报告文学，又写短篇散文，还写了一组人物印象记。他写《一年来目击敌军的衰退》《希望是人人实践的一年》等文章，表达对于抗战胜利的乐观。他还写了《孙夫人廖夫人访问记》《文化将军冯玉祥》《论郭沫若》《日本反战作家鹿地亘》等文章，记录他接触过的这些有影响的人物令人触动的事迹。

在抗战的岁月中，高云览与白碧云相识。白碧云钦佩高云览见识广，赞赏他的为人。1942 年 1 月，高云览与白碧云在新加坡登记结婚。1 月 31 日，日军先头部队攻占了柔佛的新山堤岸，这里与新加坡只相隔一条柔佛海峡。2 月 4 日，高云览与白碧云便撤离新加坡开始流亡生活，在苏门答腊的荒岛、原始森林中度过“蜜月”。白碧云曾挺着孕肚，找人营救被扣押在日本宪兵部的丈夫……在流亡的日子里，高云览心中念念不忘写小说，惦记着党嘱托他的任务，以 1939 年抗日战争为背景写成小说《春秋劫》。

抗战胜利后，高云览与友人张楚琨在新加坡开设两合“巨元公司”，同时在印尼多地开设分公司，经营胡椒、橡胶等印尼土产。他们认为只有通过做生意，赚到钱，才能筹办民主事业，办自己的报纸。在陈嘉庚先生的支持下，他们出资出力参与筹办《南侨日报》。1946 年，《南侨日报》正式出版，这让高云览与张楚琨十分欣慰。

1948 年底和 1949 年初，高云览三次得到指示，从新加坡飞往香港，和地下党同志密晤。受国家重托，他把“巨元轮船公司”的“南美”号和“南元”号两艘轮船开回祖国。这两艘船挂英国国旗，接受国家交通部指令，在公海上坚持运输急需物资和军需品，特别是抗美援朝期间，为打破美国对我国的国际封锁立下了汗马功劳。高云览还受托转交毛泽东主席给陈嘉庚先生的邀请电，邀请陈嘉庚回国参加政治协商会议。

1950 年，高云览抵达天津塘沽港，回到祖国的怀抱。厦门当时还是“前线”，而天津是海港方便进出，所以就选择落户天津。他带着妻子和大女儿游览北京，心中激动澎湃。他走着，想着，准备把几年来经营的生意全部献给国家，自己安心坐下来把 1930 年轰动全国的厦门大劫狱事件创作成小说。1952 年底，他终于拟好了小说的提纲，也告别了商场如战场的生活，仿佛又回到教书、当记者、写作的年代，心情清清冽冽。1956 年 2 月，他带着《小城春秋》23 万多字的第六稿兴致勃勃来到北京张楚琨家中，张楚琨热烈庆祝他创作完稿。4 月，他被发现患有肠癌，几经抢救与治疗，仍不幸于 6 月离世，留下这部凝聚他一片丹心的《小城春秋》。《小城春秋》于 1956 年 12 月首次出版，此后不断再版，改编后被搬上荧幕。1995 年，电影《小城春秋》被评为中国电影 90 年十大名片之一。

《小城春秋》小说

《小城春秋》电影海报

白碧云为侨联工作 40 多年

在马来亚流亡、做生意、办报纸，白碧云与高云览患难与共。新中国成立后回国，两人对未来憧憬有加。他们常年厮守，恩爱有加，高云览在撰写《小城春秋》时，白碧云负责修改稿的誊清工作。一张文稿改过多少次，就要抄写多少次，有时要抄写十几次，不论多么繁复，她从未有怨言。在小说的创作中，也有白碧云的许多智慧。

上天嫉妒他们的伉俪情深。斯人已逝，留下爱妻在思念中度过了半个多世纪。白碧云和五个孩子高迅莹、高京翼、高仁温、高仁婉、高仁思在中山公园西门附近的一座洋房里，继续着他们的生活。侨联组织给了这个家庭的温暖，而白碧云也为侨联工作了 40 多年。

白碧云

回到厦门后不久，白碧云就到市侨联工作，她说“侨联颜西岳主席都不要工资，我也不能要”。但也因此，白碧云没有编制，没有工资，没有退休金，不能享受职工医疗保险。她曾在《鹭风报》帮忙编辑文稿，也是义务的。

孩子们回忆说：家中常有客人来访，或反映侨房被占，或希望落实侨务政策，母亲总是帮忙整理材料，向有关部门反映，直到 80 多岁时，仍在操心华侨华人、归侨侨眷的事情。

白碧云勤俭持家，乐善好施。她批评孩子用单位便签写信，让孩子在单位福利分房时主动退出。她还源源不断地往外捐款，而且从不声张，

高云览一家

厚厚一叠的捐款单就默默地躺在抽屉里。

华侨中学、华侨大厦、集美陈嘉庚纪念堂、侨星化工厂、华侨博物院、华侨啤酒厂……但凡和“华侨”沾边的企事业，尤其是教育福利事业，几乎都有白碧云的捐款。她甚至说服孩子们，把家里的一张乒乓球桌也捐给侨联活动室，因为“快乐要和大家一起享受”。1956 年，白碧云把《小城春秋》的稿费 3465 元悉数捐给了厦门市文联，她相信这是高云览的心愿。

厦门市侨联第五届委员会至第十二届委员会，白碧云一直担任常委，也就是说，从 1959 年 2 月开始，直到 2000 年 12 月，40 多年间，白碧云一直热心于侨胞事务，为侨联事业而努力。此外，她还曾担任福建省侨联委员、福建省人大代表。

2017 年 3 月 23 日，白碧云与世长辞，享年 103 岁。

（黄佳畅）

保卫周总理参加亚非会议的印尼侨领——洪载德

洪载德（1911—1974），出生于福建南安。1929 年毕业于鼓浪屿英华书院，后到印尼万隆谋生。在经营生意的同时，关心社会事务。积极参加华侨社团的工作，组织“万隆业余生活会”“万隆业余体育会”“万隆慈善会”等社团，参与创办《生活报》，任万隆中华总会主席长达 16 年。1955 年亚非会议在万隆召开期间，领导华侨社会保卫周总理的安全。1953 年率印尼华侨归国观光团回京参加国庆盛典。1969 年回国定居，为家乡南安及厦门建设发展捐款捐物。曾任中侨委委员。

洪载德

（图片来源：厦门日报）

成长为印尼华侨领袖

洪载德出生于一个笃信基督教的农家。少时就读于石井培英小学、泉州养正高小，20 世纪 20 年代末随姑妈、姑父到厦门，1929 年毕业于鼓浪屿英华书院，后到上海圣约翰大学学习制革技术。在学校时，他经常听老师提起郑成功收复台湾的英雄事迹，小小年纪就受到爱国主义教育，这对他一生产生深远的影响。

1934 年，洪载德前往印尼万隆，起初在一家汽车配件商店打工。3 年后就与同学林经本合资办起“环球汽车零件商店”，而且生意做得有声有色，次年又与林水津创办万隆第一家皮革工厂。

洪载德为人正直，乐于助人，人缘极佳。他兴趣广泛，喜爱戏剧、踢足球和游泳等文体活动。在经营好生意的同时，关心社会事务，拓展自己的“副业”。他积极参加华侨社团的工作，组织万隆业余体育会、万隆慈善会等社团，在华侨中颇有号召力。

1937 年，洪载德与闽籍华侨黄周规、章子樵等人以万隆业余体育会为基础，组织万隆华侨业余生活会，目的在于“为着同胞的团结，为着民族精神，为着民族文化，为着解救许多侨胞的险道，为着拉回许多同胞的灵魂，为着劈开同胞新精神的出路”而“以业余时间联络同侨感情，研究生活知识，锻炼健全体魄，以及提倡正常娱乐，发扬祖国文化”。适逢中国对日宣战，他们也很快加入支援抗日救亡的运动。此后，洪载德积极参与华社事务，组织活动，宣传抗日，逐渐成为印尼万隆华侨界的领袖人物之一。

1937 年“七七”事变后，洪载德积极配合陈嘉庚领导的南洋华侨筹赈祖国难民总会，开展抵制日货、募捐援国、救济难民活动。日本南进时，洪载德因此被控有罪，家中财产全被没收，他本人被囚坐牢 9 个月，还遭到严刑拷打。

出狱后，他先后参与创办南化学校、业余义务学校、华侨中学和雅加达《生活周报》，为印尼华侨播下热爱中华的种子；与杨望东、林鹤鸣等组织中华戏剧社，弘扬祖国传统文化，大力宣传爱国爱乡的思想。历任万隆中华总会委员、万隆侨团联合会主席、万隆华侨促进会副主席、万隆中华侨团总会主席等职。先后组织侨胞捐建两所印尼完全小学，资助孤儿院、疗养院等建设。

参与创办《生活报》

《生活报》是印尼在二战结束以后由爱国侨胞兴办的一份华文报纸。经过短短十余年时间，其日报发行量达到 5 万余份，一跃成为印尼最具影响力的华文日报之一。

洪载德是《生活报》创办人之一。《生活报》的创办人多为集美学校的学生，他们尊称陈嘉庚先生为“校主”，受其影响很深。在资金不足和物资匮乏的困难条件下，洪载德等有识之士不辞辛劳，忘我付出，终于在 1945 年 10 月 24 日出版临时半月刊，1947 年 2 月 1 日实现出版日报的计划。而陈嘉庚先生也非常关心《生活报》，不仅曾为之撰稿，回国后还要求寄每月合订本。

《生活报》作为印尼华侨社会的媒体，坚持爱国团结立场，极力维护华侨在侨居国的正当权益，对印尼民族独立运动表示同情与支持。在新中国成立以后，它又为促进中国和印尼两国的友好交往发挥重要作用。《生活报》的副刊内容新颖，文笔生动，特点鲜明，也深受各阶层人士的欢迎，成为不可或缺的精神食粮。可以说，《生活报》当时已成为华侨社会的一盏光芒耀眼的明灯。

1965 年 9 月 30 日，印尼爆发军事政变，夺取总统宝座的苏哈托，实行狭隘极端的民族主义，掀起排华恶浪，采取严厉的强迫同化政策，华侨华人生命财产遭受巨大的威胁和损失。在苏哈托的军事独裁统治下，印尼《生活报》和其他华文媒体于 1965 年 10 月被迫停刊。

亚非会议期间护卫周恩来总理

1955 年召开的亚非会议，使“万隆精神”及和平共处五项原则深入人心，以周总理为首的中国代表团建立的不朽功勋，将永远载入史册。历史同样记载了印尼侨领洪载德和印尼华侨支援委员会为这一划时代盛会建立的功绩。

鉴于万隆会议是有史以来第一次没有西方殖民国家参加，而由亚非国家自己举行的大型国际会议，中国决定派以国务院总理兼外交部长周恩来为首的代表团出席会议。印尼华侨得到消息，欢欣鼓舞，奔走相告。

万隆会议前夕，敌对势力特务蓄意制造恐怖事件。1955 年 4 月 11 日，中国代表团包租的印航克什米尔公主号专机，在取道香港前往万隆出席亚非会议途中发生爆炸，机上的乘客全部遇难。庆幸的是，天佑中华，周总理当时并不在此飞机上，神奇地躲过一劫。

“保卫周总理，保卫代表团祖国亲人的安全！”为了迎接祖国亲人和保证会议顺利召开，印尼华侨专门成立“印尼华侨拥护亚非会议、欢迎出席会议中国代表团工作委员会”，在首都雅加达和万隆设立分会，而将工作重点放在会议举办地万隆。

亚非会议期间，洪载德（右一）带领华侨保卫周总理安全。

万隆爱国华侨在洪载德、房延龄等的领导下，组成华侨支援委员会万隆分会，下设各方面小组，成了代表团工作的得力助手。其中最重要的就是安全保卫工作，用华侨自己的话说："敌人的阴谋目的没有达到，敌人是决不会就此罢休的"、"我们一定要千方百计，保卫周总理的安全。周总理是我们的好总理啊！"

万隆分会主要负责人洪载德更是绷紧了弦，为之殚精竭虑。周总理的吃穿住行样样都要严格把关，确保万无一失。首先是住。酒店进出人员杂乱，不利于安保工作。洪载德经缜密考虑，选中侨商郭贵盛别墅。此处地处高坡，居高临下，周围又都是华侨华人居住，有利辨别生疏人员。吃的问题也很重要。总理到万隆之前刚动过手术，身体较弱。洪载德选定一位客家华侨，由他挑选最好的奶牛提供鲜奶，确保总理及代表团饮食安全。

4 月 15 日，中国代表团抵达万隆，华侨支援委员会组织成千上万侨众，在车队经过的道路两旁，组成夹道欢迎队伍。洪载德还邀请擅长武术的万隆洪门洪义顺公会兄弟，投入保卫工作，并挑选身强体壮的华侨青年，密切注视周边动静。印尼政府也增设岗哨和增派军警巡逻。

会议期间，不敢有丝毫麻痹大意的洪载德，还带领十多位热心华侨夜间在周总理住处周围轮流值班，配合警卫。驻地到会场有一段极为狭窄的步行路程，周总理步行经过时，洪载德和华侨们就组成人墙进行护卫。严密的防范措施，使得敌方特务无机可乘，不敢轻举妄动。

在华侨支援委员会的安排下，各界华侨放下生意，牺牲休息时间，出钱出力，积极参与各项会务。一切后勤工作，也全由华侨支援委员会承担。印尼华侨无私奉献的爱国热情，得到周总理的高度赞扬。

从 4 月 17 日至 24 日，在印尼侨胞的精心安排下，中国代表团顺利完成既定任务，由周恩来总理提出的"和平共处五项原则"成为万隆会议的主要精神。为周总理亚非会议成功护航，成为洪载德一生的骄傲和高光时刻。

总理离开以后，他所使用过的茶杯、坐过的沙发等，侨领们都争抢着要买。当时一名负责保卫总理的印尼宪兵，也曾感慨地说："周总理不仅是你们中华人民共和国的，也是我们全亚洲的领袖。"

亲见周总理的到来，以及亚非会议在国际上产生的巨大影响，使那一代出生成长在印尼的华侨感受到祖国的强大，都热切期盼着回到祖国参加社会主义建设。

成为中国和印尼往来的友好使者

中华人民共和国成立时，洪载德发动几十个侨团、侨校联合通电拥护，挂起五星红旗祝贺。1950 年万隆中华总会领导班子换届，洪载德以高票当选主席，此后连续 16 年都担任主席一职。他为中国与印尼建交、中国驻印尼大使馆的筹建以及中国领导人访问印尼等做了大量工作。中国驻印尼大使黄镇曾赞扬说："印尼华侨是最爱国的。”洪载德也因而获得“印尼陈嘉庚”的美称。

亚非会议以后，洪载德先后接待过到访印尼的宋庆龄、杨成武、刘少奇、王光美、陈毅、贺龙等中国领导人。

1953 年，洪载德率印尼华侨观光团回国。当年 10 月 4 日的《人民日报》刊载：“中央人民政府华侨事务委员会主任委员何香凝于四日晚设宴欢迎朝鲜、越南、缅甸、印度、印尼五个华侨归国观光团全体团员。宴会开始前，朝鲜、越南、缅甸、印度、印尼五个华侨归国观光团联合向毛主席、朱总司令、中国人民志愿军及何香凝主任委员献旗，由何香凝主任委员受旗。献旗后，印尼华侨归国观光团团长洪载德代表五个华侨归国观光团献词。他对祖国的强大，表示万分兴奋。他说每个华侨都感到无限的光荣与骄傲，随着祖国的强大，华侨的爱国团结，也日趋扩大与巩固。”

印尼归侨丘美璋在洪载德先生身边工作过 4 年，她回忆说，洪先生很亲民，和侨团的普通职员一起准时上下班，中午如加班就和大家一起吃杂菜饭。在洪先生担任万隆中华侨团总会主席的那段时间，各个侨团都很团结，组织国庆活动或是接待国内来客时，都是齐心协力。总会还组织广大侨胞，特别是华校师生，积极参加当地政府发动的疏通河道、兴修水库、修筑公路等义务劳动，深得印尼人民的赞誉。

回想当年，爱国侨领的对外身份都是普通商人，一旦有排华，他们就会面临危险。而洪载德先生在排华的气氛下，仍站出来为华侨华人说话，连印尼当地人都由衷钦佩。印尼进步作家普拉慕迪亚·安南达·杜尔在他长期被印尼当局列为禁书的著作《华侨在印尼》一书中，曾高度赞扬万隆中华总会和主席洪载德为维护华侨的正当权益勇于向当地政府伸张正义的大无畏精神。

1965 年印尼发生“九三〇”事件，洪载德领导的华侨社团及学校被印尼当局视为“亲中国”，并被怀疑参与政变而遭逮捕。狱中洪载德受到百般折磨，但他始终坚贞不屈，被关押 50 多天后，最终以无罪释放。

1965 年，周总理再次到万隆出席纪念亚非会议十周年庆典，特别邀请洪载德也参加此次活动。

回国定居厦门

1966 年，印尼发生排华运动，洪载德奉命回国，定居北京。抵京时，周恩来、董必武、宋庆龄分别亲切接见他。在京期间，经常参加各种政治、文化活动。晚年的洪载德定居厦门。

中华人民共和国名誉主席宋庆龄、时任北京市委书记彭真接见洪载德

（图片来源：石井印象）

洪载德爱国爱乡，饱含家国情怀。在家乡南安古山村，他先后捐建水头南星中学教室、古山小学教室及礼堂。在厦门，他先后捐款给华侨幼儿园、华侨中学、集美中学、华侨大学和华侨博物院等，为厦门教育事业及现代化建设做出许多贡献。“尽管做了这么多事情，但他总说，自己对祖国的贡献还是太少了，很惭愧。”洪载德之子洪醒华回忆说。

1968 年洪载德捐建古山小学教室及礼堂

厦门公园西路 57 号别墅，是洪载德的旧居，紧挨着华新路的华侨新村。建筑坐北朝南，共三层，面积 600 平方米，建于 60 厘米高的台基上。平面基本呈正方形，南面中部及东北面各处突出呈半圆形。建筑基础和墙裙为花岗岩条石砌成，墙身为红色清水砖，开窗处以横砌条石做装饰。屋顶为四坡顶，上铺灰色机平瓦。内部结构以内廊为中心，室内地面铺设彩色花砖，样式达六七种。别墅设有宽敞的庭院，老宅内外保存完好。

公园西路 57 号洪载德的旧居

洪醒华回忆，1953 年，父亲将祖母、母亲和兄弟姐妹 5 个送回厦门定居，他只身再度返回印尼，继续开展侨务工作。位于公园西路 57 号的房子是 1957 年开建，1958 年建好，祖孙三代人都搬进去，直到 1977 年全家出国定居。在洪醒华看来，那是全家人最美好的时光。院子里有父亲亲手种下的从印尼带回的木瓜、番石榴树，楼道里有兄弟姐妹们嬉闹的笑声，而友善的邻居们也多是从东南亚回来的。

1974年，洪载德当选为全国第四届人大代表。同年12月24日，因心脏病突发，在厦门去世，享年64岁。国务院、中侨委、省侨委和厦门市革命委员会等都送了花圈。

洪载德的妻子郭美兰亦为印尼华侨，抗战时期，郭美兰与他人创办万隆华侨妇女会。1953年回国后，郭美兰曾当选为厦门市政协常委、福建省政协委员等。

（林希）

铁笔春秋爱国心

——记民族志士、爱国华侨诗人陈文旌

陈文旌（1915—1997），笔名风雨楼主，新加坡华侨，著名华侨诗人、书法家，祖籍厦门同安丙洲。

丙洲是中国现代史上抗击外敌、以身殉国的民族英雄陈化成将军的故乡。陈文旌的祖父陈振来先生是陈化成将军的嫡系长房长孙，陈文旌是陈化成将军的嫡系四代孙。陈文旌的母亲何清治女士是泉州名门望族之女，16 岁嫁入丙洲陈家，19 岁随丈夫陈振来去香港、东南亚各地经商，21 岁在海外生下了儿子陈文旌。儿子刚满周岁，26 岁的父亲陈振来先生去世，母亲何清治只有 22 岁。为了躲避个别族亲的欺凌，孤儿寡母，只好离开故乡来到鼓浪屿内厝巷定居。母亲虽是寒灯苦烛、节衣缩食淡泊生存，但对儿子却是百般呵护万般宠爱，4 岁时便请当时的名塾师竟存先生为儿子开蒙，到了 6 岁，又把儿子送到新学堂去。往往为了陪伴儿子描红、课读、背诵古文，她鸡啼即起，深更不寐。后来儿子在海外的诗书画盛名，多半要归功于少年时代母亲朝朝暮暮的教诲和敦促。母亲茹苦含辛的厚爱，加上家族的英雄血性，成就了陈文旌的才华和侠气。

13 岁，陈文旌考上厦门省立第一中学（今天的厦门一中）。16 岁，陈文旌考上厦门大学法律系。大二时，懂事的他便在中国银行厦门分行厦大囊萤楼办事处找了一份兼职半工半读。大学毕业时刚满 20 岁，远亲王经叨先生准备去新加坡，问他母亲是否愿意将儿子让他带往南洋，母亲思索再三，回复王先生："去吧，好男儿志在四方！"从此，陈文旌远走天涯。在新加坡，陈文旌先在一家公司的货栈打工，看到资本家对工人的盘剥，他心中愤愤不平。后来投考新加坡中国银行，从科员一路做到银行襄理。抗日战争期间，他与爱国侨友、文化界知名人士张楚琨、洪丝丝、巴人、高云览、马寒冰等相交甚密，共同宣传抗日，反对日寇，并参加马来西亚共产党，发动爱国侨胞，投身祖国的抗日运动，写了大量爱国抗日诗词，讴歌祖国抗日战争，鼓舞海外华侨抗日斗志。当时，陈文旌先生有《悼抗日英雄谢晋元将军》诗二首于报纸上发表后，在东南亚侨界广为流传：

（一）

哀音忽报将星沉，痛失干城愤更深。
辜负忠肝酬国志，拼将热血抗胡心。
当年战绩威犹在，此日英名节可钦。
未扫妖氛身已死，全民涕泗满衣襟。

（二）

全凭肝胆报秦仇，风雨狂涛誓共舟。
壮士立名传海表，将军夭志护神州。
青天旗下声先振，黄埔江边水逆流。
一缕忠魂归去后，将星依旧照千秋。

1939年，在新加坡《狮岛日报》举办的“东南亚抗日诗文评比”中，陈文旌的诗歌荣获第一名。当时《狮岛日报》的主编是著名作家郁达夫先生。陈文旌在领奖时与郁达夫相识，从此成了忘年之交，此后两人诗作唱和达百余篇之多。姑录其中一首，以飨读者：

抗战军兴，买棹南渡，谨步郁达夫词长述怀一律

艰难国步孰先忧，岂许天涯浪迹游。
勾践沼吴方舐胆，终军系越正纾筹。
风前扪虱非无意，酒后谈兵亦有谋。
莽莽神州频北望，挥戈我欲济中流。

一九三九年春于星洲

陈文旌先生的书法艺术，无论行、楷、草、篆，都特别优秀，当年可谓名满星、马、泰、菲及港、澳、台地区，有《风雨楼主诗集》和《南洲杂咏》二部诗著和诸多书法作品存世。

张楚琨先生曾经说过，在东南亚，特别是星、马文坛，陈文旌是诗、书、画并重的屈指可数的文坛佼佼者。

陈文旌在新加坡认识了同安乡亲、爱国华侨老前辈洪镜湖先生。洪镜湖先生是当时新加坡商界翘楚，也是文化界诗词魁首，陈文旌与洪老先生诗作、书法唱和过从密切。洪老先生爱陈诗书并秀，以才择婿，将19岁的女儿洪婉容小姐嫁给28岁的陈文旌。

20世纪50年代，陈文旌携带妻子儿女回到故乡厦门。回乡后，他一面在厦门

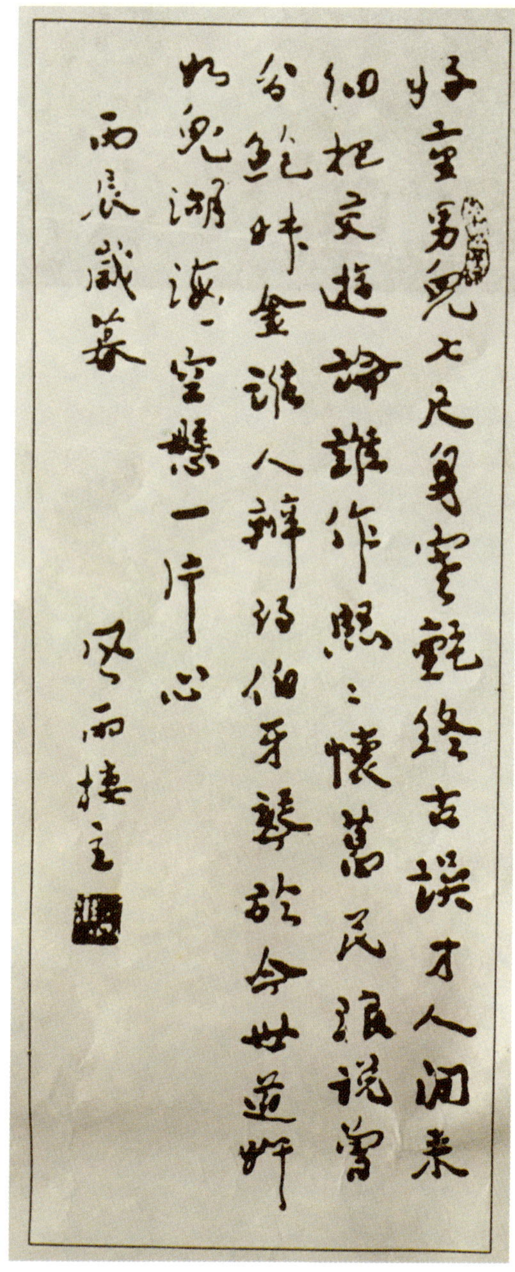

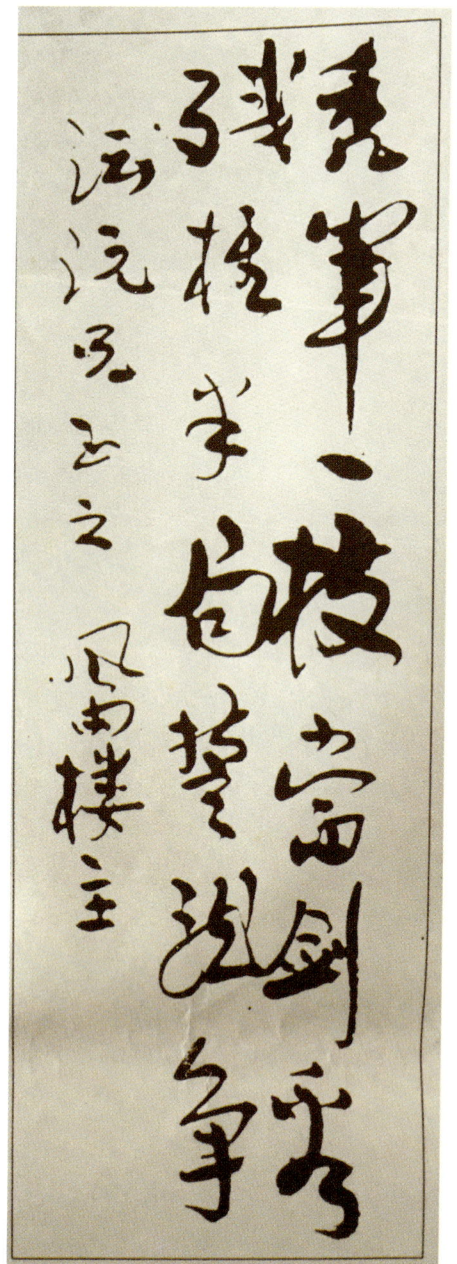

中国银行工作，一面在侨联，与颜西岳、陈应龙、林承志、张述等一批爱国侨领，积极投身侨联各项事业，努力为侨界服务。一面与他的外叔公——厦门著名侨领、民族志士、厦门总商会会长洪晓春先生时常聚会共商国是、诗文唱和，并引进侨居新加坡的岳父洪镜湖先生的外汇、族亲印尼爱国华侨陈剑敦先生的外汇，捐赠故乡的教育、文化事业，诸如同安马巷的窗东小学、启智小学、同民医院等等。另一方面，他与厦门诗、书、画界的名人、雅士、教授、学者虞愚先生、张人希先生、高怀先生、罗丹先生、李禧先生、肖百亮先生、梁果斋先生等等交往深厚，诗书画往来络绎不绝，成为当年厦门文坛盛事。

20世纪50年代末，陈文旌先生再度旅外，至20世纪年代初归来，除与上述健在的艺术前辈时作文艺盛会，推动厦门诗书画艺术繁荣昌盛之外，又与他当年领导下的马共部下洪卜仁先生、方文图先生等，以及厦门市委宣传部副部长兼社科联主席方友义先生、市文联主席谢澄光先生、《厦门日报》副总编林严心先生、厦门大学中文系黄拔荆教授及林丽珠教授、市文化局局长彭一万先生等等，由厦门市作家协会主席陈慧瑛女士牵头，发起成立厦门市诗词协会。陈文旌先生是创会会长，在厦门兴起诗词创作热潮，为讴歌厦门改革开放家乡巨变的新风貌，他创作大量诗歌，举例如下：

陈文旌先生、洪婉容女士结婚照

参观集美海堤，赋诗十绝以纪之

（一）

阡陌纵横田舍家，观光此日趁朝车，
红楼绿瓦浮村出，渔艇帆樯滞水涯。

（二）

不分南北与东西，云树烟波一望齐。
胜景归来犹恋恋，枯肠搜索乏诗题。

（三）

忘我精神始创基，堤长十里未为奇，
淮河建设惊中外，伟绩丰功赖护持。

（四）

波涛无复再滋生，从此全闽大道行。
满眼山河新气象，汀溪水库又完成。

（五）

丰碑矗立海云开，词客间关览胜来。
题壁琳琅皆幼妇，鳌园信美几迂回。

（六）

凝眸顾盼海门潮，帆影歌声去未遥。

预约中秋明月夜，重游胜地驻经宵。

（七）

游踪少酣候归车，浏览风光兴未赊。

懒到津亭为怕暑，骄阳却喜绿荫遮。

（八）

横流迫岸竟无波，车驶长堤顷刻过。

极目海天共一色，初潮平似镜新磨。

（九）

归来相思逐潮生，风物园林旧日情。

鳄屿八闽夸特产，文昌鱼比五侯鲭。

（十）

塞责无求创意深，雕虫敢与雅人吟，

相期鹰厦路通日，再向骚坛聆好音。

1990 年，为了弘扬革命先辈、民族英雄陈化成将军爱国主义英风正气，陈文旌先生出资出力，组织方友义、洪卜仁、方文图、林严心、彭一万等一批有为志士，创办起陈化成研究会筹备委员会，他担任该会创会会长，为故乡的爱国主义教育起了举足轻重的作用。2019 年 10 月 18 日，在中国《文艺报》上，还专门提到这位杰出的华侨诗人和爱国志士。

陈文旌先生与侨领张楚琨先生合影

前排左起：黄长溪、陈文旌、吴星峰、张可同。后排左起：陈文旌的女儿陈慧瑛、林梦飞、张述

陈文旌先生和夫人洪婉容女士育有3儿3女共6个子女：陈慧瑛、陈孔熙、陈孔煊、陈孔辉、陈慧真、陈慧芳。长女陈慧瑛自新加坡归来，在厦门大学毕业后，因海外关系被发配太行山劳动6年。后来回乡，连任4届厦门市人大常委、4届侨港澳台外事民族宗教旅游委员会主任，连任5届厦门市作家协会主席，还担任第4届全国侨联委员，厦门大学兼职教授。20多年间，为侨务立法，为归侨、侨眷、三资企业排忧解难，为保护侨益，为教育、文化、宗教等事业引进大量捐赠，为弘扬侨港澳台胞热爱祖国的精神风貌，做了大量有口皆碑的工作，先后被评为首届"全国侨界十佳"，全国优秀侨务干部，全国优秀归侨侨眷知识分子，首届"享受国务院特殊津贴"专家等等。她利用几十年的业余时间，写出30部著作共800多万字，重点用于弘扬华侨的爱国爱乡情怀和厦门侨乡天翻地覆的伟大变化，她是当代著名的归侨作家。陈文旌和陈慧瑛，一家两代文星璀璨，在侨界和中国文坛传为佳话。陈慧瑛的成就，与祖上的家学渊源和父亲陈文旌先生的谆谆教诲、耳濡目染是分不开的。

1997年农历五月初九日，83岁的陈文旌先生仙逝。丧礼在泪水和鲜花里举行。到了出殡那一刻，原来阳光灿烂的云天忽然乌云密布，大雨滂沱。陈文旌先生一生以"风雨楼主"为笔名，此刻，风呵雨呵都来为他送行！

在大生里殡仪馆里，儿女们以为父亲不过是一位普通的华侨老人，丧事由成群儿孙操办即可，并不敢惊动他人。想不到，除了自家亲友之外，前来参加遗体告别仪式的家乡父老乡亲，生前的友好，文化、新闻、侨、港、澳、台、商、官各界

陈文旌 60 岁留影

的知名人士竟逾千人。挽联、挽诗将灵堂大厅四壁全部覆盖，至于花篮和花圈，密密麻麻地把殡仪馆所有的厅堂和数百米的过道全部摆满。

其中最催人泪下的是厦门诗词学会以陈文旌先生名字冠头的挽联：

文笔绽奇葩，骚苑春秋记巨星，后代相承心应慰。
旌旗飘彦韵，词楼风雨闻瀛海，一朝永诀泪纷飞。

以及陈文旌的生前知交、厦大黄拔荆教授的挽词《鹧鸪天》三首：（选二）

鹭岛相逢恨见迟，六年交契互心仪。
谁知前月槟榔别，竟是今生永诀时。
宵不寐，石栏倚，炎风拂面雨霏霏。
追怀往事情难已，酹向江天酒一卮。

不爱貂冠爱桂冠，一支彩笔绘山川。
行踪历遍东南亚，万里归来眼界宽。

文会友，几曾闲？心存乡国老弥坚。
词章道德堪人范，正气长存宇宙间。

著名画家张人希先生的挽诗七绝二首：

鹭门今日陨文星，我失良朋泪不禁。卅载交情从此诀，高山流水碎鸣琴。

君是诗中一世豪，飞觞醉月每高歌。回头往事成陈迹，立尽斜阳涕泪多。

著名书法家高怀先生的挽诗五绝二首：

湖海元龙气，归来老更狂。胸怀多坦荡，笑骂也文章。

藏箧诗千首，呼朋酒百觞。人琴今俱绝，遗范永难忘。

原市社科联主席方友义先生的挽诗一首：

朗吟高论记音容，创会永铭振臂功。
爱国恋乡情切切，风流倜傥一诗翁。

陈文旌平生至友、书法家林严心先生的古风一首：

忘年之交十五春，高谈宏论酒盈樽。
彻夜吟哦索佳句，怒骂文章荡妖氛。
磊落遗篇千秋在，峥嵘风骨万古存。
痛哭良师离我去，于无声处吊英魂。

在物欲横流的今天，陈文旌先生不仅生前得到良朋挚友的真诚厚爱，连故后丧礼也能如此极尽哀荣，直到此刻，人们才真正体会到陈文旌先生这位华侨文化名人的人品和才学的魅力！

（吴方）

卢嘉锡——一位杰出的科学狂人

卢嘉锡

卢嘉锡（1915—2001），又名瑞师，祖籍福建永定，原籍台湾台南。美国归侨，著名科学家、教育家、社会活动家，国家领导人。生于厦门市，相继在厦门育才学社和大同中学初中就读，1928年秋考入厦门大学预科。1934年从厦门大学化学系毕业，同时修毕数学系主要课程。卢嘉锡的科学研究，主要涉及物理、化学、结构化学等多种科学领域。尤其在结构化学研究工作中，贡献尤为杰出。

出身贫寒

卢嘉锡原籍在台湾，在他出生之前的20年，中日发生甲午战争，清政府在国力、海军军力都全面优于日本的前提下，竟然以一败涂地告终。清政府为了自保，只得将宝岛台湾割让给日本政府。后来，大将刘永福等人进行保台抗日战争，但仍然没能挽救台湾被瓜分的命运。

卢嘉锡的祖父卢立轩对清政府割让台湾、苟且求和之事甚感愤慨，他不愿在侵略者的铁蹄下苟且偷生，便举家迁往福建厦门。由于家境贫寒，为了养活一家老小，卢嘉锡的父亲卢东启在村中设立私塾，教书育人。

卢嘉锡于1915年10月26日出生。虽然卢家家境贫寒，却是书香世家，可谓是家学渊源。卢嘉锡受到家族影响，自幼随父亲读书，展现出学习的天赋。年纪虽小，但所做的诗词颇有可观之处。这一切让父亲大为欣喜，对儿子寄予厚望，希望他将来读书能有成就，能够改变家庭贫困面貌，进一步挽救民族危亡。

在列强入侵的时代，政府的软弱让年少的卢嘉锡过早地体会到弱国弱民的心酸。看到帝国主义列强在中国土地上横行霸道，看到外国侵略者在中国的国土上拥有这样那样的特权，卢嘉锡便立下了救国的壮志，为了实现自己的理想，年轻的卢嘉锡表现出勤奋刻苦的学习精神。

1926年，卢嘉锡在公立小学上过一年学后，先后去厦门育才中学、大同中学读书。1928年，年仅13岁的卢嘉锡考入厦门大学预科班。两年后，进入厦门大学化学系学习。在大学四年期间，卢嘉锡曾经先后担任学校文化学会的会长和数学学会的副会长。毕业后，因为在校期间表现优异，卢嘉锡被留在学校任助教。

1937年，抗战爆发前夕，卢嘉锡考取了中英庚款公费留学，进入伦敦大学学院学习，师从于著名科学家S.萨格登。在他指导下，卢嘉锡开始从事人工放射性研究，两年后获得伦敦大学物理、化学、哲学专业的博士学位。

1939年，卢嘉锡从英国转道到美国的加州理工学院，同两度获得诺贝尔奖的L.鲍林从事化学方面的研究工作。

次年夏，卢嘉锡本想回中国，为抗战中的中国提供科学帮助，但鲍林教授热情挽留，他又在美国多停留五年。在这五年之中，卢嘉锡发表了一系列的学术论文，其中有不少论文成为结构化学方面的经典著作。

第二次世界大战的战火被点燃，战争波及大半个世界，美国也被卷入战火之中。为了尽早地打败法西斯，结束这场世界性的大战，美国将所有的工业潜力都挖掘出来，整个国家都纳入战时轨道，同时大力发展军工科技。卢嘉锡受到美国邀请，参加了军事科技研究。在此期间，卢嘉锡在燃烧与爆炸的研究工作中做出了突出的贡献和出色的成绩。为此，卢嘉锡获得1945年美国科学研究与发展局颁发的“科学研究与发展成就奖”。

扬名世界

1945年冬，第二次世界大战刚刚结束，卢嘉锡意识到，列强休养生息后可能会再次卷起瓜分中国的狂潮，于是他带着“科学救国”的热忱，迫不及待地回到中国，准备用自己掌握的科学技术为抗战后浴火重生的中国发展建设，提供自己的力量。但让他失望的是，抗战后的中国很快又陷入内战之中。意识到国民党政权的专制与腐败后，卢嘉锡对国民党政权彻底失望。

回中国前夕，卢嘉锡最初想在中国国内研究结构化学，希望开辟出结构化学新纪元。可惜，当时的中国内战战火纷飞，加上中国科研技术水平和学术落后，这一想法很难落实。于是卢嘉锡放弃自己的计划，将所有的希望寄托于教育事业中，以教书育人为己任，希望改变中国当时科学教育水平落后的现状。他先是受聘于厦门大学，任厦门大学化学系教授兼系主任，后来又两度受到浙江大学竺可桢校长、理学院胡刚复院长的聘请，前往讲授化学、物理的课程。

在教学工作中，卢嘉锡是才华横溢而又勤奋严谨。他学识渊博且善于表达，讲起课来生动活泼，见解独到，板书格外工整清晰，课堂常常座无虚席，成为厦门大学最受欢迎的教授之一。1947年春，当他在浙江大学完成第一次讲学任务即将离去之际，该校一百多名师生联名写了封充满激情的挽留信。

中华人民共和国成立初期，他曾接受高等教育部的聘请，与唐敖庆等先后到山东大学和北京大学讲授物质结构课程，培养一大批结构化学的师资。

卢嘉锡在教学过程中，注重培养学生的思考能力和解决实际问题的能力。他虽然是一位数学功底很深的化学教授，却经常告诫学生，要学会对事物进行“毛估”，他说：“毛估比不估好。”思考问题时要学会先大致估计出结果的数量级，尽量避开繁琐的计算，以便迅速地抓住问题的本质，必要时再仔细计算，这样可以提高解决问题的效率。为了培养具有全面素质的人才，他让学生记住一个奇特而有趣的结构式——C3H3，即 ClearHead（清楚的头脑）、CleverHands（灵巧的双手）、CleanHabit（洁净的习惯）。他常说：“一个老师如果不能培养出几个超过自己的学生，他就不是位好老师。”

1949 年，新中国成立。1950 年之后，卢嘉锡历任厦门大学理学院院长、副教务长、研究部副部长。在卢嘉锡的努力推动下，因为化学教学成绩突出，厦门大学得以跻身中国重点大学的行列。1955 年，卢嘉锡被选为中国科学院化学部部长。同年，被高等教育部聘为教授。新中国成立之初，中国缺乏高端人才，卢嘉锡是当时全中国最年轻的学部委员和一级教授之一。1956 年，卢嘉锡加入了中国共产党。两年后，根据党组织的决定，到福建筹建福州大学和中国科学院福建分院，并在后来担任该校校长。1949 年后，卢嘉锡培养了十五届计 50 多名博士生、硕士生以及许多青年学者，如田昭武、张乾二、梁敬魁、黄金陵、黄锦顺、吴新涛、潘克桢、陈创天等。

卢嘉锡（中）悉心指导福州大学青年教师

（图片来源：光明日报）

创办福建物质结构研究所的同时，卢嘉锡还组织和领导关于金属络合物和一些簇合物、硫氮系原子簇化合物等方面的研究，并且取得傲人的成功，令世界瞩目。1970 年之后，卢嘉锡组织和领导我国化学模拟生物固氮研究，同样取得重要的理论成果，并以这些成就为契机，进一步发展我国原子簇化学。

1972 年，卢嘉锡着手进行恢复福建物质结构研究所的科研队伍和科研设备，亲自指导这个研究所的有关结构化学、晶体材料、催化金属腐蚀和防护等科学领域的研究工作，使该研究所在短时间内成为一所具有鲜明特色的研究所，并在原子簇化学和新技术晶体材料方面取得举世瞩目的成就。

1978 年，卢嘉锡基于自己对国际化学前沿领域的敏锐洞察力，和自己在从事化学模拟生物固氮研究所取得的研究成果，以及研究过程中取得的研究经验，再综合自己早期在硫氮原子簇化合物方面实践经验，开始极力地倡导过渡金属元素的化合物研究，并在这一个研究方向上展开深入、系统的研究工作。最终，卢嘉锡的科研小组，在合成象征两百多种新型醋合物的基础上，发现了原子簇化学的两个重要规律，也就是所谓“活性元件组装”“类芳香性”。这个发现在国际原子簇化学上引起了重大轰动，对国际原子簇化学的发展进步产生重大的影响。

1981 年 5 月，卢嘉锡出任中国科学院院长，在任职的近六年里，他认真贯彻党中央关于科学技术工作的指导方针，领导中国科学院采取一系列重大改革措施，诸如建立科研课题的同行评议制度，实行择优支持的经费管理办法，创建开放研究所和开放研究室，率先在中国科学院设立青年科学基金，加强与院外的横向联系、组织全国性联合攻关项目，稳定我国基础研究工作等等。他还为加强中外科技界的友好交往与合作做了大量工作，为提高我国科技界在国际科技界的地位做出了贡献，卢嘉锡也在这当中成为享誉世界的著名科学家。

心系社会

卢嘉锡早年在欧美留学时期就参加中华自然科学社并曾担任美西分社执委会副主席，积极联系联络当地中国留学生、举办各类活动。回国后，特别是改革开放以来，他更加关心海内外留学生，积极倡导和支持留学生组织开展跨学科联谊活动和学术交流。在 1991 年 4 月召开的欧美同学会第二届理事会上，卢嘉锡被选为会长。

为更好地团结海内外留学人员，他提出要“以情会友，以文会友”。他说：人际之间最宝贵的是友谊，我们的会员虽然年龄层次不同，但大家有一颗为“四化”尽力的赤子报国之心，我们的同学会一定会成为几代人的温暖集体，相聚时像在家里一样，这就是“以情会友”。我们的会员学有专长，大家应该携起手来，在发展现代科学技术和开展国内外学术交流方面做出贡献，拿出成果来“以文会友”。

在卢嘉锡倡导下，欧美同学会广泛开展与海内外留学人员的联谊和文化学术交流活动，截至 1994 年底，会员已发展到 7000 余人。

同时，卢嘉锡也是两岸科技交流交往的积极推动者。卢嘉锡原籍台湾台南，又从小生长、长期工作在与台湾隔海相望的福建，这些都使他对台湾怀有深厚的感情，同时也让他较早就参与对台工作、接触台湾同胞。1978 年 3 月，他作为台湾省代表团团长参加全国科学大会。1979 年 8、9 月，在参加国际纯粹与应用化学联合会会议期间，他又有机会与台湾官员和化学界同行直接交往。

1988 年 10 月 31 日至 11 月 4 日，全国结构化学第四次学术讨论会在福建福州举行。会议召开前夕，卢嘉锡以组委会主任的名义向台港澳学者发出邀请，希望他们也来参加这次全国化学界的盛会。在他的倡导下，参加讨论会的海峡两岸科学家表达了加强、扩大双方合作的愿望，促进他们之间的交流及相互理解。

卢嘉锡 1953 年 3 月加入中国农工民主党，1956 年 6 月加入中国共产党。在中国共产党和农工党组织的关怀帮助下，他努力学习时事政治，关心国家大事，不断锻炼和提高；在从基层到中央的各级岗位上，他勇挑重担，吃苦耐劳，言传身教，培养新人，出色完成教学、科研和管理的各项任务。他热爱多党合作事业，热爱农工党，牢记自己所肩负的责任，认真参加组织活动，努力完成组织交办的各项任务，在农工党内有很高的声望。

1988 年，卢嘉锡当选为七届全国政协副主席和农工党中央主席。1993 年又当选为第八届全国人大常委会副委员长。他处处以国家和民族的利益为准则，表现出高尚的爱国热忱和无私的奉献精神。他为坚持和完善人民代表大会制度、坚持和完善中国共产党领导的多党合作和政治协商制度，为巩固和发展爱国统一战线、促进祖国统一大业，做出了杰出的贡献。

亲人眼中的卢嘉锡

在亲人眼中，特别是自己的子女，他们对这位父亲评价不一。卢嘉锡的长子卢嵩岳说，父亲是一个勤奋的教书匠，常教育孩子们学无止境，多读、多写、多学、多练，这样才能在学习上有所成就。提到父亲的教学，卢嵩岳称父亲讲课十分生动。他说：“父亲在课前从不做教案，课堂上大多是临场发挥，但再枯燥的课程，在父亲口中，就变得生动有趣起来。听他的课从来没有人打瞌睡，每次父亲演讲或者开讲座时，学校最大的问题就是没有足够的课堂，以至每一次听讲的人都排到教室外面。”

他的次子卢咸池则称：“家中的父亲既是严厉又是慈祥的，对任何事情从来都是用说服教育的方式，发扬民主家风。”他回忆，在儿女们的升学志愿上，父亲表现得十分开明，从来不强迫子女，最多也就是指导一下自己的儿女们。

在妻子的眼中，丈夫是一个不会做家务、却很疼惜妻子的好丈夫。

此外，卢嘉锡是一位十分简朴的老人。2001年6月4日，卢嘉锡走到生命的尽头，弥留之际还不忘嘱咐儿女，将自己一生所得的科学奖金全部捐献给科研机构，以鼓励、发展中国的科学人才。

为了纪念卢嘉锡，他的子女们于2006年8月与农工民主党中央、中科院、厦门大学、福州大学、福建物质结构研究所，共同创建“卢嘉锡科学教育基金会”，下设“卢嘉锡化学奖”“卢嘉锡优秀导师奖”和“卢嘉锡优秀研究生奖”。厦门市还另外设立“卢嘉锡青少年创新奖”，以鼓励科学的创新进步和对科学研究人才的培养与支持。

（黄佳畅整理）

文艺报国建功业　投笔从戎留芳名
——马寒冰

马寒冰（1916—1957），原名马国良，福建厦门人，缅甸归侨，著名报人、诗人、作家。曾任厦门《华侨日报》编辑，缅甸《仰光日报》编辑，缅甸《兴商日报》总编辑兼缅甸通讯社记者，陕北公学政治部宣传科干事，八路军卫生部秘书主任，八路军第一二〇师第三五九旅野战医院院长、八路军南下支队副官处处长、干部大队大队长，晋察冀边区《晋察冀日报》编辑部副部长，解放军晋绥军区野战第二纵队后勤部副部长，第一兵团政治部宣传部部长，中共中央新疆分局副秘书长、宣传部副部长，新疆军区宣传部部长兼文化部部长，新疆省政府文化处副处长，新疆省文联副主任，外交部驻疆特派员，新疆伊犁地区土地改革大队长，解放军总政治部文化部编审出版处处长、文艺处第三处长、《解放军战士》主编。

文坛新秀　名震厦门

马寒冰家乡为福建省海澄县霞阳乡（今属厦门市海沧区霞阳村），古称马厝、上马，是马氏族人聚居地。据传马氏祖上为北方回族移民，定居于此后逐步融入闽南习俗。

明清时期，闽南沿海大批民众出海创富，其中也包括马氏族人。马寒冰的祖父生活贫穷，青年时到缅甸当码头工人，此后到一商店帮工。因吃苦耐劳，被商店老板招为女婿。祖父逝世后，商店由马寒冰的父亲马式聪经营。1916 年，马寒冰生于缅甸勃生城，4 岁开始识字，后进入当地侨办华文学校，12 岁随父亲马式聪回国，居于厦门鼓浪屿鹿礁路靠海边的一座房子，父亲到厦门一家商店当账房先生。马寒冰先后在英华中学、双十中学读书。

马寒冰酷爱文学，中学时期便开始向厦门几家报社投稿，《星光日报》《华侨日

马寒冰故居

报》曾刊登过他写的文章。中学毕业后，他考入浙江金华商业学校银行会计专业。虽认真学习，但最后还是因为对商务、金融毫无兴趣，于 1932 年转入上海沪江大学。

1936 年大学毕业后，马寒冰回到厦门。1936 年，他在鼓浪屿发起组织天竹文艺社，主编《天竹月刊》和厦门《华侨日报》的《天竹》文艺副刊。其间，刊发不少宣传抗日救亡的文学作品，团结一批进步文学青年，对抗日文化活动产生积极影响。

鲁迅逝世后，马寒冰参与发起厦门纪念鲁迅活动，为 1936 年 11 月 29 日举行厦门文化界追悼鲁迅大会筹委会 12 位委员之一。大会通过的致鲁迅家属的唁电就是由他起草拍发，大会决议也由他和高云览、郑书祥送交厦门市政府当局。会后，他还写了《伟大的民众祭》一文，1937 年被收进《鲁迅先生纪念集》。1937 年 12 月 30 日，他与时任《星光日报》记者的赵家欣等一起，接待从日本经中国台湾抵厦门的郁达夫，并陪郁达夫游览鼓浪屿日光岩，由此也可以看出年轻的他在厦门文化界的影响力，

缅甸办报　领侨抗日

1937 年 5 月，马寒冰应缅甸《仰光日报》之聘，回到南洋，担任《仰光日报》副刊编辑，编务之余撰写评论，也进行文学创作。他在后来的文章中回忆，当时缅甸海关职员“几乎全部是英国人，这些人用一双虎视眈眈的眼睛，注视着每个旅客，特别是从中国去的人。他们翻箱倒柜地搜索所谓‘漏税’货物，实际上只要他们看上眼的东西，不是公开索取，就是悄悄地偷走……”

来到缅甸次月，日本就发动全面侵华战争，马寒冰的爱国进步思想进一步被激发，创作不少抨击当局、声援华侨的文章。不久，因撰文抨击缅甸英国殖民当局

欺侮华侨，引起英国殖民当局震怒，逼报社将之解雇。但他也因勇于维护华侨利益而名声大振。由中共早期共产党人林环岛参与创办的《兴商日报》，立即向他伸出橄榄枝，聘他为总编辑。

马寒冰到缅甸后，积极投入当地华侨抗日救亡活动。1937 年 5 月，他参与促成缅甸华侨文艺界抗日救国后援会成立。该会后改名为“缅甸华侨文艺界救亡协会”，不久又再改名为“缅甸华侨文艺界抗日救亡联合会”。在这个抗日文化团体内，马寒冰主要负责宣传工作。同时，他还参与促成缅甸华侨救灾总会的成立。除了亲自撰写抗日文章外，他还组织采编力量，撰写抗日文章，采访报道缅甸各地华侨支持祖国抗战的消息。同时，他还经常出席华侨举办的抗日活动，登台演讲，号召华侨捐款捐物或直接回国参加抗战。

缅甸华侨抗日名杰曾冠英在其所作的《马寒冰同志事略》一文中，全面记述马寒冰对缅甸抗日的贡献及回国投军的过程：

寒冰同志把《仰光日报》副刊《波光》办得有声有色，深受当地青年人欢迎。青年人受其影响，提高了思想政治水平，从而推动缅甸社会的进步。他写一些抨击当地政府压迫华侨的文章，流露对政府的不满，引起当时社会对寒冰同志的注意和支持。不久，他应聘《兴商日报》，任总编辑还兼缅甸通讯社记者。在那复杂环境下主持笔政，会蒙受一定的风险，然而寒冰同志毫不胆怯，面对日有数起的恐吓信，岿然不动，坚持爱国与进步的编辑方向，以犀利笔锋，勇往直前地揭露与抨击那些反动分子，对他们大张挞伐。

寒冰维护正义的行为，博得缅甸华侨界的喝彩和赞许，同时文艺团体的副刊如《卜间》《椰风》《晓声》《芭雨》《十日谈》和广大爱国青年都大力支援他，群起对那一小撮压迫华侨的害虫口诛笔伐。寒冰同志说他当时的立场，基本还是小资产阶级的，但对英政府压迫华侨十分不满，所以他热爱祖国，希望祖国强盛，改变祖国在国际上的地位，使华侨不受欺侮，能够好好地生活下去。

1937 年抗战全面爆发，更增加了寒冰同志的民族仇恨。1937 年 8 月 23 日，缅华文艺界成立抗敌救国后援会，寒冰同志参加并担任宣传任务。他每次演讲时，仰光观音亭庭院必挤满听众。他呼吁侨胞有钱出钱，有力出力，团结一致，共御外侮，抗战必定胜利。演讲给人们以深刻的印象和鼓舞，促使广大华侨更加热爱祖国，认为“天下兴亡，匹夫有责”。

寒冰为筹募救国捐，发动戏剧界义演，经他奔走筹备，终于在仰光大金塔路“银禧大厦”如期演出。当时大厦座无虚席，盛况空前，说明侨胞对祖国的热爱。寒冰扮演的角色，在当时算是独具一格的，当他由台下观众中跳到台上大喊“放下你的鞭子”而慷慨陈词时，观众掌声雷动，情绪激昂。缅华新颖精彩表演，大大地振奋人心：必须抗战到底，若投降退却，必将遭受亡国奴屈辱之苦。散场时，观众围拢着向他再一次鼓掌，祝贺他义演成功，为国尽忠尽力。

祖国兴亡，民族仇恨，促使寒冰同志决心回国参加抗战。但当他到国民党驻缅甸总领事馆请求签发回国护照时，却遭到总领事蔡某的拒绝。蔡某对他说："祖国政府要的是钱，不是人，人多得很，你回去干什么？"这对寒冰是极大的侮辱。但他并不因此气馁。他从报上得知中国共产党领导的红军改编为八路军，还在延安办抗日军政大学和陕北公学，广招国内有志抗战的青年入学，便决定离开缅甸。他知道国民党驻仰光领事馆有意不发护照，就向文艺界抗敌救国后援会，申请回国从戎，投考延安抗大，并以《兴商日报》战地记者身份，请准了护照及"文救会"的介绍信，于1938年初毅然回国，经香港、广州，到达汉口。在汉口，寒冰见到董必武同志，必武同志同意他到陕北，还介绍他同罗炳辉同志见面晤谈。据寒冰说，这次的会面晤谈，大大增加了他对共产党、八路军的了解，从而更加坚定到陕北的决心。这样寒冰就由汉口到达西安。经八路军西安办事处伍云甫同志给他办了手续，坐上八路军的军车到陕北，随即进入陕北公学。由于他的表现，很快就在陕北公学入了党。

投笔从戎　南征建功

"半年前他还在仰光的写字间里'爬格子'，转眼……他已经是抗日大本营里的一名共产党员了。"开国少将熊晃在文章中记述，马寒冰不仅抛弃了缅甸的报社要职，还毅然决然地返回祖国，奔赴延安，投身于伟大的抗日洪流，这件事本身就具有非比寻常的意义，"因而延安各界对寒冰其人报以青睐也就不足为奇"。就这样，马寒冰以惊人的速度，完成从爱国主义者到共产主义战士的历史性飞跃。

加入中国共产党后，马寒冰急切希望在战斗一线证明自己，"接二连三地向组织提出申请，到敌人后方去，到抗日战场去，去经受战火的洗礼"。在此后的革命生涯中，他南征北战，足迹遍布晋察冀、广东、新疆等地，新中国成立后才回到祖地故乡。但这里给予他的精神养分和多样才华，让他在众多岗位上做出不可取代的贡献。

1938年春，马寒冰从陕北公学毕业后，担任陕北公学政治部宣传科干事。由于他会英语，后调入八路军卫生部，随同印度援华医疗队巡回太行、晋察豫、晋察冀、晋西北等抗日根据地，抢救伤员，为抗日军民治病。接着，又任卫生部秘书主任，后调入八路军第一二〇师三五九旅，担任野战医院院长。

凭借无可挑剔的英语水平和会话能力，马寒冰不仅陪同印度援华医疗队出入晋察冀抗日战场，还在国共和谈期间，随同王震到武汉参加由国共和美国三方组成的联合军事调处小组工作。熊晃回忆，当时马寒冰"充分发挥精通外语的优势，在美方代表、中外记者与进步文化人之间广交朋友，宣传我党和谈的诚意和正确主张，揭露和批驳国民党假和平、真备战的虚伪面目"。

1944年10月，根据中共中央的部署，由第三五九旅为主力组成以王震同志任司令员、王首道同志任政治委员的八路军南下支队，全称"国民革命军第18集团军独立第一游击支队”，执行南下作战，开辟新根据地的战略任务。马寒冰任司令部副官处处长，同时担任南下支队司令员王震的秘书，还曾担任干部大队大队长。他与战友们一起，由延安出发，经陕西、山西、河南、湖北、湖南、江西等省，部队长途跋涉，英勇转战，跨越半个中国，到 1945 年 8 月抵达广东省北部地区，执行在华南地区创建革命根据地的战略任务。在进军途中，他们战胜了日伪军和国民党顽固派军队的围追堵截，跋山涉水，历尽艰辛，克服严寒酷暑和饥饿病伤等困难。行程两万余里，先后突破敌人 100 多条封锁线，进行大小战斗 300 余次，于 1946 年秋胜利返回延安，完成党中央交给的任务，被誉为“第二次长征”。

革命軍人證明書

軍證字第一五二二八號

馬寒冰同志係一九三八年一月參加我軍現在軍委總政治部工作其家屬得按革命軍人家屬享受優待

此證

中國人民革命軍事委員會直屬隊政治部主任

一九五三年十一月十一日

马寒冰的革命军人证明书

激战吕梁　保卫延安

国共和谈期间，马寒冰又随同王震到武汉，参加国、共、美三方组成的联合军事调处小组工作，他利用这个合法身份，加上熟练的英语，在美方和中外记者、进步文化人士中广交朋友，宣传我党主张，揭露国民党假和平、真备战的阴谋。后来，他撤回晋察冀边区，曾在《晋察冀日报》编辑部当过副部长。待三五九旅完成中原突围返回延安转入吕梁山地区后，他又回到三五九旅。三五九旅发展成为晋盛军区野战第二纵队时，马寒冰担任纵队后勤部副部长，随部先后参加吕梁战役和汾孝战役。

1947年春，马寒冰随部从晋绥回师陕北，参加保卫陕甘宁边区、保卫党中央的战斗，与兄弟部队一起取得陕北三战三捷，继而展开陇东三边战役和榆林、沙家店等战役，粉碎了国民营军队的进攻，使西北战场的局面发生根本转变。之后，他随部参加和参与指挥西北战场人民解放军战略进攻的一系列重要战役战斗，出生入死，屡建奇功。

戍守新疆　文化主官

1949年，王震担任解放军第一兵团司令员兼政治委员，马寒冰任第一兵团政治部宣传部部长，参加解放大西北之战。

1949年冬，马寒冰作为和平解放新疆的先遣官，为我党我军进疆做准备工作。他先后担任中共中央新疆分局副秘书长、宣传部副部长，新疆军区宣传部部长兼文化部部长，新疆省政府文化处副处长，新疆省文联副主任，还曾任外交部驻疆特派员。

“我们新疆好地方啊，天山南北好牧场，戈壁沙滩变良田，积雪融化灌农庄……”这首脍炙人口、流传深广的《新疆好》，唱响了新疆解放后民族大团结的先声。而这首歌的作词者，正是马寒冰。在新疆，马寒冰还创作了大批反映新疆建设和民族团结的文学作品。他创办新疆第一家定期文学刊物《新疆部队文艺》，并组织开展维吾尔古典音乐套曲《十二姆卡木》的抢救、搜集整理工作。

调往总政　主管文艺

1953年初，马寒冰调往北京，担任总政治部文化部编审出版处处长、文艺处第三处长、《解放军战士》主编，筹备出版杜鹏程的长篇小说《保卫延安》，同时担任部分外交接待任务。

1950年初，他到莫斯科参加联合开发新疆石油、有色金属等矿藏的中苏谈判。

此后，他还率领中国艺术团出访西亚、北非、中东的许多国家。当时埃塞俄比亚尚未与我国建交，他率歌舞团进入皇宫，与老皇帝赛拉西对话，赞颂老皇帝“二战”中抗击法西斯的功绩，解除了老皇帝由于派兵到朝鲜与我们作战的疑虑，为中埃建交起了积极作用。熊晃对此评价：“如果把中美建交前乒乓球队互访叫作‘乒乓外交’，那么把马寒冰的出访中东叫作‘歌舞外交’也不为过。”

马寒冰有不少佳作传世，如歌曲《新疆好》《戈壁滩上盖花园》《我骑马儿过草原》《解放军同志　请你停一停》《尼罗河之歌》《边疆战士大合唱》，纪实文学《王震南征记》《中原突围》等。

1957年6月28日，年仅41岁的马寒冰不幸逝世。直到去世前的1954年，马寒冰因公出差到福州，才难得回乡探望年迈的母亲。“长辈经常跟我说起那天的盛况——马寒冰直接坐船到马銮湾古渡口，下船后老百姓夹道欢迎，进村时还放起了鞭炮”。马寒冰的外甥曾荣辉回忆，这是马寒冰最后一次回到故乡，但足可见他对故乡和亲人的思念。

1986年6月22日，由解放军总政治部重新安葬在八宝山革命公墓，并立碑为志。王震、邓力群及其生前老同事、老战友和亲属等参加揭碑仪式。中共中央政治局委员、全国人大常委会副委员长王恩茂盛赞他：“是为民族解放与人民解放、与工农兵融合在一起的，满腔热情的、多才多艺的爱国华侨、革命知识分子、共产主义战士、名记者和作家。”王震亲自为《马寒冰文集》题写书名。

马寒冰夫人为评剧名角张玉兰。张玉兰出生于评剧世家，其父亲是评剧创始时期的演员之一，艺名叫碧玉花，本名张文，演女角，与葡萄红、盖五珠是同时代的蹦蹦戏演员。张玉兰从小随父学戏，12岁开始登台，17岁在山西临汾参加革命。1947年加入王震将军领导的三五九旅，在三五九旅战声剧团任主演，从1947年到1949年先后演出《红娘子》《血泪仇》《刘胡兰》《鱼腹山》《穷人恨》等戏，同时演出了评剧传统剧目《杨三姐告状》《杜十娘》等。1948年元旦，她应贺龙、王震司令员之邀，到延安演出一百天，在延安日报上发表《我怎样创造刘胡兰》一文。1950年在新疆军区文工团主演歌剧《白毛女》《做军鞋》《刘永贵挂花》等戏，后调到军区京剧院，主演昆曲《奇双会》，评剧《梁山伯与祝英台》《牛郎织女》《刘巧儿》《小女婿》《小二黑结婚》等戏。曾任新疆剧协理事及主席团成员。

1953年调中国评剧院工作后，张玉兰主演过《月亮弯村》《秦香莲·闯宫》《杨乃武与小白菜》《恩与仇》《祥林嫂》《李双双》《三里湾》《酸儿辣女》等。曾任中国评剧院一团团长，1992年任中国评剧院百花团名誉团长，2003年在北京去世。

（黄佳畅整理）

杰出战将击敌军　治国干臣促发展
——梁灵光

梁灵光（1916—2006），原名梁涵光，曾用名梁建屏，福建永春人，马来西亚归侨。少年时因在上海参加抗日活动，被迫流亡马来亚，在海外继续为抗日救国奔走鼓呼。全面抗战开始后，投笔从戎，辗转到苏北展开艰苦卓绝的抗日游击战争，因智勇双全被称为“儒将”。解放战争中，又立下赫赫战功。

新中国成立后，历任厦门市市长、市委书记，福建省副省长，国家轻工业部部长，广东省委书记兼广州市委第一书记、市长，广东省省长，全国人大常委会委员、华侨委员会副主任等职。

梁灵光

永春出生　上海求学追随中共

1916年11月3日，梁灵光出生于福建省永春县春蓬壶镇鳌顶村（现为吾峰镇吾顶村）一个富商家庭。父亲梁绳基是清末秀才，又是福建法政学堂毕业生，极重视子女教育。梁灵光4岁就进入本村小学，后又到泉州读初小、高小。

1928年夏天，梁灵光随大哥梁披云前往上海，考入上海立达学园初中部。立达学园拥有民主、自由、开放的校风，梁灵光阅读了大量进步书刊。

1931年，梁灵光初中毕业后，回到厦门。当时，他准备赴日本留学，为此入台湾人在厦门办的旭瀛书院学习日语。九一八事变发生，梁灵光和同学们愤然退学。

1932年，梁灵光重返上海，到立达学园读高中。1934年，梁灵光与中共上海江湾区委领导人建立联系，并在党的领导下，组织学生读书会，在学校内宣传抗日救国思想，传播马克思主义，同时参加党领导的革命活动。后因被发现有“通共”记录，失去跻身高等学府深造的机会，返回厦门。

厦门办刊　以笔为剑宣传抗日

在厦门，梁灵光担任《平话》杂志编辑，负责时事短评、专论、杂文、文艺等四五个专栏。他充分利用这一平台宣传抗日，从1935年5月至9月，撰写了时事短评、专论、杂文、散文等长短文章几十篇，以尖锐的笔触、相对隐晦的形式，揭露国民党反动统治，特别是“攘外必先安内”政策，大力宣传抗日救国。

1935年11月，梁灵光撰写了一篇《关于华北问题》的短评，揭露日军侵华野心，批评国民党政府投降妥协政策，号召国人团结起来抵抗日本侵略者。这篇檄文引起日本驻厦门领事馆的强烈抗议，《平话》杂志社被查封，梁灵光紧急避往鼓浪屿英租界，躲过一劫。

再赴上海　加入“抗青”抗日救国

1935年12月初，梁灵光再赴上海。“一二・九”运动爆发后，他投身抗日救国学生运动。梁灵光又作为上海大专院校学生请愿团团员，历尽艰辛，前往南京请愿，要求停止剿共，共同对日。

梁灵光一直在寻找中共党组织，但当时上海地下党受到严重破坏，幸存者各自分散活动。一些共产党人组织上海抗日青年团（简称“抗青”）。梁灵光经人介绍，加入了暨南大学抗日青年团。在一次秘密会议上，与同是暨南大学抗日青年团的朱含章相识，后来成为终身伴侣。

梁灵光在带领学生进行抗日救国活动时，身份暴露。他想去延安，但通往陕北苏区的秘密交通已被切断，投奔革命圣地的愿望落空了。

南洋执教　传播革命成立“三会”

此时，梁家在上海的企业破产，梁灵光在哥哥梁披云的帮助下，谋得马来亚吉隆坡侨办华文学校教职。临走前，他得到上海抗日青年团的指示：根据当地实际情况安排工作，在特殊战场为祖国抗击外寇出力。

在异邦学校，梁灵光不曾忘却自己的使命，他抓住每一次授课的宝贵时间，向学生们介绍国际时事和祖国形势，揭露日军侵华暴行，还引导学生们阅读进步读物，使学生们了解祖国，懂得抵御外侮是每一个中国人的责任和义务。

他在教师和学生中，团结和争取了一批思想进步的革命积极分子，先后成立雪兰莪邦反帝大同盟、雪兰莪华侨抗日救国会、雪兰莪左翼作家联盟，并担任这三个抗日组织（简称“三会”）的主席。在教书、参与领导雪兰莪抗日救国活动的同时，梁灵光还撰写不少抗日时评，刊于新加坡《星洲日报》上，宣传抗日救国。

回国参战　驱逐日寇解放中国

1937 年 7 月 7 日，卢沟桥事变爆发，日本侵略者开始全面侵华。得知以国共合作为主体的抗日民族统一战线正式形成，远在南洋的梁灵光立即决定回国参战，与之同行的是吉隆坡华侨小学校长郑枢俊。

回到上海后，梁灵光到敌后开展抗日救国工作。1938 年 5 月，徐州失守，苏北成为敌后。梁灵光与郑枢俊等都认为，此时地方上动荡不安，国民党对下面的控制相对削弱，若能因势利导，是发展抗日地方武装的有利时机。

梁灵光充分利用各种有利条件，先是成立政工队，后又改编队伍，组织进步产业工人参战，说服厂家和开明地主、乡绅捐助钱粮，最后组建成为一个中队。这支部队在梁灵光的指挥下，执行机动游击战略，经常出动袭扰小股的日伪军，分化瓦解伪军，打击滋扰地方的土匪，团结友军共同抗日。

1940 年，梁灵光与新四军挺进纵队政委叶飞见面。叶飞祖籍福建南安，出生于菲律宾，母亲是菲律宾人，后来成为开国上将。有着相似经历的闽南老乡，因着相同的志向，相见恨晚。梁灵光决定率部加入新四军。

随即参加著名的郭村保卫战和苏北整编。之后，随部东进，打垮前来拦截的国民党顽固派部队，进入黄桥地区。1940 年，梁灵光出任如皋县县长。不久加入中国共产党。

此后，梁灵光又领导多次抗日斗争，给予敌人迎头痛击。在反“清乡”斗争中，也取得不俗战绩。

在根据地，梁灵光面临着发展经济的难题。由于日伪的分割封锁和疯狂的经济掠夺，根据地的民力、财力受到空前摧残。梁灵光出生于儒商之家，又在东南亚见识了华侨做生意的本事，因而比一般的解放军将领有更多的思路。他指导开办被服、毛巾、肥皂等工厂，成立对外贸易运输站、公营商店、粮行、花行，设立新集市，开辟地下运输线，辅之以改革财税制度、厉行节约运动、鼓励农民将棉田改种粮食、保护工商界合法权益、策动爱国商人为根据地采购紧缺战略物资等众多举措，从而保证部队和党政干部的给养，为抗日斗争的胜利提供物质保证。

1943 年在南通抗日根据地

（图片来源：广州日报）

1945 年，日本投降，梁灵光率部立即南下，配合苏中军区主力部队作战，歼灭拒不投降的日伪军。出任新组建的中共苏皖边区第一地方委员会常委，后又兼任苏皖边区第一行政区专员公署副专员。

解放战争打响后，梁灵光先后担任新四军华中九分区司令员兼专员、华东野战军第十一纵队三十三旅旅长、中国人民解放军第二十九军参谋长兼军党委常委。

梁灵光身经百战，但机警过人的他身上无一处负伤，堪称奇迹。

返厦从政　发展经济修筑海堤

中华人民共和国建立后，梁灵光任厦门市第一任市长、市委书记，后调任福建省工业厅厅长兼省财委副主任、中共福建省委工交部部长。

解甲从政，当市长，回到阔别多年的厦门工作，一切都来得那么突然。梁灵光感到惊奇，人才济济，为什么偏偏挑上自己？原来，是不久前南洋著名侨领陈嘉庚在北京出席中国人民政治协商会议第一届全体会议的时候，向中央领导提议，说厦门快要解放了，那地方海外华侨众多，又是鸦片战争后五口通商的口岸之一，在海外影响很大，希望派一个能干的闽南人到那里当市长，好让海外华侨放心、让厦门人民放心。中央很尊重陈嘉庚先生的意见，并征求福建省委意见。

人民解放军第三野战军第十兵团司令兼福建省政府副主席叶飞向省委推荐梁灵光。叶飞在过往战役中熟知他的能力，知道他是闽南人，会讲闽南话，又是来自南洋的归侨，了解侨情，加上经过10多年的战争考验，既带过兵，又有地方工作经验。此外他的兄长梁披云在闽南也德高望重，颇具影响力。

当年的厦门，面临着一系列难题：几乎没有农业，工商业基础薄弱，交通只靠海运，而且盘踞金门的国民党军用炮火封锁港口，海上交通中断，进出口贸易急剧减少。梁灵光到任后，斩钉截铁地说："只有一条路：团结一致，艰苦奋斗，打破封锁，复工复业，尽快改变这种困难局面。"

厦门市政府想出三个锦囊妙计：一是疏通侨汇，利用厦门旅外华侨众多，归侨、侨眷占全市人口三分之一的优势争取更多侨汇，并及时调整政策和汇率，改进服务措施，还允许原币存款、原币汇兑。这一步妙招使得厦门侨汇仅两三个月，便增加了27倍。二是开辟航运，邀请工商界知名人士和进出口商代表共商对策，逐步恢复航运，增辟通往汕头等地的航线，一些外籍轮船也加入往返厦门、香港的货运行列。三是扩大物流，通过贸易公司向上海、广州和福建各地输出土特产，从海外和内地购进工业原料、生活必需品，还举行第一届物资交流大会。这些措施，大大开拓了市场，对发展工商业、满足人民物质生活需要功不可没。

厦门岛孤悬海上，在军事、民生等方面都是很大的掣肘。1950年秋，陈嘉庚从南洋回故乡集美定居，梁灵光常渡海登门拜访。他们都有一个不谋而合的想法，就是像连接马来亚半岛和新加坡岛之间的海堤那样，筑一条把厦门和大陆连接起来的海堤。经过专业论证、实地勘探后，在厦门岛的高崎和大陆的集美之间，"抛石为堤"，筑一条高集海堤（又称"厦门海堤"）的方案形成了。屡经磨难，厦门海堤于1953年夏动工，历时两年三个月终于建成，全场2212米，可通汽车、火车。这是在敌机轮番轰炸、扫射下，闽南人民冒着生命危险筑成的中华民族史上第一条跨海大堤梁。梁灵光深有感触地说："厦门海堤是我国跨海筑堤的首创之举，也是闽南人民移山填海、改造自然的伟大力量的象征！它的建成，不仅从根本上改变了厦门孤岛交通阻隔的状况，适应海防斗争的需要，而且大大促进了厦门经济的发展。"

在厦门担任市长期间，梁灵光对归侨侨眷十分关爱。1949年11月，厦门市人民政府侨务局成立，局长由市长梁灵光兼任。1950年8月4日晚上，市侨联在人民剧场举行成立庆祝大会，1300多位会员及侨眷出席，梁灵光到会祝贺。1952年1月，市侨联召开第二届会员代表大会，梁灵光莅会讲话，希望侨联今后能在原有基础上，开展抗美援朝、增产节约、思想改造运动，加强对归侨、侨眷的宣传教育，鼓励侨胞参加祖国生产建设事业。

1957 年厦门海堤竣工通车

（图片来源：福建日报）

奔赴广东　大胆创新鞠躬尽瘁

1956 年 3 月后，梁灵光任福建省副省长、省委常委、书记处候补书记、书记，主持省政府常务工作，并兼任省计委、物委、编委及省支前委主任。

“文革”期间，梁灵光受到冲击。1975 年初恢复工作，任福建省委常委、省革委会副主任。1977 年 11 月，调任国家轻工业部部长、党组书记。

1980 年 11 月，梁灵光调广东工作，任中共广东省委书记兼广州市委第一书记、市长。1983 年 3 月，任省委书记、省长，并兼任暨南大学校长。1985 年 7 月，任广东省顾委主任，兼任香港中旅集团第一任董事长。

梁灵光到广东工作后，大力推进改革开放的步伐。他始终坚持实践是检验真理的唯一标准，解放思想，实事求是，大力调整国民经济，减少流通环节，放开市场，改革外贸体制，狠抓市政建设，改善投资环境，在广州市的改革开放和四个现代化建设中发挥了核心作用。

梁灵光任广东省省长期间，主管深圳、珠海、汕头经济特区的创办工作，率先提出“大、中、小”珠江三角洲经济开放区的构想，并积极推动“小”珠江三角洲的建立。他充分发挥广东的人文地缘优势，积极落实侨务政策，推动广东经济体制综合改革，率先在全国进行物价体制改革，狠抓基础设施和基础工业建设，为探索广东先行一步和以后的全面发展打下坚实的基础。

梁灵光是全国人大第二、五、六届代表，第七届常委、华侨委员会副主任，还是中共第十二届中央委员、第十三届全国代表大会党代表。在全国人大工作期间，他关心华侨工作，多次出访美、日、东南亚、欧洲及南美各国，与当地华侨建立密切的联系，有力地推动侨务工作的开展。

离休之后，梁灵光继续任福建泉州黎明职业大学董事长、中国新四军研究会名誉会长、广州新四军研究会会长，还经常深入实际，调查研究，为省委、省政府决策提供参考，做到为党的事业奋斗终生，鞠躬尽瘁。

豪杰兄弟　文武双全同为家国

梁灵光的大哥梁披云（1907—2010）年长他 9 岁，父亲早逝，梁披云长兄如父。尽管他们人生路不尽相同，但都选择一生以国家和民族的独立富强为己任。梁披云 70 多年坚持在海内外办学，担任过六任中学和大学校长，为了抗日救国被通缉、遭暗杀、坐过牢，被驱逐出境；梁灵光是革命战争时期沙场上的儒将，屡建奇功，也是社会主义建设和改革开放的闯将，政绩斐然。兄弟俩被誉为“梁氏双豪杰”。

梁披云，著名诗人、书法家、教育家、社会活动家、爱国侨领。全国第六届、第七届、第八届政协委员，全国侨联顾问，澳门特区筹委会委员、推委会委员，澳门归侨总会创会会长，厦门大学名誉教授，澳门大学荣誉博士，华侨大学副董事长，黎明职业大学首任董事长兼校长。

梁披云博学多才，学贯中西，会 7 种外语，在诗词、书法等方面造诣高，享誉海内外。他的书法自成一家，任书法界著名杂志香港《书谱》杂志社社长多年。2007 年元旦，已是百岁老人的梁披云再度提笔，欣然为《鹭风报》题写报头。

梁披云将一生都奉献给国家和家乡的教育、慈善公益事业，从南洋的多所中学到国内的澳门大学、澳门福建学校，故乡的南阳学园、黎明高中、黎明职业大学、华侨大学及省内的福建音专、海疆学校、厦门大学等，无不倾注他大量心血。

梁披云不仅倾资办学，还广泛发动华侨募捐，他提出“思本、爱本、固本”的倡议，号召海外侨胞捐资兴学，得到海内外乡亲积极响应，李尚大、梁良斗等一大批侨胞纷纷将大量侨资寄回国兴办教育。

梁氏家族不仅出了“双豪杰”，后人也颇为出色。其中梁仲虬承继了父亲梁披云的事业。他于 1931 年出生于厦门，1977 年移居澳门开始经商。20 世纪 80 年代就跟随父亲参加侨联工作。在经商事业取得成绩的同时，十分关注澳门、福建的教育事业。曾任第九届全国政协委员、第八届至九届中国侨联顾问、澳门特别行政区推委会委员、福建省政协常委、厦门市政协委员、第十届至十一届澳门福建同乡会会长、建大国际投资（澳门）有限公司董事长。耄耋之年仍担任集美大学常务校董、泉州黎明大学副董事长，努力再发一分热，再发一分光。

（黄佳畅）

在嘉庚精神激励下终生为国工作

——记印尼归侨肖枫

肖枫（即萧枫，1917—1991），曾用名萧师颖、徐明德、许如鹤。福建安溪人，印尼归侨，1936年1月参加革命，曾任中共海外工作团团员、上海市学生救亡协会服务部长、党内党团委员，暨南大学支部委员及华侨同学会主席。在新四军苏中军区担任过副区长、政治部前线剧团政治教导员、供给部政治协理员、华中野战军七纵（后为十一纵）三十一旅直工科长，中国人民解放军三野十兵团二十九军八十五师二五四团政治处主任。新中国成立后，曾任厦门大学军事副代表、党支部书记，中共厦门市委宣传部部长、中共厦门市委书记处书记，福建省教育厅副厅长兼高教局局长，厦门市委副书记，市政协副主席等职。

在集美学校打下人生基石

肖枫乳名萧田湖，1917年5月出生于安溪县龙门镇湖山乡朴都村。童年时期，家乡民军蜂起，地方混乱，社会不宁。肖枫的父亲萧佐透是一位印尼华侨，曾是贫农并手工业者，在朴都小山村种几亩地兼做面线副业勉强维持，后到印尼当学徒，又与人合开面坊。肖枫4岁时，母亲带他漂洋过海，到印度尼西亚爪哇柬宜里投奔父亲。

1929年，肖枫在谏宜里中华学堂（小学）读书时，家人就听说国内有个集美学校。萧佐透为使生活在异邦的儿子不忘祖国，也为了儿子的前途，决定送12岁的肖枫到集美学校求学。

当时的集美小学，在陈嘉庚先生的感召下，教师热心施教，学生勤奋攻读。肖枫沐浴在阳光里，学到许多文化知识，特别是打下了中国语言文学的坚实基础。班主任老师热忱教导，对学生爱护关心备至。校总务主任指导肖枫管好钱财，把国外父兄寄来的钱寄存学校银行，每周只领五六角零用钱。肖枫专心读书，爱好运动。1931 年小学毕业后，又进入高级水产航海学校学习 3 年。在集美学村 5 年的学习生活中，对肖枫在生活上养成自立俭朴的习惯直至各方面健康成长都有很大帮助。更深远的影响是，在此后漫长、艰苦的岁月里，陈嘉庚先生忠贞爱国的高贵品德，一直是肖枫的精神航标，激励他前行。

为民族解放出生入死

1934 年 6 月，肖枫前往上海，先就读于上海泉漳中学，后转至暨南大学附属中学。在读暨南附中期间，爆发了震惊全国的一二·九运动。出于对日寇侵略的仇恨以及对国民党政府消极抵抗的不满，在暨大中共党员陈伟达、刘烈人、陈秀化等的教育引导下，肖枫积极投身抗日工作，并于 1936 年 1 月参加暨大学生救国会，从此在中国共产党的领导下，投身革命工作。1937 年淞沪局势紧张，在上海的荷印侨生纷纷归去。肖枫坚持留在国内，并于当年 6 月考入暨南大学工商管理系。他参加了“暨大学生救亡团”，从上海出发，经宁波、金华到江西，沿途宣传抗日救亡活动。

1937 年底，肖枫在江西南昌开展抗日救亡活动时，遇到泉漳中学同学蔡其矫，二人商量奔向红色延安。两位热血青年即刻行动，到新四军南昌办事处，开了介绍信，往汉口找到另一位泉漳中学同学、归侨王孙静。三人结伴出发，前往西安，找到七贤庄八路军办事处，又坐货车到洛川，从洛川再走了 3 天路才到达延安。

当年延安著名的三归侨，右为肖枫

延安展开温暖的怀抱，拥抱了一心追求光明的归侨青年。他们先到由红军大学改称的中国人民抗日军政大学学习，后又转到陕北公学学习。1938 年 10 月，肖枫加入中国共产党。

为了争取更多南洋华侨支援祖国抗战，1939 年 1 月，肖枫接受党组织的安排，参加“海外工作团”到香港。后因情况变化改派上海，从事地下党工作，同时继续完成暨南大学的学业。

在上海地下党期间，肖枫担任过上海市学生救亡协会服务部长，在党内任党团委员，负责对内领导学协工作组，对外代表学生界，同时担任中共暨南大学支部支委及华侨同学会主席。

1941 年 10 月，他与几位地下党党员创办上海暨光中学作为掩护，他担任教务主任，积极开展党的地下革命工作。

1942 年 11 月，党指派肖枫离开上海，到苏北抗日根据地新四军所在地。根据当时的工作需要，肖枫先后担任过副区长、苏中军区政治部前线剧团政治教导员、苏中军区供给部政治协理员、华中野战军七纵（后为十一纵）三十一旅直工科长等职。

在战争期间，他积极发动群众，宣传党的抗日主张，做好后勤补给工作，好让前线的同志狠狠痛击敌人。他为民族解放的正义事业而奋斗，积极工作，在作战部队参加包括淮海战役在内的多次战斗。1948 年，肖枫被任命为中国人民解放军第三野战军十兵团二十九军八十五师二五四团政治处主任，参与南下解放福建的各次战斗。在抗日战争、解放战争的烽火中，肖枫出生入死，一直为新中国的建立而奋斗。

与嘉庚先生并肩建设厦门

在福建工作期间，肖枫曾任中共厦门市委书记处书记、中共厦门市委宣传部部长、市政协副主席、市民主人士审查领导小组组长、华侨博物院行政委员会副主任等职。后调任福建省教育厅副厅长并兼省高教局局长。

1949 年 10 月 17 日，厦门解放，厦门市军管会委派军代表吴强、肖枫接管厦门大学，组建新的厦大党支部。从这个时期开始，由于工作关系，肖枫与陈嘉庚先生有较多接触。他会闽南语，可与陈嘉庚先生直接交谈。从集美学校开展“三反”运动、厦大修建建南大礼堂到修筑福建铁路、建设厦门纺织厂、在厦门召开全国侨联扩大会等各项工作，肖枫与陈嘉庚先生都有密切接触，他也一次又一次地得到陈嘉庚先生的教诲和关心。

1959 年 5 月 14 日，华侨博物院举行落成典礼。陈嘉庚先生主持揭幕仪式，并在市长李文陵和肖枫的陪同下剪彩。同月，陈嘉庚设立华侨博物院行政委员会，亲任主任，聘请尤扬祖、肖枫、张楚琨、颜西岳为副主任。

1952 年，鹭潮美术学校（现福州大学厦门工艺美术学院）初创，校舍鼓浪屿八卦楼需要修缮，教学经费缺乏，面临办学危机，于是开始在社会上募集资源。1953 年，鹭潮美术学校董事会成立，前后聘请黄长水、蔡衍吉、罗丹、杨夏林等 20 余位社会贤达为董事会成员，肖枫与颜西岳、林采之、欧阳璜等侨界人士都是其中成员。大家慷慨解囊，共同筹资，加上省文化局补助、学生学费缴纳，学校得以维持正常运作。直至 1956 年公私合营后，学校由私立转为公立，校董事会才完成历史使命。这是段鲜为人知的历史，校董们的名字少被提及和铭记，但他们热衷教育之心令人敬佩感怀。

肖枫分别于 1956 年 10 月、1959 年 3 月被选举为厦门市政协一届、二届副主

肖枫陪同陈嘉庚参观华侨博物院

席。1957 年 2 月，市委成立市民主人士审查领导小组，时任市委书记处书记肖枫任组长，对民主人士进行审查。“文革”期间受冲击，曾任华安水库建设指挥部副总指挥等职。

为厦门统战、教科文卫事业殚精竭虑

“文革”后，肖枫任厦门市政协副主席、中共厦门市政协党组副书记、中共厦门市委副书记等职，兼任福建厦门亚热带植物研究所党委书记和厦门鹭江职业大学（简称“鹭大”，现为厦门理工学院）党委书记、首任校长，直至离休。

1981 年春，中共厦门市委、厦门市人民政府决定创办一所市属大学，以培养厦门经济特区急需的技术、管理第一线的应用型人才。5 月 19 日，厦门市人民政府正式批复创办鹭江职业大学，校址设在蜂巢山，明确“鹭江职业大学是一所综合性的全日制走读大专学校”。经过紧张的筹备工作，10 月 15 日，第一届招收的英语、日语、计统、外贸、机械工程、工业与民用建筑六个专业共 232 名新生正式开学上课。首届学生的开学式和入学教育借用大庆馆简陋的小礼堂举行，大庆馆又叫“厦门市工业产品展览馆”，就是现在的科技宾馆。师生们济济一堂，激情满怀。肖枫在开学式上发言，告诉学生们，湖里出口加工区当日上午动工，还说鹭大的专业是为特区设立的，特区需要技术型的人才。当时条件虽然简陋，但是大家都充满着办学激情。12 月 3 日，厦门市政府正式任命肖枫为鹭江职业大学校长。自此，肖枫带领鹭大师生们开疆拓土，使鹭大迅速发展壮大，直至 1986 年 2 月离休。

肖枫一贯重视党的知识分子工作、统一战线工作，侨务、教科文卫工作，作风正派，平易近人。

1982 年 4 月，厦门市委召开统战工作会议。市委副书记肖枫在会上传达中发［1982］19 号文件《关于我国社会主义时期宗教问题的基本观点和基本政策》。

为了致公党的成立与发展，肖枫经常指导致公党厦门市委会的工作人员开展工作，并亲自参加活动，还为致公党组织介绍发展对象。1982 年 9 月 26 日，致公党厦门市委会在市政协礼堂举办“文革”以来首次全市侨界国庆晚会，时任中共市委副书记肖枫等领导及海内外来宾、归侨侨眷 280 多人参加了联欢会。

1991 年 8 月 21 日，肖枫因病在厦门逝世。

（林希整理）

对中国无限的大孝　对故乡无限的大爱

——记陈剑敦先生

陈剑敦（1917—2008），翔安区马巷镇山亭店顶村人。因家贫未受学校教育，14岁失去双亲，17岁苦渡新加坡、印尼等地谋生。艰苦创业，经营有方，成为行业精英，对侨居国政治发展、经济繁荣有所贡献。对家乡建设、行慈奉善不遗余力。曾任新加坡同安会馆产业信托委员、副主席、名誉主席。

为逃壮丁“下南洋”

陈剑敦1917年出生于同安马巷山亭村（今属翔安区），祖上世代务农兼讨小海为生。家里常常是三餐不济，只能吃番薯渣（番薯磨粉卖掉后剩的渣）度日。8岁时随父亲到厦门，做童工。14岁时，父母因没钱治病相继去世，就这样成了孤儿，四处流浪。不幸的童年，没能进学堂读书，这成了陈剑敦一生的痛，也令他发愤图强，成功后格外重视教育。

17岁时，为逃抓壮丁，陈剑敦一逃就逃到南洋。那时去南洋不要任何手续，只要有一张船票就行。当时他身上只有两块钱，仅够买张单程船票到新加坡。回想起当时的情景，陈剑敦十分感慨：连猪都不如，整条船像沙丁鱼罐头似的，挤满“下南洋”的人。

陈剑敦从8岁到17岁生活的地方，就是1925—1935年期间的厦门，正是高云览名作《小城春秋》的时代。那时的厦门是典型的半封建半殖民地的城市，帝国主义者勾结军阀、官僚、封建把头，统治着厦门社会，他们什么坏事都干，社会环境极其恶劣。陈剑敦就是在这环境中成长、失去双亲、当童工至少年、抚养着唯一的弟弟……这种经历，令他早熟、自觉，知道要胸怀志气，自力更生。

陈剑敦先到新加坡，语言不通，什么都不懂，几个月都找不到工作。1936年辗转去了印尼，又是四处寻找工作。后来落脚在苏门答腊岛，寄住在闽南同乡会的小会所，吃、住不用钱。慢慢地，人们看他很老实，就给他一份只管吃、不付工钱的伙夫（厨师）工作，煮饭、担水，反正是什么能做就做什么。陈剑敦当时只有一个念头：通过工作多学习当地语言，多结交朋友。他后来还当过码头工人，干过杂货铺的伙计等多种工作。

陈剑敦知道当伙计会被老板看不起。他用心寻找机会，在老板说店里周转不灵时，他提出将货搬到另一个地方去贩卖。两地相隔蛮远，要雇车、船，还要时刻小心流氓、小偷。陈剑敦情商很高，居然和这些流氓、小偷也混成朋友，这些朋友后来被抓去当兵打日本侵略者，逐渐升官，变成有钱人，成了陈剑敦的人脉资源。

就是在杂货铺当伙计时，陈剑敦遇到“生活公司”经理李吉成，一听口音，是同安腔，老乡啊。李吉成是厦门大学毕业的，陈剑敦觉得这就是“状元郎”呀，心生崇拜之情。两人聊得投机，成了好朋友。

陈剑敦觉得伙计这行当再干也没啥意思，想换个工作，李吉成引荐他进入生活公司，当上推销员并负责收账。这是个苦差事，每次出差要 3 个月，一年出去四趟，别人都不愿干，但他借机跑遍印尼苏南省，结交三教九流的朋友，为今后事业的拓展奠定社会基础，“我没有文化，也没有钱，只能靠朋友，这是个结交朋友的好机会”。

1972 年 3 月，新加坡女子职业中学董事部。李吉成夫妇（前排右起首两位）、陈剑敦（前排右起第四位）与其他董事。

当时，颜西岳也在生活公司，担任财务经理，他和李吉成是公司的实际管理人。陈剑敦后来开办泰利公司时，还特邀李吉成合作，由他全权管理公司财务。

李吉成比陈剑敦大十一二岁，发展在先，时常教导、提醒陈剑敦做人的道理与处世的方法。两人由乡音结下乡缘，又发展出超过半个世纪的深厚友谊。

帮助流亡海外的左翼文人

陈剑敦在印尼时，结识一批流亡海外的左翼知识分子，如夏衍（著名作家）、高云览（《小城春秋》的作者）、洪丝丝（作家、老报人）、胡愈之（后为周恩来总理的秘书）、张楚琨（老报人，后为厦门市副市长、全国侨联副主席）、陈夏苏（后为广东省委统战部部长）、白碧云等，还因橡胶业务与李光前、陈六使等侨社贤达往来密切。当年在陈嘉庚领导的南侨筹赈会任秘书的张逸民，在陈嘉庚回国后，被陈剑敦请来做他的文书，兼教他中文。

太平洋战争爆发时，陈剑敦就被日本宪兵监视起来，希望从他身上探得这些左翼人士的踪影，以及当时避难印尼的陈嘉庚的踪迹。在被监视的3年8个月，他每天晚上都得到日本宪兵部报到，经常要到夜里一二点才能回家。外出做生意，事先要获得日本宪兵部准许。此事他只与住在他家隔壁的洪丝丝讲过，“他（洪丝丝）是文化人，遇事我们好商量”。当日本宪兵无法从他口中得到任何东西时，准备将他与其他280多名受监视者全部活埋，幸好就在此时，日本战败的消息传来，“如果美国人原子弹扔得慢了，我早就成了冤魂鬼了”。

日本投降后，在印尼滞留了一批文人，陈剑敦曾经安排他们到华校教书。当时驻印尼的国民党大使向荷兰殖民当局说这批人是进步人士，要么驱逐出境，要么解送到台湾。陈剑敦向荷兰人保证，这批人真的只是普通华文教师，要真不欢迎他们，就让他们自行离开好了。陈剑敦是资本家，每月都帮荷兰政府交很多外汇，荷兰当局相信他的保证。

台湾当局没有善罢甘休，想在新加坡设局抓捕。陈剑敦就安排他们住在华侨家里，不住酒店，一直等到有自己人的船才送他们上船。这批文人安全回到广东，其中陈夏苏一回国就当上广东省委统战部部长，他说“我这条命是陈剑敦救的”。其实，当时陈剑敦真的以为他们是穷教员，也只知道陈夏苏将学校办得很好，他只是凭自己的良心、尽自己的能力去做，就好像他后来又救了张楚琨、高云览。

陈剑敦还鼓励需要回国的人，义务帮他们汇款或回国，中国国务院了解陈剑敦的爱国之情。1973年，陈剑敦带着儿子悄悄地回北京看病，周恩来总理特地派胡愈之来看望，还安排医生治疗。

以信记公司之名捐建大使馆

陈剑敦做生意颇有天分，常能危中见机，加之他讲信用，重承诺，生意伙伴都愿意找他合作，连银行都主动借钱给他。有时他会大笑地说自己“我这一世人，是钱在找我，而不是我在找钱”。

陈剑敦发现了很多生意机会，但他总是谦虚地说自己没有文化，很多事情自己做不来，要请朋友们一起做，因此被大家亲切地称为“火车头”。日本投降后，他创办信记公司，主要做橡胶加工。印尼原来有两家华人的炼胶厂——李光前和陈六使的。日本人入侵，荷兰人要走之前，这两座厂都被烧了，因此战后印尼就只有信记公司这家炼胶厂。陈剑敦也因此和李光前、陈六使有了密切往来。

战后百废待兴，橡胶加工品成了紧俏物资，信记公司自然赚得盆满钵满。陈剑敦邀请黄洁（后为广东省副省长）为其招揽广东技工，请颜西岳为其聘用厂长及管理人才等，有钱大家一起赚。一直到这帮朋友陆续回国后，信记公司才关闭。陈剑敦自己另行做起泰利公司。经过殖民当局特许，陈剑敦做起印尼华侨的进出口业务总代理，其中所获利润专门用于支持华侨社团办好华文学校。为了账上分清公与私，他特地成立泰利公司，这笔专款就放入泰利公司。

1950 年，中国、印尼建交时，首任大使王任叔抵达印尼后，来不及安排大使馆。彼时，陈剑敦、颜西岳在印尼经营信记橡胶公司，便以信记公司的名义，集资购置华侨翁福林名下一座古色古香的中国式宅院，作为中国驻印尼大使馆的馆舍。

新中国刚成立时，美国军舰封锁了中国的海上通路。信记公司从印尼采购物资运到中国，走的是越南“胡志明小道”。做这事，要有勇有谋才行，他们就是这样默默地支持着祖国。

20 世纪 60 年代，陈剑敦的生意发展迅速，成立了远洋船务公司，是在新加坡注册的新公司，取名为“AFRO-ASIA SHIPPING CO.”，即亚非船务公司。这名字是陈剑敦与朱成共同所起，意义在于纪念万隆会议，其强烈的爱国心可见一斑。

“赚了钱应该支持印尼人民”

二战初期，印尼民族独立军队领导人苏加诺（后为印尼总统）被荷兰殖民当局者关押，独立军 3 个月没发军饷，照此下去，军队将随时溃散。当时军中一位朋友找到陈剑敦，请他帮忙。陈剑敦与颜西岳、黄洁、张振华、许崇德等 5 位信记公司的核心股东协商后认为，“我们空手到了印尼，赚了钱应该支持印尼人民”，但考虑到公司股东和工人很多，虽然愿意帮也生怕连累其他人，就偷偷地给了 100 多万新加坡叻币的经费支持，这笔钱对于独立军来说，那可真雪中送炭。印尼独立后，政府要还钱给他们，并问有什么要求，陈剑敦谢绝了。后来哈达副总统签发了一封编号为印尼总统府第 002 号的道谢信送抵公司，感谢他们为印尼独立所做出的贡献。

印尼独立后，苏加诺总统要为新建立的国家建造清真寺、英雄纪念碑等大型建筑，但国家没有外汇，政府就委托陈剑敦帮忙。陈剑敦的公司信誉好，英国、美国愿意和他们做生意。印尼政府在国内收集的印尼土特产，通过陈剑敦的公司卖出，所赚取的外汇再根据印尼政府的指定购买物资，陈剑敦只赚取一点手续费。

与政府的良好关系，也使陈剑敦的公司平稳平安地运行，在几次排华事件没受到影响，他甚至利用这个优势，帮助很多华侨。

“我的钱你们都带回去”

由于多次帮助印尼进步报馆的记者阿单马力克（后任印尼副总统、外交部长）出入印尼、新加坡，陈剑敦被当局认为是左派人士，加之他结交一群华侨进步人士，常义务帮助一些华侨汇款或回国，引起当局不满。在这种境况下，这些华侨进步人士要回国时，邀请陈剑敦也一起回去。

陈剑敦虽思乡心切，但考虑再三，还是决定留下来。他认为，朋友们都是知识分子，回国后可以参加祖国建设，而自己没有文化，回去后只会给国家添负担。况且贫穷苦难，他还可以承受，但他的孩子们肯定受不了。“我不回去，不是我不爱国，我的钱你们都带回去，只要是对祖国、对厦门有益的事，你们就替做主，不必通知我”！就这样，陈剑敦把他从 1935—1953 年所赚的钱让颜西岳全带回来，自己只留了 2 万元养家。

至于这钱怎么用的，他只知道一部分用于投资广东华侨投资公司（该公司后来被国家收购，返的本金也都用在厦门做公益），剩余的都用在家乡的公益事业上。这其中包括捐资 1 万元给华侨博物院，捐建华侨大厦、华侨中学等。其中一段时间族亲们还可以每月到侨联领生活补助。

陈剑敦不吝钱财，只要家乡有需要，提出要求，他都慷慨相助。围海造田、引水灌溉、修路筑桥……直到现在，家乡山亭村的乡亲还从他早年投资的公益事业中受益匪浅。他修建、扩建山亭小学，助建马巷中心小学，造建山亭幼儿园，赞助翔安一中（原同安二中）建设教学楼，赠送拖拉机给巷东农场，兴建巷南防保院，赞助同民医院建设住院部，自建碾米厂，赞助建设下潭尾水库，建设数座变电站，修建村路……四十多年间，他不为自己建一楼一屋，却默默地做了许多泽被后代子孙的大好事。连为父母购买拟扩建坟墓的耕地，都因不愿影响耕种而最终放弃扩建。他对父母、祖先爱得深沉，20 世纪 80 年代之后，有生之年里每年清明节都携家人回乡扫墓。

2008 年 5 月 28 日，陈剑敦夫妇再次探访山亭学校，巧遇学生下课，欢聚一起

陈剑敦交代不必告知钱的用处，一是相信好友颜西岳会安排好，二是通信也会给在印尼的他带来不必要的麻烦，“但是不够你们尽管跟我讲”。

在厦门南普陀寺藏经阁里，有三尊石雕佛祖头像，是陈剑敦捐赠的。他喜爱文物，这三尊佛祖头像是早年收藏的，供奉在新加坡家里佛堂。但他认为放在寺庙更适合，更能发挥文物的作用，就自付运费，从新加坡运抵厦门。

1960 年代，陈剑敦从新加坡运出大量米面油糖和布料，分送给国内的亲友。洪如诗的祖母与陈剑敦的岳母是金门同乡，义结金兰，洪如诗记得剑敦姨丈当年解了亲友们缺衣少食的燃眉之急。当她女儿生病时，又是剑敦姨丈多次寄来非常贵重罕见的药材“豪猪囊”，这种无微不至的关怀令人感动万分。

陈剑敦说过，正统的学校教育没有教人如何分辨奉承和真诚，如何与人相处的社交技巧，而他自己即使事业有成，社会地位崇高，仍脚踏实地和关心别人，这就是最好的榜样、最好的教育。

一生豁达开朗生活丰富

陈剑敦发现印尼很多华人虽然很有钱，但大多忙于赚钱，把孩子交给印尼保姆来带，结果是下一代全部被印尼人同化了。他说自己没上学，又在印尼生活了一些年，已经变得“不东不西”了，不能让孩子们连自己国家的语言都忘了。所以到了1945年，他女儿出生的时候，他把家搬到新加坡华侨聚集的地方。女儿从小读的是陈嘉庚先生创办的英华学校，会讲中文、闽南语。

20世纪50年代时，陈剑敦有英国国籍，后来是马来籍，到了20世纪60年代时是新加坡公民，20世纪70年代中期是香港永久居民。20世纪80年代末期到澳洲生活，澳洲海关的工作人员说：“既然你喜欢澳洲，为什么不跟我们一样呢?”就这样，他加入澳洲籍。入澳洲籍要求懂英语，他自嘲“老头子了，还要上英文补习课，足足上了10个星期的‘幼儿园’”。

一生豁达开朗的陈剑敦就是这样，似乎随遇而安，但又有自己的原则。他勤奋好学，中文、闽南话、印尼语、英语等都会听、讲、看、写（英语不会写），尤以印尼语见长。一般到印尼谋生的华侨，能与印尼人讲些日常用语便觉足够，但陈剑敦能与印尼人做生意，能与海关打交道，与官员谈合作，这不经过长期用心学习积累是做不到的。他还练就一手好书法，重要的信件，都用毛笔认真书写，竖排行楷，显然是下过一番功夫的，令人惊叹不已。单看这一手好字和好文章，谁也想不到他竟然没上过学。

2007年6月，肖永吉帮陈剑敦先生安排黄绿荷切生日蛋糕

李吉成的儿子李长沙记得剑敦叔与生活严肃、做事多虑的父亲不同，他懂得享受生活，长袖善舞，交游广阔。在生活上，喜欢品尝美食，以“饕餮”著称，进入厨房是烹饪好手。还是位公认的业余摄影家，作品常刊登在报章副刊上，许多漂亮的女伶争相上门，请他外出拍摄照片。且对草药的认识颇为独到，拥有一些专治难症的草药良方。

2008 年 11 月 15 日，陈剑敦在香港逝世，走完他 91 年坎坷、精彩的人生道路。

2009 年 12 月 20 日，陈剑敦夫人黄绿荷率子女陈精毅、陈毓群、陈振奋、陈慈萱、陈慈平专程回到厦门，在厦门市侨联的主持下举行《怀念陈剑敦先生》纪念册赠送仪式。该书收集整理出 30 多位人士的纪念性文章，展示了陈剑敦先生赤子情深、待人诚信、谦和自重、精彩纷呈的人生写照。

（林希）

从爱国华侨到炮兵将领——黄登保

黄登保（1918—1988），福建厦门人，菲律宾归侨，中国火箭军奠基人之一。曾任菲律宾华侨援助抗敌委员会马卡蒂分会会员。1938 年同一批华侨青年回国参加抗战，任八路军炮兵团教导营第二连班长、排长，八路军炮兵团第三营第七连连长，延安炮兵学校第一大队第二中队中队长，解放军炮兵学校大队长，东北民主联军炮兵第一团团长，第四野战军炮兵师参谋长，解放军炮兵第八师师长，炮兵学院炮兵系副主任、训练部副部长，中央军委炮兵技术部副部长、炮兵司令部副参谋长、副司令员、总参谋部炮兵部顾问，中国侨联常委、副主席。

菲岛青年　御侮争先

1918 年 1 月，黄登保出生于福建省厦门市禾山祥店的一个侨商家庭，父亲在菲律宾经商，黄登保随母生活在厦门，在鼓浪屿英华中学就学。1935 年，黄登保南下菲律宾，辗转到马卡蒂与父亲团聚，不久后进入伯父的汽车零件商行工作。

当时，菲律宾华侨抗日救亡活动十分活跃。黄登保虽身在菲律宾，但心中一直记挂祖国。他一面做工，一面积极投身抗日救国活动。

1937 年 7 月卢沟桥事变不久，菲律宾马尼拉中华商会召集各华侨团体成立菲律宾援助抗敌委员会，由著名爱国侨领、华侨巨商李清泉任主席，提出“策励侨众开展爱国运动，以人力物力援助政府抗敌御侮”的宗旨，并在各省市设立分会。马卡蒂作为菲律宾著名金融城市，也很快成立了援助抗敌委员会马卡蒂分会。黄登保立即入会，并积极参加会内组织的活动。他与华侨青工一起，全力投入声势浩大的抵制日货运动和捐款捐物支援祖国抗战的活动。他只给自己留下最基本的生活费用，余下的钱全部捐给祖国用于抗日战争。

回国投军　英勇抗战

在民族危亡之际，祖国的抗战时刻牵动着海外华侨的心。大批海外华侨子弟抱着“国家兴亡，匹夫有责”的信念，决心回国参加作战或学习，当时延安是许多华侨爱国青年的向往之地，他们纷纷从东南亚各国返回祖国，在中国共产党领导下，投入全民抗战的伟大斗争中。

黄登保全家照

在菲律宾华侨援助抗敌委员会、菲律宾华侨抗日救国联合会、中华民族武装自卫会菲律宾分会的发动下，菲律宾华侨青年同样掀起回国投军抗敌的热潮，黄登保和 7 位华侨青年也决心结伴回国参加八路军、新四军。

经菲律宾爱国进步侨领、厦门同乡王雨亭介绍，黄登保一行在香港找到八路军办事处主任廖承志。廖承志非常热情地接待了这些一腔热血的华侨青年，并派连贯给他们介绍国内抗战情况。黄登保等 8 人持廖承志写的信，辗转数千里，历尽艰辛，于 1938 年 6 月抵达陕北宝塔山下。

到延安之后，他们进入陕北公学学习了 3 个月。这期间，黄登保学习了马列主义和中国革命史，他接着进入中国抗日军政大学学习。1938 年 10 月，黄登保加入中国共产党。1939 年 1 月，随抗大一分校突破敌人封锁，开赴晋东南前线。

毕业后，学校将黄登保分配到八路军后勤部门。黄登保找到时任抗日军政大学领导何长工，要求到战斗部队上前线杀敌。何长工考虑到黄登保中学毕业，有文化且能吃苦，就将他改派到八路军总部炮兵团。自此，黄登保成了一名炮兵。

1938 年 1 月 28 日，八路军总部炮兵团在山西临汾刘村镇卧口村正式成立。这是我军历史上第一个建制炮兵团，彭雪枫、杨尚昆等到会宣读命令并讲话。毛泽东、周恩来、朱德、彭德怀、左权等党和军队的领导人都对炮兵团的初创组建与成长壮大倾注大量心血。

进入炮兵团教导队之后，黄登保学习刻苦，很快熟悉各个炮位的操作，升任教导营第二连驭手班长，又因表现优异，升任排长，还被评为“模范共产党员”。不久，他担任炮兵团第二营第七连连长，率部参加多次反“扫荡”、反“围剿”激战。

在任期间，黄登保率部参加著名的“百团大战”。自 1939 年冬以来，日军以铁路、公路为支柱，对抗日根据地进行频繁“扫荡”，并企图割断太行、晋察冀等战略区的联系，推行所谓“以铁路为柱，公路为链，碉堡为锁”的“囚笼政策”。八路军总部决定发动交通破击战，重点破袭正太铁路和同蒲路北段，给日本华北方面军以有力打击。

1940 年 8 月 20 日，八路军指挥部动员 100 多个团，在华北地区 2000 多公里的战线上，对日本侵略者发动大规模攻击。战斗持续至 12 月 15 日，共毙、伤日军 20645 人，伪军 5155 人，拔掉敌人靠近根据地的碉堡、据点，炸毁了附近铁路、桥梁、公路，使日军的交通线瘫痪。“百团大战”是中国抗日战争时期，中国共产党领导下的八路军与日军在中国华北地区晋察冀边区发生的一次规模最大、持续时间最长的战役。在战斗中，黄登保舍生忘死，英勇作战，他组织射出的炮弹百发百中。

1941 年初，抗日战争进入最艰苦最困难时期。中央军委考虑到在华北敌后作战的总部炮兵团机动性不足、弹药和骡马粮秣等缺乏，为“保存和训练我们的炮兵”，遂致电彭德怀和左权，决定将炮兵团调驻延安。总部炮兵团除留下教导营营部、第二营第八连（山炮八连）和迫击炮教导队，其余人员和装备在沿途八路军部队的警戒掩护下，于 1941 年 6 月返回延安。

“贺龙炮手”　炮校园丁

黄登保率七连随部回到延安之时，正是中国抗日战争进入相持阶段之际，陕甘宁边区和敌后各抗日根据地的财政经济日益困难。为战胜经济困难，1939 年 2 月，毛泽东发出“自己动手”的号召。1941 年，中共中央再次强调生产自救。黄登保所在的炮兵团也进驻南泥湾，开展大生产运动。黄登保身为第七连连长，率全连奋战南泥湾，在开荒中吃苦耐劳，以身作则，因过度劳累昏倒在工地上。但当他苏醒后又继续坚持开荒，他的举动深受全连官兵的敬佩和赞扬。在大生产运动中，黄登保所带的七连成为先进连队，副排长冯国任这位红军老战士被联防军评为“劳动英雄”，代表全连出席陕甘宁边区劳模大会，黄登保本人也被评为“生产模范”。

黄登保在八路军总部开展的大练兵运动中，走在全团部队的前列。他仔细研究出瞄准、测距、装炮、射击一整套训方法，带着全连官兵苦练射击本领，使连队在大练兵比武中取得优异成绩。他个人被联防军授予“贺龙炮手”的光荣称号。

黄登保（前右一）在野外观察炮兵部队实弹射击

1944 年 11 月，中央军委决定将八路军总部炮兵团扩建并命名为延安炮兵学校（简称“延安炮校”）。校址设在原炮兵团的驻地南泥湾的陶保峪。

1945 年 2 月，延安炮校正式成立。全校 1000 多名学员，有来自原八路军总部炮兵团和晋察冀炮兵营的炮兵干部与骨干，还有就是从抗大和陕北公学等考入炮校的几百名年轻但战斗经历丰富的士兵以及学生。黄登保出任第一大队第二中队中队长。在教学和演练中，他认真授课，耐心施教，精心辅导，培养出一批又一批的炮兵射击和指挥人才，被人们誉为“华侨炮兵园丁”。

一代名将　战功显赫

1945 年 9 月，黄登保随延安炮兵学校迁往东北，担任炮校大队长，在朱瑞校长等领导下，他们收缴日本关东军大炮和装备，着手组建能打现代化战争的我炮兵部队。之后，黄登保调任民主联军炮兵第一团团长。

1947 年初，黄登保率部队参加“三下江南”攻打德惠之战。在激战中，为了指挥方便，在零下 40 摄氏度的严寒里，他连帽耳朵也不放下来，导致耳朵严重冻伤，形成痼疾，之后每年冬季冻伤都复发。

1947 年 6 月，黄登保率炮兵第一团奉命配合东北野战军攻打四平，战斗极其惨烈，团政委和警卫员先后牺牲，紧接着又下起暴雨，道路泥泞，大炮行进困难。黄登保不顾敌人炮火狂轰和飞机滥炸，指挥部队排除一切困难占领阵地，曾带头冲向炮火和大雨之中排除险阻，终使火炮提前进入阵地。在总攻发起后，以猛烈的炮火严惩国民党守军，完成炮火支援任务。

1947 年夏天，黄登保率团参加了围打尤加屯、天岗、老爷岭的战斗，次次告捷，出色完成战斗任务。

1948 年 1 月，黄登保率部参加公主屯战役。他指挥若定，运筹得当，配合步兵，再获胜果。5 月，他再领军参加歼灭国民党新五军之战。他命令部队人不离炮位，马不卸辕具，隐蔽对敌，瞅准时机发起火力突袭，歼灭敌人有生力量。

在配合步兵攻歼义县守军的激战中，黄登保将个人生死置之度外，冒着敌人炮火，亲自登高观察、测距，准确下达战斗命令，用炮弹将城墙打开一个 54 米宽的突破口，压制了敌军火力点，使我军一举攻城，全歼守敌。

攻打锦州的战役和封锁锦州机场的战斗，在黄登保指挥下，炮一团作战快、准、猛，连战告捷。

辽西会战，黄登保率部参加陶赖昭阻击战、营口追击战，在彰武、闻家台、新高屯、辽阳、鞍山攻坚战中，仗仗出色地完成战斗任务

1949 年 1 月，黄登保率部投入平津战役。在攻克天津的战役中，他奉命彻底击毁大地堡群，扫清地面部队前进的障碍。3 月，他率部参加北平和平解放入城仪式，接受毛泽东、朱德、周恩来等领导的检阅。1949 年，他担任第四野战军炮兵师参谋长，参加南下作战，一直打到广东雷州半岛，参与解放大片区域。

1950 年 10 月，黄登保奉命随炮兵第八师参加抗美援朝战争，后任炮兵第八师师长。在第一次战役的东线黄草岭阻击战中，他指挥参战炮兵部队与美军和韩军激战 12 个昼夜，与兄弟部队合作击退美军多次猛烈攻击。此后，他还率部参加第二次战役、第三次战役。

1951 年夏、秋季，在高旺山防御战、马良山反击战中屡建奇功。

1979 年，作为中国人民解放军炮兵部队的著名战将，黄登保参加指挥对越自卫反击战炮兵部队作战。

奠基“二炮” 任职侨联

1952 年，黄登保奉命回国创办南京军事学院炮兵系，后又奉命创办炮兵学院，先后担任炮兵系副主任和炮兵学院训练部副部长，1955 年被授予大校军衔。20 世纪 50 年代后期起，黄登保调任中央军委炮兵技术部副部长、炮兵司令部副参谋长、副司令员、总参谋部炮兵部顾问等职。

黄登保还参与创建炮兵导弹部队，是我军第二炮兵部队的奠基者之一。

1979 年，黄登保当选全国侨联常务委员。 1984 年，从炮兵副司令员岗位退居二线后，当选为第三届中国侨联副主席。 1986 年秋天，时任中国侨联副主席的黄登保率团前往南美六国，宣慰侨胞。

1988 年 8 月 12 日，黄登保因心脏病猝发，在北京逝世。

黄登保善于总结每一次炮战得失，并及时开展理论研究，有《辽沈战役义县作战炮兵开突破口的经验》《东北解放战争中炮兵的使用和发展》《热带山岳丛林地区作战对地面炮兵的运用》《炮兵大事记》《炮兵史》等文章、著作存世。

（黄佳畅整理）

侨心——忆父母亲黄瑞成与林向荣

父亲黄瑞成（1920—1972）与母亲林向荣（1921—1969）于20世纪30年代中期侨居马来亚十年许，新中国成立前夕回国并先后加入中共闽西南地下党组织。缘于命运赋予的“侨”与“中共党员”这两个特殊印记所左右，他们的一生跌宕起伏。在共和国建国初期艰苦创业的历程中，父母亲虽仅为社会主义建设事业服务20年左右，但他们的为人处世和对我们兄弟的言传身教，彰显出归侨党员对祖国的热爱和对中国共产党的诚挚。

黄瑞成

情怀乡国　逆境中觅光明

父母亲出生于中华民族的多事之秋，年轻时为了躲避日寇铁蹄的践踏，辍学离乡赴马来亚投亲靠友。在寄人篱下的异国他乡，除了千方百计谋求生计外，他们深怀乡情，心系祖国的安危，加入当地进步组织，积极参与抗日斗争和声援祖国反内战等活动。

黄家正与父母的合影

母亲是陪外祖母到马六甲投靠大舅父的。那些年，她先就读于马六甲华校培德简易师范学校，毕业后当过卷烟厂女工、报社校对员和小学教员等。工作之余积极参加“马共”领导下的妇女互助会、青年联合会的活动。父亲则是随从兄赴马六甲谋生，在亲友帮助下，担任过橡胶园管理员、商店及公司会计和“马共”领导下的马六甲职工总会坐办。他参与当地拥护陈嘉庚先生、支持南侨总会筹赈祖国抗战以及反对美国扶持日本军国主义、反对美国驻军中国和反对国民党军队进攻解放区，反对蒋介石独裁专制、杀害闻一多和李公朴等进步人士等活动。先后任马来亚华侨抗日后援会小队长、马六甲州解放人民委员会总务处文书、店员互助会执委、新民主青年团副总务、马六甲中国民主同盟筹备工作副宣传、马六甲华侨促进祖国民主大同盟副总务等职。

1947 年初，因为祖母去世，父亲与母亲结婚并携外祖母回国，定居于厦门曾厝垵仓里社“红楼”。当时的祖国仍处于水深火热之中。经介绍，母亲于何厝岭兜村务本小学任教。1948 年，父亲被租驻我家“红楼”为校舍的“国立第一侨民师范学校”（以下简称“侨师”）聘任为总务处职员。

2020 年 12 月 21 日，市侨联五位退休老同志（右一、右二与拍照者均为集美中学校友，左一为厦门师范校友）瞻仰侨师纪念碑

侨师系陈嘉庚先生为国外华文学校培养、输送师资考虑，多次反复向国民政府倡议，由国民政府教育部出资，于 1941 年在闽西长汀创办的。抗战胜利后，于 1946 年初迁驻“红楼”。该校“自系家境贫寒而资禀优秀之学子为多”，师生渴求民主、自由和进步，富有斗争精神，备受地下党组织的关注。1947 年，闽中、闽西南和城工部三个地下党组织相继在校内发展成员并成立党支部。在与侨师进步师生的接触过程中，父亲在海外的经历促使他很快接受进步思想的宣传和教育。1948 年 9 月，经地下党组织的了解考察，父亲被中共闽西南地下党侨师支部吸收入

党。次年6月，母亲也光荣加入中国共产党。

父亲以侨师职员和“红楼”业主之一的身份为掩护，提供住所作为支部与在港全国学联、地下党领导传递党的文件和革命理论刊物的秘密通讯据点；接收、保管地下党组织学习资料，配合侨师学生办好农村夜校；向农村群众进行反抓丁、反饥饿、反内战宣传，布置对国民党军政机关在厦军事布防、公路交通及物资仓库、电讯等设施状况进行调查等工作。历任侨师党支部农民委员、支部书记（第六任）。1949年7月，侨师接通知停办，根据上级布置，侨师党支部与厦大党组织成立混合支部，父亲任宣传委员，负责联系原侨师支部党员和工农支部活动。厦门解放的第二天，父亲找到闽南地委派驻厦门的领导，会同厦大党员汇报坚持在厦门地下斗争的组织情况和所属党员名单，并办理好组织关系交接手续。1949年11月，我的父亲和母亲被组织安排为农村工作队队员，参加厦港区土改工作，正式入伍。

严于律己　认真履职尽责

农村基层的土地改革和民主建政工作如火如荼地展开，父亲、母亲牢记共产党员的职责，全身投入其中，组织发动群众，认真贯彻执行党的各项方针政策。父亲任过厦港区副区长、曾塔乡乡长、禾山区副区长等职。1951年7月，调厦门市委统战部。母亲在做好本职工作的同时还要为我们这个人口逐渐增加、有老有小的家庭操劳。她日夜跑基层、赶夜路，超时工作是家常便饭，并且经常要利用休息时间回湖边社关照在那里的外祖母和二弟。她无法掌握自己的作息时间和保证饮食营养，身体逐渐虚弱乃至患上肺结核。母亲长期带病坚持工作，任过禾山区委工作队队员和区妇联干事、副主任、主任。1954年初，调任市妇联组织部长、办公室主任。

在全国上下齐心协力，为摆脱“一穷二白”面貌，独立自主、自力更生地进行社会主义建设而大干快上的年代，父母亲积极参与审干、反右、四清、社教等各项政治运动，认真学习，努力改造自己的世界观。母亲因病于1954年和1961年两次住院治疗与在家休息。她十分感激组织上对她的关心、照顾，尽量争取时间多干一些工作。她常说：“因为自己的病，公家在我身上不知花了多少钱，假如在旧社会，我这条命早就报销了。只有共产党、毛主席才有我的存在。我愿意死在工作岗位上，不愿死在病床上。”因此，身体稍有恢复，母亲就坚持上班。不能下基层跑外勤，她就认真仔细做好机关后勤工作。

社会主义建设日新月异，父亲历任市委办公室秘书科副科长、市民政局副局长、市交际处副处长、市房管处副处长、市建设局副局长等。其中1956年还参加由陈嘉庚先生建议、国家批建的鹰厦铁路建设，任龙溪工区民工大队第七中队中队长兼大队党委委员。1959年，起担任市侨联第五、第六、第七届副主席兼秘书长。1962年12月，父亲调任市侨务局副局长，即全身心投入到为侨服务的工作中。他坚持党的统一战线工作原则，严格执行“一视同仁，适当照顾”的侨务政策。

作为市侨联领导班子正副主席中唯一的中共党员，他注意联系、关心、团结侨界同仁，尊重、支持颜西岳主席等一批老侨领开展工作，听取他们意见建议，反映侨胞的心声；与颜西岳、陈应龙、白碧云、黄绿萍、杨锦全等侨界代表建立较深厚的友情。参与华侨新村、华侨大厦、亚热带植物引种园等侨联支持兴办项目的管理和协调，为原华侨中学董事会副董事长之一；协同相关部门认真做好海外排华来厦侨胞的接待、安置等工作。1958 年和 1960 年，父亲两次被选为代表参加厦门市第二次、第三次“党代会”，1964 年被特邀为厦门市政协第四届委员会委员。

黄瑞成（后排左三）与市委统战部施耀部长（前排左三）、张其华副部长（前排右二），市侨联颜西岳主席（后排左二）于 20 世纪 60 年代在原市工人文化宫前

厄运临身 亦显赤诚之心

席卷全国的“文化大革命”冲击了我们家，父母带着我们经受这场大动荡的冲击。初期，我们义无反顾地投入到这场“触及灵魂”的运动中，父亲被派为集美侨校工作队副队长、海沧中学联络员和厦门大学联络员，下基层了解、反映相关单位开展运动的状况。母亲则是带病参加市妇联的批判和学习活动。他们积极支持我们投入到这场前所未有的活动中。在得知我赴京串联期间受毛主席等中央领导同志接见后，母亲在给我的信中要求我“要很好听毛主席的话，听党中央的话，要认真按十六条办事，把文化革命进行到底”(1966.10.20)，“只要你紧跟毛主席闹革命，不站错队，我们可以节约些，让你到处去见世面，使你成为毛主席革命路线的接班人。这是党的事业，是党交给我们的任务，是我们的目的”(1967.10.21)。父亲也认为“上山下乡是毛主席战略方针，也是知识青年很好的锻炼和考验的试金石”(1969.8.8)，要我们“在三大革命运动实践中不断进行锻炼，加强思想改造，进行自身的思想革命化，更好地为国家社会主义革命和建设做出贡献”(1970.11.17)。

1967 年，黄瑞成任集美侨校工作队副队长时与师生合影

随着运动的深入，因为家庭出身、旅居海外与参加地下工作等诸多因素和众所周知的缘故，父亲受到群众批斗和组织隔离审查等不公对待，但他始终相信群众，相信组织，尽力配合。在 1967 年 11 月 29 日从学习班写给母亲的信中，他坦然地表示“每个干部都要经受这场无产阶级‘文化大革命’的严峻考验，进行思想改造，世界观改造”，要正确对待组织的审查。父亲的遭遇，强烈冲击着母亲的身心健康，特别是当我和三个弟弟相继离家上山下乡，远赴闽西插队务农后，精神上的压力和对我们的担忧牵挂，使得长期重病缠身、心力交瘁的母亲彻底崩溃了。在我泪别家乡，插队武平象洞公社的第八天——1969 年 11 月 1 日晚，母亲与世长辞，永远地离开了我们。

闻知母亲逝世的消息，我们兄弟万分难过，为没能在生前好好伺候、辞世时也未能陪伴在她身边感到深深的内疚和不安。唯一能安慰的是，母亲临终前，父亲能陪伴在她身边，并在我们兄弟赶回厦门前办妥了她的后事。父亲虽悲痛万分，却仍在 11 月 3 日的信中开导我们：“（你们母亲）一生经过四十八个春秋，在党的教育培养下参加革命二十年。她是乐观主义者，整整同病魔斗争了十七年，这十七年也是托我们伟大领袖毛主席的福，在党的关怀下过来的，党和人民给予了她无尽的关心和照顾。但是她不能更多地为党和人民工作，这是她的遗憾。”希望我“努力活学活用毛主席著作，积极参加祖国的社会主义革命和建设，以弥补你妈妈的遗憾”。

1969 年 10 月底，组织上结束对父亲的审查，恢复其党的组织关系。在 10 月 29 日信中，他高兴地告诉母亲“感谢组织上和同志们对我的教育帮助，使我阶级觉悟和路线斗争觉悟有一定提高。今后我将以毕生的时间为党和人民革命事业，为社会主义革命和建设尽自己的一份力量，以赎前愆”。12 月初，父亲怀着对组织上恢复其党籍的感激之情和继续努力改造世界观的决心，经组织批准，作为厦门市第一批下放干部，带着年过八十的外祖母和仍在上中学的五弟前往闽西农村，与我们一起为山区建设努力。

然而，历史的变幻不以我们的意念而转移，意料不到的灾难又降临到我们这个饱经风霜的家庭。1971 年 1 月，厦门市革命委员会政治处对父亲做出开除党籍的“处分决定”，这对父亲无疑又是个晴天霹雳的打击。对于这个处分，父亲没有让我们知晓，而是独自默默地承受这一不公处分带来的精神负担和外来影响。他多次递交书面报告，除了对结论中与事实不符的问题进行申辩外，还表明自己正确对待处分的态度，并请求组织实事求是地给予处理。在未获组织答复的情况下，他仍然照常参加学习、劳动，关心照顾插队知青的生活和劳动。在 1972 年 4 月的来信中，他要求我要“认真学习，不断提高阶级斗争觉悟，在三大革命运动中做出更大成绩，为社会主义争光，为毛主席争光”。

精神上的摧残强烈地冲击着原本身体不错的父亲。1972 年初，他因身体不适回厦治疗，最终还是因癌细胞转移，治疗无效，于 11 月 27 日逝世。与母亲相同，父亲也是带着遗憾，悄然地走完他人生的 52 个春秋。

阅读了父母亲遗留下的文字材料，我们兄弟才真正了解父亲和母亲艰辛的一生，感受到他们的心声。秉承父亲的遗愿，我们兄弟持续多次向有关部门反映，要求为父亲恢复名誉。经过努力，中共厦门市委分别于 1973 年、1980 年和 1985 年先后三次发文，撤销“文革”期间对父亲的错误处理。

父亲对党和祖国的情感，体现在生前多处呈送各级相关部门报告（底稿）的字里行间，从中我们可以看到一名老共产党员朴实而诚挚的中国心。在 1971 年 7 月 6 日的报告中，他表示“半年来，离开党的怀抱，心情是很沉痛的，深深感到自己所犯错误的严重性，确实不是一个共产党员应该做的，对不起毛主席，对不起党，对不起人民”、“我抱着十二万分殷切的希望，请组织能够给我留在党内（其他处分都没意见），继续接受党的教育和监督”。1971 年 10 月 11 日的报告：“今天，在我们伟大祖国建立二十二周年的光辉日子里，我再一次恳求组织上根据我所犯的错误和我对党的坦白交代——对党的忠诚程度，能够重新研究对我的处分决定，把我留在党内。”1972 年 3 月 21 日，他“恳求党组织体念我所犯的严重政治错误主要是在入党前和入党初期（临解放和解放初几天）发生的，新中国成立后二十多年中，我是听党的话，愿意为党、为人民做一点有益的事，让我留在党内……”他还于 1972 年 5 月 9 日以书面、9 月中旬带病赴信访部门提出上述类似的要求。最后一次呈厦门市委的报告是 1972 年 9 月 14 日，父亲再一次向组织敞开自己的心扉：“我自接到组织上的处分决定，一年半以来心情经常是很痛苦的，自觉由于政治觉悟低、阶级立场模糊，封建思想掩盖了阶级斗争，因而犯了严重的政治错误。我也经常自我检查……我再一次请求组织对我的错误问题同我二十多年来的工作情况并结合我对所犯错误的认识态度进行研究，让我早日回到党的怀抱，是所至盼。”

恰逢中国共产党百年华诞，谨呈父母亲的一片真情，让我们记住这永远的侨心和共产党员的不变初心。

（文/图：黄家正）

缅华抗战老战士、教书匠、老报人——陈尊法

陈尊法

陈尊法，原名陈春法，曾名陈存华，笔名沙云、陈樽，厦门禾山坑园村人。1922 年 4 月 28 日出生于缅甸勃生直甲镇，1941 年加入缅华侨党。18 岁开始从事缅华华文教育。1962 年，在缅甸仰光《人民报》《中华商报》任记者、编辑，宣传新中国及中缅胞波友谊。1971 年回国，安排在厦门合成氨厂任办公室主任；1979 年 5 月《厦门日报》复刊，调任记者、编辑。1988 年 11 月离休。

参加缅华战工队　投身抗日救国

1937 年卢沟桥事变，祖国的抗日烽火燃烧到缅华社会。在“中华民族到了最危险的时候”，国家兴亡，匹夫有责。彼时的陈尊法从直甲镇新民小学毕业，至勃生华侨中学读初中。他怀着青年人应该站在真理一边去反抗日寇及蒋家王朝的思想认识，努力追求进步，寻找正确的组织。

他组织“读书会”，阅读许多新书、杂志，加入进步组织——民族解放先锋队，简称“民先”。在学校，与同学们组织“学联”，开展为祖国抗日募捐活动，如上街卖花筹款等等。校长敌视学生搞抗日救亡活动，学生们公开四处张贴标语，对抗校长。结果到学期末，陈尊法第一个被开除，由父亲陈志道领回家。

陈志道在直甲镇的新民小学任校长，就让陈尊法去那里代课执教。1941 年，陈尊法不愿接受家里安排的婚事，只身到仰光，在只荷坦街 92 号的仰华公学找到教职。他教中年级国语和全校的音乐课，还义务教励志社附设的工人夜校。仰华公学是缅华侨党地下活动据点，当时主要是组织工人提高政治、文化知识，谋取正当权益和福利，指导罢工，与资本家讨价还价，为工人争取更多的利益。陈尊法在仰华公学就像找到了光明的来源，他年轻的心澎湃起来，每一天都过得热忱充实。

陈尊法空闲时间勤奋自学，常至南勃陀街“公立书报社”借阅书本，还帮忙做

缅甸勃生华侨中学

勃生华侨中学，后排左二为陈尊法

图书馆管理员工作。与张春材、李其昌等在仰光32条街租了一间套房作美术画室，每周日全天学画，画家张子明当老师，给他们讲解绘画基本常识。

1941年12月8日，日寇南侵。仰华公学派张子明、陈尊法为代表出席“缅华战时服务团”筹备会。会后由张子明画大幅彩色漫画，同陈尊法到街上张贴。12月23日午间，日机空袭，仰光一片狼藉，战争血幕正式揭开了。

1942年1月，缅华战时服务团从仰光撤退到曼德勒，与当地的华侨抗日组织“战时服务团”合并，总称“缅甸华侨战工队”。战工队是“太平洋战争期间活跃在伊洛瓦底江畔的一支革命的华侨青年的文化工作队伍，在南洋华侨抗日反法西斯的英勇斗争中，曾经发挥了它独特的战斗作用……”张光年在《伊洛瓦底战歌》一书里这样描述。张光年（光未然）是《黄河大合唱》的原词作者。战工队巡回公演《黄河大合唱》和其他抗日歌曲时，由他朗诵，陈尊法与吴学诚、蔡时敏、张春材负责布景后台灯光。《黄河大合唱》的歌声在伊洛瓦底江畔激发了华侨抗日救国的热情。当时，陈尊法还经常参加张贴街头标语、出版壁报等活动。

1942年4月3日，日机狂轰滥炸曼德勒云南会馆，三名队友当场牺牲。因此，组织上决定撤离北上，战工队中年龄比较小的蔡时敏、王一芒、王汉斌与陈尊法，由吴学诚带队撤往国内，准备到延安学习。于是陈尊法与战友们沿着滇缅公路走到昆明。

回闽执教完婚　复员重返缅甸

至昆明，陈尊法住在圆通巷，等待安排去延安。一天，陈尊法和蔡时敏上街，在路边吃了一碗酒糟，翌日发高烧，迷迷糊糊。吴学诚叫辆黄包车送到昆华医院，诊断为恶性疟疾，在医院整整治疗了一个月。

病愈后，同伴均已离开昆明，陈尊法除身上穿着的衣服外，一无所有。他拖着疲乏的双腿，趔趄到医院门口，蹲着观望来往人群中是否有相识者。恰逢陈尊法的小学老师李沧浪路过，他是福建安溪人，正好要押着十几部载有轮胎等战时物资的车回福建，于是陈尊法随李老师回到安溪蓬莱乡魁美竹脚村。

经李老师介绍，陈尊法去安溪的东溪小学任教。教的是低年级班的唱游课，就是边教唱歌边游戏。不久，高年级班的体育和数学缺老师，陈尊法去执教。当时老师的待遇低，每月90斤糙米，外加生活补助费。他们只给90斤糙米，生活补助费被原任老师截留，陈尊法不计较，因为这只是临时的生计，另外方面，也担心他们发觉自己在缅甸参加过组织。在安溪，陈尊法流动执教过金谷的东溪中心小学、乌涂、龙地中心小学。

经战工队战友王一芒介绍及吴学诚、胡镜冰（胡冰）夫妇赞同，陈尊法与厦门高浦村的郑葆真有了书信往来。1945年7月21日，两人在《闽南日报》上登启事完婚。

陈尊法婚后回到高浦村，在高浦小学代课，后在香港基督教徒康怜悯办的厦门私立雅化小学当教务主任。一年后，到公立的江头中心小学当教务主任，又到曾厝垵中心小学任教。

1945 年日本投降，联合国救济总署在厦门处理为躲避战乱离开居住国，战后想再回原居住国的难侨“复员”工作。救济总署设在大生里，有专门办理缅甸华侨复员工作的缅甸专员。一同回国的吴学诚因搞地下工作，被国民党特务抓走后惨遭杀害，陈尊法颇感有暴露的嫌疑，经与战友林鸿珠商量后，分别办理了复员手续。

1947 年 5 月，陈尊法告别妻儿，乘“丰庆”号轮返回缅甸，此时长子陈汀阳尚未满月。1948 年 12 月，母子俩才乘“海利”号轮到缅甸。

缅甸南北执教　辗转报馆挥斥方遒

1947 年 6 月，陈尊法返回缅甸，住在勃生颍川堂祖父母家中。此时，林鸿珠邀他一起复办“职联会”（勃生华侨职工联合会）的夜校。办夜校旨在与亲国民党的勃生华侨中学、光亚小学争夺华校的生源，同时也为失学的华侨子弟和店员提供读书的机会。开办初期，学生只有 20 多人，没有课本，就从进步的报刊摘录文章，再刻钢版油印，发给学员学习，每晚上一个多小时课。陈尊法还组织学员野餐、联欢，活跃学员的文化生活。“职联会”夜校培养了许多热爱祖国、追求进步的学生，后来周总理访缅甸时的缅文翻译刘秀英就是其中一位。

1948 年，林鸿珠叫陈尊法到附近山芭沙网，任沙网公民小学的教务主任。没多久又被叫回勃生。在沙网时，勃生的华侨中学董事会改选，许文顶落选，由倾向进步的黄则山任董事长，陈平山当副董事长，留用了前任校长林家风。陈尊法和刘金柳一起到勃生华中任教。

在勃生，广东人的贫穷子弟没书读的多，陈尊法与同事们决定办夜校，义务教孩子们读书。广东人李若林是勃生光亚小学教务主任，倾向进步，他借教室给陈尊法办夜校。教师不够，找勃生华中的校友来义务教书。没有电灯，学生、教师一起捐钱买煤油汽灯上课。夜校 8 个班，学生最多时有 300 多人，至高小程度。

1951 年，渺畧中华中学董事会调陈尊法接任教务主任。那时，学校小学部在楼下，亲国民党；中学部在楼上，亲北京。亲国民党用的是台湾的“现代课本”，而亲北京用的是“新华课本”。陈尊法巧妙地应对复杂状况。

1953 年 4 月，陈尊法在仰光南中执教。其学生洪双益曾回忆说，陈老师教地理，把祖国各省市的简称编成押韵的顺口溜，简单易记。

1953 年 11 月至 1958 年 4 月，受“教联”派遣，陈尊法至缅甸最南端的海滨城市丹老华侨公学（华侨中小学）任校长。

在丹老，一家人住在学校礼堂旁。每年的春节来临，为缓解华侨阔别祖国的思乡念亲之情，陈尊法夫妻与老师们一起共同移植、排练“歌仔戏”，先后排练演出《陈三五娘》《十五贯》《孔雀东南飞》《小女婿》等剧目。演出很受欢迎，当地华侨每每看后激动不已，游子的思乡之情得以释怀。

1957年，陈尊法回国观光后返回缅甸，倡导“启发式”教学，反对“填鸭式”。他不仅主持学校方方面面的领导工作，还兼教语文、历史。曾代课教美术。

1958年5月至1961年9月，服从“教联”派遣，至缅甸东北掸邦景栋华侨公学任校长。当时陈尊法化名陈存华。

在景栋，住处是学校一座二层楼的木屋。一家7口人蜗居于二层约14平方米的房间里，它既是“窝”，也是“校长办公室”。每到风雨交加的雨季，屋顶、木板缝隙都会漏水、渗水，只得以面盆接水，或以塑料纸遮雨，大有“八月秋高风怒号，卷我屋上三重茅”之状。

条件简陋，但陈尊法干劲冲天。他既当校长又兼课，业余时间还教写“美术字”，办夜校。学校组织篮球队，经常与当地的侨团篮球队举行比赛。组织童子军，进行队列训练、拔河比赛等，组织乒乓球比赛等。

缅甸掸邦地区每年有一次“摆莎”文艺演出比赛，1960年为了参加比赛，景栋华公全校动员，从校长、老师到学生都积极排练。没有乐队伴奏，到仰光买回小提琴、班卓琴、笛子，陈尊法自己学弹“曼陀铃”，拉小提琴；没有服装，郑葆真与女教师们自己制作。经过反复演练、精雕细琢，景栋华侨公学一鸣惊人，荣获“摆莎”文艺演出比赛的冠军。

1961年10月至1962年4月，陈尊法执教于仰光南洋中学，因反对取消贫穷子弟生学费免费制度，经组织调动，转至仰光爱国华文报刊《人民报》《中华商报》工作。

在仰光，全家祖孙三代及女佣共12人，租住于17条177号3楼一间约20平方米的大房间里。陈尊法非常敬仰鲁迅先生，他写字桌的正上方，悬挂着鲁迅叼着烟斗聚精会神思考的照片。陈尊法经常在仰光华文报刊发表杂文、新诗。《新仰光报》副刊百花诗社主办全缅青年新诗比赛，陈尊法以笔名“沙云”写了每段4行的新诗《我爱沙滩》参赛，荣获冠军。

1967年“6·26”缅甸政府反华，杀害在“教联”开会的手无寸铁的缅华教师。陈尊法为获取遇难名单，与其他报社记者穿着沙笼蹲在仰光南勃陀街的墙角观察。暴徒盘问：“你是缅甸人吗？”陈尊法沉着应答：“你看我是不是中国人？”暴徒见陈尊法一身缅甸装，讲一口纯正的缅语，摆摆手叫陈尊法快速离开。陈尊法获得遇难教师名单后，派年仅14岁的女儿陈匀前往大使馆送讯，大使馆奖励一条金项链被陈尊法退还。翌日，中央人民广播电台公布了遇难者名单，并强烈谴责法西斯暴行。

回国进氨厂八年　报社笔耕至离休

1971 年，陈尊法谢绝二叔陈福成愿承担去泰国谋生的所有费用的美意，自认“根”在中国，妻儿都回国了，他也要回中国。经中国驻缅大使馆的同意，途经昆明回到厦门，组织上安排陈尊法到新建的厦门合成氨厂任办公室主任。

在杏林内茂合成氨厂 8 年，陈尊法任劳任怨，平易近人，与干部职工打成一片，深得群众的好评。

1979 年 5 月，《厦门日报》复刊，组织上调陈尊法到厦门日报社工作。陈尊法周一一大早去上班，平日住在深田路的集体宿舍，周日才坐公交车回曾营家中。

1980 年正月初三，厦门缅甸归侨相约聚集在曾冠英老师工作的南普陀寺“团拜”，曾冠英、陈尊法与几位胞波共同发动组织起厦门缅甸归侨联谊会。这是全国侨界最早成立的归侨侨眷组织。陈尊法曾任副理事长兼秘书长，拟章程、编撰出版会刊《鹭岛胞波》29 期。每年两次聚会，逐笔书写寄通知的信封，举办活动的红布条美术字也是陈尊法亲笔书写。

经组织上同意，陈尊法 1980 年积极参与筹备成立厦门致公党。协助缅甸华侨黄和尚、戴炎鼎、陈海山等落实侨房政策，讨回厦门房产权数起；协助王振耐、郭汉祥”文革”遗留冤假错案的平反。乐此不疲地为胞波译写缅文家书，义务为香港冯励冬《缅华百年史话》、洪双益《缅华千年史》、西安马越民《深挚的爱》、广州张新民《缅甸歌曲精选》审稿斧正。1985 年，为厦门市侨办《鹭风报》义务编辑 1 年。为市侨联《厦门侨友》义务编发 20 期。陈尊法热心、无私奉献的精神，获得胞波们好评。

陈尊法回国后，通过努力自学唐诗宋词，以规范的平仄规律赋词，著有《血泪痕》（与白尼合作）、《胞波风韵》《大金塔畅想》《伊洛瓦底战歌》（与战友合编）等。2014 年 2 月，以陈樽笔名赋词《声声慢·中秋博状元》荣获《中国当代作家书画家代表作文库》特等奖。

声声慢·中秋博状元

锵锵锱锱，转转圆圆，唧唧当当响响。六色冲摇雕碗，点红浮上。声声韵律悦耳，中状元、带来希望。好运气，喻人生，敢撞炼成钢样。

信念初心高尚，缘分聚、全堂笑声舒畅。抱负相知，岂扮野庸蠢莽？人人自行命运，具雄心、一代虎将。月挺靓，更照透、环宇丑相。

陈尊法曾为厦门市政协第五、六届委员，厦门市侨联委员。曾荣获：纪念中国人民抗日战争胜利 60 周年，中共中央、国务院、中央军委颁发的徽章；庆祝中华人民共和国成立 70 周年，中共中央、国务院、中央军委颁发的纪念章；纪念福建解放 60 周年，中共福建省委暨福建人民政府颁发的徽章；中国致公党建党 80 周年，中国致公党厦门市委员会授予的“老党员奉献奖”牌。厦门市侨联颁发的荣誉证书及先进个人奖状，在厦门日报工作满 30 年颁发的徽章等。

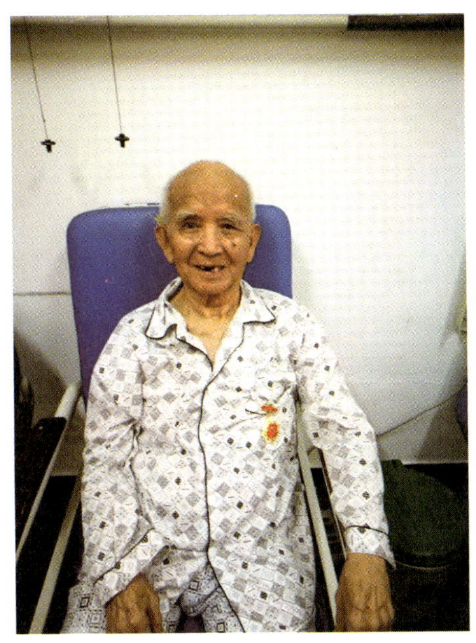

陈尊法获颁庆祝中华人民共和国成立 70 周年纪念章

回首父亲的一生，其子陈汀阳有感而发，赋诗如下。

眉开眼笑

一个出生在缅甸的归雁，
青少年追求真理入“民先”，
抗日售物助赈闹学潮，
被迫退学离家出走。
参加“战工队”，
高吼《黄河大合唱》的歌声，
响遍伊洛瓦底江畔，
激发海外赤子爱国热诚。
一个近期颐的老汉，
从不见钱眼开，
不计较名利地位，
一生豁达开朗，
关心助人，

即使病魔缠身，
仍然握笔练字，
成语名言。
共和国七十华诞徽章，
佩戴胸前，
眉开眼笑，
泪花绵绵。
真想再活五百年，
亲眼目睹，
中华民族伟大复兴，
潇洒人间。

（文/图：陈汀阳）

热血青年回国抗战　大湖战役英勇杀敌

——记马来西亚归侨、功勋老兵林大章

林大章，1923 年 8 月 23 日在马来西亚出生，祖籍福建永春县，在新加坡长大。17 岁时响应陈嘉庚号召，归国从军抗日，参加大湖战役。退伍后成为一名教师。新中国成立后，从福州来厦门，在当时的双十中学、卫校教书，直到退休后留在厦门。

1941 年 5 月 22 日，在福建闽侯，大湖战役打响，历时 3 天，中国军队英勇面对日军的机枪、大炮和飞机，歼灭日军 300 多名。这是福建抗战史上最大的一次胜战。这场战斗中，年仅 18 岁的马来西亚归侨林大章死里逃生，新婚的马来西亚归侨、装备团副团长郭志雄战死沙场，归侨之子、连长许祖义身先士卒，他们用生命和热血谱写了一曲华侨青年为国抗敌的赞歌。

林大章为辖区群众讲述抗战史

（图片来源：育秀社区）

林大章的父亲林青山，福建永春五里街人，17 岁只身闯荡南洋到新加坡谋生，经丘怡领介绍，加入孙中山的同盟会，被推选为同盟会南洋支部的宣传委员，走上办报的道路。先后创办《益群日报》《苏岛日报》《南洋商报》《前驱日报》等，为宣传革命、动员海外华侨支持革命做了大量的工作。1937 年抗日战争全面爆发，他带头送三个儿子回国参战。大儿子林大卫到美国“飞虎队”陈纳德将军手下任英文翻译，二儿子林大安在四川独山对日作战中壮烈牺牲，三儿子就是林大章。

林大章，1923 年 8 月 23 日出生于马来亚槟榔屿。年少时曾回国到广东汕头读书，可那里正受日本侵略者狂轰滥炸，他只好又登上一艘开往新加坡的轮船。

抗战爆发后，海外华侨抗日救国热情异常高涨，林大章时常去那里的福建会馆，目睹海外华侨抗日救国的义举，深受感染。1939 年冬，在陈嘉庚的号召下，南洋华侨爱国团体纷纷组织爱国青年回国抗日。年仅 17 岁的林大章在父亲的赞同下，告别新加坡富足的生活，坐船经香港回到福州。

到了福州，国民政府对这批自愿回国抗战的华侨青年十分重视，把他们送到驻扎在南平市的军政部第 13 补充兵训练处（简称“补训处”）去接受训练。训练极为严酷，穿的是草鞋，人人理着光头，个个晒得黑不溜秋的。

新兵集训结束，林大章被编进驻扎在邵武的军政部第 13 补训处第一装备团，这是一个新兵团。艰苦的环境和训练，令林大章感到自己离一个标准的军人还有相当的距离。

一天，一位传令兵突然出现在他的面前，原来是李良荣请他去吃饭。李良荣是军政部第 13 补训处处长，装备团归他指挥，他认识林大章的父亲，因此，特地把林大章请到家中，盛情款待他，并问他是否愿意去念军校，如果愿意，立即把他送走。林大章明白李良荣的良苦用心：战争太残酷了。

但他想，“回国是要参战，我去学校干什么？俗话说，养兵千日，用兵一时。千万不要让我离开队伍，我要上前线”。于是他婉言谢绝了李良荣的好意。李良荣只好亲自把林大章等几位华侨青年，交给装备团的郭志雄副团长，郭志雄又亲自把他们交给骆维潘营长，骆营长不敢怠慢，再把林大章交给七连连长许祖义。

许祖义不仅会带兵，而且很能打仗。林大章第一眼见到许祖义，敬仰之情油然而生，这是一位标准的军人，魁梧、英俊，扎着武装带，更显得英姿勃勃。他心想能够在这样的指挥员手下当兵真是幸运。

装备团里每人都可配枪训练。第一次拿到枪，林大章很激动，“还记得是德国产的步枪”。机关枪是捷克式的，后来又发了枪榴弹，班长指定他负责枪榴弹。每天天刚亮就训练，从基础军事训练到越野、带枪训练。从补训处到装备团，林大章接受了一年的军事训练。

1941 年 4 月 19 日，侵华日军发起代号 C4 的福州战役，在长乐、连江等地强行登陆，4 月 21 日，福州沦陷。日本侵略者嚣张至极，占领福州之后，准备经古田，攻占闽北战略要地南平，全面控制闽北，并打通和江西的联系，这是一个具有战略意图的阴谋。当时，驻扎在福建的中国正规军不多，林大章所在的装备团就成为一支重要的军事力量。装备团请缨奔赴抗日前线，为国家、为福建父老奋勇杀敌。

4月23日，一声令下，部队冒雨开拔，奔赴前线迎敌。部队行军到建阳附近宿营，每个人都浑身湿透了。但是他们还要行军到南平。

这支部队到了南平，在河边誓师出征。1000多名热血儿女，顺流而下，抵达福州附近的白沙一个名叫大目埕的渡口，然后上岸夜行军到闽东的古田。部队稍作休整后，从古田再出发，经前敌指挥部江洋，到达前沿阵地大湖。

5月21日，经过充分准备的日本侵略者出动一个联队，相当于一个加强团，共有1500多人。他们装备精良，分乘42艘汽艇，沿闽江而上，企图在大湖会合后经古田攻占南平。

大湖四面是崇山峻岭，中间有片小小的盆地，几个村庄就坐落在盆地里。中国军队利用这难得的有利地形，准备给前来进犯的日本侵略者迎头痛击。

林大章的阵地在漈头洋顶，海拔700米至800米，是前往古田的必经之路。许祖义带领林大章所在的七连，先敌一步占领它。5月23日早晨，300多名狂妄的日本侵略者终于大摇大摆地来了。他们根本没有想到，中国军队已经为他们设好了陷阱。林大章在这里第一次看到日军，戴着钢盔，有步枪、机关枪。

第一场遭遇战打响了。许祖义率领的军队居高临下，打退了日本兵的进攻。中午，溃败下去的敌人很快组织反击。许祖义率领一个排插到敌人后面，把敌人打得措手不及，晕头转向。

日军召来闽江口的6架飞机，向山上林大章所在的阵地扫射。林大章和战友躲着不动，日军飞机在天空停留不久，就不得不回去加油。飞机刚走，日军又开始用迫击炮向山上射击。

遭受严重杀伤的敌人调来了炮兵和空军，对着中国军队占领的制高点进行猛轰滥炸。许祖义领着战士高唱战歌，鼓舞士气，战士们浴血抵抗，视死如归。林大章记得，他扛着枪榴弹迂回转移，打击敌人。忽然敌人炮弹在他附近落下，身旁战友身受重伤，呼唤他的名字。这一幕成为林大章一生无法忘却的记忆，至今想起仍然心如刀割。

突然，一发炮弹向林大章飞来，在他的身旁爆炸，轰的一声巨响，幸好他伏在地上没有受伤。片刻间，又一发炮弹呼啸而来，他连忙往山坡下滚去。炮弹在身旁爆炸，弹片、泥土从身上"唰"过去。他摸了摸身体没受伤，紧接着听到第三枚炮弹的声响，他顺势从山上滚了下去。待回头一看，这第三发炮弹就刚好落在他刚才伏着的地方，不由惊出一身冷汗。

林大章滚下山，连枪都没来得及带走，"战士没有枪，很别扭"。等到太阳快要落山，双方战况渐渐平静，他才爬回山上。自己的枪只剩下枪托在草丛里，其他零件都被炸得不知所踪。战争如此惨烈，年轻的林大章不得不面对。

天黑了，林大章一时找不到大部队，与山上散落的兄弟在草丛里过夜，第二天通过当地农民找到了大部队。战斗还在继续，第三天早晨，林大章看到信号弹升起，装备团对日军发起总攻，所有火力向日军阵地倾泻。

大湖战役激战三天，根据史料记载，林大章参加的大湖战役歼敌300多人，是日寇入侵福建以来极为惨重的一次失败。大湖战役的胜利，迫使敌人不得不放弃原来进军闽北占领南平的罪恶计划，改变了当时的战局态势，激起了抗日军民战胜日本侵略者的勇气。9月3日，福州光复。

大湖战役的纪念塔

为了纪念这次闽海抗战史上的著名战役和牺牲的将士，1942年，福建省政府在大湖浮岛山顶建造大湖抗日阵亡将士纪念碑。时任中国军队抗战总指挥的蒋介石，给大湖战役的纪念塔题词："气作山河"。新婚仅一个月、来自马来西亚的装备团副团长郭志雄也在大湖战役中壮烈牺牲。郭志雄牺牲前不久带领敢死队攻占的寨上关，于1945年易名为"志雄关"。1984年，郭志雄被追认为革命烈士。

在那场战斗中，172名抗日将士阵亡，他们用鲜血和生命保卫了八闽大地。

这场战争，林大章侥幸活了下来，但因连续遭到敌人三发炮弹的冲击，得了头晕症。为此，上司专门派一名战士陪同他，在福州附近的雪峰寺里静养了些时日。

抗战终于取得最后的胜利。从战火硝烟中走过来的林大章无比欣喜。战后，他选择从部队复员，报考福建师范学院艺术系，1946年被录取了。

新中国成立后，他参加革命大学的学习，校长是张鼎丞。学习结束，他被派到泉州支前，领队的是教育长伍洪祥。支前结束，他先后在福州开智中学、福州一中、厦门双十中学、厦门卫校任教，直到退休。

厦门双十中学1960届的校友林丽芬回忆说，十多年前，无意中看到福建某频道评选最受欢迎的人民教师，其中有林大章老师的事迹，这才知道林老师是华侨抗日老战士。

林大章教初中语文。他和蔼可亲，儒雅多才，不仅游泳很好，绘画也很拿手，曾经为班级绘制舞台布景，帮助文艺表演获得成功，得了奖。

毕业前，林大章送给林丽芬的留言是"美丽的是幻想，但更可贵的是劳动"。这句话林丽芬一直牢牢记住，影响了一生。在学生们眼中，林老师做人低调，从不显摆自己。在"文革"中，林老师被当作另类处理，但他默默地承受着。虽然百经磨难，然而热爱祖国之心，却是永远不会改变的。

林大章在大湖战役英勇杀敌只是当年海外赤子毅然归国、浴血抗战的历史片段之一。抗战时期，像林大章这样从海外回来参加抗战救国的爱国华侨大约有 5 万名。在抗战结束后，这些英雄又默默地回到各自的工作和生活中，像阳光下璀璨的浪花汇入江河。

当鲐背之年的林大章老先生郑重地将所珍藏的由中共中央、国务院、中央军委颁发的抗战胜利 70 周年纪念章给大家看时，他动情地说："祝愿大家珍惜这个得来不易的日子，热爱祖国，热爱和平生活！"

思明区侨联代表看望林大章

（图片来源：思明区侨联）

（林希）

苟利国家生死以　岂因祸福避趋之

——记中国侨联离休副主席萧岗

萧岗，原名萧永绥，曾用名萧远之，福建厦门人。缅甸归侨，1939 年参加革命，1999 年离休。抗日战争、解放战争时期，他在缅甸、云南、福建三地往来工作，以宣传为武器，向社会各界宣传中国共产党的政治主张，号召大家紧密团结在中国共产党的领导下，形成广泛爱国统一战线，为拯救民族危亡，为建立独立、统一的新中国而英勇奋斗。新中国诞生后，他曾在中华人民共和国外交部、华侨事务委员会、全国侨联和全国政协工作，为巩固和发展爱国统一战线，为新中国走向繁荣富强，做出积极贡献。

家庭　家乡　孩童时代(1923—1936)

萧岗 1923 年生于缅甸，贫苦农民家庭出身，祖籍福建厦门江头禾山乌石浦村，幼年随母从缅甸返回故乡。父亲萧良遇，母亲陈允治，姐姐瑞云，妹妹瑞珠，长弟永坚，小弟永吉。

乌石浦村位于从厦门市内往集美去的路上，过了莲坂、吕厝往前不远，路的右手边就是乌石浦村口。拐进村口，是进村的唯一小路。在刚进村的小路上，迎面是一棵参天榕树，树的左侧有一座萧氏祖庙，还有一尊保生大帝雕塑像。继续沿小路往前，穿过两边田地和池塘，到了路尽头的小高坡上，有几户人家，萧岗的家在最左边。在他家门口的庭院有一株很大的石榴树。村里有 9 个已废弃的窑，是以前烧土罐用的。萧岗常说，我们村子周围是三山六海一分田，环境很美，但家里很穷，只有一个四叔公照顾我们，其他长辈都不知道去哪儿了。

孩童时代的萧岗，学习是从念私塾开始的。他在村里晚清秀才萧水静家开始学习识字，吟诵《千家诗》、《幼学琼林》等。有时，背着家里大人，他还偷偷跑到村口的海里抓章鱼。一次他到海里抓章鱼，遇上海水退潮，幸亏身旁有棵海底树，他用绳子套在树上，并死死抓住绳两端，等到海水退去，才从海滩的烂泥中走上岸，躲过了一劫。他常说："我这一辈子遇到过太多的困难、危险和灾难，但都碰上好心人，帮助我渡过了这些逆境。"

念过两年私塾后，萧岗又到江头小学读书两年。由于生活所迫，萧岗只好背井离乡，漂洋过海，到异域他乡的缅甸去谋生。在缅甸，他走上了革命的道路，在他的影响下，两个弟弟也参加了革命。

中华民族危难中穷苦华侨青年的历程(1937—1949)

初到缅甸，萧岗白天工作，晚上去店联的夜校学习，逐渐开始参加一些进步社会活动，结交许多进步朋友，其中就有厦门同安人、当时缅甸的中共地下党领导郑祥鹏同志，泉州惠安县人、中共党员王汉斌同志。

1992 年纪念战工队成立 50 周年，与战工队的部分老战友合影

前排右一郑祥鹏、右三萧岗、右四赵沨、右五光未然

抗日战争爆发后，由于缅甸地处重要的战略地理位置，尤其是 1938 年 10 月以后，滇缅公路成为中国大西南对外交通的唯一国际通道，抢运了大量的军需和民用物资，运送中国远征军入缅作战，为抗战做出巨大的贡献，缅甸即成为中、英、日进行惨烈争夺的战场。

1938 年底至 1939 年，中华民族解放先锋队和中国共产党展开在缅甸的活动。1939 年，萧岗在仰光加入中华民族解放先锋队，并与当时华侨青年成立的学生联合会、妇女联合会等 6 个民众团体，一起募捐支前、抵制日货、宣传抗战、谴责日军侵略行为，号召缅甸华侨支援祖国人民抗战。

1941 年 12 月 7 日，日本法西斯悍然把侵略战争扩大到太平洋地区。华侨最集中的南洋瞬时变成烽火燎原的战场，近千万的南洋华侨面临一场空前大浩劫。在这历史紧要关头，中国共产党及时给海外侨胞指明了斗争方向。就在战争爆发后的第二天，党中央指出："全体海外华侨及南洋各民族在抗日战争中的中心任务就是，建立与开展太平洋各民族反日反法西斯的广泛统一战线。"

在日军即将攻占缅甸时，中国共产党领导组建了以缅甸华侨青年为主体的抗日组织——缅甸华侨战时工作队。它是缅甸数十万爱国侨胞，在大敌当前奋起反抗日本侵略者的坚定意志的体现。萧岗参加战工队后任教育干事，随队在缅甸多地开展各种形式的抗日宣传活动和服务工作。在战工队的宣传活动中，《黄河大合唱》是每场演出都会有的节目。《黄河大合唱》词作者光未然同志到缅甸前，在重庆工作。皖南事变后不久，他想和一些熟人去香港，周恩来同志找光未然同志亲切谈话。恩来同志说服他："你不去香港，你去仰光，那里人少，需要一些同志去开辟工作。"在组织的安排下，光未然同志来到仰光，他把《黄河大合唱》带到战工队，随着战工队在缅甸各地的抗日宣传，《黄河大合唱》在缅甸侨胞中传唱开来，唱响缅甸，极大鼓舞了整个社会的抗日情绪。萧岗对《黄河大合唱》感情很深，很喜爱，他 90 多岁时，还能唱出其中许多歌词。战工队的老战友们之间有深厚的感情，为纪念战工队成立 45 周年，战工队老同志们刊行了纪念刊《伊洛瓦底战歌》，大家纷纷撰文纪念，萧岗也撰文《这段历史是值得纪念的》。

与战工队老战友、近百年至交王汉斌同志合影

缅甸沦陷后，按照组织安排，萧岗随队撤回国，到福建海澄县抗日军民创办的《前哨报》当编辑，宣传抗日，报道厦门等地在日军铁蹄下的种种灾难，激励民众与日军血战。

因内部出了叛徒，在组织的安排下，经在闽的缅甸华侨和南侨机工的帮助，萧岗历尽艰难，途经广东、广西、贵州，到达云南。在滇期间，他任教于云南玉溪简易师范学校和楚雄省立中学，同时参加民盟云南支部的活动。 1946 年 7 月，“李公朴、闻一多惨案”发生前夜，萧岗出席在昆明北门书屋召开的民盟会议。 会上，李公朴先生布置了民盟工作，并决定所有民盟成员立即从昆明转移，半年后到香港会合。

会后，萧岗肩负着民盟的委托，离开昆明奔赴仰光。 一到仰光，他即着手开展对侨胞的统一战线工作。 他带去一大批侨胞们渴望已久的中文书籍，在 50 尺路 2121 号租下一幢两层房屋，开办了南侨文化供应社。 南侨文化供应社是李公朴、闻一多、楚图南等人与他共同签名发起创建的。 供应社不仅是供应文化，更重要的还是进步人士的政治活动中心，为进步朋友、刚从国内返回和新来的朋友们提供战后第一个自己的立足点和活动场所。 在新来的朋友中，还有一批来自云南的中共党员。 供应社所供应的文化，主要不是卖书，而是向广大华人侨胞提供民盟组织出版的《民盟周刊》、马来西亚槟城洪丝丝主持的《现代周刊》《现代日报》、香港的《周末报》《华商报》，以及新加坡的《南侨日报》等爱国进步报刊，迅速传播国内反内战求民主的大量消息。 通过阅读这些进步刊物，缅甸华人侨胞的爱国意识得到进一步的提高。

1990 年，与民盟老同志合影

左起，李光熙、楚图南、郑易里、萧岗

在祖国的政局迅速发展的新形势下，缅甸华侨进步青年感到迫切需要建立自己的舆论阵地。 1947 年元旦，在中国共产党组织的支持下，萧岗创办《人民旬刊》。半年后，祖国革命形势很快从“反对内战，促进民主”发展到“打倒蒋介石，解放全中国”的革命解放战争。 为积极向缅甸华人侨胞宣传祖国解放战争的局势，引导侨胞的爱国热情，配合祖国革命形势的发展，在仰光郊外，萧岗与云南中共党员张子斋商议后，决定《人民旬刊》于 1947 年 7 月 18 日改为《人民报》。《人民报》的诞生，使缅甸广大爱国华人侨胞能及时地了解到祖国革命形势发展的真实情况，增强他们的信心，中国共产党必将取得最后的胜利。《人民报》是缅甸华侨群众办报，它茁壮发展，一直到 1966 年初，缅甸政府开始搞绝对民族文化，禁止外文报刊，才被迫停刊。《人民旬刊》和《人民报》的社址就在南侨文化供应社的那幢两层小楼里。

在缅甸建立民盟缅甸支部，是萧岗对民盟组织委托的承诺。1948 年元月，在仰光的香港大酒家，萧岗公开宣告，中国民主同盟缅甸支部成立。其实，在缅甸，民盟的活动早在“反内战，争民主”时就已经开始了，而民盟缅甸支部筹备工作却是经过较长时间的艰苦奋斗。民盟缅甸支部成立后，在缅甸，代表中国广大民众利益的进步舆论，第一次有了公开说话的合法地位，可以直接面对面地与蒋介石集团做针锋相对的斗争，配合“打倒蒋介石，解放全中国”的政治斗争。这时，在国内，蒋介石已勒令解散民盟组织并停止其一切活动。在海外，只有香港、马来亚和缅甸三个民盟支部仍坚持开展活动。

由于统战工作需要，萧岗长期以党外人士的身份工作。1949 年 2 月，萧岗光荣加入中国共产党。

回到新中国工作（1949—1966）

新中国即将成立之际，毛泽东主席电邀中国民主同盟缅甸支部到北京参加中国人民政治协商会议全国第一次代表大会。1949 年 5 月，民盟缅甸支部主委萧岗代表民盟缅甸支部，乘轮船经香港转赴北京，准备参加政协会议。但因工作需要，萧岗到京后没有参加此次政协会议，而是被组织留在国内，从事爱国统一战线工作。

新中国成立前夕，海外华侨的爱国热情高涨，许多华侨学生、青年和民主人士纷纷回到祖国，侨务工作的任务提到日程上来了，但全国还没有解放，中央政府没有成立，组织全国性的侨联条件还不具备，于是先成立北平市归侨联谊会。自此，新中国侨务工作在北京拉开序幕。归侨联谊会是在党中央和周恩来副主席的重视和关怀下成立的。1949 年夏季，萧岗参与北平市归侨联谊会的筹备工作。

1950 年 6 月 9 日，中缅两国政府间完成建交谈判，宣告中华人民共和国与缅甸联盟建立正式外交关系。缅甸是社会主义国家阵营之外，第一个承认新中国的。在中华人民共和国周边相接壤的国家中，中缅之间首先和平缔结了两国边界条约。当时，新中国与许多国家还未建立正式外交关系，两国建交后，缅甸成为十分重要的外交桥梁，是新中国外交的南大门。中缅两国山水相连，两国人民之间有着传统的胞波情谊。缅甸华人侨胞热爱祖国，缅甸华侨华人在抗战期间做出了突出的贡献。从 1937 年至 1940 年，全缅甸华侨华人捐款汇至国民政府，认购飞机达 19 架之多。中缅两国间，在 1951 年至 1961 年十年中，相互间的外交往来十分频繁。1950 年 8 月，作为新中国首批外交官员，萧岗被调往中华人民共和国驻缅甸大使馆。在使馆工作期间，他广泛联系缅甸华人侨胞，不遗余力地为扩大爱国统一战线，为促进缅华社会在热爱祖国这面旗帜下的大团结，为增进和巩固中缅两国人民的胞波情谊做出了贡献。他在使馆工作了 8 年，是新中国首批外交官在驻缅甸使馆工作时间最长的两人之一。

1958 年，萧岗奉命回国，被从外交部调到中华人民共和国华侨事务会（简称“中侨委”）。中侨委成立之初，是设党组领导。不久，外交部的党组改为大党委，中侨委随后将党组改为党委，同时，设立中侨委党委办公室，任命萧岗为党委办公室主任。党委办公室的主要工作是：一、侨务政策的调查、研究，并参与制定侨务政策；二、起草中侨委的文件；三、中侨委的机要工作；四、执行组织交办的特殊任务。

到全国侨联工作(1978—1999)

一、恢复与重建全国侨联

在“文化大革命”结束后的几年里，一项极为重要而紧迫的工作就是，解放干部，重新完善组织建设，让受冲击、靠边站的干部恢复工作。1978 年 7 月，受组织委派，萧岗到全国侨联工作。中组部一位老大姐代表组织找他谈工作，其间她说：“组织了解你，组织信任你。”此言令萧岗激动不已，热泪盈眶，使他卸下了自己在“文化大革命”中被批斗、受冤屈的包袱。

到侨联后，他面临的重要工作是筹备召开第二届全国归国华侨代表大会和修改侨联章程。第一届全国归国华侨代表大会是 1956 年 10 月召开的，同时成立全国归国华侨联合会，制定《全国侨联章程》。时间过去了 22 年，各方面情况都发生了深刻巨变。“文革”前，全国侨联的日常工作是由中侨委的一个处负责，没有单设全国侨联独立工作机构。“文革”期间，中侨委被取消，全国侨联虽还在，但实际工作完全停顿。“文革”结束后，成立国务院侨务办公室，负责侨务。1978 年全国侨联开始恢复与重建时，是在国务院侨办下设立了侨联分党组，侨联的一切事务包括经费都由侨办管。那时，侨办拨给侨联一年的经费，用于发工资后，所剩无几。由于经费十分紧张，严重影响了工作开展，就是在这种困难重重、举步维艰的境况中，侨联开展了一项又一项平凡而有意义的工作，为日后侨联工作的开展打下基础。

刚开始时，侨联工作人员共有二十来个，其中包括庄希泉、庄明理、洪丝丝、张楚琨这些侨界贤达民主人士，苏慧、余修这些党内的老大姐，还有多位党内的老同志。他们都是年事高、资历深，只有做到尊重他们，调动他们的积极性，充分发挥他们的作用，侨联的恢复与重建工作才有可能做好。萧岗善于团结，充分调动起大家的积极性。当时他 55 岁，比起来还算是年富力强。他与庄希泉等几位民主人士和党内的老同志都有很好的私人感情与交往。庄希泉 95 岁高龄光荣加入中国共产党，入党宣誓时，是由萧岗领读誓词。洪丝丝 75 岁高龄光荣加入中国共产党，萧岗是他的入党介绍人。钟庆发与萧岗共同参加筹建北平市华侨联谊会的工作。1978 年，他俩又一起到全国侨联。到侨联后，钟庆发对萧岗说："老萧你放手工作，有事我来担。"

这时，国家已进入经济建设的新阶段，侨联面临着组织建设跟不上形势发展的需要，难以胜任新时期工作的情况。因此，一个紧迫要解决的问题是，如何能够通过修改好侨联章程，开好第二届全国侨代会，使广大归侨侨眷从过去的冤屈和受伤害的阴影中走出来，调动广大归侨侨眷和海外侨胞爱国爱乡的积极性，发挥他们的优势，为祖国经济建设大局服务。

萧岗主持了第二、三和四届全国侨代会《全国侨联章程》修改小组的工作，在修改章程的过程中，他倾注了大量的心血，一遍又一遍地广泛征求意见，对章程进行反复修改。这样，经过了三届的全国侨代会对侨联章程的多次修改，尤其是就"各级侨联组织""经费"等问题具有突破性的修改，为解决长期困扰各级侨联的人员、编制、经费和机构等问题创造了有利条件，同时也为以后的侨联章程确立了基本框架。

当侨联恢复初期处于困难时，中央领导同志曾召见全国侨联的负责人和有关人员了解情况。会上，萧岗汇报了侨联的情况，以及侨联自身的组织建设跟不上形势发展的需要等问题。胡耀邦同志在谈话中除提出侨务工作的重要性及今后的工作方针外，还明确将侨联组织列入工、青、妇等人民团体序列，并鼓励大家说："侨联要广泛去联，领导要带头去联。"第二届全国侨代会后，我们国家进入改革开放新时期，各级侨联工作也重整旗鼓，不断向前推进。

在庄希泉、钟庆发等的支持下，萧岗全面主持第二届全国归侨联合会的工作。他认为，侨联是广大侨胞的群众团体，是侨胞联系党的纽带，代表并维护侨胞的正当、合法权益；侨联应该是侨胞之家，侨联应该成为侨胞有事愿意找的地方。当时，侨联内部工作机构的设置是一张白纸，第二届全国归侨联合会设立工作机构的宗旨是为侨胞服务。其主要工作部门，设为经济、联络、法律、文化宣传和华侨历史研究。至今，全国各级侨联工作部门的设置基本上也是如此。

二、开创侨联工作的新局面

萧岗认为，随着我国改革开放的发展，侨务工作的民间群众性将随之不断增加。因此，侨联将在侨务工作中发挥越来越重要的作用。他常说："侨联的工作要做，就做不完；不做，就无事可做。"

此时正值改革开放初期，侨联的工作有三项开展得比较及时：将工作重点转向为经济建设服务，建设有侨联特色的文化和立法维权。

（一）发挥侨乡优势　繁荣侨乡经济

侨联积极响应中央号召，率先将工作重点转移到经济建设上来，在举国上下致力于国家现代化的时刻，适时把为经济建设服务作为工作中心。1979 年年底，全国侨联和国务院侨办共同在泉州召开“全国侨乡侨联工作座谈会”，提出发挥侨乡同海外、港澳有密切联系的优势，为繁荣侨乡经济和四化建设做贡献的号召。侨乡的发展，当初是从“来料加工”“三来一补”起步的，得益于海外侨胞、港澳同胞的支援，同时，也离不开各级侨联所做的大量穿针引线等服务工作。现在放眼侨乡，生机勃勃，一片繁荣景象，侨乡不再是以前靠侨汇维持的消费型、赡养型社会。侨乡社会经济的发展解除了海外华侨的后顾之忧，使他们卸下长期以来背负着赡养家乡亲属的包袱，实现侨胞祖祖辈辈摆脱贫困的祈望，很得侨心。萧岗认为，侨乡工作是国内侨务工作的基础，把侨乡的工作做好了，有利于开展国外侨务工作。

（二）倾心侨史研究与华侨博物馆

萧岗认为，弄清华侨这部历史，对世人了解华侨至关重要。华侨是对人类社会做出了有益贡献的。要很好地研究华侨的历史，宣传华侨的历史，让世人了解华侨长期以来对祖国的贡献和对所在地的贡献，树立华侨的正确形象。

1983 年，萧岗与全国侨史学会的同志们合影

左三洪丝丝，左四萧岗、第二排右一巫乐华

全国华侨历史学会原副会长巫乐华有一段记述："2013 年 1 月 1 日，萧老与我通电话，他谈了几点希望（意见），其中一点是，侨联要有自己特点的文化产业，不能只满足于派艺术团之类，要把博物馆、历史研究所等搞成有自身优势和特色的文化研究中心。"

在全国侨联及地方侨联、研究机构、高等院校等支持帮助下，在廖承志同志的关怀下，1981 年 12 月，全国性学术团体华侨历史学会成立，开启了中国华侨华人历史研究的新篇章。

在萧岗的倡导、推动和组织下，侨史研究的基础工作、学术研究和宣传交流等有序展开。

华侨历史学会，它既没有人员编制，也没有活动经费，只是挂靠在全国侨联宣传部的一块牌子。为了解决这些问题，1984 年 4 月，经国家编委会批准，设立华侨历史研究所，并与华侨历史学会会所合一，从而形成了两块牌子、一套人马的格局。

华侨历史学会成立后，带动了全国侨史研究的发展和地方侨史学会的成立。随着侨史学会发展会员工作的进展，侨史研究的队伍也得以形成并迅速发展壮大。在侨史学会的会员中，有从事侨史研究的专家们和一批热心侨史的老侨务工作者，他们形成了我国华侨历史研究的生力军。通过这支生力军几年间的努力，又培养出一批侨史研究的年轻专业人才，从而使侨史研究工作得以薪火相传、后继有人。

为了侨史学会的发展与壮大，萧岗带头奔走，盛邀侨界贤达和专家学者参与侨史学会的工作，形成众人拾柴火焰高的大好局面。在他的推举下，庄希泉出任侨史学会第一届学会会长，洪丝丝出任第二届学会会长，张楚琨出任第三、第四届学会会长。梅益、费孝通、陈翰笙、田如康、孙孺等都出任过副会长。此外，周南京、梁英明、邱立本、李春辉、林金枝、陈碧笙等几十位专家教授学者，都满腔热情地积极参加到侨史研究工作中来。

随着侨史学会组织机构的建立与不断健全，其编辑、出版、史料收集和保存的工作，也不断得到发展。1982 年 4 月，侨史学会内部刊行会刊《华侨历史学会通讯》；1988 年，定名为《华侨华人历史研究》，成为我国第一本向海内外公开发行专门刊载华侨华人历史学术研究文章的定期性季刊。此外，其他侨史学会内部会刊先后刊行，并且突破了经费紧缺这道封锁线，推动出版一批具有极高史料价值的侨史著述。

与此同时，围绕着侨史研究的海内外学术交流、宣传和联络，也成为频繁、形式灵活多样的工作，持续不断地展开。

为解决侨史学会和侨研所发展面临的种种困难和问题，萧岗四处奔走操劳，呕心沥血。

全国华侨历史学会经过十年的努力奋斗，交出了一份令人瞩目的成绩。1991 年，在中国华侨历史学会成立十周年纪念刊《侨史研究十年》开卷篇《回顾与展望》中，对侨史学会的工作做出这样的评价："十年过去了，为中国侨史研究事业倾注了心力的许多前辈，如廖承志、庄希泉、司徒慧敏、洪丝丝、孙孺、朱杰勤等都已先后离开人世。可以告慰他们的是，这块空白的园地，由于前辈们和其他许许多多同仁们的辛勤努力，已初获硕果。回顾这十年，一项瞩目的成绩，是我国的侨史学术团体从无到有、不断发展并同研究机构紧密结合，形成一个具有我国特点的侨史研究工作的格局，为今后研究工作的开展打下基础。”

博物馆、纪念碑以及各种华侨活动的公共场所，是宣传侨史、传承华侨文化的一种方式。陈嘉庚先生创办博物馆的目的：“一是想到国内大城市外的普通百姓，二是为了方便华侨回国观看。”他在《倡办华侨博物馆缘起》中说：“博物馆是文化教育的一种，与图书馆、学校等同样重要，而施教的范围更为广阔。”

1960 年，陈嘉庚先生倡议兴办华侨博物馆，当时，他将 50 万元人民币托付庄明理先生，用于要在北京建立的中国华侨博物馆。“文革”后，庄明理找萧岗商议，如何早日实现陈先生建立中国华侨博物馆的宏愿。

1991 年 4 月，七届全国人大四次会议和七届全国政协四次会议召开期间，曾举行一次人大华侨委员会和政协华侨委员会联席会议。会上，侨界人大代表和政协委员联合倡议，在北京建立中国华侨历史博物馆。当时，萧岗即向华侨委员会副主任林丽韫提议，由全国侨联来实现陈嘉庚先生建立中国华侨历史博物馆的宏愿。此事得到全国人大、全国政协及党政有关部门的支持和重视。从那时起，到 2014 年 10 月，中国华侨历史博物馆建成开放，历经 13 年艰难曲折的道路。

“俏也不争春，只把春来报。待到山花烂漫时，她在丛中笑。”2016 年全国侨联成立六十周年之际，萧岗来到中国华侨历史博物馆，参观了各个展厅。此外，他还接受了采访，这次采访被录制，用于庆祝全国侨联成立六十周年的纪录片。在采访中，他谈到 1978 年全国侨联恢复重建时，在中南海自己向中央领导汇报侨联工作那段往事。

此时，他感到欣慰，自己已完成了到侨联的工作，无愧地向组织、向侨胞交出一份合格的答卷。

侨的情怀

萧岗的家是华侨之家、幸福之家。他于 1950 年在北京结婚，夫人颜瑾瑜是新加坡归侨，1928 年生于金门，祖籍金门。在七十多年相濡以沫的共同生活中，她给予萧岗无微不至的照顾，使他得以有较好的身体和充沛的精力，全身心地去做好工作。

在新中国诞生前夕，组织将萧岗安排到新中国的侨务工作上，一直到离休。在为侨服务的岗位，他勤勤恳恳地工作了 50 年，在新中国最早的侨务工作者之中，他是为侨服务时间最长的人。新中国的重要侨务，安置难侨，保障归侨侨眷权益，引导广大归侨侨眷和海外侨胞参加祖国的社会主义建设等，他都为之做过许多工作。

2016 年在中国华侨历史博物馆接受大型纪录片《纪念中国侨联成立 60 周年》采访

与夫人的合影

萧岗对华侨在海外谋生的艰辛有着亲身的经历。他常说，在祖国危难时，多数人是由于生活所迫，才去海外当华侨打拼的，华侨的大部分是穷苦人。

在纪念中国侨联成立五十周年座谈会上，他无限感慨，发自肺腑地说："回顾50年来侨联走过的历程，我觉得可以用一句话来概括，那就是'国运兴，侨运兴'。海外侨胞的命运是与祖国命运紧密联系在一起的。侨联的发展是与我们国家的发展紧密联系在一起的。"

中共中央、国务院、中央军委分别于2015年6月和2019年9月，向萧岗颁发纪念中国人民抗日战争胜利70周年纪念章和庆祝中华人民共和国成立70周年纪念章。他十分珍惜这两枚纪念章，把它们摆在自己卧室的书柜里，每次经过书柜时，都会驻足深情地看看纪念章，并认真地念着上面的字，为这份人生历程的荣誉而感到自豪。

在九十多岁时，萧岗还常常吟诵《千家诗》。他喜欢默写"苟利国家生死以，岂因祸福避趋之"这两句诗，自娱自乐。

萧岗把一生献给了祖国抗日、解放和建设事业，为爱国统一战线、为新中国各个时期侨务事业的建设与发展，鞠躬尽瘁。他以行动昭示，自己对祖国、家乡、侨胞的爱。从伊洛瓦底江、萨尔温江到祖国侨乡各级侨联、归侨社团、侨史研究单位、华侨博物馆和侨史纪念碑，都有他留下的足迹和倾注的心血。

他海纳百川、顾全大局的胸怀，坚持原则、认真工作的作风，克服困难、坚忍不屈的无畏精神，善于将原则、政策和经验相结合，去解决问题的修养与造诣，有口皆碑。

他努力学习，善于思考，尊重知识，尊重人才。他勤俭节约，严己宽人，谦虚谨慎，关爱他人，以诚待人，一视同仁。与他共事过多年的同志说："我们这些有幸在萧老手下当过兵的人的心中，他是亦师亦友亦兄长，可亲可敬，是我们永远的楷模。"

（冀新）

平凡人的不平凡人生

——记终身奉献教育事业的马来西亚归侨郑克成

郑克成（1925—2010），出生于漳州，1947 年加入厦门大学中共地下党组织。1948 年到马来西亚山打根培志学校任教，1952 年回国。

曾任厦门市教育局中教股股长、厦门第七中学党委书记、厦门第二中学行政首长、厦门第一中学校长兼副书记。1982 年筹建厦门鹭江职业大学并任党委副书记、副校长，主持工作，1986 年离休。获得中共福建省委、福建省政府颁发的“纪念福建解放六十周年”勋章、福建省闽粤赣边区革命史研究会颁发的“中国人民解放军闽粤赣边纵队成立六十周年”纪念章。

离休后发挥余热，在厦门市老年大学任副校长等，义务工作了 10 年。关心国家，关注社会，经常给市政府有关部门及报刊写信，建言献策。常年出资助学、助困、助老、救灾。集策划、组稿、撰稿、主编、发刊为一身，用 15 年的时长编辑发刊 150 期《友谊之窗》，用笔墨叙述爱情、亲情、友情、同学情。

在厦大参加地下党　在海外任教 4 年

郑克成出生于漳州一个殷实家庭，就读崇诚小学、崇正中学。抗战时家道中落，读完初中，进入大田集美高级商业学校就读。当时集美商校实行军事训练，这令他养成良好的行为习惯和有规律的生活秩序，终生受用。

集美商校毕业后，被保送到厦门大学商学院读书，他既高兴又担忧，高兴的是能够继续升学机会难得，担忧的是入学后经济无着落。幸得全家人支持，于是赴已内迁到长汀的厦门大学报到注册。

在厦大，郑克成读的是商学院会计系，但他选择经济系为副系，同时也经常去听教育系的课。他觉得教育工作很有意义，救国家于危难，必须有栋梁之材。当时，在他内心已植入从事教育工作的信念。

靠着叔父的资助，郑克成度过了在长汀的 2 年大学生活。抗战胜利学校迁回厦门后，利用夜晚到基督教青年会办的补习学校兼课，同时还做些帮厨零工赚些生活补贴。

1946—1948 年，厦大有王亚南、郭大力等多位政治倾向进步的老师，他们除了上课传播进步思想外，也经常举办讲座，很受同学的欢迎，校园内弥漫着一股民主风气。正是内战烽火到处燃烧的时候，学生运动风起云涌，厦大也不例外。在同寝室同学张卓云（后改名张民汉）、纪华盛等的影响和介绍下，郑克成加入了闽西南地下党。

他除了偷偷地阅读一些地下刊物，参加公开的“大家唱”歌咏队外，还和表弟杨炳维合作编印一本《国风歌选》，内容是当时流行的反腐败、反压迫的民歌，如《团结就是力量》《咱们工人有力量》等。1948 年 6 月，厦门国民党特务毛森大举搜捕、迫害地下共产党员，党组织安排一些党员疏散。郑克成毕业在即，于是征得党组织同意后，决定到姐姐所在的马来亚山打根去教书。

郑克成先到香港，按党组织给的地址，找到张卓云。临行前，张卓云告诉他，山打根没有共产党的组织。

山打根是英属北婆罗洲的一个县，人口只有十多万，市区多数是华人居住，他们掌握了商业经营权。当地十多所华校均由不同会馆出资兴办，规模不大。郑克成所在的培志学校是由福建华侨创办的，校舍就设在福建会馆。

郑克成曾学过教育学，对陶行知先生主张的知行合一，以及在做中学学中做、教学相长、劳动教育、平民教育等教育理念身体力行。他对待学生较为民主、平等，如兄如友，且带来许多新知识，经常开展课外活动，还带领学生们自己动手建校舍和篮球场，学生们都很喜欢他，结下了深厚的情谊。

培志学校教师篮球队（老虎队），郑克成（后排左二）

时隔40年，1992年郑克成夫妇重回山打根。一出机场，出乎意料受到20多位当年的学生夹道欢迎。“热烈欢迎郑克成老师莅临山打根访问”的横幅及场景，引得他热泪盈眶。离开山打根前夕，当年的同事、学生60多人又为其夫妇举行欢送晚会。这番热情，引得当地的报纸前来报道：“郑老师是当年青年的偶像，风靡一时……经过40年的时间，师生始得共聚，欢喜哀伤，无限唏嘘。”

郑克成到山打根后就注意了解当地的政治形势。那里是英国统治的殖民地，说是民主，实则是铁腕高压。当时山打根还有中国国民党党部，也有一个政治倾向亲中共的“中华青年会”，但显然还没有共产党的组织。所以，政治信息的来源还是依靠香港张卓云和订阅的香港三联书店的报刊。受邀参加青年会并担任秘书长后，郑克成建议青年会举办工人夜校，让一些华侨平民有机会学习，同时还可以加强华侨的团结。在新中国成立和英国宣布承认新中国之后，青年会举行庆祝活动并悬挂了五星红旗。没想到的是，这样的活动竟然遭到英国政府的干预，同时还责令青年会要重新申请注册登记，并一直未能获批，实际上就是被勒令停止活动。

1950年之后，因为在香港的张卓云去了广东，党组织关系被迫中断，郑克成想早日回国，但移民局不批准。

之后，郑克成和明新学校的陈达敏，华侨学校的刘伯克三人，负责筹备成立山打根华校教师联合会。成立后，郑克成任秘书长。不久，县政府的督学来学校检查，并特地对郑克成进行了查问。没多久，郑克成就接到县政府通知，说是触犯了社会治安条例，取消教师执照并勒令出境，郑克成决意回国。当时，姐姐、姐夫以及一些家长和校董都极力劝说他不要回国，要帮助其转移到菲律宾或印尼，但他还是坚持要回到新中国。

回到厦门 终身为教育事业奉献

郑克成回到厦门后，进入厦门一中任教。他向厦门一中党支部申请恢复党的关系，并将在山打根四年的情况无论巨细都做了书面汇报。但没有想到组织上对他这段海外政治历史始终存疑，没有做出结论，要求办理重新入党手续。由于海外工作经历没有结论和海外关系较多的缘故，在历次政治运动中，他都难免要接受审查，“文革”中还被作为“特嫌”，正式立案审查。这段政治历史悬案，到了1979年才得到平反，1948—1954年这一段时间的党龄也得到追认。

在厦门一中任教期间，郑克成系统地学习了教育理论，加深了对教育工作的认识。1956年调到厦门市教育局任中教股股长，协助局长主管全市中等教育业务，这段时间有机会经常到各校、各地了解情况，熟悉教学教育业务，教育行政管理能力和思想观念、政治理论得到很大提高。1971年，教育局被斗、批、散，郑克成也被下放到厦门海关作为工宣队副队长。后又担任“清理阶级队伍运动”工作，在郊区驻扎了2年，1974年才归队回到教育系统并被派到第七中学工作。后任革委会副主任。1975 年 7 月，调到厦门二中任行政首长，时逢“反击右倾翻案风”运动，干部一律不能正式任命职务。1979 年 3 月，调任厦门一中校长兼副书记。1982 年 3 月，又被调任厦门鹭江职业大学党委副书记、副校长，主持学校工作。

30 多年的教学生涯，郑克成描述得风轻云淡。其实作为一名归侨，他历经磨难，但他没有“你爱祖国，可祖国爱你吗”这样的疑问，真正做到信念坚定。

他说自己“一生平凡，只求做一个奉公守法、爱国利民的老百姓。”桃李不言下自成蹊。这位温文尔雅的谦谦君子是当之无愧的教育家、真共产党员。

参与创办鹭江大学　勇当开荒牛

1981 年，厦门经济特区建立了，鹭江职业大学（简称“鹭大”）也在这一年诞生。一张白纸绘蓝图，对于郑克成这些开荒牛来说，也就意味着白手起家办大学。当时的校长由市领导兼任，郑克成作为副校长主持工作，是辛苦操持的大家长。

鹭大建设如火如荼

鹭大刚刚创办的时候，学校没有教室，借用市财贸干校的简易教室，课桌是从当时的“大庆展览馆”搬来的；没有充足的师资，聘请厦大等其他学校和企业的教师；没有运动场，借用九中的操场；没有礼堂，开大会或文艺会演借用外单位的会场，条件很是艰苦。师生们撸起袖子，上下同心共建校园。年近六旬的郑克成骑着自行车，东奔西走。

郑克成曾回忆说，在20世纪80年代，上大学可以说是真正的精英教育，那时适龄青年中，只有10%左右的人有机会上大学，因而每年都有数量庞大的高考落榜生。鹭江职业大学当年招的就是厦门本地的应届落榜生。但鹭大是厦门第一所职业大学，学校的性质与以往的大学十分不同：“第一，需要自费读书；第二，只招走读生，没有安排宿舍；第三，毕业后不包分配。”

在家长会上，郑克成为家长们解答疑惑，介绍学校的性质和改革的方向。最后，学生和家长都认同学校的办学方式。到了1982年暑期，报名的学生明显增多了。

热血沸腾的20世纪80年代，年轻人都渴望通过知识改变命运。条件虽然艰苦，老师却教得用心，学生学得上心。“那时，大家共同克服困难的精神让我很感动很难忘”。

到1986年郑克成校长退休时，学校已经开设了8个专业，在校生2000多人，老师也绝大多数是专职的。

时代的车流滚滚向前，2004年经教育部批准，鹭江职业大学更名为厦门理工学院。今后厦门理工学院即将更名为厦门理工大学，这也意味着，从鹭江职业大学起步的这所高校的办学条件和内涵指标都达到一定标准。郑克成校长在九泉之下定然欣慰开怀。

郑克成以满腔的热忱投入教育事业，多次被评为“先进工作者”，曾获得“早期归国华侨教育专家”称号。1986年离休后，他继续在鹭大教学，并连续担任学校退教协会会长8年，还担任厦门老年大学副校长3年，直至70岁才正式卸下各项社会工作。而这10年，他都是义务工作，没有领一分钱报酬。

相恋相伴62载　希望来世做夫妻

郑克成写过一篇文章，说来世还愿意与张淑英结为夫妻，但要角色对调，他来做妻子，因为他感念张淑英为这个家庭默默付出太多了。

郑克成自己也没想到终身大事竟是在山打根“奠基”的。张淑英1932年出生于山打根的一个工人家庭，初中在培志学校就读。郑克成教过她两年书，印象中，这是个勤奋守纪、生活俭朴又懂事的好学生。毕业后，张淑英一边读中学，一边到培志学校兼职，师生变成了同事，两人有了更多机会接触，萌生了异样的感情，日久弥坚。

1952 年郑克成、张淑英订婚照

1952 年将离开山打根时，郑克成没敢向张淑英和她父母提出结婚的请求。因为张淑英是独女，而自己前途莫测，实在难以启口。没想到，张淑英的一场大病令父母以为她害的是相思病，竟然同意他们一起回国。回国后，张淑英继续念书，一直到 1954 年才成婚。

1954—2010 年，跨越半个多世纪的婚姻生活里，他们始终相濡以沫。2004 年，郑克成夫妇携子女重回马来西亚槟城——蓝卡威，孩子们在希尔顿酒店为父母举行了金婚烛光晚会，庆祝他们携手走过五十年。

张淑英回国后因为中文底子薄，在厦门一中读了一年初中，考上厦门师范学校。毕业后曾在群惠小学（原鸿山小学）等多所小学任教，从普通教师成长为小学校长、思明业余学校校长。

在那个颠倒是非的历史年代，郑克成一度被当成潜伏回国的特务，而张淑英则成了掩护特务的特务。尽管被误解被调查，但他们始终心中坦荡，相信党相信组织。张淑英早在 1956 年就读师范学校时就写了入党申请书，此后，她不断向党组织递交申请、写思想汇报，直到 1976 年郑克成被平反后，才终于如愿以偿入了党。整整 20 年的追求啊，丹心可鉴。

20 世纪 80 年代初，张淑英接到组织的安排，开始一手组建当时的思明区侨联。1983 年起担任思明区侨联第一届委员会副主席，直到 1991 年退任思明区侨联顾问。为了做好侨联工作，她学讲闽南话，拉近和侨友的距离。侨联开展活动缺乏经费，她从侨利面包厂批发面包出来卖，获取的利润全都用作侨联活动经费，这在今天看来不可思议，但她就是这样完完全全地投入工作中。她对教师这份职业有着执着的爱恋，直到 1987 年退休仍然保持着教师身份。

退休后，张淑英积极参加老年大学和退教协各项活动，还担任思明区顶澳居委会侨联小组组长及新侨民家属联谊组组长。如今已 89 岁的她，始终心系侨联，一直担任思明区、中华街道、仁安社区侨联顾问。

那些年，邻居们每天早上都能看到两位老人形影不离地去公园早锻炼，他们衣着光鲜，发型纹丝不乱，特别是饱满的精神状态，令观者羡慕不已。

不求子女成龙凤　但求正直有用

“我对子女不强求其成龙成凤，注意培养他们学会做人，做好人，做正直有用的人，做对得起国家、社会和家庭的人。”父母的言传身教，良好宽松的家庭氛围，使三个孩子都实现了父亲的愿望。

2008 年家庭合影

大女儿郑昭红大学毕业后分配到北京，曾任原中共中央文献研究室宣外办主任、科研管理部主任。她永远记得中学时，父亲每晚在卧室伏案工作的背影。她最感慨父亲超脱的生死观，父亲很早就写信给医院表示愿意捐献遗体。生前立过两次遗嘱，跨度 19 年，早已考虑好身后事。而且一再强调不发讣告，不举行仪式，骨灰海葬。

二女儿郑昭琳受父母的影响，高考填志愿时，从第一个到最后一个填的都是师范学校。她在双十中学工作多年，曾被评为全国五一巾帼标兵，任湖里区农工党基层委副主委。郑昭琳一家一直与父母生活在一起，她数不清多少次父亲悄悄地为灾区捐款，给家庭经济困难的孩子提供帮助，甚至依据报纸报道的信息，寄钱给生活贫困的陌生人。而父亲自己生活十分简朴，曾经一个月只花了 7 元，还是因为理发才花的钱。

儿子郑昭东，1987 年赴美求学，曾在雅虎、诺基亚、宝马等大型跨国公司任要职，是位科技精英。他最感念的是在美国时，父亲雷打不动的每周一信，既循循善诱又平等交流，那是在国外孤身奋战的精神支柱啊。

在儿女们心中，父亲低调、正直、善良，有正义感，有社会责任感。正因为这样，这个家庭曾被社区评为“书香之家”，并在 2012 年被评为第八届全国五好文明家庭。

活到老学到老　洒脱一辈子

1989 年 11 月，阔别 45 载的原集美商校 24 组、高 8 组的老同学在集美财经学校首次聚会。郑克成写了《同窗欢聚叙旧情》的纪实以及聚会花絮、报道等，分寄给同学们，得到热烈的反响。从此以后，每月一期的《248 友谊之窗》诞生了。历经 15 年，出版了 150 期。

郑克成把这份通讯的作者、阅读者称为“窗友”，起初窗友只有 50 人，以后家属子女、至亲好友也陆续加入，发行的范围曾经广及福建的 14 个县市和上海、北京，以及港台、美国、新加坡等地，遍及全球四大洲，真是小小期刊广发行，送与四洲窗友情。

《窗》内外的人称它为少有的“奇刊”。“奇”在何处？“奇”在从集稿、编辑、批注、校对、出版到发行，都由一个人独自包办。“奇”在文字洗练、生动、幽默。在文章里，同学称主编是“独裁者”（这是对郑克成的昵称），称主编夫人为“拐来的”（因是归国侨生）。“奇”在内容丰富多彩。有同学的信息，有来鸿选登，有同学的真情实话，有趣味横生的文章，还有百吟不厌的诗词。这份奇刊引起了媒体的关注，《中华老年报》《中国老年》都曾报道。

“应该好好珍惜与把握，使老年变成一生中最快乐的时光”。郑克成携夫人游历祖国大好河山，到世界各地探亲访友，主持同学老友聚会，组织校友们回到昔日母校旧址大田县访问寻旧，并写出大量的游记、散文、报道、杂记，成为一生中写作最多的时期。

郑克成活到老学到老，电脑网络开始流行时他已 70 岁了，照旧学了起来。他可以和同龄人笔墨交心，也能和中年人笑谈人生，还能和年轻人促膝谈心。

2010 年，郑克成离世时，留下了他离休之后笔耕的 20 多万字文稿。这些文稿，大多是为自办的刊物《友谊之窗》所写。字里行间，倾注了对亲人、同学、朋友的感情，也传递着“老番颠”（老顽童）间的逸闻趣事。长短篇章，表达了一位教育工作者的忧思，也回顾了一生的风风雨雨。他将所有的文稿整理打印，并在第一页写下《我手写我心》的标题。在他辞世一周年之际，孩子们将这些文稿整理、编辑成书，并附有亲友的纪念文章，从中勾勒出郑老先生的精神世界。

（林希）

为党为侨工作近一个世纪的菲律宾归侨

曾淑萍，1928 年出生，菲律宾归侨。年仅 14 岁便投身革命，参加地下党，为国内赴菲的抗日同志进行掩护，出色完成了革命工作。1958 年回国，先后在中国华侨事务委员会、华侨大学、厦门大学工作。1970 年进入厦大外语系任教，1985 年离休。离休后仍继续为厦门和海外牵线搭“侨”。

曾任厦大侨联第一、二届主席，厦门市侨联第九届、第十届副主席。1982 年荣获“全国归侨先进分子”称号，2000 年获厦门市侨联“侨界模范”称号，2010 年获颁“从事侨联工作三十年以上”证书。2005 年，获得中国人民抗日战争胜利 60 周年纪念章。

菲律宾的小小抗日女战士

性格决定命运，曾淑萍相信这句话。从小她就和乖巧安静的姐姐们不一样，独立自主，爱说爱笑爱唱。这样的个性，让她十一二岁时便接触了进步人士，学生时代成为多年的“老班长”。回中国后，在中侨委、华侨大学、厦门大学工作……她都甘之如饴。创办厦大侨联后，她的好人缘更是令工作如虎添翼。

1928 年冬天，在菲律宾马尼拉的曾家，第七个孩子在父母的期盼中到来，“又是一个女孩”，在一连串的女孩子之后，曾家父母多么期盼能添个男丁。叫她“招弟”吗？有点太直接了，于是她有了“淑平”这个原名，多少带了点男孩子气。

曾淑平的父亲在西班牙统治菲律宾时期，就从家乡福建晋江下南洋讨生活。后来，做了点小生意，家庭经济条件逐渐好转。谁知，小淑平六七岁时，父亲去世，家庭陷入贫困境地。大姐出嫁，还有 3 位姐妹送人抚养，16 岁的二姐撑起了全家的生活，小淑平很迟才得以上学，而且由于交不起学费，只好经常更换学校，得了“留学生”的称号。但她却像棵特立独行的小草，自在阳光地成长。

“我长得不好看，可上台表演总有我的份，哪怕是扮演一只蝴蝶，或是敲门的狼外婆”，小淑平书读得好，爱唱歌，抢着干活，老师同学们都喜欢她。“上学时我总要邀上同学同行，放学了也常常到同学家玩”。小学还没毕业，因为班上有位同学的叔叔参加了进步组织，淑平时常“一起玩”，也跟着学会唱进步歌曲，参加各种抗日活动。

“那个时候，我看巴金的《家》《春》《秋》，似懂非懂，但深受感动；我唱《铁蹄下的歌女》，几乎落泪；我到街头去募捐，为了买飞机支援抗战，成绩很好，得到表扬”。就是这样耳濡目染、潜移默化，小小的抗日女战士逐渐成长起来。

曾淑平同进步同学、进步组织接触，参加抗日进步活动。“当时才 14 岁，可以说是一名基本群众。组织叫我做什么，我就做什么；组织叫我到哪儿，我就到哪儿”。1944 年 6 月，曾淑平光荣地加入菲律宾共产党。

菲律宾光复后，华文学校开始复办。组织上从工作的需要出发，要求曾淑平继续读书。在组织的安排下，1946 年，她进华侨中学，一边学习，一边做党的统战、群众工作。

市侨联副主席曾淑萍（左二）应邀参加菲律宾华侨中学校庆

1950 年高中毕业后，曾淑平考入菲律宾的马波亚（Mapua）理工学院读化学化工专业。这所学院所有的课程都是用英文教学，这对英文水平的提高帮助很大。

大学期间，曾淑平一边读书，一边在小学里教书。继续联系群众，宣传进步思想，特别是新中国成立后出现的新气象、新事物。组织青年进行小组活动，如举办读书会、给他们讲解形势等。参加这些活动的许多人，后来在菲律宾当地华侨社会中都发挥了重要影响。

回到中国为侨服务

曾淑萍是在菲律宾读完大学，1958 年才回到中国，那年 30 岁。“我很早就想回国，可是组织不批准啊”。曾淑萍 16 岁就加入共产党，她服从组织安排，留在更需要她的地方。

“同学们都叫我‘老班长’，因为我从初二到高三，一直都当班长。还有一个原因是我确实‘老’，我比同班同学大了三四岁呢”，曾淑萍哈哈大笑。和同学们的亲密相处，与进步同学的并肩战斗，既是青春里宝贵的记忆，也是日后侨联工作的宝藏。

一回到中国，曾淑萍就到北京，中侨委“抢”到她。3 年之后，中侨委要在福建创办华侨大学，曾淑萍二话没说，拖家带口来到福建。搞基建时，搬砖扛木头，样样抢先。开课时，因为缺外语教师，英文功底较好的曾淑萍就教起了英语课。

1960 年曾淑萍结了婚，爱人原在中侨委国内司工作，一起到华侨大学。他是上海暨南大学英文专业科班出身，缅甸归侨，南下干部。1965 年，丈夫不幸因病去世。曾淑萍拉扯着两个幼小的孩子，还要照顾婆婆和残疾的小姑子，全家的生活重担都落在她一个人肩上。她没有因为丈夫的去世而影响工作，课，照常上；工作，照样做。

由于院系调整，曾淑萍所在的华侨大学英语系并入厦门大学。1970 年，曾淑萍成为厦大教师。“文化大革命”轰轰烈烈地进行着……“我起先觉得‘侨’这顶帽子不好，可是侨生就是侨生，这顶帽子也摘不了呀”。“文化大革命”期间，曾淑萍主要是参加劳动，幸而没有遭受更多的迫害。

十年浩劫终于结束了，共和国久冻复苏。曾淑萍的人生在年届五旬时翻开了新的篇章。

1977 年，曾淑萍离开菲律宾已经 20 年了，老母亲都快 90 岁了，母女间思念的泪水几乎流干。她小心翼翼地向学校提出“我可不可以回菲律宾去看看亲人”？在层层审批之后，曾淑萍终于回到生她养她、既熟悉又陌生的菲律宾。亲情友情依旧，同学们都围拢过来，关切地问起她在“文革”中的遭遇，都很关心中国的改革开放。这给她重新接触侨务工作提供了一个机会。从小就爱交朋友的曾淑萍和菲律宾的亲朋好友、同学知己逐渐恢复了联系。

1978 年，曾淑萍被推选为第二届全国侨联委员，去北京参加第二届全国侨代会，此后连续四届当选为全国侨联委员。

中国刚刚改革开放，经济社会发展形势让人备受鼓舞，曾淑萍内心不断涌起想为华侨做些事的热情冲动。时任市侨联主席的颜西岳向曾淑萍建议：“厦大这么多归侨老师，你可以成立个侨联啊，厦门市侨联会支持你的。”当时的校领导谢白秋是马来西亚归侨，也是曾淑萍在华侨大学时老领导，对她很了解，非常支持成立厦大侨联。

但现实中存在许多复杂因素和重重困难，这没有难倒从困难中走过了大半生的曾淑萍。1981年，厦大侨联终于成立了。“当时厦大出了30元，颜西岳主席还赞助了80元作为筹办经费。第一次开大会，借用学校工会的场地，来了80多名归侨教职工”，曾淑萍被选为厦大侨联主席。

厦大侨联建立初期，由于资金紧张，很多工作无法顺利开展。海外侨友闻讯迅速团结起来，主动为侨联进行募捐，募捐物资包括一部大型面包车、照相机、电器设备、办公桌椅等，这些硬件设施的配备为侨联工作的开展带来了极大便利。由于设备均在香港，运回厦门也颇费一番周折。

爱国爱校成为侨胞贴心人

厦大侨联成立后，经常会有一些侨胞回厦大，却缺乏活动场所。曾淑萍和同事们就想建立个华侨活动基地。陈卿卿是低了曾淑萍两级的学妹，听说这事后，主动说：“我的父亲曾经是厦大的体育系老师，我也想表示一点心意。”

陈卿卿博士1934年在厦门出生，父亲陈掌谔曾任厦门大学体育部主任。抗战发生后，陈掌谔随厦大内迁长汀，在那工作了一年，而她与母亲等家人则先搬到菲律宾居住。父亲随后也结束国内的工作，到菲律宾与家人们团聚。不过离开厦大的父亲，不忘母校情谊，时常对自己的孩子说如果以后有机会，要为厦大做点贡献。陈卿卿以陈掌谔的名义捐出5万元外汇券给厦大侨联，用于筹建华侨之家，以此纪念1978年去世的父亲，也算是实现了父亲多年的愿望。

庄中坚博士则是厦大“华侨之家”的另一位捐赠者，1932年出生在菲律宾，祖籍泉州，是第二代华裔。他与曾淑萍是侨中学院的同班同学。他的叔父庄材保曾是菲律宾马尼拉华侨中学的校长，又是菲律宾厦大校友会理事长，也是曾淑萍的中学化学老师。他对自己的学生曾淑萍一直疼爱有加，求学期间不仅帮她介绍家教解决生活问题，更是曾淑萍的精神导师。庄中坚听闻厦大侨联拟建“华侨之家”但缺少资金时，便爽快答应捐资外汇券5万元。

在曾淑萍和厦大侨联其他工作人员的共同努力下，华侨活动基地——“华侨之家”于1983年动工兴建，1984年10月落成并由厦大侨联对“华侨之家”进行自主管理，这也是全国高校最早的侨联基地。原全国侨联副主席萧岗在剪彩仪式上称赞说“建成‘华侨之家’是全国高校侨联中的一项创举”。

有了一个固定的活动场所，厦大侨联也进入了一个快速发展期。举办活动，开展联络、联谊等都在“华侨之家”进行。后来，“华侨之家”还扮演起了招待所的角色，也会租给在厦大考试的学生，象征性地收些费用，而这些费用都成了厦大侨联活动经费的来源之一。直到现在，“华侨之家”依然发挥着作用。

1984 年全国、省、市侨联，省市侨办、市委统战部及厦大党政领导与部分委员在“华侨之家”落成典礼后合影

春回大地，厦大侨联做了很多实事：解决归侨侨眷教职工两地分居的困难，帮一些归侨知识分子恢复党籍、名誉，归侨享受了分房照顾分，根据政策争取解决归侨子女农转非的户口问题……落实了侨务政策，解决了归侨的实际困难，就温暖了侨心，增强了侨联的凝聚力。

厦大侨联的归侨来自十多个国家，分布在全校几十个单位，有许多人原先互不认识。平日里嘘寒问暖，曾淑萍尽力将关切一一送到。为了促进归侨成员间联络感情，利用节假日举办了各种有益活动。

2011 年 9 月，承前启后 · 厦大侨联新老委员合影

有了比较系统的组织架构后，为了加强与海外华人的联系，特别是加强与第二代、第三代华人的联谊，厦大侨联开展了一系列的文化活动，其中之一就是组织夏令营。1987年5月，举办第一期菲华青少年夏令营。这批夏令营学员都是菲律宾侨中的学生和校友的子女，他们出生于菲律宾从来没有回到祖籍地，家长们送他们回来就是想使他们了解祖籍国的文化传统、人情风俗，让他们知道自己的祖先来自“唐山”。通过这次短期的文化学习、参观旅游、寻根访祖活动，菲华青少年们收获很多。

在曾淑萍的牵线下，菲律宾侨中学院艺术团在厦门影剧院上演了非常轰动的《侨中颂》。曾淑萍多次去菲律宾探亲，接触了许多海外乡亲和各界人士。这些都推动了中国与东南亚，特别是菲律宾的民间友好往来。

事实上，除了成立厦大侨联为厦大侨胞服务，她还一直为海外侨胞来厦活动服务着。庄材保先生每次回厦，都会先联系曾淑萍，曾淑萍会带着他在厦门走走，在厦大里走走，看看厦门的变化，还会和他一起去看望厦大化学系巨擘蔡启瑞先生。

20世纪80年代，厦大校友、华侨佘明培回母校游览时发现，厦大竟然没有一座像样的体育馆，便打算捐钱筹建这座体育馆。曾淑萍曾经代表厦大去马尼拉，和佘明培先生商谈增加厦大明培体育馆捐资的相关事宜。佘先生了解状况后，立马就答应了下来。然而就在两人见面后没几天，佘先生便出了意外。尽管如此，佘夫人依然不忘丈夫遗志，毅然慷慨捐资，才有了如今的明培体育馆。

值得一提的是，除了1993年“华侨之家”扩建时，原捐款人庄中坚、陈卿卿再次捐款合计1.5万美元外，陈卿卿在2007年又以其父亲的名义捐出100万给厦大用于奖励优秀学生。除了支持厦大学生完成学业外，厦大侨联每年还拿出一定资金给厦门市菲律宾归侨联谊会用于活动的开展，这也无形间增强了归侨侨眷和侨联之间的感情。众多的侨捐工程里，有侨胞捐赠的功劳，也有侨联工作者引导的奉献。

曾淑萍在担任第二届厦大侨联主席后就因为身体原因辞去了侨联的职务，虽然不在其位不谋其政，但这位热心的老大姐还是停不下来，闲暇之余总会主动关心侨联的发展状况。继任的厦大侨联主席赵启安、陈裕秀、程璇等也时常向这位大姐请教、互动，大家共同努力，厦大侨联成为真正的“华侨之家”。

离休后，曾淑萍依然发挥余热，多次远赴海外探访华侨华人、校友以及社会名流，宣传祖（籍）国、家乡的巨大变化，让海外华侨关注祖（籍）国和家乡，为祖（籍）国发展、家乡建设出一份力。

直到耄耋之年，曾淑萍仍然不改年轻时积极的人生态度，每天读报，看新闻，练琴……她说虽然身体一年不如一年，但是那份服务侨胞的心从来没有变过。

“我老了，太老了，老是忘事”，在访问中，曾淑萍一再感慨。可是历史不会忘记这些人这些事。在位于思明区南华路的老干所宿舍楼，总说自己不好看的曾老师，满头银发，笑容绽放，沐浴在冬日暖阳里，明明比那院中盛开的三角梅还要美丽。

（林希）

我的选择，于心无愧

——记毕生研究侨史宣传嘉庚精神的陈毅明

陈毅明，祖籍海南省琼海市，1935 年在新加坡出生，1953 年回国，先后就读于集美中学和厦门大学。1961—1989 年在厦大任教，1990 年调入华侨博物院，任副院长。1999 年退休。

步入陈毅明的家中，客厅墙上悬挂着巨幅书法对联“每临大事有静气，不信今时无古贤”，在陈毅明的身上，看到的正是这种淡泊宁静、举重若轻的气质。在厦门大学潜心研究，传播华侨精神；主动申请到华侨博物院，努力实现陈嘉庚先生的遗志；为南侨机工奔走呼告，在“百家讲坛”上流泪讲述他们的故事。历经失去至亲的苦痛，独自坚毅、积极地走在夕阳里。

陈毅明

（图片来源：思明区侨联）

选择到嘉庚先生的故乡读书

陈毅明 1935 年出生于新加坡一个割胶工人家庭，家境贫寒，9 岁丧父，读完小学即当童工。

陈毅明与父母漂泊的路线图

（图片来源：陈毅明）

1952 年，她在新加坡阜安布伞行做工，业余在醒华夜校学习，还到益群夜校成年识字班当教员助理。那年 7 月，新加坡英国殖民当局以“违犯《紧急法令》”为由，将其拘押，先后被关在中央警察局、西罗敏女牢和巴生集中营，长达 1 年又 14 天。1953 年 7 月 22 日被“遣送”出境，29 日到达广州。马来亚（包括新加坡）英国殖民当局于 1948—1960 年疯狂逮捕、驱逐华侨出境，仅广州一地就接收了 3 万多人。因陈毅明出生于新加坡当地，又无证据定罪为“政治犯”，故不叫“驱逐”而是“遣送”。

被监禁期间，当局曾派人动员陈毅明去“感化院”，接受感化以获优待和自由，但她拒绝了。被“遣送”前，又让她选择“去中国台湾”还是“红色中国”？她毫不犹疑：回到新中国！

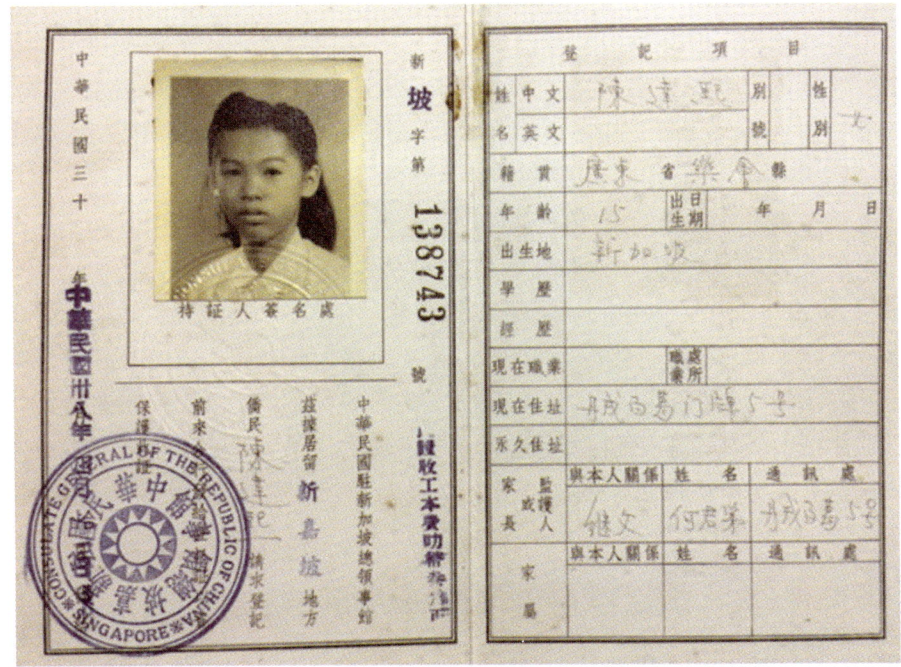

新坡字第 1387743 號

中華民國駐新加坡總領事館

茲據居留 新嘉坡 地方

僑民 請求登記

前來

保護此證

中華民國三十 年

持証人簽名處

登記項目

姓名	中文		別號		性別 女
	英文				
籍貫	廣東 省 樂會 縣				
年齡	15	出生日期	年 月 日		
出生地	新加坡				
學歷					
經歷					
現在職業		職業處所			
現在住址					
永久住址					
家長或監護人	與本人關係	姓名	通訊處		
家屬	與本人關係	姓名	通訊處		

陈毅明的侨民证

（图片来源：陈毅明）

回到祖国那年，陈毅明 18 岁，她迫不及待地想去参加祖国的建设，但广州石牌难侨招待所的干部劝她上学读书。 经过补习，参加了当年全国华侨学生的中学统一考试，被录取，读初中三年级。 当时可任选哈尔滨、北京、武汉、广州和厦门五地的中学。 她没有多想，就决定到陈嘉庚先生的故乡、到小学老师李鸿江读过书的地方，因此选择了集美中学。

人生有很多选择，在几个关键节点，一个岔道便是另一番境遇。 回首当年，陈毅明说“我的选择，于心无愧”。

在集美中学，基础薄弱的陈毅明在老师同学们的帮助下，学习赶了上来。1957 年夏天，考上了厦门大学历史系。 她读书、行军、参加社会实践、教学改革、下乡下厂劳动，没有一样落于人后。 还成了校体育运动队的田径运动员，被评为“对敌斗争与生产劳动积极分子”，当上了校学生会宣传部副部长。

1961 年大学毕业留校，在厦大历史系东南亚史教研室从事华侨史的教学和科研。 1964 年被抽调参加“四清”工作队，去南安县搞“四清”运动，结束后接着又到上杭县继续搞“四清”。 不久就进入了“文革”的动乱年代。 陈毅明有“海外关系”，每天每时都小心翼翼，必须服从革委会的安排参加活动。

“文革”后期，一些归侨开始纠结是否移民出境，一方面感觉爱国的心受伤了，另一方面又对祖国根脉无限依恋。 陈毅明也有过同样的困惑，但她做出了今生无悔的选择。

1979 年厦大历史系东南亚史教研室恢复，系主任陈在正认为，华侨历史必将成为新的学科领域，而陈毅明又是归侨，具有感性认识基础，于是安排陈碧笙教授指导她开设华侨史课程，从事华侨史研究。陈碧笙教授是位学术造诣很深的、德高望重的导师，当时已逾不惑之年的陈毅明，深感幸运。

从 1981 年第二学期开始，陈毅明为历史系学生讲授华侨通史选修课，很受欢迎，其中有一年跨系科选修的学生竟有 300 多名。

而今的厦大法学院名师李琦当年是她的世界史通识课学生，在他的记忆中，“毅明先生如铅华洗尽，令我们感到温婉、可亲，有如面对母亲般。毕业多年后路遇陈师，依旧如此感觉，真好。和母亲不同的是，陈师很知性。那庞杂的世界史，带了枯燥，她竟不用讲稿，娓娓道来，我们如听故事般。我在课徒经年之后也能不携片纸，从容游走于讲台，是她转注了功力于我。现在也能以近于静水深流之势，平实道出所思所悟于我的学生，是她的引领、垂范”。

选择到嘉庚先生创办的华侨博物院工作

20 世纪 80 年代，一个朝气蓬勃、令人怀念的时代。当时的人们特别是党政干部和高校学生，学习热情都很高，渴望了解华侨华人的历史与现状，了解外面精彩的世界。陈毅明就曾 7 次为民盟中央委托民盟厦门市委举办的华侨（三胞）工作讲习班讲述《华侨社会的形成与发展》。

与此同时，陈毅明还带学生去华侨博物院参观。一次次的现场教学活动，让她越发感悟陈嘉庚创办华侨博物院的深远意义。

陈毅明了解到华侨博物院缺少专业人员，去那里工作的念头与日俱增。她不顾老师、归侨朋友等的劝阻，1990 年元旦一过，离开学习、工作了 29 年的厦大，调入华侨博物院，一直干了 9 年，到 64 岁才退休。

由于“文革”劫难及经费不济，当时的华侨博物院陈列落后、百废待兴。陈毅明从清点、鉴定文物入手，制订发展思路和计划，拟出展览大纲和实施细则，确立按专题调整陈列。华侨博物院的陈列改版吸收了新的研究成果，充分利用院藏文物，扩大了展线，充实了内容，并采用现代化展示手段，将华侨走向世界的足迹、创业海外的艰辛、融合当地的过程、落地生根的选择和源远流长的亲情等，做了系统形象的介绍，受到海内外来宾和文博同行的高度评价。

陈毅明与海外侨胞，特别是上层人士有着广泛的交往。在华侨博物院工作期间，为文物库房建设和重新布展等项目争取到不少海外侨胞捐款。1999 年，又为厦门市华侨历史学会争取到海外侨胞捐助的 21 万元研究基金。

陈毅明说，陈嘉庚创办的华侨博物院，当时是全国唯一，也是世界唯一，是陈嘉庚留给世人的记忆珍宝。“生怕它在自己的手上褪了色”。

选择以宣传嘉庚精神为己任

华侨为祖国的独立解放和发展进步做出了不懈努力和突出贡献，陈嘉庚先生是华侨的杰出代表，陈毅明对陈嘉庚先生充满敬仰之情。

在厦大时，在陈碧笙教授的指导下，陈毅明潜心研究华侨史和陈嘉庚。她以陈教授7万字油印的陈嘉庚年谱为蓝本，编写出版了《陈嘉庚年谱》；以陈教授为主编、自己为主要撰稿人，出版了华侨历史专著《南洋华侨史》。

在编著《陈嘉庚年谱》时，她每天从厦大到集美查阅陈嘉庚的档案资料。那时，厦大到集美没有便捷的交通，早出晚归成为家常便饭。清晨，安排好丈夫和儿女的早、午餐，便带着馒头到集美，整个白天都泡在档案资料室。在一年多时间里，寒暑不分，风雨无阻。陈毅明做学问的特点是：善于发掘和梳理纷繁的第一手资料，辨析考订，见微知著，以突出的科研特质和清澈畅达的行文赢得众多的读者。

1985年初，陈毅明接到校长办公室的通知：为广东省科委选派出国留学的34名学生讲“陈嘉庚”。面对即将出国的青年学子，陈毅明心潮澎湃，饱含深情，讲述自己所知道、所理解的陈嘉庚。这是她第一次讲“陈嘉庚”。当时她一定没想到，自己有一天会在中央电视台上将嘉庚精神讲给亿万观众听。

2007年5月5日和6日，中央电视台“百家讲坛”栏目播放两讲《我心目中的陈嘉庚》。陈毅明成为“主讲人”。在七八位专家和权威人士中，陈毅明能够脱颖而出，凭借的是她对陈嘉庚先生独到而深刻的理解。她这样说：

在我的心目中，陈嘉庚是20世纪海外华侨华人最为杰出的领袖人物，具有多重社会角色：

是一位在西方国家统治的殖民地，敢为世纪先、成功创业的华侨企业家；

是一位在国内外最具影响力、最能广泛团结、动员和组织海外侨胞的华侨政治领袖；

是一位把兴学以改造国家社会作为国民天职而倾注了毕生的财力、精力，但宏愿犹未尽的教育事业家；

是一位忧国忧民，视国家安危、民族存亡尤重于身家性命，对中华民族始终充满自尊心、自信心和责任心的伟大爱国者；

是一位既大力弘扬中华传统文化，又积极学习和吸收西方文明，引领时代潮流的社会改革活动家；

是一个思想敏锐、胸怀宽广、是非分明、一身正气的大写的中国人，又是一位跨越国界的、世界性的伟人；

是一个普通人，一个感情丰富、心地善良的老人，一个很有血性、很有个性的男子汉，但却不是一个负责任的丈夫和父亲。

在《百家讲坛》中，陈毅明深情、生动的讲述，受到国内外观众的好评，很多人打电话、写信告诉她，他们看节目时，与她一样，流下了感动的泪水。

选择为南侨机工奔走呼告

1980 年，陈毅明在厦大图书馆、南洋研究所翻找资料时，开始接触到南侨机工的史料。后来从事华侨史的教学与研究，使她对南侨机工有了更多的了解和理解，特别是与南侨机工老人交上朋友后，他们的情怀和遭遇让她感动，也让她牵挂。

三千南侨机工奔赴国难

自 1993 年以来，陈毅明曾十多次到云南、广西、重庆、广东、海南参加寻访、宣传和慰问南侨机工的活动。此外，还在昆明和厦门举办专题展览。1995 年，以“中马历史文化访问团”的名义，协助马来西亚华人文化协会、马中友好协会、华社资料研究中心举办“南洋华侨机工参加中国抗日战争图片展”，在吉隆坡、怡保、槟城、马六甲和新山巡展，同时开展以南侨机工的“回顾峥嵘岁月”为主题的演讲，影响深远。

陈毅明的心与南侨机工的命运紧紧联系在一起，她为之奔走呼告，对南侨机工这一群体被社会所认识、认可做出了贡献。

1998 年 8 月的一天，陈毅明接到南宁市南侨机工殷华生老人的女儿打来的电话，得知殷老 1996 年以来的医疗费因单位不让报销而积欠，不能住院治疗，在家里病逝。单位的领导认为殷老是“国民党”，对老人的生死不曾关心、过问。殷老的儿女们气愤不过，有过激行为的冲动。陈毅明立即写了一封信，发传真给时任中国侨联主席杨泰芳。

殷家的事最终得到妥善处理，但这促使陈毅明寻求从根本上解决问题。1999年12月，她根据多年积累的资料，写成《南侨机工的历史功绩》一文，分寄给海南、广东、广西、云南、四川、重庆、福建等省侨联和中国侨联，并附言请求在全国两会上提交议案或提案，切实解决南侨机工的工龄（从抗战算起）和生活待遇问题，并建议给以恰当的身份认定，如可否考虑为“有功于抗战的爱国华侨”，授予相应的荣誉证书，享受相应的待遇。

来自民间的呼喊，引起了福建省侨联、国务院侨办及相关部门的重视。经过许多人的努力，南侨机工获得应有的荣誉，生活待遇也得到提高。

直到今天，陈毅明依然不时接受相关采访，支持有关单位、南侨机工子女拍摄、出版相关的影视作品和书籍。2020年11月12日，云南最后一位南侨机工罗开瑚辞世，享年102岁，“抗战史上最悲壮的群体”均已离去。回首30年的奔走、宣传，陈毅明感慨“尽了绵力，于心可慰矣”。

选择做直言敏行的侨务工作者

陈毅明既是一个面壁潜思的学者，又是一个破壁敏行的侨务活动家。

1992年8月陈嘉庚国际学会成立，进而酝酿集美大学的组建。这其中，陈毅明起到了穿针引线的作用。她以省人大代表的身份向省市领导提供信息，并多次陪同陈嘉庚国际学会领导人李尚大、林子勤等会见省市领导，商议组建集美大学的各项工作。根据领导和海外人士的设想，她起草了《陈嘉庚国际学会建议筹办集美大学公启》。筹建集美大学一事提上了议事日程，1993年10月，福建省政府做出《关于筹建集美大学的决定》。

1998年8月，陈毅明向致公党中央联络部汇报了印尼华人唐裕先生的情况，并根据指示，以个人的名义支持唐裕先生接受印尼政府颁赐特等功臣勋章。陈毅明与唐裕一直保持着密切情谊和往来，唐裕在为改善华人处境和中国与印尼恢复邦交、促进中印（尼）友好关系做了大量工作。

陈毅明是中国致公党党员、省人大代表，她将关于“侨”的研究应用于参政议政，建言献策水平较高，特别是善于切入侨情的热点、要点和难点。

“关于监督落实归侨生活补贴金发放问题的建议”和“关于提高归侨离休干部待遇问题”由福建省财政厅和省侨办落实，解决了部分问题；“关于设立侨务工作委员会，加强侨务工作领导的建议”，由省编委会答复，并报请省委、省政府解决；“关于敦请有关部门尽快处理福成（福州）花园噪音扰民、污染环境的意见书”，促成100多户归侨宿舍区的老大难问题得到解决。

一生毅力追求光明

9 岁时，父亲临终交代："记得长大要读书，记得咱是中国人，长大回去唐山。" 豆蔻之年，梦想成为作家，读书、写作；少女时代，将原名"莫贰"改为"毅明"：毅力去追逐光明的希望；在集美中学读书四年，觉得那就是幸福。经历生活的风浪，始终朝着自己的目标前行……陈毅明实现了父亲的遗愿，实现了少女时代的梦想，也实现了一生毅力追求光明的目标，"回望自己的足迹，我无怨无悔"。

每天清早，好朋友都会收到陈毅明发来的"早安"，精美的图片，暖心的话语，美好动人。而这些作品都是陈毅明自己设计的。

她乐于接受、学习各种新生事物，电脑用得熟练不说，还会制作 PPT，很早就会用叫车、送餐等软件。朋友们都说陈老师是越活越年轻，几年前还是"80"后，现在是"85"后了。她能与各年龄段各行业类型的人一起玩，特别喜欢与年轻朋友们交往，因为"不仅是学习，扩展视野，而且还能获得活力和动力"。

这些年来，陈毅明虽然独居，但每天都过得充实且有意义。她仍然在学习，在思考，保持着特有的幽默感，就像"生命中的光和盐"，在丰盈自己人生的同时，还照亮了很多人前进的方向。

（林希）

让鼓浪屿成为古钢琴收藏品的“家”——胡友义

胡友义（1936—2013），是一位声名远扬的澳大利亚“钢琴人”，出生于鼓浪屿，祖籍福建永定。他一生呕心沥血发扬钢琴文化，倾其所有建立了厦门鼓浪屿钢琴博物馆、管风琴博物馆，是中国第一个钢琴博物馆的缔造者。2003 年，胡友义成为“感动厦门十大人物”之一，并被授予“厦门市荣誉市民”称号。

童年与钢琴结缘

胡友义是家里的第二个孩子，家人对他疼爱有加。胡友义的祖父胡五宏是一位颇具传奇色彩的商人，有着收藏艺术品的爱好，这一点对胡友义也产生了影响；胡友义的父亲胡德开生于 1911 年，受过西方教育，是个“新派生意人”，对胡友义的音乐兴趣也很支持。1936 年，胡友义诞生在“音乐之岛”“钢琴之乡”的鼓浪屿，在那里度过了无忧无虑的童年。彼时，鼓浪屿底蕴深厚的音乐文化，历史悠久的音乐传统，都在胡友义的心中埋下了喜爱音乐的种子。

10 岁时，年纪小小的胡友义便懂得用母亲的陪嫁——一台雅马哈风琴，为家人做礼拜、唱圣诗定音。渐渐地，他对只在琴上弹几个音符“定音”不满足了。听说有一位叫洪永明的老师在教授钢琴，胡友义也很想学。当时，一节钢琴课要 2 美金，胡德开见小儿子对钢琴很有兴趣，便也舍下本钱送他去学习。从此，胡友义便与钢琴结缘。音乐成了他的人生主线，也左右着他一生的悲喜。几年后，胡友义被家人送到上海音乐学院深造，师从著名的钢琴教授李嘉禄，与我国著名钢琴家顾圣婴成为同门。

每周，胡友义要到李嘉禄教授家上两堂课。上课的路程很远，胡友义总是早早就出门，就算天气再恶劣也没有落下一节课。他十分珍惜学琴的机会，不到李嘉禄老师家上课时，就“闷”在住处，每天废寝忘食、不知疲倦地练琴。时间久了，胡友义的身体出现问题，他只能暂别梦想，回到厦门。这次返厦，他遇到了自己的人生伴侣——黄玉莲。

不能继续自己的音乐梦想，在厦门学习的胡友义百无聊赖。他的心思并不在学习上，最终也未考上大学。1959年深秋，胡友义再次到上海学习音乐。他了解到厦门很缺大提琴人才，便学起了大提琴。重回上海，重回音乐的怀抱，胡友义心中的音乐梦想又如大火般熊熊燃起，他又拿出了“两耳不闻窗外事”的精神苦练琴艺。彼时的黄玉莲在马来西亚教书，后又到日本学习医学专业。与恋人分隔两地让胡友义倍感无奈，自他9岁起就去马来西亚做生意的父母也让他十分牵挂。他告诉邻居：“因为父母和女朋友都在国外，我很想到香港与他们团聚。”因平时也受了胡友义不少帮助，热心的邻居便告诉他要如何办理手续，一路申请十分顺利。1961年10月，胡友义踏上了香港的土地。

香港，收藏兴趣的起源地

刚到香港，胡友义借住在父亲的富商好友丁乃比的家中。在这里，他结识了丁乃比的邻居——牙医池华清博士。两人对古典音乐都很感兴趣，共同爱好让他们一见如故。池华清对胡友义的钢琴技艺十分佩服，又听胡友义说在香港还没找到事做，便邀他做自己的钢琴老师。池华清还热情地充当起“活广告”，以自己学琴的感受到处为胡友义做宣传。池华清是香港的名医，经他“金口”一宣传，很快就有不少人找上门来，愿意投在胡友义门下学习钢琴。

听说儿子在香港“顺风顺水”，还要“设帐授徒”，远在马来西亚的胡德开十分高兴，马上给他寄钱让他购置房产。这样一来，胡友义在香港就有了住处和教授钢琴的“基地”，算是“站稳了脚跟”。在这里，他还拜著名的钢琴家和钢琴教育家、上海音乐学院的五大钢琴教授之一夏国琼女士为师，并与她保持了长达半个世纪的师生情谊。对于池华清医生，胡友义也满怀感激之情：“他不仅是我的忘年之交，也是我一辈子的朋友，他对我的帮助我永远都不会忘记！”

在香港的生活富足自在，除了教授钢琴，胡友义还迷上了古董收藏。那散发着神秘气息、承载着中华历史文化的各色古董令胡友义爱不释手，收藏古董成了他教授钢琴之外的唯一兴趣，这个雅好陪伴了他一辈子。当时的胡友义并没有想到，后来他会把收藏从简单的爱好做成事业，甚至比事业更高的境界；他也没想到，收藏会成为他人生最重要的组成部分，他对音乐的理想最终竟印证在了收藏事业。不久后，黄玉莲也来到香港，胡友义与她于1963年正式结婚。

在香港生活了6年后，胡友义在友人的帮助下，申请到比利时布鲁塞尔皇家音乐学院的全额奖学金。1967年7月，胡友义正式进入比利时布鲁塞尔皇家音乐学院就读，成为当时这所世界著名音乐学府中唯一的中国留学生。在这里，他邂逅了让自己钟情的乐器——被誉为“乐器之王”的管风琴。因为有钢琴基础，胡友义学习管风琴演奏十分顺利，他的刻苦是有目共睹的。辛勤的努力没有白费，胡友义的成绩不仅得到主课教授的肯定，更获得了音乐学院院长的赞许。主课教授评价他“是一个非常有天赋、非常用功的学生”，院长葛米·施密特先生评价他“此人是学生的楷模”。

胡友义成绩优异，和同学们相处也十分融洽。许多同学知道他喜欢收藏古董，都愿意为他提供信息。在布鲁塞尔皇家音乐学院附近有一栋古老的建筑——闻名世界的比利时乐器博物馆。博物馆厚重的西方文化氛围和浓浓的历史气息，深深地震撼了胡友义的心灵。古老的羽管键琴、古钢琴、古管风琴……这些雕刻着精美雕花的古老乐器，仿佛成了走过百年的老友，那和谐的“神交”令胡友义无法忘怀。古钢琴、古管风琴从此占据了胡友义的心灵，此后更成了他人生中不可或缺的部分。

在比利时留学 3 年后，胡友义回到了香港，久别重逢的一切让他倍感温暖。然而他并未沉迷在这种舒适的温暖之中，他向往更开阔的空间和天地，渴望继续向已经并不遥远的音乐家梦想迈进。于是他和太太黄玉莲选择了移民。

澳大利亚名声在外的“钢琴人”

1974 年，胡友义夫妇来到了完全陌生的国度——澳大利亚。初到澳大利亚，他选择在墨尔本居住，太太黄玉莲的妹妹一家也生活在这里。彼时，他的心中充满对鼓浪屿的思乡情结。他花了 10 年时间，建造了属于自己的“胡氏山庄”，里面的布景都是他记忆中鼓浪屿的风景模样。他把鼓浪屿上自己喜欢的老别墅、亭子、花园一一“移植”到这块土地上，并加进了自己的个人设计和对建筑的理解。这里有足够的空间，让他收藏古钢琴、古管风琴。从刚到澳大利亚时，买下一架已有“七旬”年纪的贝克斯坦钢琴作为收藏、教琴使用开始，他就走上了钢琴收藏的道路，这是他日后成为一位享誉世界的钢琴收藏家、在鼓浪屿建造钢琴博物馆的发端。

从香港的钢琴执教生涯到比利时的游学经历，胡友义对世界文化艺术发展史有了深入的了解。他对各种中西方文化艺术品有着天生的喜爱，而孩童时代的美梦，少年时代的乐趣，故乡鼓浪屿的琴音更使他钟情于西方艺术品的杰出代表——古钢琴。古钢琴所承载的丰富内涵令胡友义对自己的人生、对自己的音乐梦想都有了新的认识和感悟，他意识到，成为职业钢琴家的梦想也许无法实现，但通过古钢琴，他依然能够执着追求自己的音乐世界，依然能够延续自己对音乐的梦想。

胡友义便是以这种炽热的情感，开始了钢琴收藏生涯。澳大利亚也是个适合收藏钢琴的好地方，当时，许许多多的欧洲人移民至此，他们把象征着家庭文化和地位的钢琴不远万里带到这片土地上。许多澳大利亚的富人，也远赴最著名的钢琴产地——德国和英国，搜罗各种名贵的钢琴，放在家里当作一种“财富与品位的象征”。胡友义自买下第一台钢琴后，又陆续收藏了来自英国、法国、德国、美国、意大利、奥地利和澳大利亚等 7 个国家的各色钢琴，外观样式从三角、桶形、手摇、脚踏自动演奏到八脚踏板羽管键琴等无所不包。

在选择藏品的标准上，胡友义有自己的一套严格尺度：不仅要求钢琴是“孤品”“绝品”“善品”，最好还被著名音乐家、精英名流使用过，或在音乐史、钢琴史上实现了革命性的技术突破，并且要保存完好、精美无瑕、音色丰满，兼具使用和观赏价值。他的“胡氏山庄”也为这些钢琴建起了一个舒适的“家”。收藏钢琴数十载，其中的故事，酸甜苦辣，真是说都说不完。他花重金购下挚友曾在急需用钱之时不得已卖掉的心爱钢琴，以告慰挚友的在天之灵。一位老太太提出出售钢琴前要事先考察他收藏钢琴的地方，并要考虑半年之久，胡友义也一口答应下来。为了一台珍贵的钢琴，他和原主人“磨”了 20 多年，每隔一段时间就打电话试图说服原主人出售这台钢琴……既有品位，又有真心，胡友义对钢琴的痴恋，就这样在澳大利亚传开，还获得了“钢琴人”的雅号。

回到故乡鼓浪屿建“钢琴博物馆”

“无论在世界的任何地方，鼓浪屿都是我永远的故乡。我想把毕生收藏的钢琴放在这里展览，是我将自己最珍爱的东西搬回家。”对钢琴艺术的挚爱和对故乡鼓浪屿的赤子之心，让胡友义做出了人生中最重要的决定：将自己珍藏的古董钢琴运回鼓浪屿，在岛上建设一座钢琴博物馆。2001 年 1 月 8 日，当时在中国乃至亚洲都属唯一的钢琴博物馆在鼓浪屿菽庄花园隆重开馆了。这是震动世界钢琴收藏界，震动中国和澳大利亚两国的大新闻，而新闻的主角胡友义，在接受海内外众多媒体采访时，只说出了这一番出自内心的真情告白——游子的心，总是和故乡紧紧相连的。

钢琴博物馆

1999年，“居住”在澳大利亚休斯维尔胡氏山庄里的30多架古钢琴开始了远赴亚洲、中国、鼓浪屿的旅程。100多年前，它们乘着帆船从欧洲、北美洲出发，绕过非洲大陆来到澳大利亚“安家”，如今，它们又横跨两个半球，开始另一次远航。而终点鼓浪屿，将会是它们永远的家。胡友义的举动，也得到了太太的理解和支持。在岛上搬运钢琴的过程中，年逾花甲的胡友义夫妇坚持全程陪同，直到这些“宝贝儿女”全部平安地搬进了菽庄花园听涛轩的“新家”，夫妇俩心中的巨石才落了地。

中国第一个钢琴博物馆的开馆，使鼓浪屿这座美丽的“钢琴之岛”更加名副其实了。从开馆以来，参观者就纷至沓来，鼓浪屿钢琴博物馆在短短一年时间里就成为鼓浪屿音乐文化的“闪亮名片”。许许多多的参观者在惊喜激动之余，挥毫留下了发自内心的赞语。他们中有党和国家领导人，有社会各界知名人士，有著名的音乐家，也有普通的参观者。在我国享有崇高声望的著名音乐家吴祖强称这座博物馆是“钢琴文化的历史见证”，一位外地游客写道：“不变的音乐，挚爱的钢琴，永远热爱这美的一切。”

以此为动力，2001年4月20日，胡友义与鼓浪屿签订了钢琴博物馆建设第二期合作协议，又有40多架珍贵的古钢琴随即漂洋过海来到鼓浪屿。2001年12月22日，在厦门经济特区建设20周年的喜庆日子里，鼓浪屿钢琴博物馆第二期展馆也随之开馆。在钢琴博物馆的来访者中，不乏胡友义年轻时在钢琴的陪伴下学习、生活结识的好友。他们之中有胡友义在比利时学习时期的同窗好友，也有著名的音乐家、钢琴家，有些与胡友义分别多年久未谋面，却在这座具有非凡意义的钢琴博物馆中与他惊喜重逢。这也为这座钢琴博物馆增添了浪漫的色彩。

尽管鼓浪屿钢琴博物馆的藏品在国际上已是首屈一指，可胡友义并未停止完善它的脚步。2003年初，他把收藏在澳大利亚胡氏山庄的100多件造型各异的古钢琴把手运回了鼓浪屿，在钢琴博物馆二馆陈列展出。胡友义又为鼓浪屿运来了一批又一批宝贝古钢琴和精美的古烛台、油灯等。由于新成员的加盟，鼓浪屿钢琴博物馆的“家庭成员”到2005年7月已经超过了100架，不仅是名副其实的“百琴园”，也是世界上藏品质量最好、门类最齐全的钢琴博物馆。

2005年8月9日，作为鼓浪屿钢琴博物馆第三期展馆的“琴廊”与中外游客见面。琴廊宽1.7米，长31米，11间风格迥异的琴室由高向低，蜿蜒错落，透过通透的玻璃幕墙和圆窗，参观者可以清楚地看到每一间琴室的陈设。琴廊主要展示的是美国、法国、德国、澳大利亚等西方各国不同风格的琴室装饰艺术，通过琴凳、油画、烛台、地毯、古典风格灯具、座钟的精心装点，可以让游客感受到以钢琴为代表的西方音乐文化。

2013年，与古尔达、巴杜拉·斯柯达并称“维也纳钢琴三杰”的音乐大师德穆斯到中国巡演，来到鼓浪屿钢琴博物馆参观与表演。德穆斯对鼓浪屿钢琴博物馆赞叹不已，并使用了钢琴博物馆的镇馆之宝——一架1888年出产的施坦威九尺三角钢琴进行演奏。德穆斯称“这是我在中国演奏最成功的一个晚上”“我感觉很幸福”。他还用这架钢琴为钢琴博物馆录制了一张 CD，表达对胡友义的敬意，这让胡友义欣喜又感动。

如今，鼓浪屿钢琴博物馆总占地面积已达到 2000 多平方米，馆藏品达 110 多架。它凝聚了胡友义的毕生心血，就像镶嵌在“钢琴之岛”上的璀璨明珠，让参观者深深为之沉醉。此后，胡友义又捐赠了风琴博物馆，世界上最名贵、有近 4 层楼高的管风琴落户在鼓浪屿八卦楼内。两座姐妹博物院，为故乡增添了新的风景和文化亮点。2003 年，胡友义成为“感动厦门十大人物”之一，并被授予“厦门荣誉市民”称号。他在生命末期与病魔抗争的时候，心里还念念不忘鼓浪屿上未完成的风琴博物馆。

2013 年 7 月 12 日，怀着对故乡的牵挂与思念，胡友义在墨尔本与世长辞。他的骨灰被洒进了鼓浪屿菽庄花园附近的海域。至此，胡友义完成了生前的遗愿——落叶归根，魂归琴岛。

（黄佳畅整理）

生命的卫士——钟南山

钟南山，汉族，中共党员，1936 年 10 月出生，福建厦门人，中国工程院院士，抗击“非典”特等功臣，公共卫生事件应急体系建设的重要推动者。他投身呼吸系统疾病的临床、教学和科研工作 60 余年，重点开展哮喘、慢阻肺疾病、呼吸衰竭和呼吸系统常见疾病的规范化诊疗，疑难病、少见病和呼吸危重症监护与救治等方面的研究，在《柳叶刀》等国际权威刊物发表 SCI 论文 200 余篇，出版各类专著近 20 部，主持制定了多项甲流、慢性咳嗽、慢阻肺等多种疾病诊疗指南。2009 年被评为“100 位新中国成立以来感动中国人物”，2018 年被党中央、国务院授予“改革先锋”称号，还曾荣获“全国先进工作者”“白求恩奖章”等荣誉。2020 年 9 月 8 日，习近平总书记在全国抗击新冠肺炎疫情表彰大会上，向钟南山颁授“共和国勋章”。

“从最基本的事情干起”

钟南山生于一个典型的医生之家。他的父亲钟世藩毕业于北京协和医学院，是著名的儿科专家；母亲廖月琴，同样毕业于北京协和医学院，是广东省肿瘤医院创始人之一。

钟南山曾说，在他的生活中，对他影响最大的就是父亲钟世藩，而对别人的同情心都是从母亲那里学来的。

1955 年，钟南山考入北京医学院，1960 年毕业后从事放射医学教学。1965 年，钟南山加入了中国共产党。1971 年，他从北京调入广州市第四人民医院，“从最基本的事情干起”。

1979 年，钟南山成为改革开放后中国首批公派留英人员。在出国之前，他的英语还不流利。在英国，他一个月只有 6 英镑的生活费，剪头发都得自己剪，有

钟南山父亲钟世藩、母亲廖月琴

（图片来源：百度百科）

时不够钱坐公共汽车，他就跑步去医院。

尽管不容易，但钟南山坚持了下来。在英国求学期间，他对呼吸系统疾病的防治研究取得了 6 项重要成果，完成了 7 篇学术论文，其中有 4 项分别在英国医学研究学会、麻醉学会及糖尿病学会上发表。

1981 年 11 月，钟南山回到中国，一直在广州呼吸疾病研究所工作，并于 1996 年当选为中国工程院院士。

钟南山酷爱运动和健身。一个令人津津乐道的话题，是他如今依然保持着北京医学院（后变更为北京大学医学部）110 米栏（成绩是 15 秒 9）和 400 米栏（成绩是 55 秒 1）两项纪录。

现在，在中国互联网上可以找到许多钟南山的“肌肉照”，他的健身、打篮球和跑步照片也广为流传。2020 年 7 月，中国篮球协会主席姚明专门邀请钟南山和他的夫人、中国女篮前国家队主力球员李少芬到现场观看 CBA 的比赛，并请钟南山对 CBA 的比赛进行防疫指导。

“我非常佩服运动员的拼搏精神，其实我们搞医疗也一样，不到最后，不能放弃。”钟南山说。

面对“非典” 临危不惧

钟南山的名字，和中国的公共卫生事业紧紧连在一起。2003 年初，“非典”疫情突如其来，他不顾生命危险应对灾难，夜以继日地工作，曾连续 38 个小时没合眼，由于过度疲劳，累倒在工作岗位上。他的态度很明确：“病人的生命重于一切。医院是战场，作为战士，我们不冲上去谁上去？”他主动请缨：“把最危重的‘非典’病人集中收治到我们这里！”

面对肆虐的非典疫情，他临危不惧，在“非典”病因不明的情况下，他以客观事实和临床经验为依据，不赞同“衣原体是病因”的观点，以实事求是的科学态度坚持真理，最终证实“非典”是一种新型冠状病毒，通过精心制定治疗方案，挽救了很多病人的生命，最终使广东成为全球“非典”病人治愈率最高、死亡率最低的地区之一，表现了一个科学家严谨求真的治学态度。通过“非典”事件，他建言献策推动公共卫生应急体系建设，积极倡导与国际卫生组织合作，主持制定了我国“非典”等急性传染病诊治指南，最早制定出《非典型肺炎临床诊断标准》，探索出了“三早三合理”的治疗方案，在全世界率先形成一套富有明显疗效的防治经验，得到世界卫生组织的肯定，认为对全世界抗击非典型肺炎具有指导意义，是中国对世界的贡献。

多年来，钟南山坚守在抗击疫情第一线，主动承担起突发公共卫生事件代言人的角色，在雾霾治理、室内空气污染、甲型流感防控等公共事件中敢于发声、传递真知、稳定人心。他带领团队探索建立符合中国国情的呼吸道重大传染病防控体系，建立了国际先进的新发特发呼吸道重大传染病“防—治—控”医疗周期链式管理体系，为推动我国建立公共卫生防治体系、提高重大疫情侦察监测能力和效率、加强应急队伍建设等方面发挥了重要作用，对圆满处置 H5N1、H1N1、H7N9、H5N6、MERS 流感等突发疫情发挥了积极的作用。

2009 年 9 月 14 日，他入选 100 位新中国成立以来感动中国人物。2018 年 12 月 18 日，党中央、国务院授予钟南山“改革先锋”称号，颁授改革先锋奖章，并获评“公共卫生事件应急体系建设的重要推动者”。

抗击“新冠” 奋战一线

“作为医生，我体会最深的是生命至上，是在救治新冠肺炎患者时不放弃每一个生命。在保护人民生命安全面前，我们必须不惜一切代价，我们也能够做到不惜一切代价。”新冠肺炎疫情发生后，84 岁的钟南山长期奋战在抗疫一线。不仅如此，他带领的年轻团队在科研攻关、临床救治方面也取得了卓越的成绩。

2020 年 9 月 8 日，习近平总书记在全国抗击新冠肺炎疫情表彰大会上，向钟南山颁授“共和国勋章”，肯定其在抗击新冠肺炎疫情斗争中做出的杰出贡献。钟南山认为，获得“共和国勋章”是党和政府对抗疫医务工作者给予的最高礼遇，对他来讲更多的是一种责任。

2020 年 9 月 10 日，在广州医科大学附属第一医院庆祝第 36 个教师节大会上，钟南山透露，会后，他对习近平主席讲了几句话：“我抓紧时间表达我的意思。第一句，主席您的讲话太好了。第二句，我想‘请战’，希望能建立一个更好的平台，把抗疫的药物和疫苗研究更好地做下去。我写了封信给您。”

当天回到广州，钟南山远远就看到一片“星光”在闪烁，原来是迎接他的师生用手机灯点亮的星空，他们高喊着“南山风骨，国士无双”，堪称大型追星现场。钟南山幽默地透露说，走红地毯去领奖时，他故意走快点，“说明我还没老，还可以干点事”！

2020 年新冠肺炎疫情暴发时，84 岁的钟南山提醒公众“没什么特殊情况，不要去武汉”，他却拿着无座票，毅然挤上广州开往武汉的高铁餐车。多少次，钟南山哽咽地说出“全国帮忙，武汉是能够过关的”！从“肯定存在人传人”到“我们挺过来了”，在每一个最为焦灼的节点，钟南山总能站出来说出真相。

敢医敢言，勇于担当。作为我国呼吸疾病研究领域的领军人物，钟南山提出的防控策略和防治措施挽救了无数生命，在非典型肺炎和新冠肺炎疫情防控中，做出巨大贡献。

2020 年 8 月 27 日，使用体外膜肺氧合（ECMO）辅助支持长达 111 天的新冠肺炎患者老刘，从广州医科大学附属第一医院康复出院，创造了新的救治奇迹。

“我们团队就是有这么个韧劲，抢救就是从偶然到必然的过程。”钟南山跟国外同行交流时，他们觉得很惊讶，能够在这么长的时间里同时解决患者的出血问题和凝血问题。钟南山表示，ICU 团队所有人在困难面前选择坚守，生命可贵，他们从不轻言放弃。

钟南山说，不要受到旧思想的禁锢，也不要受教科书的限制。“我看教科书上从来没有人提到这么长时间使用 ECMO 的，但他就是活过来了。”

疫情在全球蔓延后，在一线指导救治的同时，钟南山始终坚守在国际医学研究一线，与全世界同行连线交流中国的抗疫经验。钟南山认为：“只要有一个国家不进行干预，全球新冠疫情就不会消失。大家要相互支持。”

从抗击非典到抗击新冠肺炎，我国科研攻关能力在战“疫”中历经锤炼。钟南山说，抗击非典时更偏重救治患者，新冠肺炎战“疫”中，我们把科研攻关提高到与临床救治同样重要的位置。不仅将论文写在祖国大地上，也写在地球大地上。

日前，“钟南山青年科技创新奖”“钟南山青年科技创新奖基金”发布了。钟南山深有体会地说，创新是引领发展的第一动力，科技是战胜困难的最大武器。他希望通过青年科技创新奖激励有潜力的年轻人。

从医 60 年，钟南山致力于推动国家重大呼吸道传染病防控体系建设，带领团队建立国际先进的新发特发呼吸道重大传染病“防—监—治—控”链式周期管理体系，建立覆盖全国的流感监测哨点，创立呼吸病毒滴度预警技术，实现全病程纵向动态监测。

钟南山总是满满的正能量，他说，一个民族，关键是有一股气。这股气要是一直都在，这个民族就不可能被打倒。

他还鼓励学子们：“不但要有要求，也要有追求；不但要有志气，还要争气；不但要有热情，更要有激情。”

“科研既要顶天，也要立地”

钟南山认为：“科研既要顶天，也要立地。顶天就是抓住国际前沿、国家急需项目，立地就是要解决老百姓的实际问题。顶天的研究不能立地，不能缓解患者的痛苦，意义就会打折扣。”针对我国吸烟率的高居不下、城市空气污染的日益严重，呼吸疾病的发病率和死亡率仍逐年上升等给国家造成重大疾病负担的情况，他积极向国务院建言雾霾与空气污防控作为我国健康的重点关注项目，指导我国 H7N9 等新发特发呼吸道重大传染病防控政策的制定，将慢阻肺纳入我国常见慢病防控及分级诊治规划，将肺功能检查纳入我国常规体检项目，通过在全国推广“像量血压一样测肺功能”的理念，建立 54 家肺功能检查规范化培训中心，共计开展了 220 场次的肺功能检查规范化培训会议，培训覆盖了 90 余个城市，近万家医院两万余医、护、技人员参加了培训，极大地推动了肺功能检查在我国的高质量开展。

钟南山建议对早期慢阻肺患者进行早诊早治，改变了当前国际上以症状治疗为核心的治疗理念。他率领团队打造了呼吸疾病国家重点实验室产学研体系，发展适合我国国情的药物及早期防治新战略，发现了能显著减少慢阻肺急性发作的有效安全且价廉便利的羧甲司坦及 N—乙酰半胱氨酸，已被全球慢阻肺防治指南推荐列入选择治疗药物中。该系列研究成果获得 2015 年度国家科技进步二等奖、药明康德生命化学学者奖。他注重推广哮喘早期预防理念，指导患者如何用很少的药控制病情。他强调从医疗系统供给侧进行改革，提出构建“金字塔”形的三级医疗诊治体系，推进分级诊疗，大力实施基层医生规范化培训，使人民群众得到优质高效的诊疗服务。实现“以治病为中心”向“以健康为中心”转变。

“80 岁还可以干很多事”

眼下，钟南山仍然在医院一线工作，这也让“挂钟院士的号”成为很多患者的最大心愿。

钟南山每周都安排固定时间坐诊“专家门诊”，一般一个下午看 10 多个患者，都是经过筛选的疑难杂症。他对每个病人的病情都会仔细询问。一些病人说，钟南山总是会把听诊器焐热了，才放在病人身上。这让他们非常感动。

“医学是对人的治疗，医生是治病人，而不仅仅是治病。”钟南山曾在记者采访时这样说。

钟南山也长期坚守在国际医学研究一线。2009 年，国际临床医学权威杂志《柳叶刀》公布了 3 篇 2008 年度最优秀论文，由钟南山领衔的论文《羧甲司坦对慢性阻塞性肺疾病急性发作的作用（PEACE 研究）：一项随机安慰剂对照研究》，得票数最高。

2020 年以来，钟南山率领团队发表多篇新冠肺炎论文，并先后数十次以线上、线下方式参加各类国际交流，介绍中国抗疫经验，研讨全球抗疫形势，得到与会全球医学和科技界人士的高度赞誉。

在一次国际会议中，他说：“因为我们走过了艰难的路，所以要相互支持，通过交流让其他国家少走弯路。”

在钟南山的人生字典里，从来没有“停步”二字。他一刻也不闲着，还有很多事情在规划中。他始终坚持医生为病人服务的根本。几十年如一日，每周坚持出门诊看病人、查房，会诊、科研、带研究生，样样不落，已成习惯。一些外地病人过来看门诊，钟南山会关心，“有没有亲戚在这边？有没有地方住”？他坚持学术研究，成果斐然。多年来先后在《柳叶刀》等国际权威刊物发表 SCI 论文 100 余篇，出版各类专著近 20 部，主持制定了甲流、慢性咳嗽、慢阻肺等多种疾病诊疗指南。他自诩是“80 后”，这位“80 后”院士正在带领团队研发一种抗癌药，该项研究已经做了 26 年；他还希望再奋斗 20 年，建设亚洲最大的心肺呼吸研究中心，包括对疑难病症的科研、培训、治疗，打造一个产学研中心。他从教数十年，坚持推动医学教育改革创新，注重国际视野，成立了“南山班”，培养了一大批拔尖人才。他深情寄语学员：“我们的目标不是培养英语流利、却去国外实验室做高级打工仔的人，而是创新型的中国医学实用人才。”

鼓浪屿上的名门望族

鼓浪屿廖家是个大家族。钟南山的曾祖廖宗文白手起家，做钱庄生意。廖宗文长子廖清霞的女儿廖翠娥，是钢琴家殷承宗的母亲，殷承宗则是郎朗的老师。廖宗文次子廖悦发的女儿廖翠凤，嫁给了林语堂。

廖宗文三子廖天赐的儿子廖超熙，生下两女一子。儿子廖永廉是内科专家。大女儿廖素琴嫁给了妇幼保健专家戴天佑，生下了骨科专家、中国工程院院士戴尅戎。二女儿廖月琴嫁给了儿科专家钟世藩，生下了呼吸内科专家、中国工程院院士钟南山。廖永廉（1916—1993）于民国 32 年（1943 年）毕业于上海圣约翰大学

钟南山的舅舅廖永廉医生和他的姐姐们

（图片来源：鼓浪屿华侨文化展馆）

钟南山 2016 年回到鼓浪屿，
前为舅妈陈锦彩

（图片来源：许一心）

医学院，获医学博士学位。历任上海传染病院、鼓浪屿医院内科医师、厦门市第二医院内科主任医师兼主任，龙岩地区第二医院副院长。1957 年在厦门发现福建省第一例钩端螺旋体病，以后对此病加以研究，在《中华内科杂志》发表有关论文《钩端螺旋体福建省第一例报告》等。1960 年荣获福建省卫生先进工作者称号。1980 年被聘为厦门市卫生局专家顾问，曾任厦门市政协委员。廖永廉的太太陈锦彩（1917— ）是鼓浪屿上无人不晓的“廖医生娘”，曾任鼓浪屿区侨联副秘书长，她的百岁人生里写满了热心、豁达的故事。

（黄佳畅整理）

难忘旧时岁月　传递助人爱心——郑文忠

郑文忠，1937 年 11 月 16 日生于印度尼西亚爪哇岛，1955 年 7 月回国到家乡福清，1956 年到集美中学读书，1958 年参加工作以工代干，历任纯碱厂车间主任、分工会主席。1997 年退休。

退休后，先后担任厦门市印尼归侨联谊会文艺队队长、厦门侨联工业大厦物业主任、莲秀社区侨联小组长等职务，并连续十几年义务照顾华侨子女。本着干一行爱一行的责任与热忱，郑文忠在人生的“晚霞季节”，用自己的余光余热无私回馈社会，描绘出一幅“最美不过夕阳红，温馨又从容”的画卷。

命运坎坷　颠沛流离

据郑文忠回忆，在他很小时候，母亲被日本人的飞机炸死。那时候太小，连妈妈长什么样都记不得了。他觉得命运不济，跟父亲说：“我这么苦，你为什么要生我？”

那时，二哥经常不在家，三哥则去了很远的地方独自谋生，郑文忠跟着父亲辗转数地，做米粉、豆腐或者面包出售，维持生计。

在印尼的时候，因为排华，华人的房子都被烧掉了，还有人要把郑文忠等人活埋，幸而中华总会帮助了他们。那时，钱不能用，中华总会赞助他们一些东西，他们就拿去和印尼人交换吃的。

到了 13 岁，父亲也去世了。埋葬完父亲以后，郑文忠深感无依无靠，没有家了，那人生的一点点希望又一次消失了。当时听说二哥参加印尼的一个进步组织，再没有回来过；三哥受了工伤，也不知流落到哪里。他还有一个姐姐，在他还没出生时，就被送给亲戚带回祖国了。

初入学堂开始读书的郑文忠，不得不告诉老师家里的情况，说自己想退学去找工作，等挣了钱再回国去找唯一的姐姐。可他心里是多么舍不得学校，舍不得老师啊。庆幸的是，老师了解情况后，劝他不要退学，要继续读书，还和同学一起帮他找了份可以半工半读的工作。

这样，郑文忠开始了几年上午读书、下午到大众书店看店的生活。那时的书店里有个新华室，里面全部是中国的书，如《人民画报》《人民日报》《中国少年报》等，还有《毛泽东选集》。在那里，他不仅读到许多来自祖国的书，还看到祖国的电影，《锦绣山河》《赵一曼》《白衣战士》和《鸡毛信》等，当时心里对于祖国和中国共产党的印象渐渐清晰起来。

郑文忠逐渐明确了穷人有共产党才能够翻身，有共产党就有新中国的思想。所有这些，都让他迫切地想要回到祖国，他相信回祖国后就可以不再受苦。

年少回国　改变人生

知道郑文忠想要回国，叔叔和一些朋友都很支持他。他马上去当地的民政部门办理了回国手续，然后准备坐车去昂望（GOMBONG）的朋友家，再从那出发回国。当时口袋里只剩下了几块钱，结果坐的车是要回场的，大概开了1公里就把他丢在了汽车场。他当时就觉得，心已经回国了，手续也办完了，就让星星和月亮伴随自己回昂望吧，便开始徒步行走。他从下午两点走到晚上两点，三更半夜孤身一人走在山路上，心想："蛇啊、老虎啊，你要是把我吃掉了，也好，免得我活得那么苦。"所幸一路很平安地抵达朋友家。

那是1955年7月的一个黄昏，郑文忠在父亲的墓前跪别。第二天，他登上了回国的航船。船上好多人，他们有的挥舞着手帕告别父母，有的喊着亲友的名字说再见。但是没有人来为郑文忠送行。郑文忠默默地抬起手臂，向着印尼的天空摆了摆手，在心里喊了声："印尼，再见！"

在船上的时候，他也分不清船开到哪里，每天就看到月亮和太阳不断升起落下。一个礼拜后，看到一只鸟在蓝天中飞翔，郑文忠想：是不是快到了？不久之后，船上有人喊着"祖国，祖国，祖国到了"！他心想："我终于回来了。"

回国后，在大家的帮助下，郑文忠进了当地的补习学校。那时因为姐姐家在乡下，他要去县城上学，只能在每周六，走12公里路回家，第二天又带上5公斤干粮和咸菜走回学校。

同学见他这种情况，就鼓励他到厦门集美读书，说那是华侨陈嘉庚建的学校，会帮助穷人读书。于是他就写申请送到县政府，差不多一个小时就获批了，第二天，他迫不及待地告别家人踏上求学之路。一到集美，学校就给他发了新棉被和衣服，还给了助学金。

郑文忠倍受感动，当时就想，天哪，这世界怎么对我这么好。同班同学中还有许多也是从印尼回来的，令他仿佛又回到了少年时代。他把这事写信给印尼父亲的朋友，父亲的朋友也很受触动，回信说没有想到他这样的穷孩子，回祖国得到了这么多帮助，鼓励他今后要努力报效祖国。

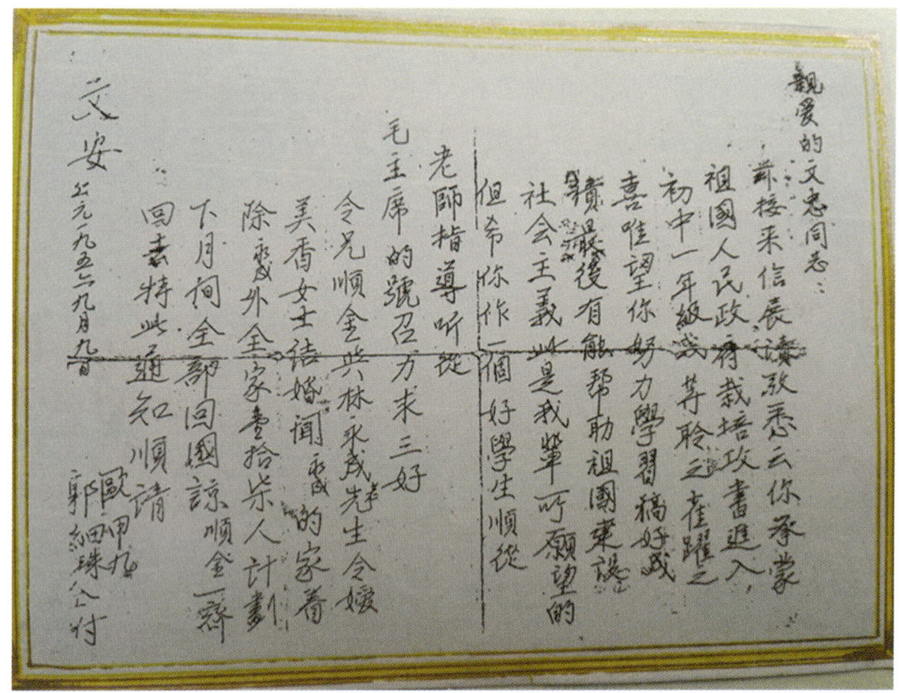

親愛的文忠同志：
前接來信展讀欣悉云你承蒙
祖國人民政府栽培攻書進入，
初中一年級我等聆之雀躍之
喜唯望你努力學習搞好成
績然後有能幫助祖國建設
社會主義此是我輩所願望的
但希你作一個好學生順從
老師指導听從
毛主席的號召力求三好
令兄順金、興林、來成先生令嫂
美香女士結婚聞我的家眷
除我外全家壹拾柒人計劃
下月间全部回國諒順金一齊
回去特此通知順請
文安
公元一九五六九月九日
歐甲九
郭細珠仝付

印尼昂望侨胞写给郑文忠的祝福和祈望信件

努力工作　奉献社会

1955 年，郑文忠从集美侨校被保送入读集美中学。1958 年，在集美中学被来校招工的杏林工业区纯碱厂招去当工人。此后，他一直在工厂工作，书写参加工业建设的人生轨迹。工作期间，他先后调入六个厂家（纯碱厂、尼龙厂、卤化厂、化纤厂、华纶厂、轻工业学校）。

1958 年，随着纯碱厂的开工，郑文忠被派往天津学习培训“纯碱”的生产，炼钢、造纸、玻璃的制造都缺少不了它，从中郑文忠学到不少生产知识。因为工作需要，他又被调到卤化厂工作。由于工业建设像雨后春笋般突飞猛进，不久郑文忠又调到华纶化纤公司工作，并带队到北京合成纤维厂培训。当时正逢国庆十五周年，该厂的领导对郑文忠一行说：你们是来自“炮火”下建设社会主义最前线的厦门！我们会安排你们在最近的一排接受毛主席的检阅！国庆十点钟，郑文忠跟着游行队伍看到伟大的毛主席站在天安门城楼上，他觉得“不敢相信自己的眼睛”，心情十分激动。他想：是祖国培养了我成为一个社会主义建设者，千言万语并成一句话“祖国我爱你”。

后来，郑文忠又调到公司技术股工作，带队员到广州、上海、北京、靖江、常熟等地培训学徒。光阴荏苒，郑文忠脚踏实地努力工作，与厂同舟共济。工厂也发展得越来越好。身为一名印尼归侨，郑文忠被工厂领导重视，任命为车间主任及分工会主席，还聘用他为印尼文翻译。他为自己能为工厂奉献出一点微薄之力而开心。

1960 年，郑文忠申请加入中国共产党。接受了各厂家分管书记和领导的考察与考验后，他终于在 1976 年宣誓入党。

1997 年，郑文忠退休。此后，他为厦门市印尼归侨联谊会建立了文艺队，侨友们从此有了新的去处——“侨胞之家”。

热心助学　回报祖国

1998 年印尼发生动乱排华，许多华人希望子女能回祖籍国读书。郑文忠觉得这是自己回报祖国、回报他人的宝贵机会，就当起了这些华人子女的“义务监护人”。没想到这一当就是 13 年，先后有 28 名印尼华人子女成为他的监护对象。

郑文忠与受监护的在北京大学、清华大学读书的印尼华人学生

这 28 个孩子都是先通过传真把基本资料发给郑文忠，再由他去办理他们的入学手续。郑文忠一个人要去帮助他们，工作量大，困难重重，但他想，再难再累也要做，需要有人站出来做这样的事，而自己正好是合适的人选。

郑文忠帮助这 28 个孩子，是从 1998 年印尼排华开始。孩子们读书、升学，他帮忙办理相关手续。

早年间，华人在印尼是有些受到歧视的，回到中国以后有些人也将他们看作外来人，不是很尊重。郑文忠刚毕业的时候没有分配，在家待业了一段时间才有了工作。后来有很多华侨华人回来投资企业，对当地经济发展起到帮助，华侨华人的名声便更好一些。郑文忠 1960 年开始申请入党，组织调查了很久，1976 年才审批入党，过程十分坎坷。中间他辗转了多家企业工作。当时对归侨的就业有许多限制，有的人甚至想把他们送回国外去。郑文忠深知华侨华人的不易，所以到退休的时候，有人来求助帮忙孩子读书、签证的事，他便对此十分热心。郑文忠觉得，自己从小被人看不起，印尼排华的时候差一点被活埋，是侨联救了他的命，所以侨联告诉他华人有困难的时候，他非常愿意去帮忙。除了 28 个孩子外，还有 9 位老人也接受了郑文忠的帮助。媒体也关注到此事，曾经做过报道，连印尼的记者都来采访过。

大家都叫郑文忠“印尼通”，因为他对印尼很熟悉，也能说印尼语，跟孩子们能有比较好的沟通。在帮助这些人的时候，郑文忠已经退休了，工作上没有负担，去办理业务的时候也不用请假，有更多空余的时间来做这些事情。

这些孩子长大以后，写了不少信件给他。有的毕业了去菲律宾深造、去北京深造，有的孩子回印尼工作了，也有的到中国投资企业，大家都有了更好的发展。郑文忠感慨道，他最初没有父母，没有家，现在不仅有了自己的家，还有了这些记挂自己的孩子们，心里觉得很安慰。

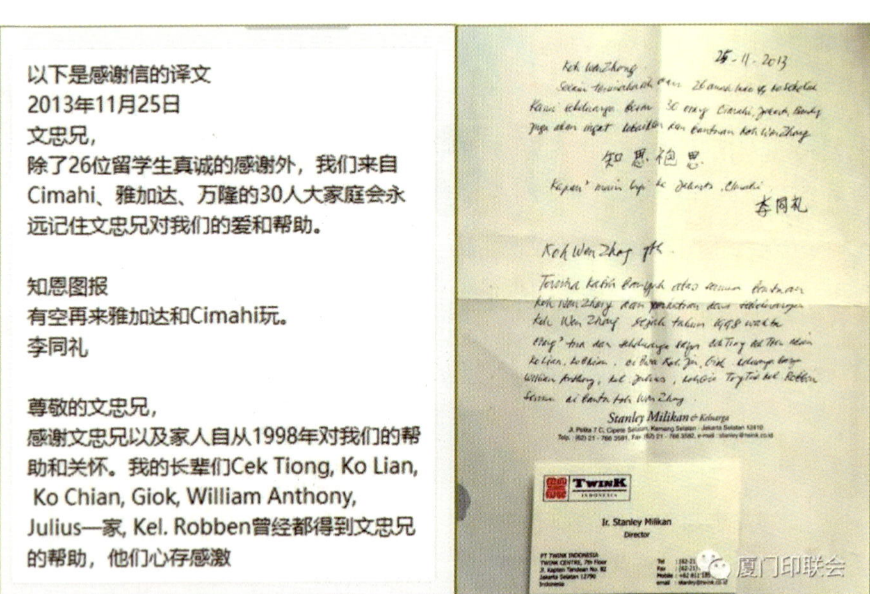
以下是感谢信的译文
2013年11月25日
文忠兄，
除了26位留学生真诚的感谢外，我们来自Cimahi、雅加达、万隆的30人大家庭会永远记住文忠兄对我们的爱和帮助。

知恩图报
有空再来雅加达和Cimahi玩。
李同礼

尊敬的文忠兄，
感谢文忠兄以及家人自从1998年对我们的帮助和关怀。我的长辈们Cek Tiong, Ko Lian, Ko Chian, Giok, William Anthony, Julius一家, Kel. Robben曾经都得到文忠兄的帮助，他们心存感激

受监护学生家长发来的感谢信

他将这些经历写成文章，没想到投稿后还得了奖。郑文忠觉得，自己没有多少文化，就是“半桶水”，能写出文章被刊用，很不简单了。

回忆往事　感慨良多

李雪梅是郑文忠的妻子。她出生于印尼北苏门答腊省实陆牙 Sibolya，1958 年

回到中国，回来的时候什么都没带，是偷跑回来的。她的父母不让她回来，当时她还不知道为什么。她初中念的那个学校，教给他们共产党的思想，李雪梅受到了鼓舞，初中毕业就偷偷跟着同学回国了。

回国的路上，1000 多人搭乘一艘很大的轮船，上面几乎都是学生。等到她回到这边，再告诉父母她到了中国，父母大哭起来，因为她再也回不去了。根据当时印尼政府的规定，像李雪梅这样回到中国以后就绝不能再到印尼去了。在十个兄弟姐妹当中，只有李雪梅一个人在中国。李雪梅的家乡是龙岩，龙岩是革命老区，父亲在出国前就接受了共产党的思想。

郑文忠时常感慨，回国后所受到的待遇，跟贫苦交加的童年形成很大反差。他回来的时候什么都没带，只有穿在身上的一套衣服，非常穷。他在化纤厂工作时受了伤，又没有父母和兄弟姐妹，都是侨联在帮助他。

李雪梅有时也会想，要是留在印尼，郑文忠估计还是很穷。现在的生活多好，也有养老金，生活会越来越好。

郑文忠回忆道，回国之前，他的老师让他留在老师家里。当时他没有了家，心灰意冷，他的老师就鼓励他要继续念书。之后，老师有来中国找过他，但当时他没有在厦门，老师便回去了。此事令他深感遗憾。

李雪梅说，现在郑文忠还有侄儿在印尼。在他这一辈里，他是年纪最大的了，哥哥比他走得更早。他两次出国去看望亲戚们，现在还有二十几个亲戚在国外，虽然没有一起生活过，小辈们还会经常打电话给他，血缘和亲情是难以割断的。自己现在的感触就是，生活不易，年轻时候要珍惜美好的时光。

（黄佳畅）

铁肩担道义　妙手做文章

——记归侨作家、侨务工作者陈慧瑛

陈慧瑛，1946 年生于新加坡，1959 年回国。1967 年毕业于厦门大学中文系，因海外关系被发配太行山当农民 6 年。后至《厦门日报》从事文艺副刊编辑 10 年，在市人大常委会从事侨务工作 20 年。

连续 4 届任厦门市人大常委、市人大侨台外事委员会主任，连任 5 届厦门市作家协会主席、厦门市文联副主席。任厦门市陈化成研究会会长、福建省炎黄文化研究会副会长、中国散文诗学会副会长、中国散文学会理事等职。1986—2021 年，连续七次参加全国作代会、文代会。

陈慧瑛参加全国第九次文代会

16 岁开始发表作品，1982 年加入中国作家协会，数十年间发表诗文 3000 余篇、800 余万字，获国际、国家、部级以上文学奖 139 项。文学创作以华侨题材为主，《梅花魂》《竹叶三君》《旧邻》《良宵》等 338 篇散文作品被选入大、中、小学课本和 262 种文集。

历年部分获奖证书

已出版《无名的星》《展翅的白鹭》《月是故乡明》等 30 部散文著作，共 800 余万字。其中《无名的星》一书在中国作家协会主办的“1919—1989 七十年新时期散文集评选”中，荣获国家最高文学奖。2010 年，诗《盼香港回归》获国家文化部“文华奖”。

先后荣获全国优秀新闻工作者、全国优秀归侨知识分子、首届全国“侨界十佳”、厦门市拔尖人才、福建省优秀专家、国家级有突出贡献专家、首届享受国务院特殊津贴专家等荣誉。

荣誉证書

陳慧瑛同志

荣获首届"新時期全國僑界十大新闻人物"(僑界十佳)獎

1989 年，荣获首届全国“侨界十佳”

曾多次出访海外进行学术交流和讲学，是美国蒙特利尔市荣誉市民、美国东洛杉矶学院荣誉教授、厦门大学兼职教授、中国管理科学研究院客座教授、中国国际经济文化发展中心高级研究员。

13 岁离开新加坡回到家乡

20 世纪 50 年代末，在新加坡的陈家，少女陈慧瑛已亭亭玉立。她是民族英雄陈化成将军嫡系五代孙，外公洪镜湖是著名的爱国儒商，父亲陈文旌是东南亚文坛有名的诗人，家学渊源如同沃土，培植出一株高洁聪慧的玉兰。她 9 岁能写诗文，10 岁通览《红楼》。优渥的家境和突出的才情，为这位少女的人生路展开了绮丽的画卷。

但浓厚的家国情怀，令洪镜湖做出了艰难的决定：把最疼爱的外孙女送回中国，送回家乡。1959 年元旦，13 岁的陈慧瑛随同母亲踏上了归航，在海上漂泊了七天七夜。陈慧瑛摩挲着临行前外公赠送的墨梅丹青图，想着外公含泪说的话："莺儿啊，一个中国人，无论在怎样的境遇里，都要有梅花的秉性才好！"早慧的她，已能懵懂地领会到外公的深意。

"多少年过去了，我每次看到外祖父珍藏的这幅梅花和给我的手绢，就想到这不只是花，而且是身在异国的华侨老人一颗眷恋祖国的心"。50 年后，五年级的学生们捧着语文课本，诵读《梅花魂》。这篇课文正是陈慧瑛所写，但她不仅仅是根据往事的回忆而写，她所写的还有自己半生坎坷历练所体会到的深情。

1989 年，重访出生地，在新加坡海上航行

陈慧瑛谈到《梅花魂》的写作背景时说："我出生在一个三代华侨世家。先祖陈化成将军是中国近现代史上著名的爱国将领、民族英雄；饱读诗书的外祖父洪镜湖先生是新加坡知名的爱国华侨，对祖国的抗日事业和家乡的教育与建设有诸多捐助；父亲陈文旌先生在东南亚文坛颇负盛名，与当时侨居新加坡的作家郁达夫、高云览，新闻界的侨领洪丝丝、张楚琨等先生均为知交。幼年，母亲教给我的第一个单词，是写在手心里的'中国'两字；外祖父教我的第一首诗，是李白的'床前明月光，疑是地上霜。举头望明月，低头思故乡'。前辈言行的耳濡目染，父母家教的耳提面命，在我心中种下了思乡爱国的种子。《梅花魂》是我家的真实生活写照，是海外儿女滴泪的心声。外祖父平生最爱梅花。他说梅花是中国的国花，它最有骨气，不管霜欺雪压，总是欣然开放、吐露芬芳，就像我国千秋百代的仁人志士，历尽磨难也压不垮他们高贵的脊梁。晚清的一位名人曾赠送外祖父一幅《墨梅》，老人视为至宝，平时谁也动不得的。在我少年时代远渡重洋回国前夕，外祖父却把珍藏多年的《墨梅》交给我，说：'瑛儿，我们的根在中国，我送你回去，希望你学有所成，报效国家；希望你不论处身何种境遇都要具备梅花的秉性。'"

陈慧瑛的散文《梅花魂》自 2000 年至今，22 年来一直入选人教版教科书语文课本五年级下册；她的《旧邻》一文，1992 年 6 月入选上海教育出版社高中语文教科书；《竹叶三君》一文，2002 年 1 月入选人教版初中语文课本。而《梅花魂》全书，是一部文思泉涌、陶冶身心的优秀著作，它既可以给青少年以深沉的爱国主义道德教育和美好温润的艺术熏陶，也可以给广大读者以丰富的精神涵养。

陈慧瑛撰写的部分书籍

太行山区磨砺 6 年

归来的啼鹃，在外公日夜萦念的祖国，沐浴着灿烂的阳光茁壮成长。1962 年，陈慧瑛年仅 16 岁就以优异的成绩从厦门一中毕业，考取厦门大学中文系，并开始发表诗文。5 年大学，她品学兼优，一直被评为三好学生，是厦门大学出类拔萃的才女。

1967 年，“十年动乱”开启，怀着梦想和抱负的陈慧瑛刚刚踏出大学校门，就和共和国一道，陷入了梦魇般的折磨。因为“家庭侨台关系复杂”“不宜放在海防前线”，她一下子被“发配”到山西太行山。

在平顺县东青北公社西青北村的深山野岭，陈慧瑛一呆就是 6 年。那个年代，太行山区条件十分艰苦，睡土窑、喝雪水、吃玉米疙瘩和糠窝窝。跟男社员一样上山开大寨田……北方滴水成冰的冬季和与南方截然不同的饮食习惯，还有政治上或明或暗的歧视，都折磨着这位出身娇贵、心性单纯的小姐。但这也是位坚强的爱国青年，她拒绝了海外亲人出国的催促，誓与祖国母亲共度患难。外祖父关于梅花品格的谆谆教诲，她一直铭记在心。

在精神贫瘠的日子里，陈慧瑛意外发现了不知是谁藏匿的整整一窑洞的书，有四书五经、孔、孟、庄、老、唐诗、宋词、《资治通鉴》《周易》等传统名著。这是莫大的惊喜，她如饥似渴地悄悄研读。太行山区纯朴的人民和相似命运的知青伙伴们也让陈慧瑛终生难忘，这些都是人生宝贵的财富，也是日后创作的源泉。

在《厦门日报》尽情工作 10 年

1973 年，陈慧瑛从千里太行调回祖籍地同安。1976 年，祖国新生了，“老九”解放了。陈慧瑛拂去阴霾，拿起教鞭，在同安安了小家，有这些，她已经很感恩很满足了。

1978 年底，“文革”中停刊 10 年、刚刚复刊的《厦门日报》急需人才，经推荐，陈慧瑛被调到厦门日报社，迎来了人生辉煌的 10 年。她格外珍惜这个工作机会，乐此不疲地编稿、写作。尽管办公室条件简陋，小儿子尚在襁褓中，家还在路途遥远的同安，能够写作，能够从事自己喜欢的工作，已足以令她克服一切苦难，忘却一切烦恼。

20 世纪 80 年代初，一颗耀眼的新星在中国文坛升起。1978 年到 1988 年，陈慧瑛在《厦门日报》文艺部当编辑的 10 年间，冰心、巴金、廖沫沙、秦牧、郭风、刘心武、张洁……全国数得上来的著名作家、诗人、评论家上百人都在她的版面上发过稿子。她也因此和这些作家过往甚密，和冰心还有过真挚的书信往来。她还率全国报纸之先，在党报副刊上开设“散文诗专页”，直接推动了全国散文诗运动中兴的热潮。许多荣誉向陈慧瑛涌来。1985 年，陈慧瑛被评为“全国先进新闻工作者”。在人民大会堂领奖时，她是 100 个获奖者中年纪最小，也是唯一的一个文艺副刊编辑。1989 年，她获得国家最高文学奖——全国优秀散文集大奖，与巴金、夏衍、廖沫沙、孙犁等文学大家比肩而立，她是最年轻的那位。

1991 年，到冰心老师家中拜访，与冰心老师合影

在报社，陈慧瑛并不满足于只当好一个文艺编辑，她努力使自己成为一个全能的新闻工作者。当时“文革”刚过，百废待兴，特区正在崛起，万事起头难。她满腔热忱地投入特区的建设热潮中，去采访、写作，去为一个伟大的新时代呐喊、欢呼。

仅用厚积薄发、聚沙成塔这样的词汇已不足以形容这位才情横溢的归侨女作家，这是尽情挥洒、淋漓痛快的 10 年。1990 年，她已出版第 10 本散文集《春水伊人寄相思》，发表的文章、编辑的版面更是不胜枚举。

在市人大侨委满腔热忱维护侨益

因为出色的工作和归侨身份，1988 年，陈慧瑛被调往厦门市人大常委会担任常委、侨务外事委员会主任，而厦门市人大侨务外事委员会（以下简称“人大侨委”）是于 1989 年 3 月才正式成立。也就是说，陈慧瑛到市人大常委会其实是要开疆拓土，从无到有地组建侨务外事委员会。

一介书生，人到中年，突然改变职业跑道，走上从政之路，难度可想而知。

人大侨委，其实总共包括了侨、港、澳、台、外事、宗教、民族、旅游工作，政策性强，敏感度高，要做好绝非易事。但归侨的特点就是爱国，就是不服输，带几分“番”和“蛮”的个性，无论如何也要把工作做好。不懂的领域，一头扎进去就学，学法律，学政策，学业务知识，学电脑，学英语。身为知名作家、资深记者，积累了大量对社会的观察和对人性的洞见，这些对工作也有很大的帮助。

在人手少、工作面宽、老大难问题多的情况下，陈慧瑛很快进入角色并得心应手。她带领市人大侨委加强与侨界群众的联系，积极探索新时期人大侨务工作的新办法、新思路，走出了一条符合特区实际的侨务工作之路。

1991 年 1 月 1 日,《中华人民共和国归侨侨眷权益保护法》(简称“侨法”)颁布实施，侨务工作出现了质的飞跃，人大对侨务工作的监督更加具体、明确。陈慧瑛抓住这一历史机遇，强化人大的监督职能，依法护侨，打出了几个漂亮仗。

20 世纪八九十年代，落实侨房政策工作占厦门市侨务工作 80%的比重。因此，依法保护侨益的工作中，有一条浓墨重彩、贯穿始终的主线，这就是关注、监督和推动落实侨房政策。

厦门城市侨房众多，历史复杂，清退工作难度大，且涉及海内外侨胞的切身利益，影响面宽，工作十分艰巨。旅居海外的华侨华人以及归侨侨眷把能否落实侨房政策，当作政府能否依法保护他们合法权益的试金石。

1993 年，市人大侨委组织并配合上级人大进行侨法执法检查，促使政府从根本上解决了落实侨房政策工作的四大问题：一是成立以市长挂帅的侨务工作领导小组；二是将落实政策办公室改为落实侨房政策办公室，明确职责，充实力量；三是将担负筹建腾退侨房安置任务的华建公司，划为市侨务部门主管，确定 3 年内解决 3000 套腾退侨房搬迁用房的目标；四是把检查中发现的虎园路 9 号、鼓浪屿福建路 46 号、庄氏祖业、溪岸路 188 号等 7 个典型侵侨案例，提交各相关部门并进行协调督办。

虎园路 9 号侨房案是拖延了数十年之久的老大难问题。该侨房于 1965 年因市广播电台工作需要，经市委统战部部长、市侨联主席出面商议租用，租约 5 年。但广播电台在租期届满后不予退还，又对该楼进行部分改建。从租用到占有，从占有到以红头文件形式化私为公，这座侨房长期得不到归还，侨房业主、印尼归侨陈子英无数次向有关部门反映，市侨联也呼吁多年，但都无法解决。

陈慧瑛带领人大侨委工作人员，走访市侨联、广播电视局、规划局、政府办及华侨业主，在历时 8 个月认真调查的基础上，收集了 38 份图纸、文件、资料，五易其稿，写出了 5000 多字的调查报告，召开了有关人员参加的座谈会。还将调查报告呈送市领导，取得了支持。最终，市政府撤销了一些委、局批准征用、基建的文件；被占用的部分搬出，归还业主；处理结果公开见报。历经一年零八个月的努力，这一典型的侵犯侨胞合法权益的案件终于解决了。此事在侨界引起巨大反响，原侨界老前辈、市侨联主席颜西岳亲自到人大对陈慧瑛说：“我以为在有生之年，再也看不到这幢侨房的落实。现在在市人大侨委的努力下，终于得到了完满解决。你们真正保护了侨益，功德无量！”

庄氏祖业侨房的落实是另一桩更加艰难的案件。此侨房系原全国政协副主席、全国侨联主席、爱国侨领庄希泉的故居，新中国成立后，由海军厦门水警区司令部使用。庄氏家族海内外宗亲纷纷要求退还庄氏祖业，并拟在旧址筹建庄希泉故居，但多年来都无以落实。

庄氏祖业落实侨房政策涉及军产问题，处理起来难度极大。明知山有虎，偏向虎山行，陈慧瑛大胆开展监督。1991 年初，会同市落实办进行深入调查，在原始契证遗失的情况下，取得人证及碑铭石刻等物证，并反复与海军厦门水警区、市政府有关部门等各方研讨磋商。拿出初步意见后，向省、市主要领导汇报，拜访庄希泉之子庄炎林。在锲而不舍地一再敦促下，海军厦门水警区与厦门市政府达成置换土地的协议，但因种种原因，此案一时又束之高阁。

陈慧瑛没有气馁，又专门拜会了市长洪永世和分管城建的副市长，将此件列入市政府议事日程。1994 年 6 月，召开了由市人大侨委、市政府办、市侨办、市落实办、海军水警区等有关单位参加的协调会。但又因诸多原因，此案拖延一年仍无下文。

1996 年，厦门特区建设十五周年大庆期间，业主庄炎林应邀来厦活动，市人大侨委会同市落实办、海军水警区负责人与庄老先生一起多次开会研究。1998 年，在省、市两级党委、人大、政府的支持关心下，各方终于达成共识，将庄氏祖业作为特案处理，并划拨一定的用地及住宅给部队。

一起长达 40 余年、在海内外有重大影响的侨房案，经 8 年不懈的奔走呼号和深入调查、反复督促下，得以圆满解决。陈慧瑛心中的郁结终于打开了，她说，人大侨务部门要敢于对“一府两院”进行依法监督，首先必须要具备爱侨护侨之心，其次要有锲而不舍、无私无畏的护侨精神，再次要有积极主动、满腔热情地为侨服务的护侨作风。

厦门是侨台之乡，宗教尤其佛教工作是凝聚台港澳同胞和海外侨胞的亲缘、乡缘、法缘的重要途径之一。同安梵天寺建于隋朝，是福建最古老的千年名刹，“文革”中被夷为平地并改为监狱。“文革”后，海内外善信和本地民众要求重修古刹的呼声很高。1990 年，在市人大常委会的支持下，陈慧瑛组织了 36 名人民代表提出《搬迁看守所，归还并重修梵天寺，落实党的宗教政策，保护历史文化古迹》的议案。后来，市人大常委会把议案交由市人大侨委办理。

陈慧瑛带领同事历时 8 年，先后开展视察 40 余次，找各相关部门近 200 次，抓住“搬迁看守所”这一关键难题，深入细致地宣传党的宗教政策，身体力行地协调方方面面。她往返厦门、同安数百趟，从看守所搬迁选址、立项、建设到归还古庙旧址、协助成立“修复梵天寺筹委会”、引进大量捐赠重修梵天寺等，她历尽千辛万苦，无怨无悔，终于赢得千年古刹重光，海内外善信如愿以偿。1996 年，梵天寺作为第二届世界同安联谊会的献礼工程，得到了来自世界各地的海外乡亲的热情赞扬，也有力地推动了厦门宗教工作的开展。

敢为人先　积极推动侨台工作立法

1994 年 3 月，全国人大授予了厦门市立法权，这既是全国人大赋予厦门市的特殊使命，又是厦门经济特区建设发展的新机遇。厦门市获得立法权之后，相继制定了《厦门市台湾同胞投资保障条例》《厦门市归侨侨眷权益保障条例》《厦门市荣誉市民称号授予办法》《厦门市华侨捐赠兴办公益事业管理条例》《厦门市宗教活动场所管理规定》《厦门经济特区鼓励留学人员来厦创业工作规定》等多部涉侨、涉台法规。这每一部法规的制定，都饱蘸着市人大侨委特别是陈慧瑛的心血，她主持的立法，力图做到具备可行性、前瞻性和突出地方特色。

1994 年，台企、台商来厦投资创业如火如荼，陈慧瑛抓住《中华人民共和国台湾同胞投资保护法》出台之机，领导市人大侨委制定了厦门市第一部涉台法规《厦门市台湾同胞投资保障条例》。当时，它在全国地方涉台立法中也是排名第一。这部法规既有可行性又有前瞻性，既富于地方特色又与国际接轨，在海峡两岸引起巨大轰动，台湾为此专门召开多种座谈会，在厦台商更是欢欣鼓舞，奔走相告。

2001 年，随着我国实施科教兴国人才战略，鼓励海外留学生回国创业成为全国的热点。在国家尚无大法的前提下，陈慧瑛大胆带领市人大侨委适时制定《厦门经济特区鼓励留学人员来厦创业工作规定》。这是我国第一部吸引留学人员回国创业工作的法规，它不仅为厦门市营造人才高地、改善投资环境起了举足轻重的作用，更为厦门留学人员创业园被评为国家级优秀留学生创业园发挥了重要作用，而且在全国也树起了模范表率的大旗。至今为止，它还是鼓励留学生回国的全国唯一立法。

真诚待人　全情投入工作

陈慧瑛和彭丽媛是 30 多年的挚友，在过往的岁月里，她们彼此以“小彭”和“大姐”相称。1989 年，陈慧瑛应约为《家庭》杂志撰写了习近平和彭丽媛的爱情故事，首次翔实披露这对名人夫妇的婚姻家庭生活和彭丽媛美丽如诗的感人情怀。故事温馨动人，文章字字珠玑，一经刊出，即引起社会广泛关注和强烈反响，许多报刊纷纷转载。彭丽媛远在广东的婆婆看到《家庭》杂志后很高兴，第一时间把这期杂志寄到媳妇手中。

2019 年，《习近平在厦门》采访组来到厦门，采访了陈慧瑛，形成了《近平同志与我是布衣之交》的采访实录，令读者看到了国家领导人朴实可亲、平易近人的丰满形象。

上至国家领导人，下至平头百姓，陈慧瑛都不卑不亢，真诚待人，所以她的朋友遍及五湖四海。陈慧瑛待人以诚，对待工作则源自“爱”——对故土之爱，对祖国之爱。

在报社10年，她出入田间地头、工厂车间，常萤窗笔耕，闻鸡而起。更难能可贵的是，在市人大的20年，文山会海、迎来送往、杂事羁身，她仍坚持写作。在市场大潮加互联网大潮冲击之下，人心浮躁，有几人能坚守清寂的文学园地？若没有超乎常人的坚强毅力，怎能有汩汩文思从笔下流出？从政之后，她又发表了千余篇作品，以写作为生的专业作家都要自叹弗如。近年来，她不顾身体状况欠佳，仍笔耕不辍。

由于华侨家世渊源和个人丰富的生活阅历，陈慧瑛的作品包含深沉的爱国主义情怀，大量文章反映华侨、华人、港澳台同胞的生活和故乡厦门的人文风貌以及祖国大好河山，情真意挚、细腻不失豪放，委婉而又豁达，传统文学底蕴深厚，深受海内外读者喜爱，在当代文坛，特别是侨、港、澳、台各界享有盛誉。

陈慧瑛写过一篇《茶之死》，她写茶有着“盈绿的青春，妩媚的笑靥”，但却“甘心把万般柔肠，一身春色，全献于人间。任掐、压、烘、揉，默默地忍受，从无怨尤；在火烹水煎里，舒展娥眉，含笑死去……”这也正是归侨陈慧瑛对祖国对事业的执着写照。

思明区侨联代表看望陈慧瑛前辈

（林希）

海外华人华裔寻根的“指南针”——陈有理

陈有理，1950 年出生于印尼，旅居海外第八代华侨。她很普通，是厦门市思明区滨海街道的一名居民。她也不普通，印尼归侨，退休后担任街道侨联主席，并自掏腰包，跋山涉水，义务帮助海外华人、华裔寻根，至今已有 61 期。她被印尼华人子女称为“中国妈妈”，更是海外华人华裔来闽寻根者眼中的“指南针”。2018 年，陈有理入选中国好人榜助人为乐好人名单。

陈有理获得“2015 感动厦门十大人物提名奖”

（图片来源：思明区侨联）

心中埋下爱国爱党的种子

陈有理出生在印尼一个华侨高级知识分子家庭中，父亲陈曾唯旅居印尼 7 代，母亲陈安尼。

20 世纪 30 年代，在荷兰留学期间，陈曾唯出任中华会副主席（该会是留学荷

陈有理的父亲陈曾唯（前排左二）、母亲陈安尼（后排左四）1938 年在荷兰阿姆斯特丹为中国难民进行募捐义演

（图片来源：厦门印联会）

兰印尼华裔学生普遍参加的组织）。为支援祖国抗日，他与陈安尼曾分别在荷兰和印尼冒生命危险组织义演和募捐。

在印尼时，陈曾唯、陈安尼无比激动地给孩子们讲述在中国共产党领导下伟大的二万五千里长征，他们因此受到极大鼓舞，对共产党充满信心，一直向往回到自己的祖国。

1960 年，他们断然决定响应周恩来总理“高级知识分子参加新中国建设”号召，放弃自己财产和舒适生活，带着 3 个孩子回到正在经受三年自然灾害的年轻的新中国，受到中侨委、福建省侨联热烈欢迎。

“文革”期间，爱国的夫妇受到不公正的批判打击，但这丝毫没有动摇他们对祖国的深情与期待，毅然继续留在祖国，这使得许多国外亲朋好友不可理解。

陈有理的个人命运随时代浪潮起落。从小学到中学只读了 5 年的书，1969 年，作为知识青年下乡到龙岩市武平县中堡公社。1971 年被招工回到厦门市新华玻璃厂当工人。

1978 年，陈曾唯、陈安尼平反后，陈有理被调到厦门大学党委统战部从事侨联工作。

2007 年，在生命走到尽头时，陈安尼与女儿回望来时路，她吐露心语：无怨无悔于自己的一生和选择，所有的坎坷与不幸皆是命运的安排。父母亲矢志不渝的华侨赤子情怀深深地影响着陈有理。

几经周折帮荷籍华人找到故乡

思明区厦大北村小区，陈有理家中，满满当当一个书橱，都是她这些年寻根整理和参考的资料。2018 年 10 月 19 日，漳州龙海市角美镇石美村北门社，11 个人的华裔寻根团，从德国、荷兰、美国、印尼、香港等地，赶到厦门，在陈有理的陪同下，找到了徐氏宗亲。

在 2018 年的 3 期寻根中，让陈有理最欣慰的是，帮助荷兰第五代华裔许添兴，找到了“遗失”整整 5 代人的故乡——澳水。“2017 年 10 月 31 日，我收到了香港好友林冬雪的寻根求助信。”陈有理回忆道：“信中说她的公公许添兴三代人，准备到厦门寻找祖籍地，希望能得到帮助，而线索只有三个字‘澳水村’。”

澳水村究竟在哪呢？陈有理查阅了不少材料未果。好在林冬雪在查阅《厦门志》等史料时，无意中发现，他们寻找的“澳水村”，史上有位“许志正”，其妻在演武亭右曾立有节孝牌坊。

陈有理说：“根据这条线索，我们开始对顶澳仔（演武亭一带）进行调查。首先请厦大南洋研究院聂德宁教授帮助解读许添兴祖父墓碑上的‘承重孙荣桂孝孙’含义，同时找洪卜仁老师了解关于澳水的历史和面积，还找到了澳水村主要的许氏家族成员，拿到了一份不完整的许氏族谱”、“原来，澳水正是顶澳仔的古称，就在我家门口。”陈有理十分兴奋，她最终带着许添兴完成了这次寻根之旅。中央电视台纪录片《中国话》栏目组亦全程跟踪拍摄。

许添兴祖孙三代到澳水寻根谒祖

助华人华裔寻根61次

“寻根真是特别烧脑，拿到手的线索往往少之又少，是体力和脑力的双重考验。”陈有理总结道。

帮人寻根，第一道难关就是语言。幸好，陈有理懂印尼语、荷兰语，这在寻根时发挥了不小的作用。不少海外华人华裔已经不会汉语了，族谱、墓碑等资料上的中文根本看不懂，有些资料甚至是根据闽南语发音写的，都得靠陈有理帮忙翻译，“我先生是地道的闽南人，给了我不少支持”。

有一次，印尼的徐氏宗亲收集了11张墓碑的照片，请陈有理帮寻根。他们已经不懂汉语了，陈有理就把照片上出现的汉字翻译成闽南语，再用印尼语拼音写出墓碑祖先的闽南语发音。为了让翻译尽量准确，她还特意买了闽南语词典来学习研究。

在陈有理的案头上，常用的词典，如荷兰语、印尼语、英语等加起来就有7本之多。而在翻译过程中，陈有理最怕的是“地名变更”，她还要常常找自己“组建”的地方文史“专家库”帮忙。

有了方向，但每次帮寻根，陈有理都要亲自前往当地确认信息。她的足迹遍布闽南各地，遇上崎岖的山路，连汽车都走不了，只能坐摩托车。帮荷兰籍华裔寻找“蓬山”时，为了确认“蓬山”是如今的龙海角美镇上房村，她特意跑到上房村。村里老书记带她爬山找古墓，通过古墓墓碑文字确认这里就是要找的“蓬山”，这些都是体力活。

海外第五代华裔余望安，找到陈有理时，能提供的线索，也只有一张外曾祖父墓碑的照片和一个叫“岭兜”的地名。陈有理在闽南地区找到了40多个叫“岭兜”的地方，但没有其他信息可以确认是哪个。后来，余望安的丈夫把寻根信息放到网上，龙海市浮宫镇后保村岭兜社有了回应。陈有理就专门前往龙海，查看族谱，确认信息。

2011年7月15日，陈有理带领荷籍第7代华人Tjay和女儿Chin Lin Tjiook（第8代荷籍华裔）到长泰县陈巷镇上花村寻根。他们回去荷兰后，Chin Lin Tjiook向祖母Patsy（荷籍华人第三代）详细汇报了寻根经过。这位73岁的祖母便率领8位来自印尼和荷兰的亲人于2012年4月29日至5月5日，一起来到厦门寻找她祖父在上花村的祖籍地。

在陈有理整理的3本笔记本上，清晰记着2004年至2019年61次的寻根经历，而这些常常都是她自掏腰包，但她却乐此不疲。之后，她仍奔波在为海外华侨华人寻根的历程中。

2012 年 5 月 1 日寻根者在古厝前合影留念

（图片来源：思明区侨联）

印尼华人子女喊她“中国妈妈”

“这是份苦差事，您不收一分钱，还要自掏腰包，怎么能坚持这么久呢？”面对提问，陈有理略加思索，给出了答案：“雷锋”“我是旅居印尼的第八代华侨，1961年，父母响应高级知识分子回国参加祖国建设号召，我随父母自费回国。”陈有理说，那个年代，全国正兴起学习雷锋的风潮，“也就是那时候，雷锋‘助人为乐’的种子，在我心中生根发芽了”。

陈有理到厦门大学党委统战部从事侨联工作后，更是结识了许多华人华裔，还帮助监护 5 位未成年印尼华人的子女，为他们提供生活等各方面的帮助。而今他们都已大学毕业，走上工作岗位，他们都称呼陈有理为“中国妈妈”。

助人为乐感动中国

陈有理 2000 年退休后，许多华人仍找她解决各种困难，她仍继续做些侨联工作，担任思明区侨联委员、常委。2005 年至今，任滨海街道侨联主席，多年义务帮助海外华人华裔寻根。同时还热情帮助归侨侨眷，为他们的亲人实现捐赠遗体和器官的夙愿。

通过寻根，陈有理为福建省博物院填补了一些历史空白资料，使华侨博物院获得许多珍贵历史相片和华人华裔的族谱；为三个华侨历史研究单位输送有关海外华人的资料。通过寻根的美籍华人，为有关研究员获得郑成功助手陈永华家族的族谱；通过沟通海外华裔，为龙海角美镇的石美村篁山家庙要来他们“文革”期间失去的族谱资料。

对陈有理来说，成功寻根不意味着结束。只要有空，她就把寻根家族的故事翻译、记录下来，成为华侨历史研究十分重要的资料。几年来，她夜以继日，放弃休息，翻译荷文、印尼文、英文等大量资料，争取早日系统地整理所有寻根资料。

陈有理在侨联工作了28个年头，不仅与海外华人华裔结下了深厚的友谊，也同样一如既往地关心着20世纪五六十年代回国的老归侨，做他们的知心人。在日常生活中，无论是归侨，还是侨眷，她一接到他们的求助电话，都及时尽快地给予帮忙。有次凌晨，帮助“120救护车”为中风侨眷抬担架，为邻居行动不便的老归侨天天量血压，帮助逝世老归侨年老多病的家属到社区领取油、米救助食品；帮助住院的空巢侨眷处理各项事宜，帮助老归侨选择敬老院和入住敬老院。更可贵的是，陈有理20年如一日地关照爱国归侨郑自治、王金璇伉俪，帮助他们解决各种疑难问题，直到2005年郑老逝世。

1997年，陈有理的母亲立下捐赠遗体遗嘱，陈有理全力帮助、支持她，并于2002年85岁时成功地到市公证处办理公证，为当时本市的首例遗体捐赠公证。她的母亲也已于2007年6月20日实现了捐赠遗体的愿望。2010年，陈有理被厦门电视台邀请，参加了道德论坛节目。该节目播出后，在侨界引起了很大的反响。许多老一辈归侨通过她办理了捐赠遗体、器官手续。在他们临终前，只要接到家属的电话，不论白天还是三更半夜，她都会迅速赶到病床前，让他们走得放心。老人走后，她便及时联系红十字会和医学院，帮助家属做好善后工作。

2018年5月30日，因28年来热心帮助131位华人华裔归国寻根事迹，陈有理入选中国好人榜助人为乐好人名单。

回首这些年的点点滴滴，陈有理时而欢笑，时而含泪。她说，很多寻根华人和华裔，让她十分感动，“尽管有很多人已经不会说中文了，但是他们仍坚持要找到祖先的故土，因为无论在哪儿，他们体内都涌动着中华血脉”。陈有理说，不少年迈的寻根者，仍积极学着中文，希望有一天，能寻回并传承中华传统文化。“不管是做好事，还是后来坚持寻根，仅靠我一个人是完不成的，不仅有侨联，还有许多专家、学者都支持我、帮助我。”陈有理还感谢家人的支持与陪伴，只要她在忙，家里的活都是丈夫干，有时候还要帮她一起走访。

光阴荏苒，回想飞逝而过的往事，陈有理仍然记忆犹新。她感谢各级党委、侨联领导对她和她父母的关怀。如今她也感到十分荣幸能代表侨联，帮助接待海外华人华裔；帮助归侨侨眷解决他们的后顾之忧，为党和侨联当义工。有机会为华人华裔做些有益的事，她感到无比幸福！

（黄佳畅整理）

贡献篇

厦门侨批

厦门地处福建省东南部，明清以来就是中国对外交通和海上贸易的重要口岸。得天独厚的优越地理位置，使其成为福建华侨出入境的主要门户和侨汇集散中心。

厦门华侨为数众多，盖因地少土瘠，为生计所迫，不得不远涉重洋。早期尚无邮政、银行，华侨欲与家人通信、寄款赡家要等到同在侨居地的亲朋好友准备启程归国时，才托其带交侨眷。一些人看到这种迫切需求背后蕴藏的巨大商机，开始出现定期往返国内外的水客（也称客头），从厦门出发前往东南亚华侨聚居地，为华侨携带信件钱物。

厦门移民出洋搭乘的帆船

（图片来源：洪卜仁）

19 世纪中叶，东南亚与国内之间航运不便，华侨批款主要依靠水客递送。随着侨批业务量增大，西方国家的邮政、银行相继在厦门设立，以及定期轮船的开通和国际贸易的发展，服务对象带有地域性色彩、收汇数额有限、往返时间长、收费较高、个人信用并不完全可靠的水客，已明显不适应形势的需要，无法满足华侨经常汇款的要求。于是一些富裕的水客和在海外经营国际贸易的侨商，出面兼营批馆业务，以后又派人在国内组织联号。经过长期的演变，兼具金融和邮政双重职能的侨批业应运而生，业者以侨商、归侨和侨眷为主。

侨批馆又称侨批局、批信局、银信局、汇兑庄、汇兑信局。厦门最早的侨批馆是光绪三年（1877年）永春华侨开办的黄日兴信局，名噪一时的天一信局则是其中的重要代表。民国二十七年（1938年），厦门沦陷，闽南侨批业中心转移至鼓浪屿。1941年太平洋战争爆发后，侨汇中断，但仍有个别侨批馆透过特殊渠道收汇，因积压等问题，于抗战胜利后催生清理侨批事件。1945年9月光复后，厦门的侨批馆经历短暂恢复和发展。到了1948年，国民政府“八一九”币制改革，造成金融市场混乱，由于政府对侨汇实行全面管制，银行公开挂牌的外汇牌价与黑市相距甚远，有些侨批馆被迫停业，有的则转入地下经营，侨汇大幅下降，侨属蒙受了惨重的损失。

旧时位于鹭江道的民生信局

（图片来源：洪卜仁）

1949年10月厦门解放后，人民政府采取召开侨批业座谈会、归侨侨眷座谈会、原币存款等举措，使侨批业得以恢复，并加以维持和利用。中国人民银行和中国银行联合制定相关政策引导侨批业健康发展，由中国银行进行专门管理。侨批业整合资源，提高工作效率，在解决归侨侨眷生产生活、争取国家外汇资金等方面做出了巨大贡献。

20世纪50年代初期，有些侨居国政府对侨汇实施限制政策，加之闽南地区东南亚移民潮基本断流，侨批馆业务因此受到影响。1958年开始的侨批业社会主义改造，使其失去作为一个独立行业而必须具备的基本条件。1976年，侨批业退出历史舞台。侨汇通过银行转入，侨信则通过邮政投递，原来的信汇合一变为有信无汇，与普通信件无异。

纵观侨批发展史，华侨出国人次和国内、侨居地乃至世界时局变动，直接影响侨批馆的营业生态。侨批业服务于侨批，没有侨批就没有侨批业，两者是休戚相关的命运共同体。同水客一样，侨批馆在核心理念上具有两大要素：人脉和信誉。基于个体和社会关系的传统社会信用，是水客与侨批馆产生、发展的基础。经营侨批业的业者多与客户是同乡、亲友、熟人，血缘和地缘关系，使闽南侨乡和东南亚侨居地之间的信息流通较为顺畅，不论是良好抑或不良信用，都在个人编织而成的关系网中快速传播。这种以传统道德和集体奖惩为调节机制而建立起来的信任关系，形成一种无形的约束力。

作为特殊年代服务收发双方的服务业，侨批馆在海内外必须深入华侨社区和侨乡，了解华侨、侨眷分布，以合理布局营业网点，必要时还须延请当地社会人士担任经理，以应付地方势力的敲诈勒索；在服务态度上必须认真负责，服务质量上力

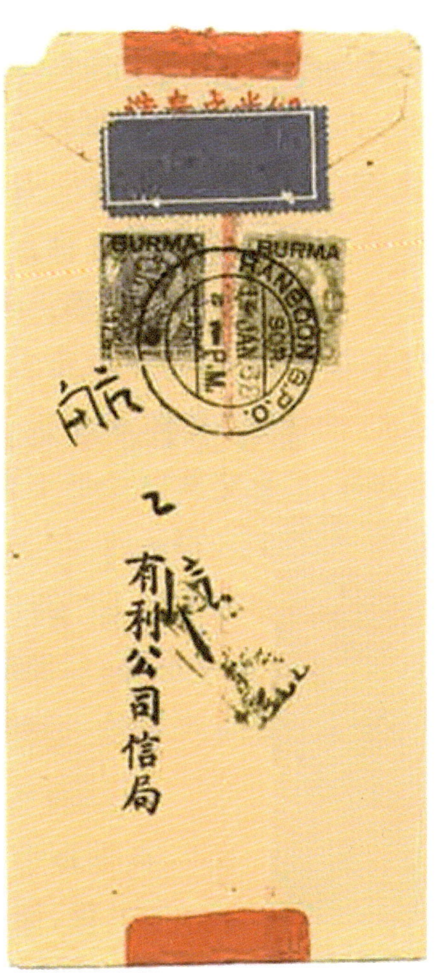

缅甸寄往厦门的侨批

（图片来源：洪卜仁）

求考虑周到，以质取胜，如此方能立于不败之地。在船帮开船前，华侨都可到侨批馆寄出批款，并且很快就可以接到家中回批。侨批馆之间展开竞争，不但登门揽收批件，而且可以先垫付款项。民国时期闽南军阀混战，土匪猖獗，抢劫侨批的恶性案件时有发生，侨批馆改用山单（即支票、汇票、信用票）支付，领取时须有保家，如若被劫可以挂失止付。此后，侨批业以地方治安不靖为由，竞相发行山票解付，套取侨汇，从事投机生意。民国九年（1920 年）至民国二十五年（1936 年），因滥发山票而倒闭或改组的侨批馆，至少在 24 家以上，给华侨、侨眷带来巨大损失，一部分人因此倾家荡产。

侨批业务的两大部分——批信与批银决定了侨批馆必然与邮政、银行之间发生业务联系，两者并非简单的竞争与压制，而是互补与竞争共存。从侨批业与邮政、银行的关系来看，邮政曾试图扼杀侨批业，但因在基层根植的深入程度不如后者发达而流于失败；银行开始则采取合作姿态，借鉴其成熟的经营模式融入侨批经营网络并取得成功。从侨批的流转过程来看，侨批馆的地位并没有因邮政、银行的普遍设立而降低，而是努力维护讲求信用、快速安全的运营机制，最终使三方保持密切的合作。在此期间，厦门银信业同业公会扮演沟通官方与民间的桥梁角色，积极传递侨批业的声音和诉求，维护行业的利益，同时也提高了华侨寄批的积极性，促进了侨批的增长。

思明区侨联打造的侨批文化广场，以“两地书跨国缘”为轴心的侨批邮路地刻，内设“侨批展厅”

（图片来源：思明区侨联）

侨批作为一种特殊的历史产物，具有三大功用：一是生存层面，华侨汇寄款项赡养家人，有时甚至是侨眷赖以生活的资金来源，系摆在首位的决定性因素；二是文化层面，促进语言、风俗等地方传统在母国和侨居地之间的跨区域交流，维持华侨与侨眷在精神上的紧密联系，以时间维度而言，文化意义大于经济意义；三是经济层面，华侨群体与家乡的内在关联随着时间推移逐渐延展到商贸领域，批款的变体侨汇，成为华侨反哺家乡经济社会建设、海外华侨资本投资家乡乃至国内公共事业、慈善、教育的一种形式。两者之间的区别在于侨批由侨批馆代发，批脚（送批工）上门取件，书信和款项缺一不可；侨汇需要华侨本人亲自到银行、邮局汇款，无须回批。侨汇包括侨批中的批款，侨批中部分款项也属于侨汇，如侨批中提到的用于修缮宗祠、修桥造路、宗教祭祀、年终发放慈善施舍的汇款，可能因数额较大，即以侨汇的形式寄发。

总而言之，侨批是在邮政通信极不发达的特定历史条件下，海外华侨与国内亲人联络音讯、汇款贴补家用的主要方式，是出国华侨与国内侨眷亲友往来的桥梁和纽带，也是华侨用心血、汗水和智慧浇灌的信汇邮路。亲情是侨批文化产生的重要源泉，侨批体现了华侨情系桑梓、热爱中华的家国情怀，展示了华侨在国外艰辛创业的奋斗足迹，蕴含着丰富而独特的文化内涵，是社会发展变化的缩影，同时也是弥足珍贵的历史见证。

（洪卜仁）

华侨捐助的厦门老校名校

厦门市侨办小学概况

清光绪年间，由缅甸华侨曾广庇在曾营创设的龙山女子二等学堂，是厦门最早的一所侨办小学。厦门最早所得到菲律宾华侨捐款资助的学校，是光绪六年（1880 年）由外国教会创办在鼓浪屿的“寻源斋”，后改为寻源中学，迁设漳州。

光绪十一年（1885 年），在禾山乡后院社兴筑的禾山书院校舍，也是华侨输银捐建的。

自光绪二十二年（1896 年）至民国元年（1912 年），华侨相继在同安和厦门郊区创办了钟宅、曾营、霞阳、阳翟等 4 所小学堂。

这一时期的侨办学校仍以旧学为主，只有少数华侨或归侨在家乡兴办规模不大的近代学堂和小学。

辛亥革命推翻了清朝的封建统治，大大激发了海外华侨的爱国爱乡热情，回乡兴学的华侨也随之增多。陈嘉庚从 1913 年假集美大祖祠创办集美两等小学开始，矢志不渝，直到创办了规模宏大的集美学村和厦门大学。

辛亥革命后最早创设的侨办小学包括 1916 年由叶添寿、叶永黎等创办的厦门奎壁小学，由新加坡华侨周谦祥等创办的杏苑小学。1919 年，厦门劝学所所长孙印川赴东南亚募捐，兴建鼓浪屿普育小学。

1934 年以前，厦门市内共有 39 所小学，其中有 17 所是由华侨捐款创办或资助，占小学总数的 45%。在这 17 所小学中，有 11 所除获得华侨捐助建校经费国币4.84万元外，每年华侨还提供经常费国币 18146 元，占该 11 所小学常年经费总数的 33%，占全市小学常年经费总额的 11%。

在这 39 所小学就读的有 8430 名学生，其中归侨、侨眷学生 1752 名，占学生总数的 21%。

自清朝末年至 1949 年中华人民共和国成立，华侨在厦门市兴办或捐款资助的小学有：龙山女子二等学堂、寻源斋、禾山书院、钟宅小学、霞阳小学、曾营小学、东升小学、永恩小学、群惠小学、大同小学、妙光小学、主光小学、延陵小学、毓德小学、福民小学、思侨小学、豪士小学、崇务小学、岐山小学、益群小学、新民小学、后埔小学、店前小学、桃源小学、奎壁小学、杏苑小学、和安小学、莲河小学、鼎美小学、湖山小学、鳌岗小学、思明小学、集友小学、禾光小学、雅化小学、四知小学、民立小学、珩山中心小学、颍川小学、市头小学、崇本小学、五通小学、芷园小学、嶝江小学、高浦小学、新垵小学、龙山小学、三河东小学、锦园小学、东边小学、钟宅小学、后海小学、东浦小学、高殿小学、乐安小学……这是串长长的名单，这些校名的背后，站着无数或家产雄厚或月入微薄的华侨华人，但他们都有着一颗重视教育、热爱桑梓的心。

厦门第一所公办中学：省立十三中

清末民初，厦门有 3 间书院：玉屏书院、紫阳书院和禾山书院。其中玉屏书院和禾山书院的兴建、办学都得到华侨的支持。玉屏书院位于玉屏山下，在今日实验小学校内（原厦门五中玉屏校区）。

光绪三十二年（1906 年），兴办学堂风气已遍及全国。时任兴泉永道（清代福建省的一个行政区，管辖泉州府、兴化府和永春直隶州）玉贵和玉屏书院各董事筹备开办厦门中学堂。开办初期，安南（今越南）侨商王蔼堂（王隆惠）慨捐白银一万两，作为维持学堂的经常费基金。

官立厦门中学堂第一届学生 40 余名，分成两班：正斋班和备斋班，学制五年，全年学费 12 银元。厦门中学堂注重德育、智育、体育各方面的发展，特别是注重道德的教育。学习的科目有 12 种，以古文、修身、经学、历史、地理、算术、物理、化学为主科，兼以英文、音乐、体育为副科，每周上课 36 课时，成为厦门由中国人自办的第一所公立学校。

民国六年（1917 年），省议会议决将全省中学一律收归省立，在全省各地共设立 13 所中学，由省库拨款充实经费发展校务。此时，已被改名为“厦门思明中学”的厦门中学堂，奉令改为“福建省立第十三中学”。

20 世纪 20 年代的厦门“省立十三中学”，是中共地下党活动的主要场所之一。培养了好多革命干群，可以说是革命的摇篮，其中最突出的是叶飞和方毅。

叶飞 5 岁时随父亲从菲律宾回到南安老家。1925 年与他二哥叶启存一起来到厦门升学，先在中山中学就读，后转学到厦门“省立十三中学”，校内有位数学老师是中共地下党省委秘书长，很赏识叶飞，开始有意识进行培养，吸收叶飞参加一些秘密革命活动。叶飞 14 岁就加入了地下共青团，还介绍二哥叶启存入团，建立了地下团支部。从此，他与二哥走上了革命道路。

同文书院

厦门同文书院由美国驻厦门领事巴詹声（A.B.Johnson）倡办，但经费由厦门富商承担和自华侨募捐，是一所中国人掏钱请美国人办学的中美人士合办的学院。

同文书院大楼

同文书院自 1898 年 3 月开办，至 1941 年 12 月太平洋战争爆发被日本帝国主义封闭，前后存在 44 年，有 43 届的高中毕业生和 47 届的初中毕业生，校友数以万计，分布地区很广。同文书院是近代一所在华南地区和东南亚甚负盛誉的厦门学校。

厦门同文书院旅菲校友会三周年纪念会

在同文书院首届华人董事中，叶清池是菲律宾华商巨富，邱华绕、邱振祥是今海沧区新垵乡望族、海峡殖民地富侨。学院开办后，院董事会不断扩大，厦门的富商、绅商林尔嘉、黄仲训、黄奕住、黄庆元、黄秀烺等全都被延聘为董事。

同文书院开办的第一学期，只有41个学生，第二学期增至92人，1900年为201人。学生大多数来自从事对外贸易的家庭，也有富家子弟和华侨子弟，还有来自台湾和广东省潮汕以及泉州、漳州等各县的官家、富家子弟和侨眷。

同文书院的经费来源中有四个方面与华侨有关：

一是董事会的董事们掏腰包。为此，同文书院扩大院董事会组织，凡是厦门地方上的富商豪绅都延聘为董事。巴詹声在《厦门同文书院沿革》一文里坦言：“同文开办时一切经费都是叶（清池）君等负责，后更蒙中国富有远见的其他绅商……亦乐为本院董事”，“而南洋华侨，尤其热心赞助”。1922年新校舍建成后之所以分别命名为“清池楼”“秀烺楼”“奕住楼”等，也正是厦门的中国董事捐款的证明。

二是向华侨募捐。韦荼荠和吴禄贵任院长期间，数度到菲律宾、新加坡、印尼各属向华侨募捐，尤其是菲律宾，韦荼荠前后去过五六次。这些地区的华侨，有不少是同文书院的校友，并在当地组成校友会。韦荼荠、吴禄贵赴南洋募捐，主要以同文校友为对象，并通过校友请当地的富商巨贾慷慨输将。例如有一次到菲律宾，单是校友、侨领李清泉经手的捐款，就达20万元菲币。又如到印尼，曾经由在井里汶经营土产的德丰行老板钟锡照出面协助筹款数十万荷盾。

三是以筹捐同文书院常年经费为名，由驻厦的美国领事馆规定：凡赴菲律宾的华侨，不论是新侨、旧侨，每张护照附加大洋2元，其中50%称作检验费，50%拨充同文书院基金。自是以后，成为定例。

四是临时性募捐。1915—1916年间，同文书院宣布兼办大学，在厦门和东南亚一带进行临时性募款活动。

英华书院和英华中学

在厦门教育史上，英华中学是办得较早的新式中等学校。与那些由女学、旧式师范或旧式书院转型而来的中学相比，创办伊始，它就定位于“与英国中等学校相对应的”新式中学。因此，人们都以百年老校称之。

1926年，郑柏年就任该校第一位华人校长。郑柏年担任校长后，重视中文教育，学校教学从重英轻汉转向英汉并重。为此得到热心教育事业的华侨人士大力支持。这一年，郑柏年为增建校舍筹措经费，远涉重洋到菲律宾募捐。一路上，他极力宣传英华中学的办学成绩，许多华侨因此把自家子弟送回国到英华中学攻读。翌年，郑柏年又到新加坡、爪哇募捐，再次得到华侨的支持，于是在荔枝宅旁边增建一幢两层建筑，称为第二校舍。次年，即利用这幢校舍附设高级小学班

英华书院“同”字壳教学楼群

（英华中学高小部）。在此期间，学校蓬勃发展，学生人数增至数百人，英华中学成为在福建省乃至东南亚一带颇有影响的中学。

私立厦门双十中学

迈入民国门槛后，厦门出现了一波波学堂改制风潮，教育层次较高的中等中学兼办职业类学科的学校相继出现，创办于 1919 年的“双十乙种商业学校”就是一例。

20 世纪 30 年代的厦门双十中学

素有教育兴国之宏愿的马侨儒时时感念厦门虽为“商旅辐辏”之地，但“病于无学”，尤其缺少专门培养商业人才的学校，他萌发了教育救国、创办商业学校培养经贸人才的设想。这个构想很快得到余金隆、白嘉祥、蔡鹤友、杨辉煌、林昭荣等挚友的支持，并表示愿意在经费方面给予资助。从那时开始，马侨儒便与商界友人积极筹措经费，投身学校的创办。

1920 年春，旅居菲律宾华侨、马尼拉云梯实业公司总经理林珠光回厦门结婚，与马侨儒“一见如旧，遂成莫逆”，林珠光明确表示愿为马侨儒的办学构想出力、出资。就这样在海内外商界人士热心赞助下，马侨儒筹得开办费千余元，再加上自己的积蓄，便有了创办学校的第一笔资金。他作为办学的创办人，先期在霞溪仔租赁一处民房，作为临时校舍，挂出了“双十乙种商业学校”的名号。办学之初就将学校冠以“双十”之名，其义自现，就是为了纪念推翻帝制的辛亥革命。

1928 年 1 月，双十的第一届商科学生毕业。学生渐众，共有 170 名。4 月，林珠光捐建一座学生宿舍，占地 50 方丈，可容学生 116 人，命名为“珠光宿舍”。当时学生生源中闽南、闽西、台湾和广东省汕头、惠阳、梅县各地的寄宿生约占三分之二，南洋各地回国升学侨生约占三分之一。

20 世纪 30 年代校刊中的校舍 · 学校大楼

抗战爆发后，双十与苦难的祖国一道走进了凄苦的岁月。学校内迁到平和，以生产化、军事化管理学校。厦门沦陷期间，日寇占用了双十校舍。熬过抗战的双十在 1946 年 6 月迁回厦门。

抗战期间，原双十校长黄其华在菲律宾马尼拉创办中正中学，并拓展实业。

抗战胜利，他转道上海回到厦门，开始主持学校复员工作。黄其华校长离菲时，向黄文开募得菲币 1 万元（折合美金 5000 元）。返厦后，马上把这笔款项用于修葺校舍、添置教具。

直到 1947 年，双十又恢复了办学之初的元气，学生思想十分活跃。但学校办学的外部条件日趋恶劣，学校经费捉襟见肘。当时，由于市民生活日益穷困，学校不得不扩充免费生。名额占学生总数 25%～30%的免费生的开支占了学校经常费相当比例，加之法币不断贬值，学校“经常费”赤字差额越来越大。黄其华董事长再度赴菲，向侨胞募捐。复隆兴公司、李清泉公司、中兴银行、交通银行及侨友杨启泰、郑汉荣、郑崇璀、姚道昆、蔡孝忍、杨永葆、李孝锦、吴宗明、杨金灯、洪采年、薛芬士、庄万里、许友超等 30 余人捐助菲币 37000 元，折合美金 18500 元，使“经常费”的不足得以弥补。除募得基金外，还募得奖学金名额 100 名、升学奖助金 12 名。募得建筑费重建图书馆、膳厅，并添建美术馆、宿舍、菲律宾校友楼。这在当时的厦门实属难能可贵。

厦门大同中学

进入 20 世纪 20 年代，厦门教育事业的发展势头迅猛。陈嘉庚之于集美学校，缔造了一个家族型、系列式、规模化全面办学的先河，这对当时的中国教育是一个震撼。几年内，一气呵成创办了自幼稚园至大学，从普通教育到职业学校“一条龙”的学校教育体系，在中国教育史上可属创举。这对当时厦门教育量的积累、质的提升，无疑是打下一个坚实的基础。

集美学校的办学还有一层意义，那就是为厦门当时民间办学加温，使厦门的民间办学热度骤然升起。如此的热度提升，使不少有识之士、社会贤达跃跃欲试，以自身的投入和尝试，致力于厦门教育事业的崛起。其中尤为突出的就是大同中学的创办。

1924 年 7 月，爱国华侨和社会贤达黄廷元、杨景文、曹允泽、彭丙卯、许鸿图等发起创办厦门市大同中学。源出于《礼记·大同篇》的校名“大同”，蕴含孙中山所倡导的“世界大同”之理想。学校办校之初，还相继确立以“发扬踔厉，振我民族”为办学宗旨，以“诚信勤朴”为校训（后改为“励勤毅诚”）。初创的大同中学很快就彰显了影响力。

大同中学创办人之一的曹允泽，其事迹令人难以忘怀。曹允泽（1869—1942），福建海澄（今龙海县）豆巷人。少年至越南西贡谋生，1918 年后，创立丰源成有限公司。他为人慷慨好善，对社会公益事业，乐于捐助，深得国内外人士的钦敬。曾任越南华侨总商会会长，连任越南华侨福建帮长。在越南倡办学校、义祠、会馆、医院七所。在家乡独资创办树人学校，捐献厦门大同中学礼堂，捐赈华北水灾得到三等“嘉禾章”的奖励。1941 年，日本南侵越南，妄想利用曹允泽的声望来联络华侨，曹允泽不从，宁愿隐姓埋名，避居偏僻村落，终其一生。

20 世纪 30 年代初，学校为了扩充办学、增办高中，便筹划向海内外募捐。旋即得到积极反应，捐助巨款的爱国华侨有胡文虎、曹允泽、许文鼎等，相继增建文虎楼、允泽楼、文鼎楼，校园建设一直持续到 1936 年，校园建设基本大功告成，形成一组四合院似的建筑群。学校同时增添不少图书仪器等设备。据当时就学于大同中学的著名经济学家童大林回忆，“文虎楼”竣工后，还有些余款。胡文虎又捐了 1 万块银圆，专门用于购买理化仪器，开设实验室，故“文虎楼”又被称“科学楼”。

1949 年 10 月 17 日，厦门解放。大同中学走入人民教育的行列中，虽为私立学校，也得到人民政府的支持和帮助。1949—1953 年初学校经费困难，人民政府鼓励自力更生，于是学校又组织校董会。林珠光、林采之为正副董事长，蔡衍吉、林大胜、杨景文、卢嘉锡等 10 多人为董事，由董事会各位董事参与筹募办学经费。

鼓浪屿福民小学

福民小学是鼓浪屿创办最早的小学校，其历史可以追溯到清同治十二年（1873 年）传教士施约翰创建“泰山堂”鼓浪屿支堂时附设的小学堂——福音小学。有专家甚至认为，还可追溯到 1844 年施约翰初到鼓浪屿时办的“英华男塾”，因此认定该校为西方教会在福建办的第一所学校。福音小学 1909 年与民立小学合并成福民小学，新中国成立后更名笔山小学，这所学校经历了上百年的历史沧桑。

福民小学能够从生数很少、规模有限的学校发展成为一所设备完善、颇具规模的完全小学，是与第三任校长叶谷虚矢志兴学、苦心经营分不开的。1911 年，年仅 25 岁的叶谷虚开始主持这所学校。当时学校经费十分窘竭，学生也总共只有 80 多名。叶谷虚面对困难，力排众议，坚持前行。

1915 年春，福民小学首届高小毕业生毕业了，学校特意为 8 个毕业生举行隆重的典礼，通过毕业典礼，向社会展示福民小学的办学成绩。此举引起了社会人士的关注与支持，鼓浪屿的侨商杨忠懿首认捐款资助，随后又有三五热心人士亦慷慨输将。

叶谷虚致力改革，向国民政府备案，向海外华侨、校友募捐，福民小学办学渐入佳境。他没有止步，再接再厉，奔走海内外，为福民小学扩建校舍和筹建职业学校而四处劝募。1938 年 5 月，日本侵略者攻陷厦门，叶谷虚全家出国。至此，叶谷虚结束了其 27 年主持福民小学的校长生涯。

新中国成立前的 70 多年中，福民小学为社会输送了五六千名毕业生。这些校友中，不乏卓有建树的人才。其中又有不少校友感激学校的培育之恩，热心反哺母校，留下佳话。

李维修，原名李嘉瑞，祖籍海澄县，1887 年出生于厦门岛内的外清宫。19 世纪末在福民小学读书。1904 年，李嘉瑞到新加坡谋生，1907 年在那里加入了中国同盟会，追随孙中山先生，从事革命活动，改名为李维修。1911 年，李维修参加同盟会领导的第二次广州起义，起义失败后，回到厦门。李维修继续从事进步活动，参与发起组织了厦门通俗教育社，提倡新文化运动。

周廷旭，厦门人，1903 年出生于鼓浪屿一个基督教家庭，童年时代在福民小学读书。小学毕业后，14 岁的周廷旭离开厦门到天津的教会学校就读，1920 年往美国修习历史及考古学。一年后，因对绘画的浓厚兴趣而转学至波士顿美术馆的美术学院。1923 年，往法国巴黎美院进修，之后又进英国皇家美术学院，并被推选为英国皇家艺术家协会预备会员。其作品曾入选皇家美术学院年展，获皇家美术学院金奖、巴黎油画沙龙奖等奖项。1929 年，他的作品荣获最有权威的吞纳金奖（Turner Gold Medal），是此奖项第一次授予外国艺术家。1931 年至 1935 年，周廷旭曾回到中国，在北平、上海、香港等地举办个人展览，并在东南亚旅行写生。这段时间内，他回过鼓浪屿，因此在家乡留有他的一些作品。

热心于母校事业的福民校友还有很多，如旅菲侨商杨忠懿、杨忠信，还有校友会旅菲分会会长杨永征及其兄弟杨永隆、旅越分会长方兆麟等，都曾为母校的建设与发展提供了无私的援助。

闽南职业学校

戊戌变法以后，在实业救国思潮的影响下，职业教育开始得到清政府的重视。辛亥革命以后，民族工商业的发展，更进一步推动职业教育思潮的发展。

时任鼓浪屿福民小学校长的叶谷虚于 20 世纪 20 年代初期，他创办了一所面向平民的职业学校——“闽南职业学校”，在鼓浪屿的教育史上留下了一段非同寻常的史话。

经过叶谷虚 10 年的努力，20 年代初期的福民小学已颇具规模。叶谷虚并没有因此而固步自封，一个现实的问题引起他的思考，那就是“高小的毕业生，除了出自富裕之家可以直升上大学求得专门知识者外，其他要直接进入社会，抑或只能接受普通教育的人们，到底得了什么专门的知识或技能去谋得独立生活呢”？经过反复的思索，叶谷虚得出一个结论：“办职业教育。”

旅菲华侨、菲律宾瑞隆兴的老板杨忠信尤其赞赏这一办学意向，慷慨地捐赠了 200 元作为叶谷虚赴福州及江浙一带教育发达地区调研的费用。

随着学校规模的不断发展，解决校舍问题迫在眉睫。1925 年秋末，一幢三层楼的新校舍落成。这座校舍的建筑费用，完完全全是使用菲律宾华侨的捐款。因此，校董会在校会的楼墙题上“菲律宾楼”四字，以资纪念。建完校舍后，华侨的捐款尚有剩余，于是又从捐款中拨出 2900 余元，在该校舍前面购买一块空地，作为操场之用。

福民职业学校的每一步拓展，都离不开海外侨胞的鼎力支持。

除了为建校舍、添设备赞助捐款外，还有捐献基金与奖学金，为学校的发展提供保障，为有志于学的优秀学生提供资助。在叶谷虚南下菲律宾募捐时，杨忠信的儿子杨永保、杨永征兄弟除捐献校舍建筑费外，还将其先尊的鼓浪屿中华电气公司股金5000元，献给闽南职业学校做基金。杨永保的堂兄弟杨清波，也将其先翁杨忠权名下的漳嵩汽车路股份3000元，悉数捐给闽南职业学校做基金。而杨永保的弟弟杨永隆，也当仁不让，每年拿出400元，设立“忠信奖学金”奖励优秀学生，使许多贫寒人家子弟得以完成学业。杨氏兄弟热心教育、慷慨输将的义举，在闽南职业学校的发展史中留下重重的一笔。

闽南职业学校之所以能够不断地得到侨胞的捐助，除了海外华侨爱国爱乡的光荣传统和热心教育的尚义精神外，叶谷虚忠诚教育的一腔赤诚，也感动了海外侨胞，这点在劝募工作中起了十分关键的作用。1930年春，他与校监、上海复旦大学校长李登辉博士东渡扶桑三岛，考察日本的教育。在神户逗留时，曾于数小时内得到当地热心教育侨胞慨捐千余元。1934年，叶谷虚赴越南募捐，同样在较短的时间内，就获得旅越侨胞的3000多元捐款。海外侨胞不忘桑梓的热忱，也深深地感动着叶谷虚，他将这种爱国爱乡的精神化作自己兴办职业教育的强大动力与坚强后盾，更加倾注全部精力，努力推进职校的发展。

厦门民用航空学校

1928年至1929年间，厦门有所侨办的民用航空学校，其全称是“福建厦门五通民用航空学校”。当年，全国仅杭州、广州有航空学校，因而厦门民用航空学校的诞生，在神州大地和东南亚各国的侨居地名噪一时。

1928年五六月间，在“航委会”菲律宾分会成立的同时，组建以吴记霍为主任的“航空学校筹备委员会”(简称“航校筹委会”)，决定在厦门选址办校，培育飞行人才，发展航空事业以报效祖国，并聘陈国樑为航空学校筹备主任，回国筹备办校事项。

航空学校选定五通为校址后，立即联系厦门堤工处选派测绘员多人，对校址周边地形进行测量、绘制图纸，以备招商承建工程。与此同时，边向国外订购练习机，边物色教学人员和选购教学设备。

1928年10月10日，厦门民用航空学校正式开学，分别设置飞行、机械、无线电三个班，由陈国樑出任校长，飞行教官是陈子文、李逢谊和一位德国人。课程设机械学、航空理论、气象、外文、物理、数学、地理、无线电和摄影等。军事教官先是五通乡田头村的菲律宾华侨孙嘉武，后由漳厦海军司令部的一位副官接任。

按照航空学校原先的计划，首批招生100人，以后每年招生450人，学制一年半，用一年时间完成各科学业，半年时间飞行实习。学生经考试，成绩及格者就可以毕业。

遗憾的是，由于经费困难，加上管理不善，民用航空学校出现了诸多难以解决的问题。至1930年已陷入停顿的状态。经飞行教官李逢煊的联系，厦门航空学校的7架教练机、13名学生和全校器材无条件由广州航空学校接收。这13名学生于1933年在广州航空学校以空军准尉衔结业，编入国民政府空军部队服役。

（节录自《厦门老校名校》，林希、蔡嘉鸿整理）

追溯办学艰难历程　传承发扬爱国精神

——陈嘉庚与百年厦大

很多人都去过厦大，这里有波光粼粼的芙蓉湖，郁郁葱葱的情人谷，幽静的隧洞和温软的沙滩，“穿西装戴斗笠”的群贤、同安、集美、囊萤和映雪等建筑，集东西方美学于一体，历百年风雨依旧高洁庄重。还有楼前伫立的陈嘉庚铜像，基石上刻着“华侨旗帜　民族光辉”八个大字，铭记了这位爱国华侨的赤子情怀与杰出贡献。直到今天，厦大人仍然亲切地称他为“校主”。

厦门大学内陈嘉庚铜像

“以为国家百年树人之计，诚教育界之明星”

1874年，陈嘉庚生于福建同安县集美村。早年随父一道下南洋经商，成为东南亚橡胶业先驱。对比中外发展，陈嘉庚意识到现代教育对国家进步的重要性，“立志一生所获的财利，概办教育”。

1919年夏，陈嘉庚专为筹办厦大回国。7月13日，在厦门浮屿陈氏宗祠，他召集社会各界300余人，倡办厦大，并当场认捐400万元。

这场载入史册的“特别大会”，成为后人传颂佳话。“民心不死，国脉尚存，以四万万之民族，决无甘居人之下之理”，陈嘉庚真诚激昂的演说，至今脍炙人口。1919 年 8 月 7 日，从厦门陈氏宗祠中传出的消息，出现在现代国际都市上海滩，正在筹备中的厦门大学，在上海的《申报》上亮相了。这一天，影响巨大的媒体《申报》发布了《南方将有私立大学》和《厦门将设大学》两则新闻，以充满赞誉和期待的语气报道陈嘉庚创办厦大的壮举，称厦大创办的举动，“使南方有中国自办之最高学府”，赞扬陈嘉庚“孜孜以学，以为国家百年树人之计，诚教育界之明星”。从此，“四万万之民族决无居人之下之理”的自强精神与雄健豪气，便铸就了厦门大学的文化基因与精神底气。

厦大人文学院教授朱水涌说，当时整个中国的教育都很落后，陈嘉庚从国外回乡办厦大，就是为了改变国家现状。陈嘉庚坚定地认识到，中国要强大，中国人必先自强，所以他将“自强不息”作为厦大校训。

陈嘉庚视察厦门大学建设工地

“变卖大厦，维持厦大”

1921 年 4 月 6 日，“有校无舍”的厦大，暂借集美学校即温楼为临时校舍办学。在开学仪式上，首届师生引吭高歌以自强为主题的校歌。应邀出席的美国著名教育家杜威，做了题为《大学之旨趣》的演讲。

当年 5 月，林文庆出任厦大校长。他曾撰文表达不负陈嘉庚所托的原因，是感动于“先生之志”和“先生之心”。

爱国主义是厦大与生俱来的基因。陈嘉庚纪念馆原馆长陈呈说，虽然厦大的创办和中国共产党没有直接联系，但陈嘉庚教育救国的理想，与中国共产党救国救民的初心是一致的。

1929 年，世界经济危机爆发，陈嘉庚的企业也遭受重创。但他力排众议，把在新加坡购置的三幢豪华大厦全部变卖，作为维持厦大的经费。“宁可变卖大厦，也要支持厦大”。

陈嘉庚为维持厦大变卖的经禧路 42 号别墅

后来，鉴于公司经营举步维艰，为了让厦大学子能够继续学业，陈嘉庚决定将厦大无条件地献给国家。

1937 年 7 月 1 日，厦大转为国立大学。在中华民族处于亡国灭种的危急关头，校主陈嘉庚与厦大的联系并未因此隔断，反而与国家命运更加紧密地结合在一起。

1940 年，陈嘉庚组织南洋华侨回国慰劳前方抗日将士。他到了延安，与毛泽东促膝长谈，看到共产党人勤俭朴素的作风，看到中国共产党和百姓之间平等和谐的关系，得出结论——“中国的希望在延安”。从西北到东南，一路上陈嘉庚都在宣讲延安的新希望，向世人传递“抗战必胜、建国必成”的信心，继续领导南洋华侨以巨大财力、物力、人力支援祖国抗战。

新中国成立后，回到家乡的陈嘉庚又亲自主持了厦大和集美学校的建设。这些传奇故事被刻印在校园里，铭记在厦大人心中。

“百年很长，一所大学的发展需要精神来支撑，校主留下的嘉庚精神成为厦大内核，也是厦大文脉所在。”朱水涌说，嘉庚精神不仅是高远的胆识、自强的个性、至善的境界，更重要的是爱国兴国的使命感。

“国魂所寄托的事业”

距离厦大思明校区200多公里外的福建山城——闽西长汀，也有一所厦大。长汀文庙外古色古香的门楣红梁上悬挂着一块黑色牌匾，上面书写着“国立厦门大学（1937－1945）”的金色大字。

这里，曾是抗战时期内迁的厦大所在地。

1937年7月7日，抗战全面爆发。在国土相继沦陷的情况下，为保存“读书种子”，当时战区大学纷纷内迁。其中北大、清华等校南迁昆明，成立了“西南联大”，浙江大学、武汉大学等校都“西迁”办学。

那时，厦大刚转为国立。抗战全面爆发的前一天，教育部任命清华大学物理机电学家萨本栋教授为厦大校长。面对战火威胁，临危受命的萨本栋为了维持东南教育高地，决定将学校内迁长汀。

是年12月24日，厦大300多名师生肩扛手提行李和书籍，开始向长汀进发。渡过鹭江、九龙江，越过崇山峻岭，整整走了23天。

长汀的办学条件极为简陋，只能借长汀文庙为办公场所。学生租住在民房里，几十个人挤在一起睡觉。办学经费捉襟见肘，萨本栋校长和教授们率先减薪，但课时不减。没有电灯，萨本栋就拆了自己专用的小汽车，用车上的发动机为学校发电。

曾经的1941级校友，如今的中国高等教育学家、厦大文科资深教授潘懋元回忆，正是在萨本栋校长“舍身治校”的精神感召下，长汀时期的厦大师生在艰难困苦中展现了坚韧不拔的意志力。

年逾百岁的潘懋元动情地说：“我们是为了有一所中国的大学屹立在敌人前面，这是我们的志气。”

1938年4月6日，厦大延续办校传统，举行建校17周年校庆活动，萨本栋盛装出席，他向厦大师生发出了“未到‘最后一课’的时候，应加紧研究学术与培养技能”的号令。他说，研究学术与培养技能，这是“国魂所寄托的事业”。

在8年烽火硝烟中，厦大始终弦歌不辍。“一身肩负二人之重任，一日急二日之操作”。当时，机电工程学系的朱家炘教授每周上课最高达81课时，萨本栋在病榻上也要坚持给学生演算算式。

厦大档案馆馆长石慧霞在史料中挖掘这段往事时，被师生们的艰辛与顽强感动得落泪。她说，“南方之强”正是在长汀时期声名远扬。厦大学子在闽西山区宣传抗日，参与许多抗日救亡活动，也培养出很多人才。

“越是困难时期越发能体现厦大和中国共产党的同向同行。”石慧霞说，一所大学的使命和担当，就是人才培养和文化引领。

厦大的土木工程、机电工程、航空工程等工科专业都是在长汀时期设立的。1937 年到 1944 年间，厦大的系所从 9 个发展到 15 个，学生从 200 多人扩增到 1044 人，新聘教授 57 位。

一批名家名师聚集山城，执鞭任教，包括化学名家傅鹰、理学名家谢玉铭、文学大家施蛰存、经济学家黄开禄、戏剧家洪深、化学新秀蔡启瑞等。

后来，中国科学院院士张存浩回忆说：“厦大长汀时期基础课的教授阵容，不仅为国内所仅有，即使在今天也很难找到。”

1940 年，陈嘉庚在访问重庆、西安、延安等地后，于当年 11 月抵达长汀视察厦大。看到厦大现状，他高兴地说，厦大有进步，比其他大学可无逊色。

厦大校誉日隆，吸引不少国际学者前来访问。美国地质地理专家葛德石来访后，称赞厦大为“加尔各答以东最完善的大学”。

据不完全统计，长汀时期，厦大为国家培养了数百位中国科学院和工程院院士、大学校长、海内外著名专家学者和知名企业家。

现任厦大校长张荣曾表示，厦大内迁办学是一部爱国的历史、创业的历史和图强的历史。内迁长汀办学时期厦大形成的艰苦办学的自强精神，已成为厦大宝贵的精神财富，成为厦大继往开来、生生不息的强大动力。

厦大人心中的红色记忆

红色是厦大校史的鲜亮底色，红色教育是厦大每年新生入学必修课。近年来，厦大充分挖掘校史资源，对其进行艺术性创作和排演。师生们可以通过自己的理解来演绎经典，并注入崭新的时代元素。

2011 年 90 周年校庆期间，大型音乐舞蹈史诗《南强颂》首次上演。整部史诗以《厦大校歌》为音乐主旋律，全剧由序幕、爱国伟业、烽火自强、英雄大学、学府春潮和尾声等六个部分组成，通过舞蹈、歌唱、音乐情景、舞美等艺术形式，再现厦大老一辈开创者艰难坎坷的办学之路和新一代建设者奋发图强的强学之路。

《南强颂》迄今已演出数十场，每次演出临近结束时，全场厦大人豪情满怀齐唱校歌，“自强、自强，学海何洋洋……吁嗟乎，南方之强！吁嗟乎，南方之强”！

《南强颂》之后，厦大又陆续推出《长征组歌》《哥德巴赫猜想》《嘉庚颂》《遥望海天月》《长汀往事》等经典剧目。其中有些剧目还走出校园，甚至远赴马来西亚和新加坡巡演。

朱水涌是《嘉庚颂》创作者之一。这位对陈嘉庚和校史有着长期研究的学者，向学生讲述嘉庚故事时常常动容。他说，为了创作出大众喜闻乐见的剧本，就必须进入当时情境，“先把陈嘉庚的故事嚼烂吞到肚子里，再吐出来”。

《嘉庚颂》得到陈嘉庚长孙陈立人高度认可。他说：“这是我所看过关于爷爷的文艺节目中最好的一个。”

每每演出后，总有台下师生感动落泪。厦大的红色文化和革命基因，经过艺术媒介传播后，不仅让演出者对其感同身受，也让台下师生有了更真切、更深刻的认识。

历史文化需要被记录、展示和传承，才不会被忘记。

如今，走在厦大校园里，随处可见红色历史文化载体，从校史馆、革命史展馆、陈嘉庚纪念堂、福建省第一个党支部遗址等，到罗扬才烈士陵园、萨本栋陵园，王亚南雕像、陈景润雕像……这些都成为厦大人心中永远的红色记忆。

2021 年，中央广播电视总台《国家记忆》栏目推出三集纪录片《陈嘉庚与百年厦大》，通过大量的珍贵史料、历史影像以及当事人的亲口讲述，带观众一起追溯先生创办厦大的艰难历程，解读几代厦大人在战火硝烟中不断创新、砥砺前行，所继承并发扬的爱国精神、自强精神、科学精神。

陈嘉庚与厦大过往：

1919 年 7 月 13 日，陈嘉庚在厦门陈氏宗祠召开特别大会，宣布自己将要在厦门建立一所大学。

1951 年陈嘉庚巡视厦大建南楼群工地

（图片来源：厦门新闻广场）

1921 年 5 月 9 日，陈嘉庚亲率全校师生由集美来到厦门演武场，为首批校舍——群贤楼群开工奠基。

1934 年 1 月，陈嘉庚在南洋的企业被迫收盘，无力再为厦大提供正常经费。从 1921 年创办以来，陈嘉庚兄弟已为厦大提供经费 400 万元。

1936 年 5 月，陈嘉庚致函福建省政府及南京教育部，愿无条件将厦大全部产业奉送，请政府接办，国立、省立均可。

20 世纪 50 年代，陈嘉庚向南洋爱国华侨募款建设厦门大学校舍，包括建南楼群等。

1955 年 6 月 11 日，陈嘉庚向南洋爱国华侨募款建设厦门大学校舍的计划宣告全部完成。共建成校舍、宿舍 31 幢，建筑面积达 64364 平方米。

（黄佳畅整理）

华侨博物院

华侨博物院是著名爱国华侨领袖陈嘉庚（1874—1961）先生晚年亲自倡办的文博机构，与集美学村、厦门大学一样，是陈嘉庚先生教育系统工程的有机组成部分。院址是陈嘉庚先生亲自选定的，展厅大楼于1958年4月落成。

1950年初市侨联筹委会委员欢迎陈嘉庚先生从海外归来

华侨博物院建成后，陈嘉庚先生设立院行政委员会并亲任主任，聘请尤扬祖、肖枫、张楚琨、颜西岳为副主任，陈永定为秘书。1982年1月，全国人大常委会副委员长廖承志为华侨博物院题写院名。

华侨博物院是我国第一座由华侨集资兴建的文博机构，既是中国第一家全面系统收集、研究、展示华侨华人历史和业绩的博物馆，也是包括有古代文物展、自然标本展的综合性博物馆。是全国、省、市和全国侨联爱国主义教育基地，全国、省、市社会科学普及基地，厦门市国防教育基地、厦门市科普教育基地。

华侨博物院

（翁舒昕 摄）

馆舍是一座富有浓郁中国民族风格的重檐式宫殿建筑，楼身由洁白花岗岩砌成，屋檐以翠绿琉璃瓦铺饰，斗拱玲珑，飞檐凌空，古色古香，雄伟壮观。全院占地面积 1.25 万平方米，建筑面积 8951.47 平方米。馆藏文物 6000 多件，包括历代青铜器、陶瓷器、古钱币、古字画、古代雕刻工艺品、外国陶瓷玻璃器皿，以及一批珍贵的侨史文物和鸟类、兽类、鱼类、矿物标本等，其中陶瓷器有 9 件国家一级文物，有 14 件字画收入《中国古代书画目录》。另有 3000 多件侨史文物、实物和大量侨史资料以及 2 万余张侨史照片、底片和部分族谱、音像资料等。现有《华侨华人》《陈嘉庚珍藏文物展》《自然馆》三个基本陈列常年对外免费开放。

自 2007 年 5 月 18 日“国际博物馆日”起，华侨博物院开始向社会公众免费开放展览，2010 年开始每年举办多个临时展览供观众参观。

陈嘉庚倡办华侨博物院

1956 年，82 岁高龄的陈嘉庚经与老朋友、厦门大学人类博物馆馆长林惠祥反复磋商，发起倡办华侨博物院，获厦门市人民委员会批地 97 市亩（6.39 万平方米，现占地仅 1.25 万平方米）。当年 9 月动工，1958 年底第一座馆舍建成。

博物馆是文化教育机构的一种，与图书馆、学校等同样重要，而施教的范围更为广阔。学校为学生而设，图书馆为知识分子而设，博物馆的对象则不限于学生或知识分子，一般市民，无论男女老幼，文野雅俗，一入其门都可由直观获得必需的常识。这是因为它是用形象来表现内容，不假文字间接传达，所以一般人民参观了博物馆，见所未见，眼界大大开展；学校师生参观了博物馆，可由实物而与书本印证；专门学者参观了博物馆，可接触书本以外新发现的事物，有助于更深入的研究。

博物馆的效用这样宏大，故社会主义国家非常重视……我国在解放前只有极少数小型博物馆，华侨在国外常见博物馆，回到国内却不多见，对祖国难免发生相形见绌之感。解放后，人民政府发展社会主义的文化建设，新设了很多博物馆，这是很可喜慰的事。我认为祖国社会主义建设是人民应尽的责任。我是华侨，很希望侨胞们也来尽一部分责任。因此我建议由华侨设立一所大规模的博物馆。馆址可设在华侨故乡出入国的港口，可合国内人民公共应用，又可给归国华侨观览。两者均受其益……

至于名称，我拟为华侨博物院。因为它是华侨设立的，故应以华侨为名，不冠以厦门地名，以区别于地方设立的性质，因为（一）华侨热爱祖国文物，不限于一地；（二）是配合教字研究的机构，原是全国性的；（三）它负有介绍南洋的责任，必须陈列很多南洋文物，以供国内人民了解南洋的情况，故其内容不但是全国性的，而且是世界性的；（四）华侨是全国各地都有，不限于厦门一隅。这些都是采取全国性命名的理由。至于不称馆而称院，则是因为它组织较大，是合几个博物馆而构成的。故以博物院为总称，以区别于内部的分馆。

华侨博物院内部机构，暂拟为四馆。第一是人类博物馆，陈列古代历史文物和现代民族标本等。第二是自然博物馆，陈列动物、植物、矿物、地质、生理卫生等标本。第三是华侨和南洋博物馆，陈列南洋各国历史、地理、经济、政治以及华侨情况等文物、模型、图表。第四是工农业博物馆，陈列祖国革命及新建设的实物模型、图表等。其他博物馆得依需要及条件许可，以次增设。

我国政府宣布发展博物馆事业，是为科学研究和为广大人民群众服务。华侨博物院的效用，可分析为几个方面：第一是日日开放，给一般人民参观，有利于社会教育；第二是协助厦门大学教学研究，并供其他学校和学术机关的参考；第三是配合南洋研究所的南洋研究工作，有助于对华侨情况的了解；第四是供给回国华侨参观，并协助华侨文教事业的进展；第五是协助学者从事其他科学研究。

建设华侨博物院的步骤：首先由厦门市人民委员会指拨厦港蜂巢山附近一大片空地，面积 97 市亩；其次先建第一座楼屋面积 3000 平方米，材料外部用白石红砖，内部钢骨水泥，1957 年春季前后可能完成。

侨胞们：这是我们效力祖国建设的绝好机会，无论你们已回到国内，或还在海外，应该各尽各人的力量，负起责任来帮助祖国做好这一建设，或把珍奇的陈列品以及有关公私纪念的文物捐献出来，以丰富本博物院的内容，无任欢迎之至。如荷惠下，请交厦门集友银行代收转。

这是陈嘉庚于 1956 年 9 月 20 日发出的《倡办华侨博物院缘起》，时隔 60 多年，我们从这封信里，仍可看出嘉庚先生当年的高瞻远瞩和踏实细致，字里行间，饱含滚烫的赤子情。

为什么设华侨博物院？ 为什么称“院”而不称“馆”？ 华侨博物院有什么效用？ 陈嘉庚先生做了简明扼要的阐述。 所处位置、内部机构设置、所用材料等具体事宜，嘉庚先生也都一一做了安排。

在发起倡议之前，嘉庚先生已自捐 10 万元。 嘉庚先生在海内外拥有强大的号召力，很快又筹募了 27 万元，作为疾苦工程和装修费。

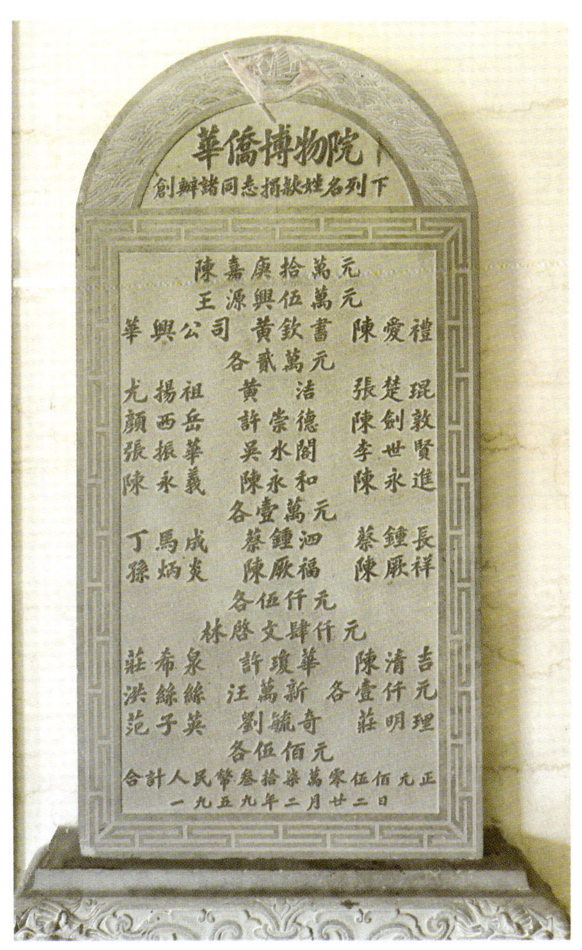

华侨博物院捐赠名录石碑

院内藏品丰富，种类繁多，绝大部分是陈老先生亲自征集、选购的，多达七八千件，其中中国历代文物的青铜器、陶瓷器、书画等，是他多次到北京、天津、上海等地征集、收购来的，有不少珍品。而东南亚各国的文物、实物及动植物标本，是他向东南亚各地的侨团、华侨以及厦大、集美校友会征集的。此外还收集不少有关华侨史的图片、资料，日本、欧美各国的铜器、陶瓷器，日本书画等文物及工艺品等。陈老先生选购、征集藏品，既要慧眼识珠，又要请教专家、协调有关部门，但他不论寒冬酷暑，兴致盎然地奔波于各地。

陈嘉庚以年迈体弱之躯创建华侨博物院，仍然事必躬亲。他除了征求林惠祥教授的意见之外，还征求文化部部长郑振铎关于建院的内容和建筑风格的意见。从选址、筹款、馆舍设计构思、建筑材料选择、工程监督、草拟征集文物信函，到选购文物……他都独立担当，或直接参与。

在华侨博物院修建期间，老先生每星期都要从集美寓所前来工地巡视，对每项工作都一一加以指导，考虑得十分具体、周到。

1958 年下半年，陈老先生在治疗癌症期间，无法时常亲自来院巡视指导，仍十分关心博物院的筹办情况，经常来函查询筹建情况，加以指导督促，提出完成和开放日期。

1959 年三四月间，博物院加紧做好开放前的准备工作，其时陈老先生病情仍不稳定，但他不顾疲劳病痛，对如何做好各项开放前的准备工作，关心备至，溢于言表。即使在养病期间，也亲自来院检查指导好几次。

1959 年 5 月 14 日，华侨博物院正式对外开放。陈嘉庚主持揭幕仪式并剪彩，此时陈老先生已经 86 岁高龄，病痛缠身。他在揭幕仪式上说，建立华侨博物院“是为了表达华侨热爱社会主义的深情厚谊和作为华侨与祖国人民感情联系的纪念物”。

1959 年华侨博物院开馆，陈嘉庚先生剪彩

这使陈嘉庚毕生所致力的教育事业最终形成完整的体系，也是他最后留给世人的华侨纪念物。倡办华侨博物院，是陈老先生造福社会的又一伟业，是他倾资办学又一壮举。它如同绚丽的晚霞，为嘉庚先生光辉的一生增添了新的光彩。

陈永定接受嘉庚嘱托　守护华侨博物院

陈永定（1925—2021），生于马来西亚，祖籍集美，20 世纪 50 年代先后负责厦门大学扩建及华侨博物院筹建工作。1959 年至 1990 年任华侨博物院负责人，后被聘为华侨博物院终身名誉院长。

在集美，陈永定完成了小学、中学学业，从集美财经学校毕业后，进入泉州集友银行工作。1950 年的一天，陈永定接到陈嘉庚的“调令”回厦。此后 11 年，在陈嘉庚的精心指导下，他先后负责厦门大学扩建与华侨博物院筹建工作，成为陈嘉庚先生晚年工作的重要工作助手。

1951 年，陈嘉庚先生与陈永定（左）在厦门大学工地
（图片来源：陈永定家人）

“永定侄：博物院门前石阶体式不甚雅观，不若半月圆式之佳。兹拟将改为半圆式……石阶为本院重要大众参观经过，要雅妙美观为至要。”这是 1957 年 10 月，陈嘉庚写给陈永定的信。2021 年 1 月，97 岁高龄的陈永定安然辞世。在他的遗物中有近 200 封精心保存的信件，都是陈永定在担任厦大建筑部主任和筹建华侨博物院期间，陈嘉庚先生写给他的亲笔信。从这些信中不难看出陈嘉庚先生对陈永定先生的充分信任和重托，而后者也不负所托，在陈嘉庚的直接领导下，无论是在负责厦门大学上弦场建筑群、国光、芙蓉等楼群的扩建，还是在华侨博物院筹建工程，以及随后受陈嘉庚先生指派主持博物院的工作中，始终任劳任怨，呕心沥血地完成好任务，一直工作到 1990 年退休，用毕生精力守护着嘉庚事业。

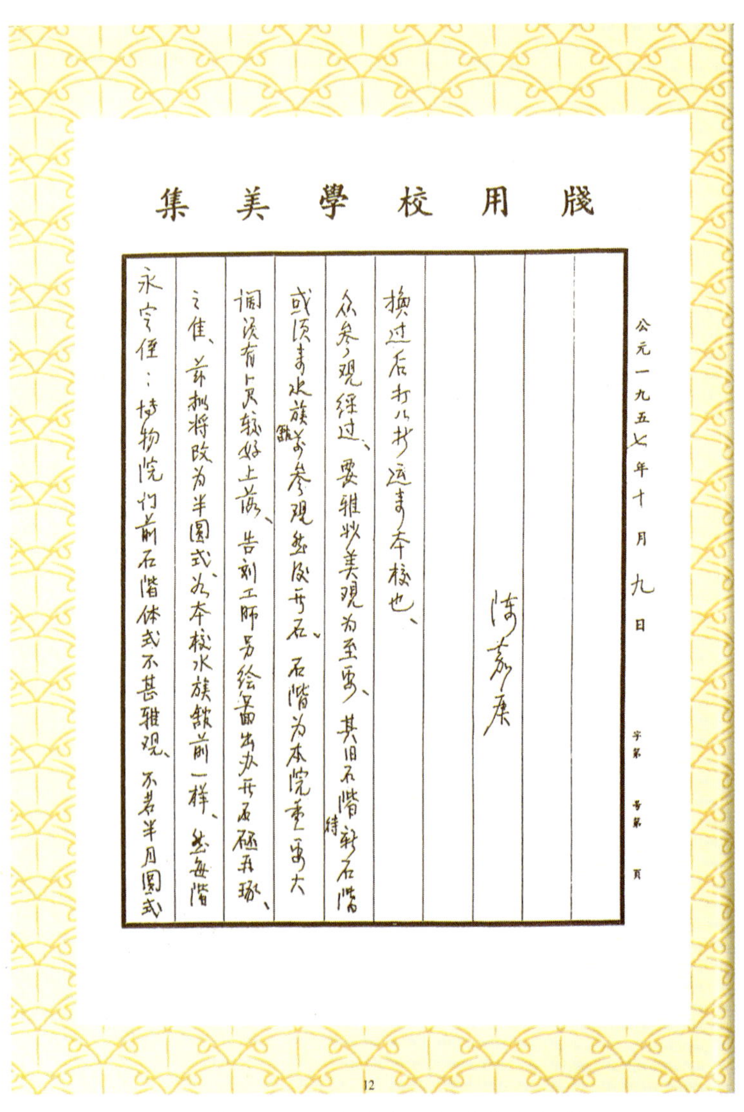

集美學校用牋

永定侄：博物院门前石階体式不甚雅观、不若半月圆式之佳、兹拟将改为半圆式、为本校水旗鼓前一样、然每階阔须有十尺较好上落、告刻工师另绘图出办再石础再琢、或须来水旗鼓参观然后再石、石階为本院重要大众参观经过、要雅妙美观为至要、其旧石階待新石階换过后打八折运来本校也、

陈嘉庚

公元一九五七年十月九日

字第　号第　页

12

1957 年 10 月，陈嘉庚写给陈永定的信

1965 年 5 月，“四清”（清政治、清经济、清思想、清组织）运动在统战系统全面开展。9 月，华侨博物院闭馆。

20 世纪 60 年代后期，一日，南普陀内的四大金刚被破坏倒地，巨响传到陈永定位于博物院附近的家中，也砸在他的心上。

华侨博物院开馆时有 6000 多件展品，大多是嘉庚先生于耄耋之年亲往北京等地征集的青铜器、陶瓷器、字画等文物，藏品中还有不少是来自华侨的捐赠，件件都很珍贵。为了保护博物院文物不受破坏，陈永定果断决定把它们藏起来。

往哪藏？熟悉博物院建筑结构的陈永定把目光紧锁在主楼屋盖下的隐蔽空间。他支开无关人员，带着全家人，不分昼夜，赶着时间在博物院里转藏文物。搬了一个多星期，才将能转移的文物都成功转藏到“密室”。

陈永定把主楼顶层的窗户封死，刷上和外墙一样的颜色，不露痕迹，并反复叮嘱家人不要告诉任何人。全家人守着文物下落的秘密度过了一年又一年，直至 1978 年华侨博物院复馆工作启动。陈永定用他对嘉庚事业的责任心，保下了华侨博物院的立院之本。为此，获厦门市委统战部颁发牌匾“功劳永志”。

1981 年华侨博物院恢复开放，观众发现博物院多了“华侨历史简介馆”，这是陈永定花费大量精力主持整理的华侨历史图文展，也从此奠定了华侨博物院华侨历史陈列的陈列体系。他还和同事合力探索文物展示工作，打造及引进“洛阳唐三彩展览”等诸多具有影响力的展示活动，丰富厦门人的文化记忆。

华侨博物院与华侨的故事

“华侨博物院是华侨的纪念物，也是‘华侨时代’的一个历史标志”。在陈永定之后，陈毅明于 1990 年接过华侨博物院副院长一职，直至 1997 年退休。说起华侨华人与华侨博物院的故事，她如数家珍。

50 多年来，华侨博物院因为是陈嘉庚与华侨“制造”，始终得到国家的重视和保护，得到侨界人士及广大市民的关爱和扶持。

新加坡中华总商会名誉会长、新加坡怡和轩俱乐部主席孙炳炎是当年创办华侨博物院的 32 位捐款人之一。他对嘉庚先生由衷敬佩，从年轻时期就追随嘉庚先生。对祖居地同安，甚至厦门市的建设，他一直在帮忙。对华侨博物院更是心之所系，华侨博物院需要汽车，缺少经费，都提供了帮助。他还将自己收藏的资料、纪念品和有关的实物捐赠给华侨博物院。在他的推动下，怡和轩俱乐部董事会做出决定，将陈嘉庚先生任怡和轩俱乐部主任时期（1923—1947）的红木家具四件捐赠给华侨博物院。“我这样做，仅仅表达我对世界伟人陈嘉庚先生的无限崇敬之情，表达对陈嘉庚先生集资创办的我们华侨华人自己的博物馆的一点爱护之心”。

陈嘉庚任新加坡怡和轩俱乐部主席时使用的家具

在 20 世纪 90 年代“商海”大浪滔天时，集美校友、著名华人慈善家李尚大动员其海内外友人支持华侨博物院发展，引起了中央和省、市有关领导的重视及社会的关注，为后来的发展拓宽了路子。

新加坡李成义主持李氏基金时，捐 300 多万元支持华侨博物院建文物库房，解决了文物长期得不到妥当保管和保护的实际困难。

菲律宾华侨杨淑芳老人在卧病不起时，记挂着保存在晋江家乡的精雕细刻的嫁妆床铺，辗转托人找到华侨博物院，了却了捐赠给保存华侨文物的国家单位的心愿。

1990 年代以来，许多南侨机工老人将冒着被打成“间谍”“特务”的危险所收藏的抗日战争文物，捐赠给华侨博物院。此前，有的博物馆三番五次派人去征集，他们硬是不肯给。他们只认陈嘉庚创办的华侨博物院，认为这是华侨的博物馆，文物放在那里就像放在自己家里。

华侨华人与华侨博物院的动人故事还有很多，举不胜举。

在陈毅明之后，丁炯淳、曾滢、刘晓斌……一任又一任的院长带着“华博人”，在嘉庚旗帜的引领下前行。虽然我们也会遗憾，嘉庚先生规划的五座馆舍还有四座馆未能如愿，现有的占地面积也远小于当年批复的面积。时代在前进，环境在改变，但华侨博物院所蕴藏的嘉庚精神、华侨精神是不变的，它将在中国文化教育发展史上不断地放射出光芒和异彩。

（林希）

侨师情缘

2021年4月6日，习近平总书记在致厦门大学百年校庆的贺信中指出：厦门大学是一所具有光荣传统的大学。100年来，学校秉持爱国华侨领袖陈嘉庚先生立校志向，形成了“爱国、革命、自强、科学”的优良校风，打造了鲜明的办学特点，培养了大批优秀人才，为国家富强、人民幸福和中华文化海外传播做出了积极贡献。这是对陈嘉庚先生和厦大百年历程的充分肯定。纵观厦门大学百年历程和海内外各界对陈嘉庚先生倾资兴学的爱国主义精神的缅怀，不禁让我产生了对同为陈嘉庚先生倡建的“国立第一侨民师范学校”（简称“侨师”）的许多回想。

国立第一侨师纪念碑

厦门大学和集美学村系陈嘉庚先生为实现其“诚以救国既乏术，亦只有兴学之一方”的兴学立国意愿，出资创办的教育基地。而侨师则是陈嘉庚先生为培养输送海外华文教师而极力向国民政府和社会各界倡议、由国民政府出资创办的师范学校。侨师虽仅存8年，却为海外华文教育培养了大批优秀人才，为中华文化的海外传播，乃至国内革命都做出了积极贡献，从另一个角度呈现出其爱国爱乡、弘扬中华文化的赤子之心。

倡建曲折

华文教育与华人社团、华人报刊被称之为海外华侨社会的“三宝”，共同对华侨社会起着引导性影响和决定性作用。

长期漂泊的海外生活，使得陈嘉庚先生深切地体会到：一个国家贫穷落后，国民就没有尊严可言。他早就确立了“国家之富强，全在于国民；国民之发展，全在于教育”、“教育是立国之本”的理念。本着“金钱如肥料，撒播才有用”的思想，他慷慨出资创办和资助了118所各类学校。在长达半个世纪的倾资办学过程中，陈嘉庚先生意识到中华文化是维系海内外中华儿女的精神纽带，海外华文教育是维持华侨社会的基础，强调“侨生接受祖国之文化，比较国内尤为重要”。为鼓励华侨子女回集美读书，他对这些侨生的学杂费、寄宿费分文不取，支持一批又一批的侨生回国就学。陈嘉庚先生还在海外创办和资助许多包括华文教育在内的学校，有道南小学、爱同学校、崇福女子学校、新加坡水产航海学校、南洋华侨中学、南侨女中、南洋华侨师范学校等，足以证明他对海外华文教育的重视。

注重师范教育也是陈嘉庚先生倾资办学过程中坚持的一个重点。他深切感受到师资对文化教育影响的重要性。他认为“师范是教育的基本”，把师范教育称为教育事业的“工业母机”，认为教育的重要任务是严格挑选校长和良师，“没有好的教师，就没有好的学校”。因此，他先后在集美创办旧制师范、女子师范、高级师范、高中师范科、简易师范、幼稚师范和南洋华侨师范学校。

20世纪三四十年代，东南亚各国的华文学校不同程度地出现了华文教师匮乏的状况，引起了陈嘉庚先生的注意和担忧。1941年初，他致电国民政府教育部长陈立夫，提请国民政府创办华侨师范学校。他阐述道：“南洋华侨中小学校，三千余校，男女学生三十万余人，教师一万余人，闽粤二省人居多。而南洋亦未有华侨正式师范学校，所需教师概从祖国聘来。以闽粤二省现状观之，所有师校毕业生，已不敷省内需求，而南洋华校年须增加千余人，多向省内争聘，致闽粤教师愈形缺乏。余故电请重庆教长陈立夫，在闽粤两省各创设华侨师范学校一所。”

在1941年2月18日致陈立夫的复函《华侨师范学校应设于闽粤》中，陈嘉庚先生强调：“唯国内设校，所以必在闽粤两省者，以海外千余万华侨闽粤两者占百分九十以上，而闽省侨民，尤以闽南人占最多数。故国内如可设校，必以闽、粤为先，闽省更以闽南为重，以风土人情之适宜，定可收事半功倍之成效。集美学校之学生，二十年来所表著于南洋者，大可资为证例也。”2月22日，陈嘉庚先生就华侨师范学校校址问题再函陈立夫，再次强调“设置国立师范学校，国立校址宜设于闽粤两省，而闽省尤宜设闽南漳泉辖内，庶实效方有可期”。并阐明：一、师范学生以家境贫寒而资禀优秀学子为多，经济困难转读师范，毕业后想从事其他行业的机会自然较少，而必须执教发挥所学专长。二、校址若设于别省，闽粤籍学生因路途遥远不便就读，另贫苦学生因经济问题，只能选择就近入学。三、学生毕业到海外任教，特别需要在当地有亲属投靠并介绍，闽粤两省学生更有条件，外省籍学生机会少，更不容易赴海外任教。“由上言种种观之，今日不办侨师学校则已，要办必须计划完善，期有实效始可”。

几次与陈立夫沟通交流，反复争取，陈嘉庚先生还以华侨界参政员的身份向国民参政会提交了《关于在闽粤创设师范学校提案》，建议不仅需要在闽粤两省创设国立华侨师范学校，还应在闽省分区加设普通师范学校。“应请政府特在闽粤两省创设国立师范学校，培植有志侨教青年，以为教育华侨教育之用”、“闽省可在闽南漳泉两属，至少各设一校”、“粤省地点及校数应如何规划，可与该省教育厅酌定之”、“校舍暂用各地公共房屋，如祠宇、神庙之类，不必新建”、“专收贫苦学生有志侨教者，国内外同时兼收，其待遇与国内一般师范学校同”。 为办师范教育，陈嘉庚先生可谓是呕心沥血。

陈嘉庚先生的这一提案获得包括中共代表在内的国民参政会各界代表的认同和支持，予高度评价：陈氏此一建议，既适于抗战建设期中之客观需求，亦为改进侨教之久远善计，故报得政府当局及全国教育界之赞许。 该提案终获 1941 年初召开的第二届国民参政会通过，并决议请政府迅速施行。

历程艰辛

鉴于时值抗日战争相持阶段，厦门沦陷，闽南沿海兵荒马乱，经教育部派员与福建省政府商洽，国立侨民师范学校于 1941 年秋在闽西长汀开办（即国立第一侨民师范学校），1942 年于广东省开办国立第二侨民师范学校。 1945 年初，赣州失守，长汀告急，侨师迁址漳平县。

侨师厦门校址

（图片来源：厦门新闻广播）

抗战胜利厦门光复后，为学校长远发展考虑，也为了落实陈嘉庚先生侨师设于闽南的意愿，侨师获准于 1946 年初迁驻厦门郊区，校舍设于比邻厦门大学的曾厝垵仓里社“红楼”。对于此次迁址，侨师的校友在60年后仍然记忆犹新。他们回忆道：“1946年春天，以培养海外华人学校师资为宗旨的国立第一侨民师范学校，突然从漳平搬迁到村里，200多名学生，二十几位教职员工，租借曾厝垵黄姓华侨大宅院为校舍，大门左边挂起一块校牌：国立第一侨民师范学校。”

侨师本着继承孙中山先生实现世界大同之遗志和弘扬中华文化之精神，教学育人。以孙中山先生的诞辰为学校成立之日，国父纪念周缅怀孙中山先生，讲解总理遗训，灌输国民革命思想，也宣扬中华文化，大讲“大道之行也，天下为公”的儒家思想。培养学生正确思想、刻苦精神、良好品德和较强的办事能力，成为海外侨胞的引领者是侨师的治教目标。在校友的回忆中，在校本部大礼堂和校庆三周年会场上，出现过侨师校训，为“敷教育侨”。时任国民立法院长的孙科亦以“教敷海外”为侨师第一届毕业生题词。如此校训，亦是符合陈嘉庚先生倡办侨师之意愿。

作为国立师范学校，侨师施行军事化管理，设军事教官掌管学生作息。学生皆享受公费待遇，组成机构自行管理膳食，力求节约。课程安排除了与普通师范相同，还根据海外华教特点，加授英语、马来语、缅甸语及南洋诸岛国的历史、地理和风俗习惯等相关知识；每周各班有小组会进行生活、学习、思想上的交流及参加2小时的劳动。

侨师几次搬迁，所居校舍均按陈嘉庚先生提案中所建议，因地制宜，因陋就简，租借民房、寺庙和宗祠。最后3年定址于闽南沿海、侨胞进出国门的口岸城市——厦门。

贡献卓著

侨师建校8年，共招生13届，800多人，毕业519人（第11至13届学生因学校停办未完成课程，未予毕业）。历年招收新生，选择生源均参照陈嘉庚先生本意，注意招收家庭贫苦、品学兼优者，还重点考虑闽西南侨乡子弟。学生入学均参加校方统一出题、分区设点的集中考试，择优录取。学生努力能吃苦，活动能力强，接受新事物快，敢于坚持正义。曾有12名学生于1944年自愿报名参加远征军，远赴印度、缅甸参加抗日战争。由于当年时局影响，侨师毕业生主要流向福建、广东、台湾等十多个省市和东南亚海外诸国。他们时逢社会动荡，在风雨漂泊的大潮流中，忧国忧民、意气风发、奋勇进取，用所学之长献身社会、服务民众，成就一番事业，成效可谓硕果累累，桃李满天下。

侨师风风雨雨的8年，横跨中国现代史的抗日战争和解放战争两个重要历史阶段，尖锐复杂的民族矛盾和阶级矛盾所引发的许多社会现实问题摆在广大学生面前，让其思考，促其成熟。抗战时期，师生积极投入抗战救亡活动，不少学生毅然投笔从戎参加抗日战争；解放战争时期，在中共地下党组织领导下，师生踊跃参加爱国民主运动，奔赴内地参加人民游击战争。

迁驻厦门曾厝垵“红楼”的3年多时间，是侨师爱国主义精神得到充分发扬的时期。中共闽中、闽西南和城工部三个地下党组织先后进入校内开展工作，并分别成立党支部，在开展各项活动中密切配合，争取思想、行动上的统一。地下党领导、组织开展了五个方面的工作：一是宣传革命形势、造革命舆论，扩大进步思想影响，争取广大同学投入学运。二是运用多种文艺形式，歌颂人民、鼓舞同学，提高民主意识。三是组织开展民主爱国运动，促使广大学生在实际斗争中经受锻炼。四是创办5所农民夜校，宣传发动农民群众反对国民党反动统治，将学运和农运结合起来。农民夜校同时也成为地下党召开会议、党员宣誓、接洽上级领导和印刷文件的秘密据点。五是发展党员，扩大组织，抽调党员到内地参加游击队，支援全国的解放战争。侨师的3个地下党组织先后发展党员共178人（包括农民、职工等），至1949年春，党员总数占当时在校学生的一半以上。少数留在厦门岛内继续坚持隐蔽斗争的党员，进行收集情报，监视国民党军、政动向，调查政府机构、设备状况和保护水、电、道路设施等工作，配合南下大军解放厦门做出积极贡献。

国立侨师第一民众夜校校董暨师生合影（1948年10月24日）

（图片来源：厦门新闻广播）

在中共地下党的领导下，侨师的学运如火如荼地开展。有1947年反对校当局专制的“倒陈学潮”、声援国立浙江大学“于子三惨案”反迫害斗争、支持广州国立第二侨师“反断炊”斗争及“助学运动”，1949 年反对国民党海军军官学校强占侨师附小校舍斗争、学生罢课抗议南京“四一惨案”、组织农村群众开展反对国民党征兵、征粮、征税的“反三征”斗争和发动全校学生驱逐反动教师、特务教师等。特别是在 1948 年 5 月 28 日举行的厦门岛历史上规模最大、影响最广、意义最深的“厦门大中专学生反对美国扶植日本联合大游行”中，侨师起了骨干和先锋作用。从 1947 年到 1949 年 7 月，侨师地下党组织领导了十几起学生运动，在白色恐怖的旧中国是很突出的，故获“侨师是厦门学生运动的堡垒之一”的赞誉，成为厦门爱国民主革命运动的一面旗帜。

侨师学生参加“反对美国扶植日本军国主义”示威大游行
（图片来源：厦门新闻广播）

中华人民共和国成立后，经批准，侨师于1950年复办并易名为厦门师范学校。侨师众学子都投入到为新中国政治、经济、文化建设中，不少定居于海外和台湾的同学也为传播中华文化和培养当地英才做出非凡的贡献。

为纪念陈嘉庚先生倡建侨师60周年，弘扬侨师精神，应128位校友联名倡议，2001年11月，以厦门市政府名义设立的“国立第一侨师纪念碑”于市文联大厦院内（原曾厝垵“红楼”旧址）竖起。在揭幕典礼上，市委常委、宣传部长代表中共厦门市委、市人大、市政府、市政协的致辞讲话中，充分肯定“侨师是一所具有特殊贡献的学校，一所有着光荣传统的学校，一所人才辈出的学校，一所值得为之树碑立传、应当载入史册的学校，一所它的事迹和精神教育激励后人的学校”。纪念碑的建立“就是原国立第一侨师全体师生员工进步史迹和爱国精神的形象总结，就是艰苦奋斗、民主进步、敬业乐群、热爱祖国、奉献社会的侨师精神的生动体现，党和政府为这所学校建立纪念碑的重要意义就在于此”，“让这座凝聚侨师精神的纪念碑成为青少年接受艰苦奋斗、刻苦学习、热爱祖国、奉献社会优秀道德思想品质的教育基地，让侨师精神发扬光大，世世代代传衍下去”。

陈嘉庚先生“苦心孤诣兴教育，矢志不渝为侨师”的侨师情结蕴涵着他深深的爱国情怀，是“嘉庚精神”的又一具体体现，其促就的侨师精神同样值得赞颂。

情缘缠绕

时代变迁，当年充满琅琅书声与年轻学子爱国热情的红楼虽已易主改建，侨师精神亦世代相传。与侨师师生相同，曾厝垵侨师旧址象征着侨师精神的传承，也附注着我深厚的红楼情节。

红楼是留守家乡的祖母用祖父海外的侨汇，与一同姓族亲于1919年共同出资所建。侨师迁址定于曾厝垵红楼是我们家的缘分，生命中有很多缘分都是可遇不可求的。侨师迁驻红楼后，1947年年初，父亲为祖母奔丧，携母亲回到阔别十年的故乡；下半年，闽西南地下党在侨师发展党员并成立党支部，开展工作。十月底，我于红楼出生。在这里，“侨”与“中国共产党”产生了交集、碰撞，迸发出耀眼的火花，操控着父母的一生，并且在关键节点改变了我的后半生。

红楼是曾厝垵著名印尼华侨黄洁传、黄大厝 1919 年兴建

因是红楼业主之一，且有在海外参与当地进步组织的经历，父亲被侨师聘为职员。在进步思想的影响下，父母亲先后被闽西南地下党侨师支部吸收加入中国共产党。厦门解放后，他们严格坚持共产党员的标准要求，对党忠诚，教育子女热爱祖国、热爱党。“文革”期间，父亲受到极不公正对待。直至病逝，他仍坚定相信党、相信组织。父母亲的教诲却深深地融入我的血液中。

在人生旅途中，每个人都在忙着面对人与事，可是最有价值的遇见是在某个瞬间。1969 年，我积极响应毛主席、党中央发出“知识青年到农村去”的号召，赴闽西山区插队务农。1971 年 12 月，接受当地组织安排，成为龙岩地区煤矿井下一线工人。1974 年 6 月，成为一名中国共产党党员。父母亲所具备的那两个特殊印记延续到了我的身上，激励着我沿着他们未走完的路继续前进。

斗转星移，时光流逝。一个偶然可也是必然的机缘撞击了我“顺其自然”的矿工生活，促使我踏上原本不敢奢求的“回乡”之旅。20 世纪 80 年代初期，家族长辈们商定将曾厝垵红楼产权出让，供市文联建文学创作基地。这个突如其来的信息，唤醒了我调回厦门的欲望。在曲折艰难的旅程中，我所继承的两个特殊印记已悄然发酵。厦门文化系统下属的市歌舞团，因仅有两名中共党员，要成立党支部需再补充一名党员，故同意作为我调回厦门的接收单位。而进厦门的户口指标，我只能以“受牵连子女”的身份向父亲原单位的领导机关——厦门市委统战部提请落实政策，给予解决。在统战部老领导及经办同志的关心支持下，我终于 1983 年国庆节前夕调市委统战部工作，1984 年参加统一文化测试后正式转干部编制。1994 年组织安排，于市侨联第十一届五次全委会上，当选、增补为市侨联专职副主席，至2008年正式退休。能继承父亲的遗愿，为党的统一战线和为侨服务工作25年，我深感欣慰。

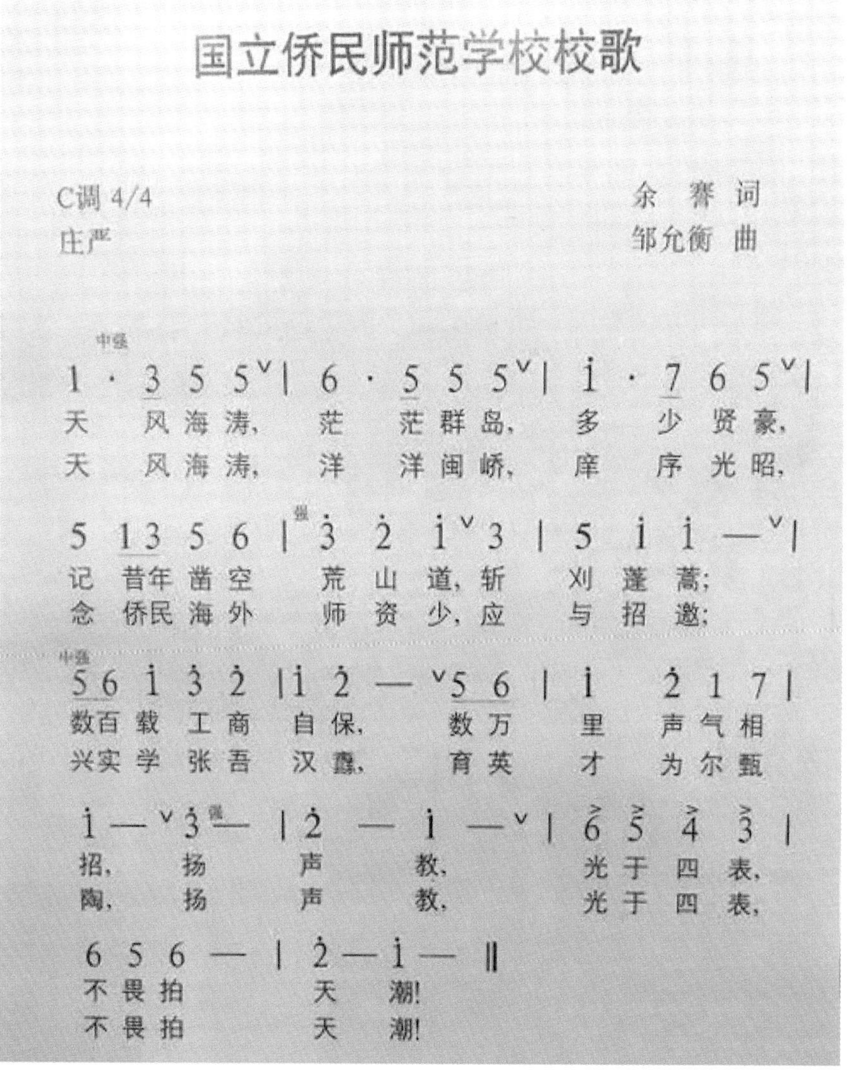

国立侨民师范学校校歌

（图片来源：厦门新闻广场）

侨师入驻曾厝垵红楼是缘，也注入了情：师生情、同学情、战友情、侨情……在历史长河中这一短暂的缘情，备受怀念，与"陈嘉庚精神"同样，"侨师精神"也应让我们永远铭记和颂扬。

（黄家正）

厦门侨联侨胞兴办文教事业

厦门华侨托儿所

1956年8月1日，厦门市第一个华侨举办的托儿所成立了。华侨托儿所设在双十路一幢美丽的楼房里，四周绿树成荫，环境幽美安静，有颇宽阔的草坪、园地供儿童们做户外活动。所内设备齐全，有新制的小床、被褥、橱柜、桌椅、玩具、教具，还有为儿童烹调饮食的小厨间，为儿童冲水的淋浴室。所里的教养员、保育员都是经过训练，学习过保育知识的侨眷担任。她们细心地照顾和教育第一期受托的30名儿童，使孩子们的父母得以安心地工作。

华侨托儿所是归侨颜西岳、汪万新、郭美兰、李流芳、吴梅丽等人倡议和厦门市侨联、妇联的支持下创办的，经过半年多积极筹备而成立的。郭美兰还特地捐赠了一架风琴。

创办初期的华侨托儿所，孩子们正排路队回家

1956年8月30日出版的《鹭风》刊登了《厦门设立华侨托儿所》的消息，记录了当年华侨托儿所的情形。

“文革”期间，华侨托儿所下放街道管理，改为“育红托儿所”。1983年恢复华侨托儿所原名，由市侨联委托市妇联接办。1984年，厦门市华侨托儿所的翻建提上了议事日程。厦门市委书记陆自奋、厦门市侨联主席颜西岳、厦门市妇联主任叶亚伟等也都非常重视和关心翻建华侨托儿所的工程。颜西岳从翻建华侨托儿所的重要性、基建规模、要求到资金的筹集都提了意见，并多次参加研究翻建华托事宜，重大问题亲自关照。1985年夏天，华侨托儿所开始了翻建工程，颜西

第3期
1956年
8月
30
夏曆丙申年
七月二十五日

鷺風

鷺風報社出版　社址：廈門思明路52號

鷹廈鐵路廈門段路基基本完工

漳州支綫八月上旬正式開工

泉州源和堂廠正在擴建

年產蜜餞將增至一千萬斤

廈門設立華僑託兒所

閩南各地早稻大豐收

南安蓬溪大橋修復了

漳州華僑新村動工興建

廈門2千餘人摘下文盲帽子

岳不顾年迈和炎热，经常跑到工地上仔细检查每一堵墙、每一个门窗的质量。

华侨托儿所经过翻建，从一间仅有 600 平方米的破旧小平房变成拥有 4200 平方米的托儿所，可收托婴幼儿 540 余名。所内有游泳池、养鱼池、活动室、音乐室、幼儿卧室，有设备齐全的游乐设施，投资近百万元。除政府拨款 70 万元外，市侨联筹集 15 万元。市侨联每年都拨款给该所购置一些设备，并引导华侨给予捐助。逢年过节，颜西岳主席都从自己的收入中拿出钱给华托的老师、孩子买礼物，在病中也从未间断过。

并不仅仅只有华侨托儿所，1957 年，群众性的托儿组织在政府和有关部门支持下普遍地开办起来，归侨侨眷在这一工作上付出了不少的力量。

1957 年 3 月 8 日《厦门日报》刊登新闻《捐款、送东西、让房子，市归侨侨眷热心资助托儿站》："一年来，本市街道在充实托儿组织的设备费上，归侨、侨眷捐送了 7000 多元。李流芳把父亲做生日时节省下的 1000 元送给华侨托儿所，吴梅丽把个人的积蓄 1000 元也送给街道托儿站，并经常去托儿站了解儿童生活情况。郑忠益看到泰平托儿站光线太暗，地方太小，便把自己的一幢房子让给托儿站用。郭美兰捐款给托儿所修葺房子，还把家里的风琴送给托儿所。不少归侨、侨眷把家中的时钟、桌椅、大锅等用具送给托儿所。鼓浪屿内厝澳街托儿站托管会主任傅联翩到站里看到孩子盖的被子不够暖，自己便拿了 50 多元去买布，为孩子缝制棉被。有的归侨、侨眷还到托儿站担任站长和保育员工作，长期做义务工作。思明托儿所所长傅（石美）治在托儿所工作了 6 年整，有 3 年没拿报酬。她们认真负责地照料着孩子，受到群众爱戴。"

厦门华侨幼儿园

华侨幼儿园创办于 1955 年。它的创办与发展凝聚了众多华侨的爱心和关注。当时厦门市侨联在华新路筹建了华侨新村，许多华侨举家回国便安置在那里，不少归侨子女没有地方入托就学。为了解决归侨子女的受教育问题，为他们提供良好的教育条件，在市侨联主席颜西岳的积极筹办下，热心归侨、侨眷筹集 2 万元在斗西路创办了私立华侨幼儿园，当时有员工 11 人，学龄前儿童 160 人。

华侨幼儿园初创期，设备简陋，但小朋友玩得很开心

1957 年，由爱国华侨李流芳、叶秀治等筹资 5 万元建造新园舍。

叶秀治的外孙女杜鹭莺回忆说："我和家人从来都不知道外婆是华幼的创办

人，因为她生前几乎都不提自己的往事。”叶秀治出生在印度尼西亚亚齐省，自己没有孩子，却以一辈子的母爱和精力抚养了 6 个身世、境遇各不相同的孩子。1954 年，她拖儿带女，踏上归国之路。途中遇意外，痛失了丈夫。然而在茫然跌宕的人生路上，她仍谨守着由大爱筑起的家。

华侨幼儿园创办人之一叶秀治与外孙女杜鹭莺

建园之后，厦门市侨联和海外侨胞每年捐助一部分经费及教具、用具等。该幼儿园在“文革”中停办了 5 年，1974 年复办，改名为“开元区第一幼儿园”。1980 年 9 月恢复“华侨幼儿园”原名。市侨联每年“六一儿童节”都拨款给该院购置教学、生活用具，并引导侨胞给予捐助。

当年的华侨幼儿园虽设备简陋，但是用爱心及专业知识给予了孩子欢乐的童年。一些外宾还专程到华侨幼儿园参观。

1984 年 11 月 21 日，时任全国政协主席邓颖超飞抵厦门视察，当天到华侨幼儿园看望孩子们。时任华侨幼儿园长林素心回忆，邓颖超逐一看了各间教室，亲切地询问孩子们吃得好不好，中午能不能睡觉，一边叮嘱陪同的领导要多关心幼儿教育。

1984 年，邓颖超到华侨幼儿园看望孩子们

1992 年春，当时的开元区人民政府投入 300 多万元改造幼儿园大门，更新办园设施。翻新后的园舍，学习、运动、游戏、生活等所需的设备设施丰富齐全，处处洋溢着亲切与爱意。

多年来，厦门市华侨幼儿园以优质的教育成果，先后荣获全国德育管理科研先进学校、福建省语言课题实验基地，国家“十五”“十一五”“幼儿早期阅读教育”重点课题实验基地等荣誉。2000 年被评定为福建省优质幼儿园，2008 年通过福建省示范性优质幼儿园复评。2009 年，与翔安区政府合作开办翔安实验幼儿园（又名“华幼翔安分园”）；2011 年，开办华侨幼儿园云顶分园。华侨之爱开枝散叶，播撒到了厦门岛内外更多的孩子中间。

直至今日，每逢六一儿童节前夕，厦门市侨联都会走访华侨幼儿园、华侨托儿所，看望祖国的小小花朵。

厦门华侨中学

为了让归侨子女能在按其特点办起来的学校得到培育，让祖国的下一代健康成长，厦门市侨联于 20 世纪 50 年代先后创办了华侨托儿所、华侨幼儿园、华侨中学，其中尤以华侨中学投入心血居多。

华侨中学全景

（图片来源：厦门华侨中学）

早在1957年间，颜西岳、林采之、汪万新等就提出创办“华侨补习班”，为一些未考上中学的归侨、侨属子女提供继续学习的机会。在青年会、五中、女中借用教室，开设初中2个班，高中3个班，学生计263人，并先后聘请专职教师8人，兼职教师12人，按照学历如期于9月1日正式开学上课。

1957年6月18日的《厦门日报》以《归侨捐献款项拟筹办中级文化班》刊登了如下的新闻：“市归国华侨热心办好人民教育事业，一个月来已自愿募捐5300元了。市侨联主席颜西岳、思明区人民代表张振煌等三人各捐1000元，市妇联副主席郭美兰捐了500元。市侨联准备在下学期办华侨中级文化班，内设初中2个班，高中1个班。学习的对象包括大部分华侨子弟及少部分宗教界人士的子弟。”

随着形势的发展，经市人民政府批准，华侨补习班于1958年3月改称华侨中学，并扩大招收非华侨子女入学。自此，华侨中学就作为一支新军，走进厦门市普通中学教育的队伍里，为厦门市普及中等教育分担一部分责任。

为了办好学校，颜西岳在市侨联会议上经常向大家提出：“要以陈嘉庚老先生为楷模，哪怕是学习他的百分之一，也是很可贵的。”又在华侨中学的校刊上题词，希望“本市华侨进一步发扬爱国兴学的精神，关心支持这个学校”。

华侨幼儿园创办人之一的叶秀治，毫不犹豫地将自己的珠宝首饰和家中所有的藏书连同女儿的宝贝手风琴，一并全捐献给了华侨中学的筹委会。

根据厦门的华侨绝大多数都是过境或寄居的特点，在组建华侨中学董事会时，市侨联正副主席分任正副董事长，侨联委员任校董，“即一套人马，双重任务”，从而充分发挥侨联的作用，发动大家一齐动手，集腋成裘。

1959年，华侨中学筹建自己的校舍，选定厦港新村的山边为校址。颜西岳、白碧云、李彩鸾、陈伯甫、洪泽念等12位华侨各献5000元，在1960年建成第一座教学楼1105平方米，有12间教室。随着学校发展的需要，1964年，颜西岳、李启东、陈剑敦等又合建第二座教学楼，含9间教室和一间小礼堂；1966年又建造一座538平方米的大食堂。此外还建造了体育场和看台，对环境进行了绿化。

在教学楼的基建中，缺乏三材，颜西岳贡献自己的侨汇票证给学校购买三材；建造食堂欠缺门窗，他把自己家里的成套门窗，贡献给学校安装……他的关心和支持，使人难以忘怀。

1983 年，华侨中学复名挂牌

（图片来源：厦门华侨中学）

颜西岳主席还积极争取一些知名人士如郭瑞人、陈影鹤、陈清安、李礼阁、张振华、黄源昌、许东亮、汪万新、翁福林、陈江苏、蔡清冷等人，以及旅外长寿基金会、毛沙密公司等的捐款支持。自 1957 年至 1970 年，先后有 219 人次，捐助了近 40 万元，供给华侨中学基建费 19 万多元，经常费 20 万多元，从而保证了学校的教学设施和生活设施及日常经费的需求，使学校能够从无到有、从小到大地不断发展。

1970 年，华侨中学改民办为公办，人民政府充实经费和设备，并先后增建教学楼、实验楼等，学校扩大了，学生数随之由 500 多人增至 2000 多人，教职员工也增至将近 200 人，而今已是厦门市规模最大的完全中学之一。

在“文革”中，学校先后易名前线中学、第七中学、第三中学。1983 年 9 月，恢复华侨中学原校名。颜西岳当时虽已高龄，对学校仍是关心备至，复名典礼那天，他委托市侨联副主席陈德润参加庆典活动；复名之后，他经常组织侨联委员及海外侨胞到校参观指导。

1984 年，市侨联从经费中拨出 2000 元，1985 年增拨为 3000 元，作为学校的奖学、奖教金，鼓励学生勤奋学习、教师认真教书育人。颜西岳主席穿针引线，由侨联委员邱景华、曾淑媛等人联系，先后有印尼华侨李荣生、翁长煌合赠微电脑 1 台；荷兰华侨郑自治等人合赠录像机 2 架；香港爱国人士许东亮、黄源昌、黄志华合捐港币 3 万元，作为学校常年基金，用于奖学和奖教。1987 年，他又特地将市侨联购置的一部 17 座位的旅行车拨赠给学校使用，支持学校的教育教学活动。

1988 年 9 月，学校庆祝 30 周年校庆，颜西岳主席出席庆典活动，并从侨联经费中拨助支持活动费用。

市侨联在港顾问李礼阁捐资 15 万元，添建第六号教学楼，为学校的发展，创造更为良好的条件。此前，他已在家乡同安捐建了内厝中学、小学、幼儿园，马巷中心小学、乖治幼儿园等。

1983 年，华侨中学复名暨开学典礼

（图片来源：厦门华侨中学）

饮水思源，人们永远不会忘记颜西岳等华侨华人、归侨侨眷“集侨胞之力，兴千秋之业”的崇高业绩。

华侨中学薪火相传，积极进取。60 多年来为社会培养了 4 万余名学子。向社会各界输送了大量人才，其中包括中科院院士、民盟中央副主席郑兰荪、中科院院士田中群、民革中央副主席邓力平、现任浙江省省长郑栅洁等杰出校友。福建省和厦门市各行各界英才群体中，不断涌现华侨中学学子的身影。

全体教师默默耕耘，涌现出福建省劳动模范洪如诗（特级教师）、福建省优秀教师曾国平、市劳动模范黄金根（特级教师）、市劳动模范曾春水等，还有专家型教师谭代伍，市学科带头人余启友、何丽红、傅莉莉等众多名师。学校被国家体育总局授予“全国航天（航空）模型活动重点单位”，获评全国创建“平安校园”示范学校、福建省普通中学二级达标学校、福建省青少年科技创新大赛优秀组织奖、国家课程改革试验区（厦门市）学科实验基地校。

根据厦门市委腾笼换凤的决策，华侨中学目前正在由完全中学向初级中学转型。现有专职教师 168 人，其中具有高级职称的教师 37 人，占 22%。硕士学历教师 18 人，占 11%。现任校长金月明。目前制约华侨中学发展的瓶颈，主要在于场地太小，没有千人会议厅，年段学生大会和众多讲座活动无法开展；操场跑道只有 200 米，无法满足三个年段同时跑操、毕业年段体育训练的需要。华侨中学的发展仍需社会各界继续兴资助学。

附　录

创办时期的华侨中学董事会

董事长：颜西岳

副董事长：汪万新　蔡永泮　陈应龙　丘廑竞　陈水成　黄瑞成　陈影鹤　陈清安

董　事：

李启东　陈德润　王纯流　丘景华　白碧云　李天成　陈彩鸾
李礼阁　吴四川　林怀仁　陈清江　庄云潮　郭美兰　郭懋迁
叶天枢　曾家庆　赵启霖　颜耀流　梁肇荐　黄天生　叶秀治
许其伟　蔡清竹　梁配治　杨庆茂　蔡乌石　林采之　张振煌
庄鸣冬　赵天助　林涵国　曾淑媛　柯栋梁　陈伯甫　杨　唏
许东亮　黄源昌　郭瑞人

厦门第六中学

新中国成立后，国民经济和文化教育事业快速发展。1953年，厦门市人民政府接受政协厦门市委会的建议，在市文教局的协助下，由丁乃扬、颜西岳等多名社会贤达出资，联合创办了厦门私立中级文化学校。

办学之初，社会各界倾囊相助，筹备会于1953年底遴选出26位热心教育的社会人士为校董。丁乃扬为董事长，颜西岳、郑忠益为副董事长，其他校董为：林采之、郑静安、黄绿萍、许祖义、陈绍泽、卓全成、卫嘉鸿、蔡吉堂、杨德源、郭永义、蔡协美、林大胜、沈水洪、陈康泰、李善承、刘瑞炎、胡赐开、姚汉溪、谢成寿、谢俊卿、李春波、黄贻鹊、胡彦云等。在艰苦的办学条件下，校董们和教师们齐心协力，为社会主义事业培养优秀人才。

林采之
（图片来源：厦门六中校史馆）

建校初始，三迁校址。1953年，暂借鸿山

解決小學畢業生學習問題
廈市中級文化學校開學

【本報訊】市文教局為解決本市小學畢業生學習問題而協助市協商會籌劃的廈門私立中級文化學校，於月中進行招考，錄取初中一年上期新生三百四十四名，編成四班，採取半日制上課辦法，以克服師資和課室不够之困難。並於二十一日由該校教導主任進行入學動員報告，同學們明確學習目的，深切體會黨和人民政府對他們的關懷，使他們有了繼續升學機會，紛紛表示要更好地學習。

該校已在二十三日正式上課，將以「一週放假，早開學」來補足本學期上課時間；同時為了照顧同學身體健康，調劑緊張課堂學習，該校每日上、下午都排有三十分鐘的課間活動，以課間操、體育遊戲、球類運動等項輪流進行活動，要求同學能夠和一般中等學校學生的學習生活一樣：不但要學好功課，也要鍛鍊好身體。（王捷成）

《厦门日报》关于华侨补习学校的报道

（图片来源：厦门六中校史馆）

小学三间空房为校舍。1954 年 2 月，迁址钱炉灰 2 号江夏堂（黄家祠）。当年新生 220 名，编成 4 个班级，教职工 8 人。同年 9 月，迁入厦禾路 344 号现址。此后办学规模不断扩大。

第一任校长为时任市政协副主席、市侨联主席林采之（1897—1960）。林采之为印尼归侨，1950 年任厦门市政协秘书长，1952 年毛泽东主席为其签发福建省人民政府人民委员委任书。1954 年出任厦门市首届人民代表大会副主任委员，1956 年任省侨联副主席、市政协副主席。

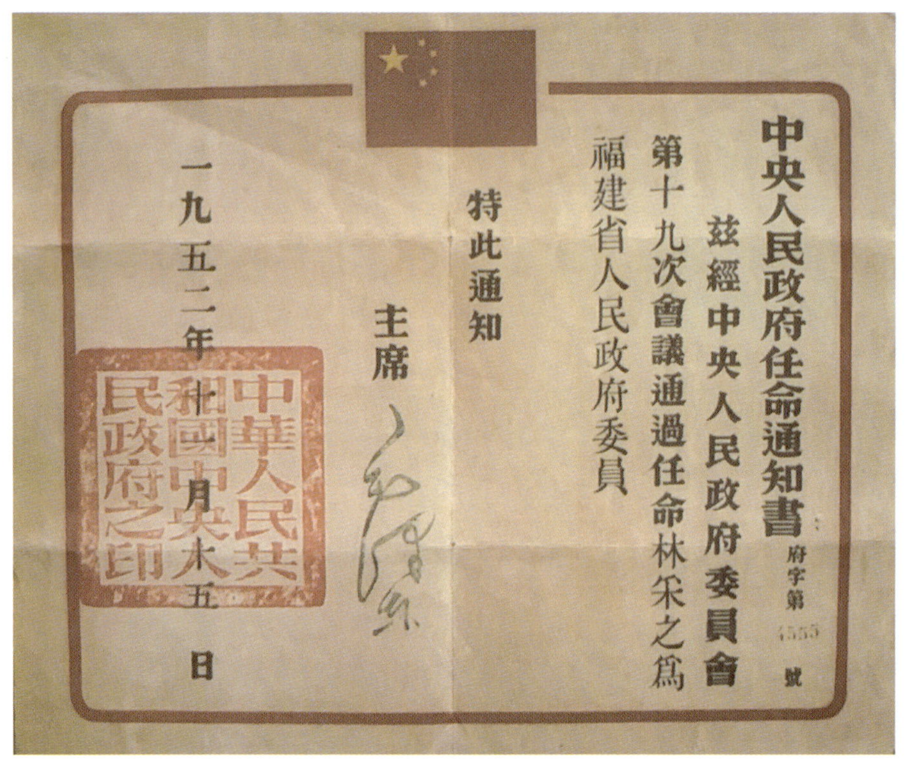

中央人民政府任命通知書 府字第4555號

茲經中央人民政府委員會第十九次會議通過任命林采之爲福建省人民政府委員

特此通知

主席

一九五二年十一月十五日

中華人民共和國中央人民政府之印

1952 年毛泽东同志签发的任命林采之先生为福建省人民政府委员的通知书
（图片来源：厦门六中校史馆）

1955 年，校名变更为厦门市私立思明中学。1956 年 7 月，转为公办学校，更名为厦门市第六中学。

厦门侨联侨胞支持文教事业

得到侨胞支持的厦门市儿童福利基金会

1981 年，厦门市侨联主席颜西岳出任市儿童福利基金会会长，他积极筹划，先后创办儿童乐园、少儿图书馆、儿童服装厂、儿童商场。儿童福利基金会得到海外爱国侨胞的支持，经市侨联顾问叶天枢夫妇在香港进行联络，筹集基金港币 5.3 万元、人民币 1.7 万元，购进一批缝纫机，为基金会建童装厂提供了设备。1988 年，香港陈本铭捐赠港币 5 万元给儿童福利基金会。

颜西岳深感年老体弱，主动提出由市侨联副主席庄云潮接任儿童福利基金会会长，自己当了名誉会长。厦门儿童的成长一直都得到侨联组织和海外侨胞的关心、支持。

郑忠益捐大楼做图书馆

在创办华侨幼儿园的归侨中，有一位热心教育事业的印尼归侨为人们时常怀念，他就是郑忠益。郑忠益（1914—1985），祖籍南安，从小随父往印尼谋生。抗战胜利后回国，在厦门投资开办百货商店。他在 20 世纪 50 年代初的公私合营运动中率先带头，成为工商界的表率。他在生活上十分节俭，却把自己的资产捐助给厦门的教育事业。1953 年，他为厦门双十中学捐建教学楼，还赎回已卖出的小洋楼捐作校舍。1954 年，他将位于思明北路与厦禾路口、面积 1763 平方米的一座四层大楼提供给厦门市图书馆作馆舍，后来又于 1985 年将这座大楼无偿捐赠出来，作为厦门市少年儿童图书馆的馆舍，成为一代厦门人的美好童年回忆。

1957 年，郑忠益将自己在鼓浪屿福州店路的住宅捐出来，作为鼓浪屿第二幼儿园的园舍。他还捐资创办夜校和初级职工文化学校。他的善举，得到了社会各界的肯定，被推选为福建省政协第三届委员、厦门市第一届至第七届人大代表。

鼓浪屿上的华侨捐资兴学

新中国成立后，人民政府采取“接收、维持、改造”的方针，对私立学校进行整顿，根据形势的发展和各个学校不同的情况，逐步将私立学校改为公立学校。而对于华侨捐资兴办的私立学校，则采取鼓励、支持继续办学的政策，以调动海内外华侨与侨眷爱国爱乡、参与祖国建设的积极性。

在鼓浪屿，厦大校友中学于 1951 年 3 月率先转为公立，其他的私立学校如英华中学、怀仁小学、福民小学等也陆续转为公立，唯有受到华侨资助、办学效益较好的英华校友小学还维持私立办学。其时，英华校友小学由黄省堂、马锡椵、郑潭等鼓浪屿侨商富绅组成校董会，负责筹措经费，确保学校正常运行，故直到 1956 年才转为公立。转为公立后，各级学校的学年经费改由国家承担了。这一变化，使得华侨捐资兴学更多转向了“侨建公办”和“公办侨助”的形式。

新中国成立后至“文革”前，鼓浪屿华侨捐资兴学主要表现为“侨建公办”的形式。

1955 年，为解决广大妇女参加工作后的子女入园难的问题，鼓浪屿区政府通过妇联，发动街道设立幼儿园。鼓浪屿的归侨和侨眷大力响应，组织了以归侨丘廑兢为主任、郑潭为副主任，黄月英、李谦亮、陈庆春、李淑英、洪子晖、叶淑珠等归侨和侨眷为委员的鼓浪屿街道幼儿园管理委员会，募捐筹办街道幼儿园。蔡永泮、汪万新、颜西岳等归侨各捐数百元充为设备费，归侨李传别的家属借出其住楼的一部分为园址，在鹿礁街创办了“鼓浪屿区街道第一幼儿园”。

越年春，又在内厝澳办起了“鼓浪屿区街道第二幼儿园”。1958 年，又办起了第三、第四幼儿园，并附设了托儿所。4 年的时间，幼儿园从 1 个发展到 4 个，学生从 1955 年秋季的 111 名学生发展到 1959 年春季的 568 名，为鼓浪屿的幼儿健康成长提供了良好的条件。

1957 年 8 月，国务院正式颁布了《华侨捐资兴办学校办法》，纠正了一些地区侨务工作的错误思想和做法，进一步调动了华侨捐资兴学的热情。1959 年，鼓浪屿区的归侨侨眷募捐提供办学经费，创办鼓浪屿区侨办小学，在原龙头小学建校。又创办了鼓浪屿区侨办中学，由市侨联理事、鼓浪屿区小组组长郑潭任校长兼董事长。这所侨办中学先是借内厝澳民房为校舍，后又迁至安海路原英华校友小学上课，一直坚持办学到 20 世纪 60 年代。1969 年以后，该校位于安海路的校舍和大部分教职员工并入厦门二中。

“文革”期间，华侨捐资助学的行动处于中断态势。改革开放后，国家的侨务政策再次激发华侨捐资兴学的热情。1984 年，经福建省人民政府批准，省侨办与省教育厅联合颁布了《关于鼓励和支持华侨捐资办学实施办法》，为华侨捐资兴学行动打开了方便之门。改革开放以后，鼓浪屿华侨的捐资兴学主要表现为“公办侨助”的形式。

厦门二中之外，国内的其他一些学校也曾受到鼓浪屿海外学子的捐助。旅居菲律宾的邵建寅，为回报母校厦门大学的培育之恩，在厦门大学设立奖教奖学金基金。1999 年 8 月，邵建寅捐资 400 万元建设萨本栋微纳米技术研究中心大楼，取名“亦玄馆”。2007 年，他还倾资捐建福建师范大学新校区图书馆，冠名“又玄图书馆”。除了自己身体力行，邵建寅还积极动员华侨友人襄助厦大、福师大的教育事业，促成了大批捐赠项目，如菲律宾华侨洪文炳捐建的厦大“祖营楼”、泰国华侨丁政曾和蔡悦诗捐建的厦大“颂恩楼”、菲律宾华侨佘施淑好捐建的福师大“佘明培楼”等。

鼓浪屿上相继出现一大批致力于教育事业的海外归侨，为祖国的教育事业做出贡献。林文庆、蔡丕杰、李法西等人则是出生于海外而归国择居鼓浪屿的归侨教育家典型代表。

备受海外鼓浪屿学子关爱的厦门二中

鼓浪屿岛上的厦门第二中学，是由英华、毓德、怀仁等六所中学经多次合并整合而成的，其校友基本囊括了 19 世纪末以来的鼓浪屿学子。改革开放之后，旅居海外的鼓浪屿学子们纷纷回到故乡探亲访友，厦门第二中学因此成为捐资助学的最大受益者。

厦门第二中学

许多海外校友慷慨解囊，为母校捐资扩建、修建校舍建筑。旅居菲律宾校友李汉隆、庄长泰、庄志明等人集资修建“英华校友楼”，旅居澳大利亚校友吴怀德捐资装修学校办公楼，旅居菲律宾校友陈并茂、鲁恢文捐资扩建“华晋楼”，旅港校友吴丽英捐资修建艺术楼，旅居美国校友苏协民捐资修建图书楼。此外，还有旅居加拿大校友林联坤捐资修建“省愚读书亭”，陈竞明亲友集资修建“竞明读书亭”等。有些海外校友则购置先进昂贵的教学器材、设备捐赠给母校，如旅居菲律宾校友洪俊秀，旅港校友张文元、张其典等。

也有不少的海外校友捐资设立奖教奖学基金，以推动学校教育教学水平的提高。20世纪90年代以来，所设立的奖教奖学基金有十几个之多。旅居加拿大校友林联坤设立“沈省愚奖教奖学金”，旅港校友温开强设立“协群杯足球基金”，旅居美国校友沈普霖设立“林素端奖教奖学会”。旅菲菲律宾校友邵建寅设立“邵庆元—陈月珍奖教奖学金”，旅居香港的校友周清河和旅居菲律宾的校友周宗典一起设立“周永渊奖教奖学金”，旅居澳大利亚校友吴怀德设立“吴怀德奖教奖学金”，旅居美国校友陈素琳等人设立“林维筠奖教奖学金”，旅居美国校友洪陶三兄弟设立“林菊秋数学奖学金”。此外旅居海外校友黄福华、黄忠华、黄文婉等人，也为母校捐资助学。而每次校庆活动，海外校友的捐款更是不计其数。这些海外校友，大多是20世纪40年代至60年代从鼓浪屿移居海外的华侨，他们继承了老一辈华侨的优秀传统，续写海外赤子爱国爱乡的新篇章。

（林希）

厦门侨联侨胞为经济建设服务

支援祖国经济建设

海外侨胞素有爱国爱乡传统，支援国家建设是侨胞的愿望。厦门市侨联成立伊始，就把争取侨胞支援祖国经济建设摆上议事日程。经济工作在各个时期的侧重点虽然各有不同，但厦门市侨联始终把它作为重要任务来抓。

争取侨汇

争取侨汇在20世纪五六十年代是厦门市侨联开展侨务工作的重要内容之一。

赡家汇款是侨汇的重要来源，既可为国家争取外汇，又可使侨眷取得海外亲友的接济。厦门市侨联在这方面的工作，主要是帮助归侨、侨眷写好家信，争取海外亲友汇款，帮助寻找失去联系的海外亲友。宣传党的侨汇政策，动员归侨侨眷大胆与海外亲友联系。由于政策的宣传贯彻和侨汇物资供应的增加，归侨、侨眷争取侨汇的积极性大大提高。1962年、1963年汇侨持续上升，以物代汇的情况减少了。

福建省华侨投资公司厦门办事处

1953年6月，福建省华侨投资公司在厦门成立募股委员会。经动员，归侨、侨眷把闲散的外币、金、银变卖入股的有34人，认购461股，人民币2.3万元。1957年1月，省华侨投资公司厦门办事处成立，在厦门市侨联内办公。厦门市侨联领导颜西岳任主任，陈清安、陈影鹤任副主任。下设星马、印尼、菲律宾、缅甸、港澳等五个募股小组。至1965年共募集股金1200多万元，这些资金用于建设厦门罐头厂、橡胶厂、瓷厂、感光厂、化纤厂、同安油厂等。当时这些厂都取名“福建省华侨投资公司厦门××厂”。

福建省华侨投资公司厦门办事处

华侨新村筹建会

帮助华侨汇款在国内建房，解决落叶归根的住处，也是厦门市侨联为侨胞服务的重要方式。为此，市华侨新村筹建会于 1956 年成立。经市政府批准，划定公园西路和运动场西侧以及赤岭一带为新村的用地，经征用、拆迁平整，至 1957 年，华侨新村已在 40505 平方米的地面上大兴土木。同年底，经新村筹建会介绍、定建的房屋就有 26 座。华侨新村筹建会接受华侨委托，作为甲方与华侨建筑工程队（乙方）签订承建合同，建成后进行验收结算，把房屋交侨胞使用。至 1966 年，共为华侨兴建了 100 余幢房屋，华新路、南华路二个华侨新村村基本建成。华侨新村筹建会在“文革”期间被撤销，1984 年恢复后，即利用南华路华侨新村未建的零星土地，继续建住宅。此外还受华侨委托代管代修房屋。

进口化肥，支援农业

20 世纪 60 年代初的困难时期，农用化肥十分缺乏。厦门市侨联领导集思广益，提出争取华侨进口化肥，这样既有侨汇，又有化肥支援家乡发展农业。得到海外侨胞的支持，1960 年至 1963 年前后四年间共争取进口化肥 8000 多吨。

引进资金、技术和设备

1979 年，党的十一届三中全会决定把党和国家的工作重心转到经济建设上来。1980 年，中央决定在厦门兴办经济特区，厦门市侨联的工作自此也转到为建设经济特区服务方面。

1980 年，为了配合外经部门做好引进工作，厦门市侨联领导担任了市对外经济工作的顾问。1981 年，厦门经济特区建设发展公司聘请颜西岳主席担任副董事长、林承志委员担任副总经理、厦门国际贸易信托公司聘请陈德润副主席担任副总经理。

厦门市侨联主要领导除直接参与对外经济活动，还发动侨联其他委员，依靠老朋友，广交新朋友，做好引进工作。1979—1983 年牵线 422 宗，洽谈成功 24 宗。1979 年，经厦门市侨联常委赵敬群（赵启泰）介绍，香港嘉洛公司出资 50 万美金，以补偿贸易形式为厦门罐头厂引进一套空罐自动化设备。新设备投产当年，就使蘑菇罐头产量翻两番，获利 300 多万元，得到轻工部的表扬。1981 年初，新加坡陈永远、陈共存、孙炳炎来厦访问时，颜西岳主席介绍厦门的情况，客人们表示要在其本国法律允许的条件下，帮助厦门建设经济特区。5月，新加坡福建会馆组织华商访闽团，孙炳炎、何瑶鲲任正副团长，前来福、泉、厦考察。8月，孙炳炎就组织了新鹭江贸易公司，来厦谈判开发问题。新加坡禾山公会会长陈启算、副会长林建生一行，也来厦考察，返新后即发动同乡组织“星厦企业贸易私人有限公司”，于10月间来厦洽谈业务。

至1987年，经厦门市侨联牵线来厦门办的企业还有：华丰贸易有限公司、丰兴有限公司、海景大厦、新加坡酒店、侨滨园艺有限公司、中兴汽车修配中心、百希达国际有限公司厦门办事处、大庆有限公司厦门代表处等，还与香港一些船务公司建立劳务出口的业务。

购买公债

1954—1960年，厦门市侨联共购买国家经济建设公债29.27万元（不包括在各单位的归侨、侨眷的认购数），当时厦门市侨联公债推销分会年年超额完成任务。20世纪80年代发行的国库券，归侨、侨眷都踊跃购买。如鼓浪屿区内厝沃街道办事处的归侨、侨眷认购的国库券一般占街道居民认购数的85%左右；开元区侨户占总户数11%，但认购国库券占40%。

厦门侨联自办企业

厦门市侨联自办企业始于20世纪50年代初，经过“三起二落”，几经周折，在侨务行政部门的支持帮助下，逐步发展起来的。大致可分为三个阶段。

20世纪50年代初的生产自救企业

新中国成立初的经济恢复时期，失业仍然存在，虽经政府大力安置，有的介绍了就业，有的回乡参加农业生产，但仍有些归侨、侨眷找不到工作。1952年12月，福建省侨委召开了归侨、侨眷生产座谈会，厦门市侨联由陈应龙、杨锦全、吴黎群、沈佩英等参加。回来后，即着手筹创“厦门侨联工业社”。这是侨联自办的第一家企业，以后又陆续办了一些企业。

侨联工业社 1953年3月投产，资金1.2万元。其中从侨联福利基金拨人民币1万元，2000元由杨锦全自愿无息借给。购置了木制织布机15架，铁木制织布机6架。归侨黄重生捐赠了过光机、手摇纱捆架及其他附属零件十多种。该社的经营方针是：“业务发展与帮助解决归侨、侨眷生活困难兼筹并顾。”由厦门市侨联干部、热心归侨及职工组织生产管理委员会，共同执行经营管理等事宜。在经营初期，一切设备和开支均在不妨碍生产的原则下尽量节省，将资金留作发展生产用。社内职员，除技师给薪，部分人员给予津贴外，其他如经理杨锦全及蔡乌石、沈佩英、柯絮凤等都是义务的。工人由基层侨联按照生产需要及照顾较贫

侨联工业社初创期

困、迫切需要工作的会员的原则互评出来。

侨联工业社发展很快，至 1955 年，大小织机增加到 33 架，员工由 22 人增至 60 人，产品由单样到多样，有青年呢、光荣呢、大、小帐罗布、府格、口罩布等 9 种。1955 年底实行公私合营，与几家小织布厂合并成“厦门织布厂”。至 1957 年底，该厂员工增至 154 人，归侨、侨眷仍占 40%。

生活行渔业公司　1954 年 5 月，由华侨投资 15.6 万元，购买 2 艘渔船创办的，经营海洋渔业。1956 年实行公私合营，并入海洋渔业公司。公私合营后华侨再增资 18.15 万元，购买渔船，扩大生产。除了安置一部分归侨失业人员外，还解决了 76 名渔民的就业问题。

公私合营水产养殖场　1955 年 5 月，由华侨集资 4 万元、政府投资 2 万元合作创办的。利用禾山一带港湾的海滩养鱼、种蛏、种蚝等，以增加市民水产品供应，并安置归侨就业。

鹭江剧场　1954 年 1 月，由华侨投资 2.55 万元改建，以满足市民文化生活的需要。

古台华侨垦牧场　1955 年 1 月，由华侨集资 5.48 万元创办的，以后省侨委拨给 0.5 万元添置一些设备。经全场员工几年的努力，勤俭经营，1957 年实现收支平衡，略有剩余。有员工 74 人，拥有牛 89 头，羊 209 头，除了自繁自养外，还供应邻近合作社部分种牛、种羊。1958 年春，已有鲜乳供应市民。还种植果树 2500 棵，种水稻、麦、豆、花生、麻、地瓜等农作物。拥有土地山林近万亩，草原充足。1957 年，该场改为地方农场。

侨属缝纫手工业社　1957 年 3 月，由华侨集资 1000 元创办的，有社员 27 人，多数是归侨、侨属。分为缝纫、车绣、工艺三部分。同年 5 月，曾举行夏装展

古台华侨垦牧场

览，展出妇女、儿童服装上百件，手工制作的花卉、鸟兽百多种，深受群众赞赏，市中百公司同意代销，新加坡客商也来订货。该社还举办两期缝纫学习班，有侨眷、部队家属 67 人参加学习，不少人学习后即可自行开业。

侨群手工业社 1957 年 5 月，由华侨筹资 2800 元创办，有员工 77 人，大部分是归侨、侨眷。生产纸盒、文光标头纸。

上述生产事业，在 20 世纪 50 年代初安置归侨、解决侨属就业方面发挥了重要作用。以后随着社会主义改造的开展，这些企业或参加公私合营，或走合理化道路，实行归口管理，与侨联脱了钩。

20 世纪 50 年代末 60 年代初创办的企业

华侨印刷厂 《鹭风》报创办于 1956 年 6 月，是寄往海外的乡刊乡讯。每月一期，4 开，每期 2～4 版，每期印 2500 份左右，发往印尼、缅甸、新马、菲律宾、柬埔寨、英属婆罗洲以及香港等地。

《鹭风》报创刊后，厦门市侨联为了解决用繁体字印刷的问题，于 1960 年在大中路原侨联会所办起了一个小印刷厂——鹭风印刷厂。1960 年发行量增至 3000 份。1964 年以后,《鹭风》改由市侨务局主办，厦门市侨联协助发行。

除印《鹭风》报外，华侨印刷厂还开展对外承印业务，解决办报经费，逐步实现“以厂养报”。以后由华侨陆续捐赠了印刷厂新设备，有铅印机、彩印机、切纸机等 8 件，共值 9.5 万元。1964 年省侨委投资，印刷厂迁至厦港“不见天”，改名华侨印刷厂，安置了一批侨生就业。

“文革”后，又改名为市第三印刷厂。1971 年将彩印和铅印分别合并到市第一、第二印刷厂。当时清产核资时共有财产价值 67.44 万元。

华侨机修厂　华侨机修厂创建于 1964 年，当时设在华侨旅行社大生里行李仓库里，该社修理汽车业务也设于此，是两块牌子，两本账，一套人马。华侨机修厂的主要任务是为侨社、华侨工厂、农场大修汽车、拖拉机及其他机器设备，有较先进的曲轴磨床、万能车床等设备。它的远景规划是制造拖拉机。在“文革”中，车床被调给侨星厂、锻压厂，一部分留在侨社。华侨机修厂就此解体。

在改革开放形势下重新创办的企业

侨光电子器件厂　创办于 1979 年 5 月，为香港华达公司加工电子原件——线圈。1983 年增加了一个新客户，另创办侨声电子器件厂，加工业务增加了电蕊、塑料装饰和人造红宝石。1984 年又引进塑料玩具装配，开办了侨隆公司。随着加工业务的变化，侨声、侨隆二厂均于 1987 年结束业务。侨光厂也更名为侨益电子原件厂。1986 年在海沧镇侨联、竹坝农场、双第农场开办三个加工点，把加工业扩大到农村。

侨光电子器件厂

创办侨光厂的目的在于解决归侨、侨眷的就业问题。当时，很多20世纪60年代下放到农村的归侨、侨眷回城，找不到工作。侨光厂开办后，安置了100多人。随着特区建设的发展，就业的机会多了，很多人到别的企业工作。

侨泰投资贸易有限公司 创办于1985年初，是集体所有制的贸易公司，吸收归侨、侨眷投资，经营服装鞋帽、食品杂货。1987年更名为侨泰咨询服务公司。其后业务大部分由新开办的侨盛有限公司经营。

侨盛有限公司

侨盛有限公司 1985年，许多地方的侨联来厦门参观，普遍认为厦门是经济特区，又是港口，对外联系方便，因此倡议各地侨联出资在厦门开办一个股份公司，作为外引内联的窗口。侨盛公司因此于1986年正式开办。后因情况变化，外地侨联的投资逐步退出，只有全国及福建省、厦门市侨联出资与市国贸公司合资经营。

侨盛公司经营范围是百货针织、五金交电、家用电器、农副土特、食品杂货、烟酒罐头、中成药材、工艺产品、机电建材、化工原料以及信息咨询等，批零兼营，还可经营进出口业务。侨盛公司中山门市部实行独立核算。由于地处闹市区，又贯彻服务侨胞、方便顾客、薄利多销、文明经商的原则，故生意较好。为了扩展业务，1988年3月，侨盛公司与市皮件二厂开展横向联系，搞工贸联营。1990年初，根据市整顿公司的意见，厦门市侨联主动提出侨盛公司停业，保留侨泰公司，并扩大其业务范围。

华远公司提货点 1984年3月，香港华远公司由厦门市侨联代理，在厦门设立了提货点，以方便侨胞在香港购票，厦门提货，主要是家用电器。至同年底已提取大小家用电器467件。提货点于1987年底办理结束。

新侨酒店 厦门市侨联成立时，设在中山路20号楼下（市工商联隔壁），面积只有20多平方米，远不能适应会务发展的需要。1952年迁至海后路大千旅社旧址（现外贸大厦）三楼办公，办公和活动场所比较宽敞。1956年由于外贸局需要，厦门市侨联再度迁址，在大中路3号办公，共租用一二两层楼，没有活动场所，一些大型活动无法开展，迫切需要自建会所。

华侨大厦第一期工程

华侨大厦捐建芳名录

1956 年，颜西岳、汪万新、陈应龙、陈影鹤、陈清安等人发起筹资兴建厦门市侨联会所，先后有归侨、侨眷和海外侨胞 115 人共捐资人民币 15 万元，并于 1958 年选择中山路与民国路（现新华路）交叉处建侨联会所。后市华侨服务社也准备建新楼，由于都是做华侨接待工作，就与之合建华侨大厦一期工程。1959 年华侨大厦落成，二楼（包括大厅）归侨联使用，其余交华侨服务社经营。华侨大厦二期工程于 1962 年兴建，厦门市侨联也投入部分资金和设备。

1986 年 4 月，国务院侨办批复市政府的报告，决定将华侨大厦一期工程建筑面积 3500 平方米归厦门市侨联所有，做厦门市侨联办公和接待用房。1986 年底正式办理移交。1987 年 10 月，与香港厦铃有限公司合作加层扩建，开办“新侨酒店”，于 1989 年 12 月开始营业，为侨胞、台胞和港澳同胞提供舒适的住处，为侨联开展联络工作提供基地。厦门市侨联仍在里面办公。

而今，厦门市侨联办公地点变更为团结大厦，该址编号中山路 444 号，酒店名称为金后酒店，三楼、四楼的部分空间为厦门市侨联下属各归侨联谊会等社团组织的办公、联谊所用。

发挥优势为特区建设做贡献

厦门市侨联始终把牵线搭桥、招商引资作为重点任务来抓。在开展海外联谊中，发动各级侨联充分发挥各自优势，宣传厦门的投资环境，宣传外商投资的优惠政策，提供项目、信息、咨询服务。

1996 年，在全市归侨侨眷中开展“为特区二次创业作贡献”活动，调动广大归侨侨眷的积极性，以侨引侨，以侨引台，以侨引外，协助政府积极开展引资引智工作；发动归侨侨眷及各基层侨联配合市政府做好一年一度的“9・8 投洽会”客商的邀请接待工作。

各级侨联还因地制宜、因势利导、千方百计抓好为特区建设服务的各种尝试。1998 年，厦门市侨联邀请部分港澳华侨社团和港澳侨联委员在深圳举行招商引资推介，集美区侨联协助区政府聘请海外招商顾问和设置招商窗口。

各级侨联既当好招商引资的红娘，又当好侨资企业安家落户的保姆。不但协助有关部门成功引进了商业银行、众达钢铁厂、时代服装有限公司、春保精密钨钢有限公司、阿波罗电子有限公司等数十家侨资企业，而且从争取“二次招商”入手，做好对侨资企业的跟踪服务，尽力尽责地为侨资企业排忧解难。

2000 年，厦门市侨联与市侨办、致公党市委会召开联席会议，建立联合定期走访侨资企业制度，以便对基本摸清的 400 多家侨资企业建立资料档案，摸索为侨资企业服务的工作经验。

同时，市侨联还努力巩固和发展自办企业。侨联工业大厦于 1998 年竣工投入使用；侨利食品厂顺利完成搬迁工作并投入正常生产经营；侨泰公司努力拓展经营领域；侨达食品有限公司积极转变经营机制，扭转亏损局面；对于新侨酒店原有的合作经营遗留问题，与合作方达成终止经营协议并办理资产清算。

（林希整理）

这里有珍稀植物　更有感人故事

——记厦门华侨亚热带植物引种园

厦门华侨亚热带植物引种园创办于1959年，为非营利性公益型科研单位，是国内唯一通过民间华侨渠道进行国外植物引种的专门科研机构。坐落于鼓浪屿的西南隅，东倚日光岩，西连鸡母山、面包山，北依骆驼山，南连美华海滨浴场，占地8.9万平方米。这里四季如春、鸟语花香，奇花异果争奇斗艳，是植物观光、科普旅游的绝好去处。

曾长期由厦门市科技局和厦门市侨办双重领导，现隶属于厦门市科技局，业务主管为福建省亚热带植物研究所，主要任务是从境外引进热带、亚热带植物资源，进行隔离试种、驯化推广、资源保育及开发利用研究。建园60多年来，引种园从五大洲十几个国家和地区引进植物种质资源千余份，得到应用推广的上百种，包括粮油作物、蔬菜、水果、花卉、林木、药材及香料等。

厦门华侨亚热带植物引种园为引进良种、驯化、繁殖、推广提供了重要的平台，它的创立与发展和华侨有着千丝万缕的联系。

凝聚侨胞的满腔心血创办

新中国成立后，党和政府十分关怀和重视华侨工作，先后成立各级侨务机构，领导和处理华侨事务。人民政府制定了保护侨汇、引导华侨投资等一系列侨务政策，激发华侨参加祖国建设的热情，不少华侨热心为家乡建设出谋划策、捐资出力。厦门华侨亚热带植物引种园（以下简称“引种园”）的创业与发展就是一个典型案例，其发展过程充分体现了华侨与祖国同命运共呼吸的赤诚之心。

20世纪50年代末，我国遭受严重自然灾害，国际上的反华势力又乘机加强经济封锁，国家处在十分艰难的“困难时期”。为尽快解决粮油短缺的燃眉之急，国家急需高产优质的粮油作物良种，用以发展农业经济。而国际上反华势力却极力封锁，不让一粒种子进入我国。很多爱国侨胞冒着生命危险将侨居地的珍贵种苗带回祖国，所以当时厦门市侨联堆积了好多种子。

在一次厦门市侨联组织的归侨子女聚会中，印尼侨生、厦门大学生物系的周才喜建议能否把这些种子拿出去试种，创办个华侨植物引种试验场，通过华侨渠道从海外引进植物良种，经过栽培、驯化、推广，提高粮油品种产量和质量。这个倡

创园功臣

议得到厦门市侨联主席颜西岳和副主席汪万新的积极支持。

左为周才喜

1959 年 3 月，厦门市侨联决定创办厦门华侨热带作物试验场，由汪万新兼任场长，成员有周才喜、林菊花、苏淑仁、黄瑞等 7 人。试验场选址在鼓浪屿博爱路口（现改称“鹿礁路”）的菜园。经过两年的辛勤劳动，两亩试验园地的热带作物硕果累累，开启了中国大陆近代史上独一无二的华侨经济植物引种的新篇章。

但两亩地还远远不够用，为解决扩大用地和推广问题，先是将试验场合并于市园林处，后市侨联与园林处共同报市政府，创办植物研究所（包括华侨引种试验场）。时任副市长许祖义兼任筹备处主任，他亲自参与勘察选点工作，最后选定鼓浪屿英雄山下五里牌一带约 200 亩地。这里依山傍海，是天然的植物种植隔离区和理想的引种驯化场所。

部分园区旧照

但开辟这 200 亩地并非易事，这里原是农牧场，凹凸不平，坟墓成堆。为加快引种场建设步伐，市领导带头，多次参加创园义务劳动。当时参加劳动的有市长李文陵、副市长许祖义、市委统战部部长施耀、市侨务局长庄云潮，以及市侨联主席颜西岳和副主席汪万新、陈影鹤、陈清江，还有科委主任罗林等。在短短的一两年内，迁移坟墓上千座，改造三幢大楼房，建立了温室、苗圃与排灌设施。

1962 年，中国科学院华东亚热带植物研究所在厦门成立。随后引种场就从市园林筹建处划归华东亚热带植物研究所，并挂两个牌子，对内称“中国科学院华东亚热带植物研究所引种场”，对外称“厦门华侨亚热带植物引种场”。就这样，引种试验场从创建时只有 2 亩地、7 个人的规模，发展到拥有近 200 亩地的国家编制科研机构。后因国家规定市级不准建研究所，只留引种场，并调协和大学园艺系毕业、在园林处工作的李芳洲任副场长，汪万新仍兼场长。同时定编 15 名。

海外侨胞不顾安危为祖国引种

引种场从初创伊始，就受到海内外华侨与侨眷的大力支持。海外侨胞不辞辛劳从海外引进植物良种，唯一的愿望就是能让它开花结果，报效祖国。侨胞们为引种场艰辛付出的事例举不胜举，令人动容。

据原引种园主任童庆宣讲，当年日籍华人吴秀四郎热心支持引种工作，从台湾辗转引出 ROC 品系甘蔗 4 段 6 个芽苗，不惜航空费用邮寄到我国。印尼华侨黄奕描，祖籍福建南安，他认为要从根本上解决问题，还需要引进良种。因此，从椰城（雅加达）带了两蒲包煮用香蕉良种，黄先生和海关人员解释说，家中老母亲有病，需要用香蕉头用药退烧，它有清热解毒的功能。黄先生这种爱国情感很淳朴、很简单，是不需要用言语来修饰的，家中的老母亲就是自己的祖国母亲。可以说，爱国不仅是捐钱、投资设厂等，爱国也可以是为祖国提供一粒粒种子、一颗颗种苗。印尼归侨陈福星记得，回国时父亲带有 2 大捆的红树苗，在船上的几天里，父亲极为小心地浇灌，到厦门后交给了市政府。

引种场很有成绩，它引进的物种既有珍稀的种类，也有一些很有经济价值的作物。菲律宾归侨蔡韵玫在 20 世纪 60 年代冒着生命危险，想尽方法从境外引进十几粒亩产千斤的新型水稻品种“科情三号”，当时国内水稻亩产最高只有四百来斤，经驯化成功后，在华东地区大面积种植成功，对我国粮食产量大面积提高的贡献极大，荣获中国科学院华东分院两次七万元的奖金。“文革”期间，蔡韵玫却被冠以“里通外国和台湾”分子，其在香港和在祖国大陆的家均遭到冲砸和查封。

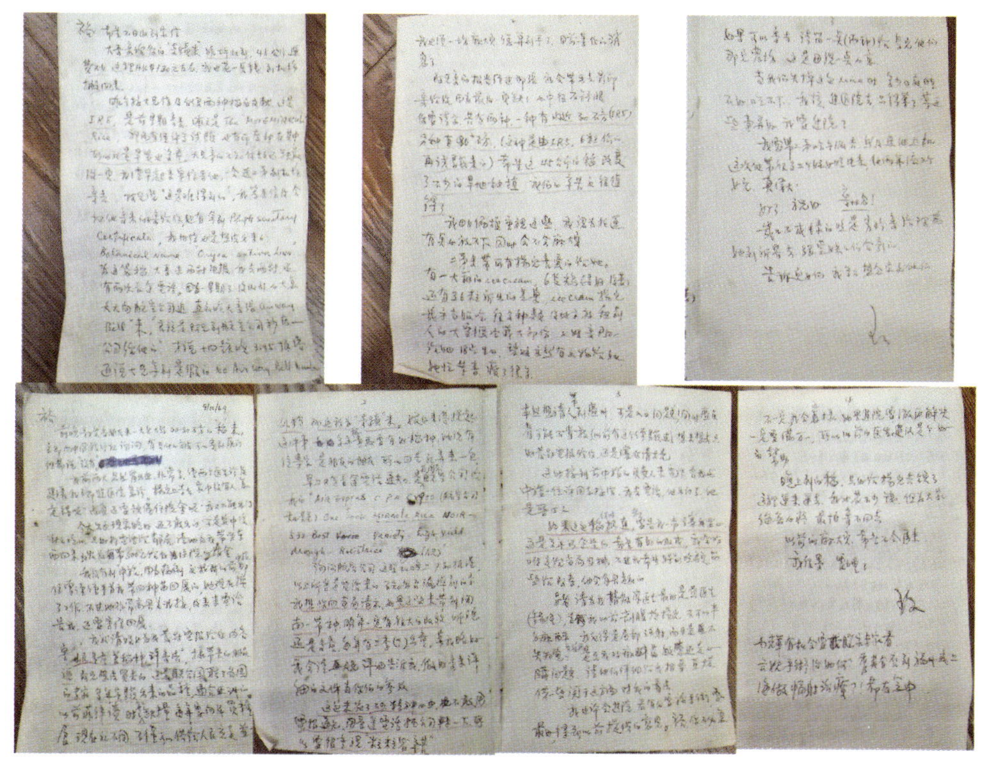

蔡韵玫女士的“家书”

截至“文革”前，引种场共引进木本的粮、油、果、药、香、蔬、花等优良植物品种 280 多个。

除了帮助引种，许多侨胞还捐款捐物，支持引种事业的发展。有的捐款为引种场盖玻璃温室，有的捐赠拖拉机、照相机、切片机、电冰箱与仪器设备，有的赠送植物标本资料。

20 世纪 60 年代初期，时任中国科学院院长郭沫若来园视察时，充分肯定了引种园创园的成绩，他风趣地说：“从海外引进的优良品种，如能驯化推广成功，也不亚于一颗原子弹爆炸。”

正当引种场初创成果准备大发展的时候，一场“十年浩劫”把引种场彻底砸烂了。在“文化大革命”期间，引种场因为所谓的“海外关系”被关闭并遭到严重的破坏，许多爱国侨胞和仁人志士受到牵连、诬蔑、迫害。然而不管多么艰难险阻，终究割不断海外侨胞关爱祖国的赤子之心，他们还源源不断地从东南亚等地送来植物良种。

时代发展　引种园顺势而兴

粉碎“四人帮”后，厦门市委拨乱反正，于 1981 年 10 月专门召开为华侨引种场落实政策大会，充分肯定引种场的历史贡献，引种场获得新生。但当时引种场的三幢楼房和一大片土地被占用，苗木和科研设施几乎被破坏殆尽，场长汪万新被折磨病故，副场长李芳洲被摧残住院。面对重重困难，颜西岳主席等侨界领导为重建引种场做了大量的铺路工作。引种场迈开了恢复重建的步伐，开启了新的征程。邱景华担任场长后，积极联系海外侨胞引种，经常奔忙于侨联与引种场之间。在他的带领下，引种场很快收回三幢楼房和大部分土地，而且新建一些科研设施。

颜西岳主席多次带领海内外侨胞到引种场参观支持。他带来了关心引种场的海外朋友陈大栋、柯朝阳、李启东，一起来的还有亚热带植物研究所所长、原福建农学院院长李来荣教授和市科委副主任王普厚。他们认真查看引种场现场，共商尽快恢复和开发引种场大事。

之后，柯朝阳、陈大栋和李来荣多次给引种场以关心支持，特别是柯朝阳，年过九十，每次从新加坡、香港回到厦门，都要带一些珍贵种子、苗木给引种场，查看苗木生长情况。

为了进一步解决引种联络和经费困难，颜西岳主席支持李芳洲副场长赴香港探亲，并写信给香港的侨联委员，让李芳洲捎去。李芳洲用自己的亲身体验，动员侨胞继续支持引种工作。当时在香港的叶天枢、林怀仁、陈大栋、李启东、陈影鹤、周才喜等十几名老朋友，共同捐资近 3 万港元，支持引种场重建。在香港时，李芳洲还参观了周才喜开办的香港缤纷园艺公司，并从他那里引进 3 大箱珍贵花卉苗木。

侨联执委、顾问陈清江于1984年通过印尼朋友沈福才，赠送一部三菱牌工具车给引种场。荷兰籍华人林喜泰随身带来30多种荷兰种苗，澳大利亚华侨洪声容引来多种果树种子和果树文献资料，柯雪琦、庄云潮等归侨协助引进各种各样的优良种子。仅1981年一年，引种场就引进植物七大类117个品种。

1984年，引种场从福建省亚热带植物研究所分出，单独立户，更名为厦门华侨亚热带植物引种园。中央、省侨界领导黄军军、黄登保、郭瑞人、陈希仲、陈仰曾等都曾到引种园视察与关心。这时引种园已逐步恢复到“文革”前的水平且有所发展。

1985年，引种园还与香港缤纷园艺公司合作创办“厦门侨缤园艺公司”，主要从国际上引进珍贵花卉品种，经引种园大量繁殖后，为国家出口创汇。

1987年，引种园承建国家级“农作物国外引种隔离检疫基地（厦门部分）”。这一基地在全国只有两个，另一个在北京，并于1992年顺利通过国家计委验收后正式投入使用。国家检疫基地的任务主要是对国外引进的种质资源进行病虫的检疫检验、消毒或脱毒处理，隔离试种等。隔离检疫基地不仅为本园植物引种提供隔离检疫工作，同时为厦门出入境检验检疫局、种苗公司等多家单位提供隔离检疫和试种观察，为我国南方种质资源科学安全引种，发挥巨大的作用。从此，华侨引种事业进入科学发展的新时代。

证书

厦门亚热带华侨植物引种园：

你单位承担的农作物国外引种隔离检疫基地（厦门部分）国家重点工业性试验项目通过鉴定验收，特发此证。

中华人民共和国国家计划委员会

一九九二年九月十五日

1992年，国家农作物国外引种隔离检疫基地（厦门部分）通过国家计委验收

为了进一步发挥厦门经济特区对外开放、华侨众多、交通方便的优势，不断疏通和开拓引种渠道，1987年成立了“厦门华侨植物引种联络会”，会员单位有厦门

海关、市外事办、市台办、市二办、市中旅、市动植检、市旅游局、市侨联、市侨办等涉外单位。引种联络会为进一步有计划、有目的、多渠道地开展引种工作创造了良好的条件，也为广大侨胞提供了一个献计献策的交流平台。

联络会第二届理事会

引种事业取得了可喜的成就，到 1993 年，引种园共接收来自菲律宾、印尼、马来西亚、新加坡、缅甸、泰国、日本、美国、瑞典等 16 个国家和香港、台湾地区的植物种苗 441 份，其中有三分之一是由联络会的顾问、理事或者他们所在单位直接或间接引入的。许多优良品种经过成功驯化，被推广到工农业生产中去，为国家做出了贡献。

印尼归侨陈联合 1977 年调至引种园任技术员，负责引进海外优良的植物品种。20 世纪 80 年代中期升任引种园主任。在引种园 12 年的工作经历让他亲眼见证了许多海外侨胞的爱国心，与他们结下了深厚的情谊。陈联合通过自己的海外亲属朋友引进良种，带领全园职工把引种园建成一个既是植物引种中心，又是具有热带、亚热带特色的植物公园。这段经历也为陈联合日后担任厦门市侨联主席、开展侨务工作打下了基础。

2000 年以后，世界各国对种质资源的交换愈加严格，同时对境外引种的程序规范、隔离检疫要求等方面均提出更高的要求，尤其是各国珍稀植物资源的引种异常艰难。但是世界各国的华侨华人依然心系引种园，从直接协助引种转变成为引种园科学规范引种提供帮助，有的提供其他国家的植物资源咨询，有的购买其他国家的植物志和植物名录等书赠送给引种园图书馆，有的把非英语国家的植物介绍的论文翻译成中文，有的帮忙联系当地科研单位和管理部门。引种园在华侨的帮助

1987 年，时任市侨联副主席、引种园主任陈联合（右）陪同国务院国务委员陈慕华参观引种园

下，尤其是新华侨的支持下，于 2010 年至 2012 年期间，先后从非洲加纳、喀麦隆等国引种非洲马铃果、非洲加纳籽等多种珍稀药用植物，并获得驯化成功。现园区的热带、亚热带果树资源成为国家级林业种质资源库福建省子平台之一。引种园成为中国植物园联盟（CUBG）和国际植物园联盟（BGCI）的成员单位。

2011 年 10 月，厦门市政府下文，厦门华侨亚热带植物引种园并入福建省亚热带植物研究所，掀开了新的篇章。

厦门独有的华侨植物引种文化亟待保护

行走在引种园区中，我们有理由相信，每一棵植物的背后都有一段令人动容的故事，这一方土地凝聚了太多爱国侨胞的心血，他们不畏艰辛的付出似阳光雨露般滋养着园区植物的茁壮成长，也让后来人沐浴恩泽，感受最质朴、真诚的侨胞爱国情。

原厦门华侨亚热带植物引种园党支部书记叶清才回忆往事时感慨：“正是‘侨’的一片赤诚之心，使引种园这块热土能成为‘珍稀植物的王国’，使引种之花常开不败，使引种之果飘香万里。”

据不完全统计，在华侨等特殊群体的帮助下，引种园在历史上成功引种保存超过 4000 多种境外植物，向社会成功推广数百种经济植物。而今，这座凝聚众多侨界人士心血的引种园已蜕变成集引种驯化、隔离检疫、迁地保护和推广开发利用研究等功能于一身的科研机构。

为弘扬侨胞的爱国、爱乡精神，引种园于 2004 年创办了“厦门华侨亚热带植物引种园创园史馆”，把爱国侨胞的赤诚和功绩全记录在园中的满目青翠之中。

建园 60 周年座谈会

厦门独有的华侨植物引种文化是亟须引起重视的特色华侨文化之一，大量可歌可泣、感人肺腑的侨海史料亟须抢救性挖掘。有关人士正在呼吁：以厦门华侨引种园史料为主体，在鼓浪屿建立一座“华侨植物引种文化博物馆”，作为科普教育和爱国主义教育基地。引种园副主任、致公党党员明艳林研究员希望能系统研究华侨华人植物引种史，搜集整理新中国华侨华人引种报国的相关事迹。目前他们已经和华侨大学华人华侨研究院张行博士等相关专家一起，在中国侨联等课题资助下，展开相关的研究工作，希望更多人能够加入这项工作当中，不要让这段光荣的历史被时间埋没。

（林希）

侨星起落 侨情不变

福建省厦门侨星化工厂在 1958 年成立，1960 年至 1978 年间，先后安置印尼、越南等国归难侨 800 多名。曾被福建省侨办确定为安置归难侨的生产基地，是带有事业性质的企业单位。作为有着 54 年历史的老国企，侨星化工厂曾经很辉煌：在效益最好的年份，曾连续 6 年年均上缴税收上千万元，是厦门市纳税大户，其所生产的“海燕牌”味精、“厦华牌”啤酒是国优、部优、省优产品。

侨星化工厂

2003年，为服从厦门市政府旧城改造规划要求，侨星化工厂实施工厂整体搬迁、人员安置分流。目前名称为福建省厦门侨星实业总公司，经营业务为房产租赁及物业管理，隶属于福建省华侨实业集团有限责任公司。该公司前身为福建侨办华侨企业管理局，1997年成建制转制成福建华侨实业集团公司，2004年划转直属省国资委管理。

从1958年到2003年，侨星风风雨雨45年。侨星的历史，是归侨侨眷为爱国主义激情所驱策的奋斗史、贡献史……它浓缩了一个时代的沧桑巨变。

“大跃进”时期的激情创业（1958年）

“一五”计划提前完成，社会主义改造基本完成……到1958年，整个中国都洋溢着大干快上的巨大热情。陆续回国的归侨响应祖国的号召，采取“以工代赈”方式，一方面进行生产自救，另一方面融入祖国建设大潮中。在这样的大趋势下，三个马来西亚归侨王明源、王庆辉、吴信义集资500元，聘请陈尔加、林承祥两个技术工人，在菜妈街租了一间民房作“厂房”，开办“五三化工社”。“五三”的意思是五个初创者中有三位归侨。当时味精、酱油还很稀有，具有很大市场潜力，他们就选择了味精、酱油作为发展方向。

虽然没有生产经验，没有生产工具，但他们拥有热情、智慧和努力，一切都能从无到有。研读从国外带回来的制造味精的技术书籍，大家一起想办法，不断试验摸索，四处取经。

当时味精生产采用酸法分解蛋白质原料提取谷氨酸钠。创业者们用坛子代替分解罐，用盐酸分解面筋，得到谷氨酸钠溶液，经过脱色、过滤，制成一种淡色酱液，就是味液，也叫化学酱油。如果再用煤球炉进行加温蒸馏，最后便得到固体味精，需要用铁锤敲碎，研磨成粉，方能上市。就这样因陋就简，制出第一批味精。全年只能生产67公斤，但一上市就受到消费者欢迎，一斤卖到几十元。

干劲冲天的番仔厂（1959—1961）

后来，这个小作坊资金周转困难，销路也成问题，正好赶上大兴“全民办厂”之风，厦门市侨务局、侨联各出5000元接手。印尼归侨蔡时志被侨务局从古台农场抽调来组建扩厂，还吸引尤沓菊、尤金联、曾永祥、黄永川投资参与。1958年9月，五三社更名为“侨星食品厂”。“侨星”之意是华侨之星。

当时，厦门市侨务局本着“以侨济侨”原则，拨出救济专款，创办、扩充了一批生产性企业，安置归侨、侨眷就业。1959年初，侨星食品厂被市侨务局列为安置企业，除组织一批集美侨校毕业生、厦门盐场工人就业外，又吸纳新、老归侨充实进来。还派进共产党员主持生产以加强管理，同时拨入救济款进行扩建。

1959 年底，印尼政府推行歧视、排挤华侨政策，制造大批难侨。当年，厦门市侨务部门接待安置的贫难侨（包括华侨学生）就有 1.16 万人（市侨务局管辖范围包括闽西、闽南的 37 个县市）。

同年，中央侨务委员会副主任方方视察侨星，肯定全体职工的创业精神。而后侨星厂被列入中侨委下属的国营企业，予以投资扩建，成为安置贫难侨的生活和教育基地，委托福建省侨务委员会和厦门市侨务局代管。侨星在体制上完成了从小私有经济到国营企业的转变，同时，从手工作坊到工厂的转变也在加速进行，以承担安置归侨、发展地方经济的重任。

厦门市侨务局为侨星安排的新厂址位于斗西路，原是厦门市统战系统的炼钢基地，旁边是华侨新村。厂房是职工自己修增、加盖的工棚，机器、工具也是职工自己动手制造、改装、逐渐添置的。

当时在侨星厂的有蔡时志、罗国真、蔡国镇、王仲英、王庆辉等人。不久，从集美侨校先后来了几批侨生，人数达到 70 多人。

工厂条件很差，没有劳保设施，工人没有统一工作服，都穿便服上班。尤其是分解车间里，盐酸汽化形成盐酸雾，盐酸是强酸，腐蚀性很强，职工只好撑着雨伞坚持工作。虽如此，一身衣裤穿不到一个月，就会一块块烂掉。“有些归侨穿的是从国外带回的卡其布料子的衣服，穿不上几个星期就都烂成一条一条的了。但是为了工作，他们没有一句怨言”。

由于机械化水平很低，职工劳动强度很大，制面筋全靠职工用脚踏。原料运输，只有一辆板车作为交通工具：“每天从电化厂运回盐酸，一（辆）板车放三大罐，上下午各一次”。产品包装也全是手工。

从 1959 年到 1961 年“三年自然灾害”期间，全国人民都勒紧裤腰带，饥饿是寻常之事。1960 年印尼开始排华，侨星一次性就接收 28 名印尼难侨入厂，这又加重工厂的负担。侨星响应各级侨务部门的号召，“工厂办农场”，开展生产自救，解决本厂职工的生活问题。职工们的乐观与积极塑造了侨星独特的企业文化，他们笑称加温浓缩味液的八个煤球炉为“八卦炉”；工人们在分解缸上搅拌蛋白质原料的动作如同划桨，被称之为“桃花搭渡”。印尼归侨多有打羽毛球的传统，工余时会聚在一起娱乐一下。即便是在最困难的 1960 年，侨星的产值还达到 112 万余元，产品销往湖北、湖南等 13 个省市。

侨星建厂可谓白手起家，但是得到了多方的支持。厦门市侨务局、侨联出资派人，经常指导。职工没地方住，安排住进了白鹤路的华侨新村刚建好的别墅。后来职工多了，又安排了地武庙附近的一幢华侨房。台风天里抢搬物资，邻近的归侨屋主把崭新的房子借出来堆放。

当时整个厂职工都是归侨、侨生，这些在国外家庭富裕、生活优越的年轻男女，干活像拼了命似的。周边的老百姓都看在眼里，十分佩服，管“五三社”叫“番仔厂”，一提“番仔厂”没有不知道的。

步入正轨的规模经营（1962—1976）

三年“大跃进”造成工业与农业、重工业与轻工业、积累与消费比例严重失调。1962年中央发出通知，要求抓好轻工业生产，满足人民群众基本日常生活需求。侨星的发展顺应了这一政策要求。这一时期是侨星工业化生产阶段的开始，正好经历我国国民经济调整时期与“文化大革命”时期。相应地，也可以把侨星发展分为“调整飞跃”与“稳定提高”两个阶段。前一阶段，主要是进行市场调查，调整产业方向；巩固味精主业地位，开辟更广阔的市场，改善生产条件，培养人才，科学管理，充实、积蓄发展潜力；积极进行技术改革，提高产品质量。后一阶段，正处“文革”时期，侨务机构被砸烂，1969年发布体制下放文件，侨星脱离中侨委，划归厦门市轻工业局主管。

这一阶段的飞跃与稳定，主要取决于味精制造技术革新。1965年，起采用发酵法制造味精，改用淀粉替代植物蛋白为原料，不仅使产品质量大大提高，而且降低了原料成本。味精年产量经历了两次大飞跃，1965年突破10吨。1969年接近百吨，之后便稳定增长，1976年最高达291.36吨。

陆续回国的印尼难侨、集美侨校毕业生需要就业安置，斗西路简易厂房不再适宜发展生产。同时，根据厦门市政规划，化工企业也不适宜建立在居民区周围，工厂搬迁扩容势在必行。原本选择东渡作为新址，但因交通不便，就定在莲坂。新厂房建设带来一系列重大改变，有了正规厂房，就必须有配套设施和专业人才。在搬迁前，工厂就派出一些工人到其他单位学习锅炉技术。迁厂后，又专门设立锅炉车间（后来发展为分厂），解决生产用热问题。

最具革命性意义的改变就是调整产品结构：放弃酱油生产，集中人力、设备和技术，专门生产味精。化学酱油逐渐失去市场是这一转变的直接原因。1965年，全国味精行业会议在厦门召开，推广发酵生产工艺，为侨星产业结构调整创造了契机。1966年夏，发酵味精正式投产。

登上产业多元化的发展高峰（1976—1988）

1976年粉碎“四人帮”后，侨星重新归属国务院侨办管辖。1978年5月，为了接待、安置印支难侨，福建省原有的14个国营华侨农场和3个国营华侨工厂被收归省侨办主管，侨星就是其中之一。这一历史时期，国家在探索中酝酿、实施、深化改革，逐渐放开对国营企业“统得过多、管得过死”的直接管理体制。

20世纪80年代初，厦门被列为经济特区，以优惠政策吸引外侨投资，也继续扶持侨办企业。侨星借此发展良机，充分挖掘企业自身潜力，立足特区，内引外联；依靠政策，把握机遇，登上产业多元化的发展高峰。

从1979年至1980年，国侨办安置接待归侨专项基本建设投资2856万元，新建、扩建20个工农业生产项目，侨星也属于投资与建设的对象。但侨星主要是依靠自身积累，实现技术改进、规模扩张的。安置归难侨对侨星来说是一项行政任务。对企业来说，人员规模与结构若不适应发展规模，是一种负担。1978年5月，侨星就接收约500名印支难侨，职工人数增加一倍多，达到1000余人。

侨星一方面扩大生产规模，在厂内掀起生产高潮；另一方面，进行啤酒行业的可行性研究，以安排新增劳动力。1980年国侨办投资750万元，在啤酒车间基础上扩建成立厦门华侨啤酒厂，设计产量为5000吨。为了少走弯路，与上海啤酒厂进行技术合作，采用该厂酵母菌种，请该厂工程师和有经验的酿酒师现场指导。啤酒厂当年4月9日投料试车，便获得一次性试车成功。6月11日正式开工，产品同时投放市场。

厦门华侨啤酒厂剪彩

华侨啤酒厂一问世，立即被列入厦门经济特区的配套工程项目，与西德哈斯公司合资谈判，寻求引进新技术，以期将年产量由初始设计能力5000吨提高到3万吨。

主要产业味精合资项目则由省侨办牵头，1984年5月起，与香港南海兴业投资公司合资洽谈。当年10月29日签订合同，引进糖蜜工艺、菌种、设备，对老企业进行技术改造，设计产量3000～5000吨，投资总额2000万元人民币，中方股份由侨星化工厂持42.5%，厦门建设发展公司持5%，省糖业公司持5%，外方股份占47.5%。

积极引进外资的同时，侨星调整了企业内部结构。1982 年 2 月，创办啤酒瓶盖厂，12 月更名为华星包装厂，主要为味精与啤酒提供包装袋、啤酒瓶盖。1985 年开始承接部分对外加工和来料加工等业务。1984 年 5 月，将侨星化工厂与南海兴业合资后的富余人员组织起来，成立厦门侨星工贸公司，专业从事贸易。1985 年 4 月，侨星化工厂经省侨办批准，成立厦门华侨企业公司，属总公司性质。1988 年 8 月，成立侨星进出口公司。为了更有效保障厂区的生产用气，原锅炉厂续用侨星化工厂字号，1988 年独立经营。除了内部结构调整之外，还与国内其他企业进行联合：1985 年 7 月与上海国棉廿一厂联营组成商贸性经济实体——申侨贸易公司，进行优势互补。华侨企业公司与浙江大学、湖南岳阳石油化工总厂联合创办华侨联合化工厂，生产消泡剂，1988 年 4 月投产。与天马华侨农场合办纸箱厂，与浙江嘉兴、江苏无锡东亭联营办麦芽厂，建立原料基地。合作之余，主动以自身技术优势协助广西武鸣明宁华侨农场开办味精厂，为侨务工作做出新贡献。

经过这一系列重组，侨星形成了颇具规模的企业集团：以华侨企业公司为总公司，下辖侨星化工厂、华侨啤酒厂、华星包装厂、侨星工贸公司、侨星进出口公司五个独立核算单位，申侨贸易公司、华侨联合化工厂、纸箱厂三个联营实体以及一家中外合资企业——华厦食品工业有限公司。侨星事业兴旺，如日中天。

侨星产品在各项评比中屡获殊荣：海燕味精是侨星的拳头产品，1982 年获轻工业部优质产品称号；1983 年，荣获轻工业部优质产品称号和全国食品工业协会评比第六名。在 1988 年中国首届食品博览会上，厦门华侨食品有限公司的“海燕牌”99％晶体味精获金质奖，华侨啤酒厂“鼓浪屿牌”啤酒获铜质奖。福建省共获五个金质奖、一个银质奖、一个铜质奖，侨星就独占其二。作为出口产品的“水仙牌”味精，1980 年被福建省人民政府评为优质产品。

在巨大成就鼓舞下，侨星人满怀豪情展望未来：在若干年内建成绵延近 500 米的“侨星一条街”，包括兴建一座 12 层的综合商业大楼，改造办公楼，与莲坂小学合建职工宿舍……如果这个方案成功的话，侨星的产值将达到 8～12 亿元/年，上缴税利 2 亿元/年。

侨星登上发展的顶峰，有天时地利之便，更重要的是人和。1981 年 8 月 13 日的《厦门日报》有篇题为《我们是建设者》的报道，讲述了在厦门侨星化工厂，人们传扬着“耐温将军”的佳名。说的是这个厂的归侨女工许巧銮十六年如一日，在四十多度高温下坚持工作的事迹。许巧銮说：“我们从海外回来，就是为了建设祖国。建设者哪有不吃苦的！”这样的人物与事例不胜枚举，归侨侨眷等职工以勤俭、智慧、苦干造就了侨星的辉煌。

(上)現在的廠房　(下左)建廠初期的簡易廠房　(下右)舊廠大門

侨星化工厂 20 世纪 90 年代的厂房

滑落与失落(1989—2003)

华厦食品工业有限公司在合资过程中出现了重重危机。由于外方不能提供先进的原料与技术，侨星决定提前清算，结束合资合同。1996 年 7 月，华厦食品工业有限公司提前 8 年终止合资。

轻工行业多数国有企业存在着设备老化、人员过多、资产缺乏活力的问题，侨星也不例外。味精、啤酒两大产业错过新一轮发展良机，技术设备落后，产量停滞不前。此外，国营、国有企业承担了“企业办社会”的重担，侨星作为归难侨安置基地，不仅办社会，而且办侨务。虽然国家给予一定的优惠政策，但安置费用主要靠企业自身积累。归侨进入工厂，得到一份工作只是安置的开始，企业要照料职工的生、老、病、养、死。对归侨而言，侨星不只是工作单位，还是一个大家庭、大学校。对社会而言，侨星不仅是经济生产单位，还是锻造社会主义建设者的熔炉。

2003 年，为服从厦门市政府旧城改造规划要求，侨星化工厂实施了工厂整体搬迁、人员安置分流。搬迁、改制可能只是短时间的动作，但随之而来的一系列问题却花了十余年的时间才得到较为妥善的解决。

2016 年 1 月 29 日，侨星公司劳动争议案执行款发放仪式在思明区法院执行局举行。410 名厦门侨星退休归侨侨眷职工分批按人领取了总额为 2684 万元的补偿款，连同先期已发的预发款 958 万元，申请执行人已经领取到大部分执行款。

退休职工领取劳动争议补偿款

（图片来源：中新网）

侨星劳动争议系列执行个案始于 2003 年 7 月，当时经厦门侨星公司职代会审议公布的《人员分流方案》，承诺对退休职工补足按尚未改制事业单位退休职工应享受的事业退休金与社保养老金的差额，但公司方面因种种原因未予兑现。在谋求协商解决未果以及公司无执行款的情况下，先后 6 批 410 名退休干部职工（大部分是归侨、侨眷）自 2005 年 5 月开始了劳动争议仲裁、诉讼、申请强制执行的依法维权之路。申请执行的时间最长 8 年半，最短也近 4 年。

侨星的搬迁、没落，对职工，特别是归侨职工来说，是伤心的往事。近 20 年过去了，侨星从地图上消失，从当代人的记忆中隐去。但对侨星人而言，那是他们为之奉献了青春、热情的岁月，是厂，更是家。

（林希）

厦门侨利面包厂

改革开放初期，厦门呈现出前所未有的活力与商机。但当时想吃上地道的面包，还是件难事。只有绿岛饭店售卖面包，想吃还得走后门，而且绿岛饭店生产的面包是长条状，吃起来硬邦邦，口感像馒头，偏甜偏油，不少外国人都吃不习惯，说那个是蛋糕，不是面包。

曾任侨利食品厂副厂长、董事长的杨尚智回忆当年的情形：大家觉得这是厦门软环境的缺失，要补上。那谁来做呢？厦门市委开会讨论，认为侨联跟外界有联系，做西式面包，有这条路径。当时参会的市委统战部陈洛副部长就拍胸脯说，半年让大家吃到面包。

市侨联引进面包生产设备

侨联领了这个任务后，筹备工作紧锣密鼓地展开。时任厦门市侨联主席颜西岳发动在港侨联委员和境外朋友，成立香港鹭江公司，与市侨联合资创办侨利食品厂。

1984 年 3 月开始抽调人员，4 月，市工商联派了有办厂经验的胡世曦过来指导筹建工厂。4 月下旬，时任厦门市侨联副主席肖永吉和胡世曦、赵启霖到香港，请香港大庆公司（侨联在香港的联络点）帮助，引进加拿大的面包生产线。5 月，通过全国侨联的牵线，胡世曦带着杨尚智等 5 人到北京义利食品厂去学习做面包的技术。美国副总统梅代尔访问中国的时候，赠送给中国一条面包生产线，就落户在义利面包厂。

6 月开始基建，8 月，一层的车间就已经交付使用。8 月 18 日，设备已经到岸了。11 月 13 日，外国的工程师到场指导设备安装调试，北京义利面包厂的技术人员也来了，开始试生产，真的实现了六个月吃上面包的承诺。

一个小小的面包背后，是无数细节的“纠结”。改革开放初期，没有生产面包的专用面粉，用的是国产“红旗粉”，很难发酵，对面包口感影响很大。为此，时任市长邹尔均和副市长柯雪琦专门调研，协调粮食局，想办法找到比较合适的面粉。面包厂自身也研究如何尽可能利用国产面粉做出松软的面包。颜西岳的儿子颜达成记得，“做切片面包的钢丝很快用完，父亲特意交代正在香港的大哥又买了寄回来。亲戚朋友从国外带来糕点月饼，父亲不让我们吃，都拎到面包厂当样品，研究别人是怎么做的”。

厦门侨利食品厂产品

侨利食品厂 1985 年 3 月正式投产。当时推出的主打切片白面包蓬松柔软，吃起来不黏牙，部分解决了来厦投资的老外吃面包难的问题，也随之给厦门带来了一股吃面包的风潮。面包卖九毛钱一条，并不便宜，但买面包的人排起长队。有在厦大读书的留学生，还帮外国好朋友们订货，每天送来名单，罗列了一排地址让侨利食品厂安排派送，就像现在送快递一样。原有的一部汽车派送很快便不能应付市民旺盛的购买需求，又紧急增加一部汽车和六部三轮车派送。当时生产的面包，不止是厦门，整个福建，特别是晋江、龙岩、漳州，都有人来买。

侨利面包厂除了主推白面包，还生产意大利、法国面包，花色面包、生日蛋糕、西式糕点等。有职工 60 多人，是当时经济效益和社会效益较好的企业，当年盈利就达到 12 万元。而且当时好面包在福建省只此一家，市领导到各地交流考察都会带上侨利食品厂生产的面包作为礼品，推广宣传，受欢迎程度胜过现在的伴手礼。

侨利食品厂门市部除了销售本厂的产品外，还供应咖啡、饮料、西式早点、厦门小吃。门市部有员工 10 多人，实行独立核算，设有莲花门市部、中山门市部及销售点 60 多个。

杨尚智说，“在那个年代，有一份工作做大家都很珍惜。筹备阶段，肖永吉副主席跟我们早上 7 点多到厂，一直到晚上的十一二点回家，都这样连着干的。在经营这座厂的过程中，侨联很关心、很支持，忙的时候，连干部都到侨利食品厂里头去做义务工。

杨尚智在侨利食品厂工作

（图片来源：杨尚智）

当时颜西岳老主席跟我们说：改革开放是打开一扇窗口，让外面看中国。侨利食品厂就是窗口里头的第一个工厂，我们现在这个厂很小，但是人家就看你办得下去吗，是不是体现你共产党改革开放以后真的要做事。所以，不要看做面包并不是什么大的事，你应该要重视经营它。而我们也都很努力去做，在那 14 年里头，第二年就给股东分红，年年分红至少 10%。

（林希）

椰雨蕉风赤子心

风光明媚的鹭岛侨乡，传诵着许许多多华侨爱国爱乡的事迹，那些动人心弦的故事，像数不尽的星星，汇成一条璀璨美丽的银河，流光溢彩在祖国南方的星空。这是鹭岛的光荣、鹭岛的骄傲。

在这条美丽的银河里，有颗明亮的星——他就是侨领颜西岳先生。

侨领颜西岳

颜西岳先生是我家乡厦门的一位德高望重的侨领，连续担任厦门市侨联主席达33年之久。几十年间，为厦门侨务界孜孜不倦地工作着，为广大归侨、侨眷排难解忧，创建家园。因此厦门的海外侨胞，海内归侨，提起他，总有一种崇敬的情感，而颜先生和我一样，由新加坡归来，与我家又是两代世交。因此，我对他倍感亲切！

山青海秀、流红泛翠的鹭岛春日，我信步来到中山公园附近的一座洁白花岗岩楼房前，用小树枝轻轻地敲了敲铁栏栅，便有一位身材魁梧的老人，轻轻地推开花厅的玻璃门，看见是我，便微笑着慢慢地走出来迎接。于是我跟在他身后，沿着整洁的花园小径走进房子里。

颜先生身体欠佳，正居家静养，我这不速之客，打破了客厅里的寂静。

“小陈，你来看我，我很高兴！ 可千万别写我……”颜先生生性豪爽直率，对我这位从事新闻工作的小友，心存戒意，开门见山便亮了态度。

据说不久前《人民日报》《厦门日报》等报刊的记者采访他，成稿之后送给他过目，全被他一一没收了！

“颜先生，您为厦门的侨务工作贡献了大半生的心血，如实地报道您是完全必要的，您不该让记者们吃闭门羹呀！”

颜先生挥了挥手，严肃地说：“人贵有自知之明，人家劳动人民出生入死，打下江山，我们做一点工作，算得了什么？ 要是把我写上了报纸，我可真不敢走出门去了！”

老人谦逊的人格，朴实的作风，令人油然起敬！

我再三声明只是和他老人家随便聊聊，于是老人也就放松了戒备，天南海北，新人旧事，娓娓地和我闲谈起来——

1905 年，颜先生诞生于福建金门岛，在金门小学毕业后，到厦门集美商科学校继续求学。 1931 年，26 岁的他漂洋过海，到苏门答腊谋生。

颜先生出国时，途经广东汕头，亲眼看见一队队来自潮州、汕头、大埔、梅县的蓬头垢面、胼手胝足的贫穷农村青年，各自背着简陋的行李，被带到船上的统舱。 他们每人仅得 16 元安家费，便被包工头作为“猪仔”，贩卖到南洋群岛去。与颜先生同船抵达苏门答腊的“猪仔们”，到了日里港，便被警察押送到洋人开设的矿山、垦殖场去做苦力。 当时日里窟流传一句谚语：“日里窟，能入不能出。”多少华侨的血汗，填满了张着血盆大口的日里窟。

在遥远的南洋，颜先生不仅耳闻了 16 块钱一张卖身契、子离妻散天涯别的凄凉，更目睹了在繁重的劳役和热带的瘟疫瘴气里苦苦煎熬，无数白骨抛洒异国荒山野岭的惨景。 这一切使富于正义感和民族自尊心的颜先生深深感到：半殖民地半封建的中国给人民带来了贫困和苦难，使他们不得不背井离乡、受尽欺凌，只有祖国强大了，海外孤儿才能有自己坚强的靠山。 因此，华侨的命运是同祖国生死与共、休戚相关的。 于是他与千千万万华侨志士一样，立下了为祖国的兴旺发达尽心竭力、奋斗不息的志愿。

颜先生侨居新加坡、印尼二十几年，经历了当地英、荷殖民统治、日寇南进和民族独立三个大变动的非常时期。 同一时期，灾难深重的中华民族也经历了抗日战争、解放战争，新中国诞生这样一个风起云涌的伟大革命时代。 在这个大变动、大革命的年代里，颜先生和广大海外爱国华侨一起，谱写了一章章扣人心弦的诗篇。

1937 年七七卢沟桥事变以后，祖国烽火遍地，日寇的铁蹄蹂躏着中华大地。海外侨胞历尽艰险，舍生忘死地从人力、财力支援祖国抗战。 爱国侨领陈嘉庚先生在新加坡发动组织“华侨筹赈祖国难民总会”，南洋各地华侨纷纷以募捐、义演、义卖等各种形式积极筹款支援祖国。当时，颜先生不过是一个月薪 50 盾的小店员，却宁肯节衣缩食，也分文不留，将自己全部薪水捐献祖国。

1941 年太平洋战争爆发后，日本南侵马来亚，对华侨进行野蛮的血腥大屠杀。当时，颜先生眼见日寇宪警和汉奸特务四处搜捕陈嘉庚先生，幸亏许多厦门大学校友、集美校友以及其他爱国华侨千方百计加以掩护，使陈嘉庚先生终于安全地度过了狼犬遍地的沦陷时期。爱国华侨的义举以及陈嘉庚先生“何时不幸被俘虏，只死无颜谄事敌”的崇高民族气节，给了颜先生极大的鼓舞。当时，他与一大批爱国侨胞不管威胁利诱，坚决不与日寇合作，纷纷逃往山芭里，自己耕种以求生存，含辛茹苦地度过三年沦陷时期的艰苦岁月。

抗战胜利后，广大爱国华侨盼望从战争中挣扎出来的祖国能重创家园，建设一个繁荣富强的国家，没想到蒋介石却冒天下之大不韪，悍然全面发动了反共反人民的内战。1946 年 9 月，陈嘉庚先生代表南洋华侨以南侨总会主席的名义，打电报给美国总统杜鲁门，要求停止支援蒋介石集团，促使中国停止内战。南洋各地华侨热烈响应，纷纷召开大会表示支持。是时，颜先生正在新加坡经商，经常到怡和轩俱乐部开会，引起当局密探的注意。有一次，颜先生到移民局担保一个由印尼前来新加坡的同事，移民局一个官员竟以嘲讽的口气对颜说：“毛泽东给你什么勋章啦?”由于颜先生积极支持陈嘉庚先生的爱国宣传，他的一举一动，当局政治部都备下材料。颜先生觉察到新加坡不可久留了，便悄悄到了印度尼西亚。果然，不久，当局政治部便借口颜汇款回国予以通缉，幸亏他早有预见，远走高飞了。

1949 年 10 月 1 日，中华人民共和国成立了，海外孤儿有了真正的“娘家”。在南洋群岛上，华侨奔走相告，欢欣鼓舞。1950 年，颜先生立即把长女送回北京辅仁大学读书。

当时，颜先生在印尼经营信记橡胶公司。1950 年，我国与印尼建交，首任大使王任叔抵印尼后，被安置在旅馆里，并未安排大使馆接待。印尼侨胞见堂堂中华大使，如此受屈，心里不是滋味，颜先生便联合了当地爱国侨胞，集资购置了堂室豪华的大厦，作为我驻印尼的大使馆。

1952 年，颜先生向往新生的祖国，怀着一腔报国之情，举家归国。行前，当地朋友一再劝他：“一个朝代，稳不稳，起码要看 10 年，国内一解放就回去，您能放心?”

“我相信共产党!”颜先生斩钉截铁，义无反顾。

颜先生远渡重洋，回到了祖国，由于家乡金门尚未解放，他便定居厦门。1953 年，被推选为厦门市侨联主席。从频仍的战乱中刚刚复苏的祖国，荒芜的土地需要耕耘，废弃的百业有待振兴，厦门也一样，尤其是侨务工作，真是一片空白。

新中国成立初期，华侨界“回国热”席卷东南亚各地。华侨学生争先恐后回国求学深造，接受祖国文化；华侨科技人员放弃优越的生活待遇，决心报效祖国。部分爱国华侨工商业者，也变卖家财，寄回侨汇，归国定居……如何去温暖安置这些满腔赤诚、向往祖国的归侨，给侨务工作带来了完全崭新的课题。

在市党政领导的指导下，在各有关部门的支持下，颜先生和侨联的全体同志一起，几十年间，赤手空拳，白手起家，从无到有，从小到大，为归侨、侨眷，为厦门的社会主义建设事业做了大量工作——

由于国民党溃退时，厦门的渔船不是被带走，就是被破坏，严重地影响了本市的渔业生产和渔民生活。颜先生即组织归侨，拿出几十万元造渔船，让渔民去打鱼。一只渔船可安置三十来人，一共3只渔船，一下子安置了一百来人就业。

新中国成立之初，厦门没有戏院，市侨联便集资修建鹭江戏院，由归侨陈达洲担任经理。

为了发展畜牧业，市侨联引进了荷兰种牛和埃及奶羊，兴建了古台华侨畜牧场。

鉴于厦门地处海岛，发展养殖业大有可为的特点，市侨联试办了水产养殖场。另外，根据厦门地处亚热带的特点，市侨联又在鼓浪屿创办了亚热带植物引种场。

20世纪50年代，市侨联通过华侨集资、劝募等办法创办了《鹭风报》、华侨印刷厂、华侨托儿所、华侨幼儿园、华侨中学等公益事业，并建立华侨织布厂、侨星化工厂、华侨照相纸厂、华侨机修厂、天马华侨农场等生产事业。

与此同时，国家设立华侨投资公司，厦门相应建立机构，颜先生和印尼归侨陈影鹤、陈清安分别担任厦门华侨投资公司正副经理，一面以厦门橡胶厂、罐头厂、瓷厂等作为投资项目，一面积极募捐、争取侨汇，努力引进外资。

1957年，由侨联出面负责华侨新村筹建会，在华新路、计西路等地建楼100栋，价值人民币500万左右，为华侨回国定居提供了条件。

厦门开办为经济特区以来，市侨联利用其有利因素，积极穿针引线，为特区建设贡献力量。1985年，引进生产优质面包的加拿大设备一套，投资人民币100万元，创办了一家侨利食品厂。

三十几年来，厦门市侨联为祖国社会主义经济建设努力添砖加瓦，做出了不可磨灭的贡献，为团结爱国爱乡的侨胞，为归侨、侨眷的生活和福利创办了大量的公益事业……这一切业绩，留在厦门归侨和海外华侨的心目中，也记载在厦门的史册上；这一切，是厦门市侨联全体同志集体汗水的结晶。然而作为一方侨领的颜西岳先生，如果没有他几十春秋如一日的热心为公、身先士卒，处处起模范表率作用，那么这些成就的取得，也是不可能的。因此，尽管颜先生闭口不谈个人的一切，但“桃李不言，下自成蹊”，他数十年间为祖国、为人民、为侨务工作兢兢业业奋斗的心迹，却尽在不言之中了！

谈话之间，颜先生几次和我谈起：“侨务工作、统战工作，迫切需要重新学习，时代不断在发展，我们老一辈侨务工作者，已垂垂老矣。新一代人如果缺乏教育、缺乏知识、缺乏政策水平，便赶不上日新月异的时代步伐，那么，侨务界就会出现后继无人的危机！”

这语重心长的言语，表达了一位目光远大的老侨领对侨务工作的一往情深和对后继者的殷殷寄托！

临分手时，颜先生仿佛想起了什么：“说来也巧，我的弟弟在金门，也担任金门华侨协会会长！小陈，你说有意思不？”

的确有意思！炎黄子孙，血脉相连；海峡两岸，情同手足。颜先生兄弟俩，便是明证。待台澎金马回归日，当是金厦两地侨领握手言欢、颜氏昆仲骨肉同胞相聚时！

夕阳西下，满天霞彩把颜家院落的花树镀成一派辉煌的金红，我沿着开满紫荆花的小路归来，心境如春日的黄昏一般美丽。我想，不管颜先生同意不同意，我却要把老人这种爱国爱乡、朴素谦虚的美德传诸世人，因为翔实地记录人世间美好的人和事，是一位文学工作者的天职！

写于 1986 年

（陈慧瑛）

厦门经济特区始于侨成于侨
（1980—2010）

特区建设　侨立奇功

1980 年 10 月，国务院批准设立厦门经济特区，厦门由此拉开了改革开放、经济腾飞的序幕。特区建设，“侨”立奇功；特区建设，始于侨成于侨。特区建设，饱含着厦门海外乡亲所寄予的深情厚望和积极参与，凝聚着归侨侨眷、港澳眷属以及广大侨务工作者付出的巨大努力和艰辛。

厦门，著名的侨乡。自元末明初以来，厦门地区就不断有人漂洋过海，移居东南亚等地。根据 2005 年调查资料，厦门市海外华侨华人达 35 万人，港澳同胞 5 万人，归侨侨眷 16.8 万人、港澳眷属 1.8 万人，广泛分布于世界 78 个国家和地区。他们历来就有“爱拼才会赢”的秉性和爱国、爱乡的传统，被毛泽东同志誉为“华侨旗帜，民族光辉”的陈嘉庚先生就诞生在厦门。

20 世纪 80 年代起，当改革开放的春风在神州大地荡漾，当美丽的厦门向海内外敞开他宽阔的胸膛，广大海外侨胞、港澳同胞奔走相告，欣喜万分，纷至沓来，探亲、观光、考察、投资……而厦门人则以海纳百川的胸怀，喜迎海外乡亲的光临。

人们谈到特区建设的时候，总要提起一位“敢吃螃蟹”的人——新加坡华商陈应登。1982 年 10 月，他第一个踏上厦门岛，在湖里的荒坡野岭独资盖起了一座占地 2.1 万平方米的厦门印华地砖厂的标准厂房，被称为“外商投资厦门第一人”。

1944 年出生于厦门的曾琦是改革开放后第一个到厦门投资的香港商人。1985 年，曾琦在厦门办了一家独资企业永泰电子厂（宏泰公司前身），可是当时大家都不晓得独资企业该怎么做，连营业执照也不知是什么样子，为此还特地跑到北京去办。工厂开工后，曾琦引进了国外最先进的科技，制造出的产品畅销全球。“宏泰从小企业发展到今天，整个过程与厦门特区一起成长，是特区造就了宏泰”，曾琦说。

此后，以海外侨资为主力的外商直接投资源源不断地注入厦门，掀起了外商投资厦门的热潮。据统计，经济特区创办以来利用外资总额，侨、港、澳投资一直占绝对优势。截至 2006 年，华侨华人和港澳同胞在厦门投资创办企业项目有 3801

项，侨属兴办企业3000多家，合同利用外资额达139.98亿美元，投资项目和利用外资额分别占同期厦门市三资企业总数的51.2%和55%。海外侨资不仅带来资金、技术和先进的管理理念，而且引进了国际市场机制和竞争机制，促进厦门经济的国际化和外向型市场经济的形成，推动了厦门经济特区建设的发展。

招商引资　心诚则灵

自厦门经济特区创办以来，厦门各级涉侨部门热心当“红娘”，积极为前来投资的华侨华人和港澳同胞牵线搭桥，联系合作单位，介绍投资环境和投资项目，全方位提供咨询服务。

久居厦门的人，都知道特区有一句耳熟能详的口号，叫作“以侨引侨，以侨引台，以侨引外”。这句口号在特区建设中，确实起到了“滚雪球”的联动效应。

香港汎年国际集团主席陈金烈是一位长期热心厦门特区建设的可敬老人——他不仅本人积极投资厦门特区建设，还是热心牵线搭桥的“红娘”。

1983年，厦门特区开始基础建设，引进外资举办企业成了当务之急。陈金烈极力说服和动员香港康力公司董事长柯俊文来厦门投资办厂。为了促成此事，陈金烈放下自己公司的事务，数度专程陪同柯先生到内地考察，终于促成了香港康力集团与厦门市合资成立厦门第一家中外合资企业——厦门华侨电子企业有限公司。

1989年后，当许多人准备从大陆撤资的时候，陈金烈却从香港飞抵厦门，毅然扩大和追加在厦门的房地产投资项目，以自己的行动稳定海外人士对大陆经济发展的信心。他在厦门投资四季阁、华年邨房地产业，并与有关方面合作营建了有52幢楼的集美中心花园。这一年，他几乎月月都回厦门，引带台商或外商到厦门投资。

1993年，陈金烈又联合94位闽籍人士共同成立“香港厦门联谊总会”。他带头捐出100万港元，并出任第一任理事长。香港厦门联谊总会在厦门与香港之间架起了一座“金桥梁”。

在陈金烈等许多热心人的带动下，大批港商、侨商、外商纷至沓来，形成一波又一波投资厦门特区的热潮。

截至1998年，全市累计利用外资项目4493项，投资总额178.38亿美元，其中华侨华人和港澳同胞的投资项目2742项，投资总额123.8亿美元，分别占总数的61%、69.4%。1998年到2007年12月，全市华侨华人及港澳地区投资创办企业增加到4036项，合同利用外资额达156.16亿美元，侨资企业仍占全市外资企业的51%。此外，台资企业的董事长、总经理等大多具有台胞和海外侨胞双重身份，形成了引进侨资、台资增资扩产的特殊有利条件。

不仅如此，海外华侨华人和港澳同胞在特区建设中还创造了诸多“第一”：除了第一家外商独资企业印华地砖厂、第一家“三来一补”企业集美制衣厂以外，

1985年成立的全国第一家中外合资银行——厦门国际银行是华人资本；第一家获准在厦门特区设立的外资金融机构——新加坡大华银行厦门分行是1985年由新加坡华商黄祖耀兴办的；第一家中外合作经营企业——厦门鹭江宾馆，由港商与厦门鹭江大厦合作而办；第一家开通香港与厦门海上运输业的“集美号”“鼓浪屿号”轮船是港资与厦门船务公司合资兴办；第一家双语教学的国际学校——岷厦国际学校，由菲律宾华商杨玛代创办。这诸多的“第一家”，是海外华商和港澳同胞热心投资厦门的真实写照。

依法护侨　尽心尽力

侨房，是海外侨胞在家乡的“根”，是华侨联系祖国的纽带，寄托怀乡思亲的重要载体。

据统计，新中国成立初期，厦门市华侨私房就有5000多幢，3000多户业主户，占全市私房的52%以上。这些侨房对厦门的城市建设、改善市民居住条件、稳定社会秩序等发挥过积极的作用，但在20世纪60年代初私房社会主义改造（即“私改”）及其以后的“文革”期间，有相当数量的侨房被改造和接管。

厦门市落实侨房政策的工作，是从20世纪80年代开始的。1984年12月，中共中央《关于加快落实华侨私房政策的意见》下发后，厦门立即在全市范围内，全面开展落实华侨私房政策的工作。先期开展的落实清退挤占侨房和落实农村侨房政策这两项工作于20世纪80年代末基本完成。其中解决了“文革”期间挤占侨房面积近17万多平方米，涉及1000多户侨房住户的搬迁、安置问题。农村落实侨房政策方面，全市共投入专项资金近500万元，解决了农村侨房面积15万多平方米、涉及侨房业主679户、农民分得户约3000户的落实政策问题。

自20世纪80年代中期起，厦门又开始推进城市侨房（或称“私改”侨房）的落实政策工作。“私改”侨房面积共35万多平方米，涉及侨房业主1083户、侨房住户8300多户。在“私改”侨房产权退还任务大部分完成的同时，市侨办抓紧侨房使用权清退工作，一方面加快建设侨福城一、二期专用房，安置侨房住户，清退侨房使用权；另一方面，主动与相关部门协作，采取有效措施扎实推进侨房使用权清退工作的开展。截至2010年底，“已还未退”涉及的6899户侨房住户的侨房使用权清退任务全面完成。

落实侨房政策，让广大侨房业主保住了祖根，许多侨房业主在收回侨房祖业时，都表达了激动之情，表示要为家乡建设与发展尽一分力量。

1994年3月，全国人大通过了关于授予厦门市人大及其常委会和厦门市人民政府分别制定法规和规章在厦门经济特区实施的决定。这是厦门特区法制建设和改革开放事业进入新阶段的重要标志，它对推动特区侨务立法进程，依法护侨，再造“侨”的优势，促进特区的改革开放，发挥了重要作用。厦门市侨务部门与涉侨部门一起开展侨务立法需求的调研，使侨务立法列入厦门市人大常委会的立法规划。

厦门市借助享有地方立法权这一有利条件，在调研的基础上，制定有关涉侨法规和政策，确保《中华人民共和国归侨侨眷权益保护法》及相关侨务法规政策的贯彻实施。厦门市人大常委会先后通过了《厦门市荣誉市民称号授予办法》《厦门市归侨侨眷权益保障条例》《厦门市华侨捐赠兴办公益事业管理条例》和《厦门经济特区鼓励留学人员来厦创业工作规定》。这些侨务法规，体现了对华侨和归侨侨眷的社会政治权益、人身财产权益、经济权益、文化教育权益、出入境权益等方面的适当照顾政策，有力地保护了华侨的正当权益和归侨侨眷的合法权益，为厦门创造依法护侨的法制环境打下了良好基础。

海外联谊　凝聚侨心

厦门，历来是海外侨胞、港澳同胞和台湾同胞进出祖国大陆的重要口岸。改革开放以后，出入厦门口岸的华侨华人、港澳台同胞逐年增多，1980 年为 5 万人次，1990 年猛增至 31 万多人次。侨务部门通过“请进来，走出去”的方式积极开展对外联谊活动，广交、深交了一大批海外华侨华人朋友，与他们增进了乡情乡谊和互信共识。

1980 年元旦，厦门—香港海上通航，颜西岳率“通航代表团”往香港开展联谊工作。1982 年 8 月，陈村牧、张其华等 8 人组成集美校友会代表团访问香港，促成香港集美校友会的成立。1983 年 10 月，省、市在集美隆重举行纪念陈嘉庚先生创办集美学校七十周年活动，邀请数百位海外乡亲参加。1993 年 10 月、2003 年 10 月又先后举行纪念陈嘉庚先生创办集美学校八十周年、九十周年活动。1988 年 7 月，市政协首次组团到香港开展联谊活动。同年 12 月，厦门市海外联谊会正式成立。1992 年，厦门市海外交流协会成立。1993 年 8 月，香港厦门联谊总会成立。1994 年 4 月，菲律宾菲华商联总会理事长董尚真率团赴厦门考察。1994 年 5 月，第一届世界同安联谊大会在新加坡召开，厦门组团参加（之后每两到三年轮流在同安和境外举行一次）。2001 年 10 月，第 41 届旅日福建同乡恳亲会在厦门召开，近 400 位海内外乡亲参加。2003 年 3 月，菲航董事长陈永栽资助的“菲律宾华裔学生学中文夏令营”活动在厦门开营，此后每年举办一届。2005 年 5 月，第三届世界华侨华人社团联谊大会“海峡西岸行”活动在厦门举行，来自 83 个国家和地区约 600 人参加。2007 年 9 月，近千名越柬寮华人代表聚首厦门，举行世界越柬寮华人团体联合会第三届会员代表大会。2008 年 2 月，“海峡西岸闹元宵　全球华人盼团圆”系列活动在厦门举行……

在海外联谊活动中，许多海外乡亲都表达了对陈嘉庚先生的崇敬，谈到陈嘉庚精神对华侨的影响。陈嘉庚和陈嘉庚精神，已经成为厦门海外联谊的一张亮丽的名片，一根紧密的纽带。

情系桑梓　热心公益

陈嘉庚先生爱国爱乡、倾资兴学的伟大壮举和崇高精神影响、感召了后来一代又一代的华侨华人。改革开放以来，许多华侨华人和港澳同胞弘扬陈嘉庚的精神，继承陈嘉庚的事业，发扬爱国爱乡的光荣传统，心系桑梓，热心公益，慷慨解囊，为发展家乡的文化教育事业、老年福利事业、医疗卫生事业等公益事业以及在扶危济困、救灾纾难等方面做出了重大的贡献，受到了党和国家的充分肯定以及广大人民群众的热烈颂扬。

据不完全统计，特区创办以来，厦门市接受华侨华人、港澳同胞捐赠共计6.12亿元人民币，特别是20世纪90年代以来，厦门市接受捐赠额呈上升趋势，共计近4亿元人民币。“海外赤子心，故乡不了情”。华侨华人、港澳同胞为厦门特区做出的无私奉献和拳拳之情，厦门人民铭刻在心，永不忘怀。

文化教育事业，是华侨华人和港澳同胞捐赠的主要部门。1990—2007年，海外乡亲捐赠厦门文化教育事业的款项达46621.15万元，占同时期捐赠总额的65.3%。仅厦门市教育基金会自1988年成立以后的20年里，就接受各界捐赠1.7亿多元，其中侨资捐赠就有1.07亿，占了绝大部分。

港胞王灿云女士在厦门市教育基金会成立前即捐赠200万元，开启了改革开放以来厦门市教育基金的先河。新加坡知名侨领、厦门市政府经济顾问孙炳炎在基金会成立之初率团捐赠，2002年他去世前又立下遗嘱，以210万元人民币设立教育基金。洪恭仕、洪文发叔侄设立了厦门市第一个为贫困大学生设立的资助基金。1992年，菲律宾华商杨玛代和妻子吴美德在厦门办了一所专供外籍人士子女就读的国际学校，15年来共投资100多万美元。2007年，裕景兴业集团董事局主席、菲律宾华商陈永栽出资600万元为集美大学捐建一幢图书馆。

1985年，郑自治退休后从荷兰回国定居，他生活俭朴，是一位“抠门儿”的老人。然而在20年里，他先后向红十字会、社会福利基金、贫困学生、扶贫办、福利院、居委会等慷慨捐助至少80多万元人民币。

文化事业方面，早在1987年，港胞杨贻瑶就把平日省吃俭用积攒下来的450万元捐出，在公园南路兴建原厦门图书馆总馆综合楼。2006年12月，新加坡金鹰国际集团主席陈江和捐赠3000万元人民币，专项用于厦门小白鹭艺术中心项目的工程建设，为发展厦门的文化事业做出贡献。

厦门必利达大厦32层，一个大小不到10平方米的房间里，摆放着一床、一桌、一柜，墙上安装着壁扇，房内连一台空调都没有。这就是几十年来慷慨捐助社会公益事业达5亿多元，被誉为“南安陈嘉庚”的印尼籍华人黄仲咸老先生的家。黄仲咸老人虽已仙逝，却永远为人们所敬重，所怀念。

黄仲咸

黄仲咸，1920 年出生，祖籍南安市码头镇。1990 年，他创建“南安市黄仲咸教育基金会”，热心开展奖教助学活动。1993 年，他捐资 2000 万元在南安市区兴建“南安必利达大厦”。翌年又独资 1.5 亿元于厦门市区捐建“厦门必利达大厦”，作为福建省黄仲咸教育基金会的永久性产业。从 2002 年开始，他的公益事业活动扩大到全省 78 个县（市区）。2005 年 2 月 3 日，他和夫人戴子媛女士在厦门市公证处立下遗嘱，将南安必利达大厦、厦门必利达大厦、香港中行寄存的 1.1 万两黄金、厦门中行 800 多万元存款、南安水头镇 60 亩地皮的使用权及其全部收益划归福建省黄仲咸教育基金会所有。几十年来，他捐资教育、文化、卫生福利等社会公益事业，累计资金高达 5 亿多元人民币。

华侨华人和港澳同胞对祖（籍）国的爱，对家乡的爱，就像阳光一样洒向大地，除了捐助家乡的文化教育事业以外，他们还热心捐助家乡的卫生医疗事业、老人福利事业和修桥铺路、抗灾救济等。

据不完全统计，从 1997 年到 2007 年，厦门共接受海外侨胞、港澳同胞对医疗事业的捐赠 6130 万元人民币，这对于提高厦门医疗卫生水平，保障人民身体健康发挥了积极的作用。例如，1988 年厦门市中山医院基金会成立，海外华侨华人热烈支持，捐赠大量钱款和先进的医疗器械以及药品、图书资料等，还在海外组建了“中山医院之友”联谊组织。又如，新加坡林少明教授倡导成立厦门眼科中心，并捐款 66 万美元用于厦门眼科中心的建设及添置医疗设备。

尊老爱幼历来是中华民族的传统美德。广大华侨华人港澳同胞纷纷向厦门的老人事业捐款捐物，仅 1997 年到 2007 年，华侨华人、港澳同胞对厦门老年事业的捐赠达 383.63 万元人民币。值得一提的是，1992 年在全省率先成立的厦门市老年基金会，仅最初 5 年里就接受海外侨胞捐款达 287 万元人民币。

“血浓于水”。在四川汶川特大地震、青海玉树地震、西南大旱、南方水灾、甘肃舟曲特大山洪泥石流等重大自然灾害中，广大华侨华人、港澳同胞和归侨侨眷发扬“一方有难八方支援”的人道主义精神，慷慨解囊，抗灾纾难，扶危济困，书写了一部部荡气回肠的感人篇章，彰显了中华儿女同心同德的民族气概。

（洪涛撰，林希整理）

参考文献

安溪县志工作委员会编:《安溪方志通讯〈人物志〉专辑》，1992 年。

蔡永怀:《民国先驱许卓然》。

陈克振:《联侨兴华架金桥——记中国侨联第四届主席庄炎林先生》。

陈赟、李文:《四十四年风雨：共证侨星路——厦门侨星厂创业志》，《华侨历史论丛》第九辑，福建华侨历史学会，2004 年 8 月。

陈毅明主编:《侨星起落——厦门侨星企业归侨口述历史资料》，海洋出版社，2010 年。

陈育崧:《林文庆博士诞生百年纪念刊》，新加坡，1969 年。

丁炯淳主编:《华侨博物院五十周年院庆论文集刊》，厦门大学出版社，2016 年。

福建卢嘉锡科学教育基金会编著:《华夏赤子　科教巨擘——卢嘉锡》，中央文献出版社，2017 年。

傅惠玲:《闽籍华侨与印尼华文报刊〈生活报〉关系浅探》，《八桂侨刊》2014 年第 3 期。

高迅莹:《高云览传》，海峡文艺出版社，2000 年。

高云览:《高云览选集》，海峡文艺出版社，2000 年。

鼓浪屿申报世界文化遗产工作领导小组办公室编:《鼓浪屿的故事》，2014 年。

郭睿:《一声“永定侄”藏心间　毕生守护嘉庚事业》，《厦门日报》2021 年 2 月 3 日。

郭瑞明:《厦门人物·海外篇》，鹭江出版社，1999 年。

海鹰:《一世琴缘——鼓浪屿之子胡友义》，厦门大学出版社，2014 年。

何丙仲主编，鼓浪屿侨联编:《鼓浪屿华侨》，厦门大学出版社，2017 年。

何瑞福主编:《鼓浪屿研究》第六辑，厦门大学出版社，2016 年。

洪卜仁主编:《厦门名人故居》，厦门大学出版社，2007 年。

洪卜仁主编:《厦门老校名校》，厦门大学出版社，2013 年。

洪卜仁主编:《厦门辛亥风云》，厦门大学出版社，2016 年。

洪卜仁主编:《厦门华侨纪事》，厦门大学出版社，2018 年。

洪卜仁主编，思明区侨联编:《厦门侨批》，厦门大学出版社，2018 年。

洪涛:《特区 30 年与厦门侨务系列报道》,《鹭风报》2011 年第 1050 期 ~ 第 1054 期。

华侨博物院编:《华侨博物院三十年(1959—1989)》。

华侨博物院编:《华侨博物院四十年(1959—1999)》。

华侨博物院专题展览:《烽火仁心——林可胜与抗日战争时期的中国红十字会救护总队》,2020 年。

黄方生:《归侨省长梁灵光》,暨南大学出版社,2008 年。

黄坤胜、黄顺通主编:《功业千秋:怀念全国侨联副主席、中国人民解放军炮兵副司令员黄登保同志》,鹭江出版社,1993 年。

雷芬芬:《忆往昔峥嵘岁月:曾淑萍和侨联三十年的故事》,《鹭风报》第 917 期,

刘琳:《共和国归侨》,中国华侨出版社,2020 年。

康淼、邓倩倩、许雪毅:《与党同龄,同心同行:一所名校的红色印记——百年厦大的红色基因与弦歌不辍的精神之源》,《新华每日电讯》,2021 年 4 月 6 日。

青云、莫贰:《写不完的“华侨”“华人”人生——记华侨博物院捐款人陈剑敦老先生》。

丘美璋:《怀念万隆中华总会》。

全国政协文史和学习委员会编:《峥嵘岁月·华侨青年回国参加抗战回忆录》,中国文史出版社,2016 年。

沈世豪:《记抗战老兵林大章》,《炎黄纵横》2016 年第 12 期。

童庆宣、明艳林、康龙泉:《纪念厦门华侨亚热带植物引种园建园 60 周年》,2019 年。

厦门华侨中学编:《华侨中学院庆专刊(1958—2008)》。

厦门市华侨历史学会资料集:《国门内外》。

厦门市归国华侨联合会、福建省金门同胞联谊会编:《爱国侨领颜西岳》。

厦门市归国华侨联合会编:《厦门侨联四十年(1950—1990)》。

厦门市归国华侨联合会编:《厦门市侨联简史(1950—1990)》。

厦门市归国华侨联合会编:《厦门侨联五十年(1950—2000)》。

厦门市归国华侨联合会编:《厦门侨联六十年(1950—2010)》。

厦门市归国华侨联合会编:《中国梦·桑梓情:侨与厦门的故事》,2018 年。

厦门市中医院编:《著名老中医针灸气功专家陈应龙行医五十周年(1936—1986)》,1986 年。

肖枫:《忆陈嘉庚》。

许长安:《语文现代化先驱卢戆章》,厦门大学出版社,2000 年。

翔安区嶝山洪氏宗亲恭迎六桂始祖理事会:《洪晓春传略》,2017 年。

颜立水:《侨商诗人洪镜湖》。

杨伏山:《抗日战争胜利六十年：浴血抗战的归侨林大章》，中国新闻网，2015年7月11日。

杨缅昆、杨缅燕:《杜坚在缅甸华侨战工队——纪念抗日战争胜利70周年》。

杨缅燕:《寻找父母的足迹——记缅甸之行》。

曾淑萍口述:《在追求进步中成长》,《鹭风报》第1259期。

张其华:《民族之光：陈嘉庚在归来的岁月》，中央文献出版社，2017年。

张清平:《林巧稚传》，团结出版社，2017年。

张子瑜:《话说卓然亭》。

赵德馨、马长伟:《黄奕住传》，厦门大学出版社，2019年。

郑启五主编:《百年双十》，鹭江出版社，2019年。

中共厦门市委统战部编:《厦门市统一战线志》，1999年。

中共厦门市委宣传部、厦门市社会科学界联合会合编:《口述历史：厦门老街岁月》第二辑，厦门大学出版社，2019年。

周思明、盖宣忠:《马寒冰：红色侨乡孕育的革命传奇》,《福建日报》2021年4月8日。

朱水涌:《陈嘉庚传——一个生命的伟大抉择与光荣》，厦门大学出版社，2021年。

庄国土、陈华岳等:《菲律宾华人通史》，厦门大学出版社，2011年。

《鹭风报》，2007—2021年。

《思明文史资料》第1辑，2004年12月。

后　记

厦门侨乡人民素有热心桑梓、忠心报国的传统。特别是中华人民共和国成立后，以陈嘉庚先生为代表的归侨侨眷、海外侨胞和港澳台同胞，以及广大侨联干部、侨界群众爱党爱国，用实际行动为新中国的建设，为中国的改革开放和民族复兴做出了不可磨灭的贡献。用文字和影像记录他们的功绩，令侨界光辉历史不被时间所湮灭，让人们再次看到侨界的赤诚之心和温暖大爱，是我们编写《回眸侨史　铭记初心》这本书的初衷。

编委会历时近两年，采访了数十位侨界人士，收集、查证了许多历史资料。在采写过程中，一次次地受到感动和激励，还发现了更多值得收录的人物和事迹。由于篇幅和时间有限，无法一一采纳收录。

本书采编所涉及的人和事，皆与思明有缘。我们以曾经革命、工作、生活在思明的人物为对象，描述为思明的发展建设做出贡献的隽永事例，管窥侨史的博大精深和华侨精神的渊源传承。

本书的采编得到了中共思明区委统战部的指导，使本书有了更高的站位和更清晰的定位。

本书编委会主任、主编系著名归侨作家、资深侨务工作者陈慧瑛女士，她既高屋建瓴又切中肯綮的意见为本书的采编指明了方向。

在采编过程中，许一心、赵启安、黄家正、陈毅明、吴振芳、叶胜伟、冀新、陈汀阳、王起鹍、明艳林、郑勇明等侨界前辈和热心人士提供线索、资料或是帮助联系相关人士，让我们深感侨界是个有情有义的大家庭。

厦门大学出版社素来关注华侨精神的宣传，对这一侨界树碑工程给予了很大支持。

对于来自各方的关爱和温暖，在此一并谨表谢意。

由于时间跨度较大，早年的资料不够充实，加之时间匆忙，编辑水平有限，疏漏错误之处望批评指正。

编委会

2021 年 12 月